덩 샤오핑 시대의 탄생

서남동양학술총서

덩 샤오핑 시대의 탄생

중국의 역사 재평가와 개혁

안치영 지음

창비

서남동양학술총서 간행사
21세기에 다시 쓰는 간행사

서남동양학술총서 30호 돌파를 계기로 우리는 2005년, 기왕의 편집위원회를 서남포럼으로 개편했다. 학술사업 10년의 성과를 바탕으로 이제 새로운 토론, 새로운 실천이 요구되는 시점이라고 판단했기 때문이다.

알다시피 우리의 동아시아론은 동아시아의 발칸, 한반도에 평화체제를 구축하고자 하는 비원(悲願)에 기초한다. 4강의 이해가 한반도의 분단선을 따라 날카롭게 교착하는 이 아슬한 상황을 근본적으로 해결하는 방책은 그 분쟁의 근원, 분단을 평화적으로 해소하는 데 있다. 민족 내부의 문제이면서 동시에 국제적 문제이기도 한 한반도 분단체제의 극복이라는 이 난제를 제대로 해결하기 위해서는 우선 서구주의와 민족주의, 이 두 경사 속에서 침묵하는 동아시아를 호출하는 일, 즉 동아시아를 하나의 사유단위로 설정하는 사고의 변혁이 중요롭다. 동양학술총서는 바로 이 염원에 기초하여 기획되었다.

10년의 축적 속에 동아시아론은 이제 담론의 차원을 넘어 하나의 학(學)으로 이동할 거점을 확보했다. 우리의 충정적 발신에 호응한 나라 안팎의 지식인들에게 깊은 감사를 표하는 한편, 이 돈독한 토의의 발전이 또한 동아시아 각 나라 또는 민족들 사이의 상호연관성의 심화가 생활세계의 차원으로까지 진전된 덕에 크게 힘입고 있음에 괄목한다. 그리고 이러한 변화가 6·15남북합의(2000)로 상징되듯이 남북관계의 결정적 이정표 건설을 추동했음을 겸허히 수용한다. 바야흐로 우리는 분쟁과 갈등으로 얼룩진 20세기의 동아시아로부터 탈각하여 21세기, 평화와 공치(共治)의 동아시아를 꿈꿀 그 입구에 도착한 것이다. 아직도 길은 멀다. 하강하는 제국들의 초조와 부활하는 제국들의 미망이 교착하는 동아시아, 그곳에는 발칸적 요소들이 곳곳에 숨어 있다. 남과 북이 통일시대의 진전과정에서 함께 새로워질 수 있다면, 그리고 그 바탕에서 주변 4강을 성심으로 달랠 수 있다면 무서운 희망이 비관을 무찌를 것이다.

동양학술총서사업은 새로운 토론공동체 서남포럼의 든든한 학적 기반이다. 총서사업의 새 돛을 올리면서 대륙과 바다 사이에 지중해의 사상과 꿈이 문명의 새벽처럼 동트기를 희망한다. 우리의 오랜 꿈이 실현될 길을 찾는 이 공동의 작업에 뜻있는 분들의 동참과 편달을 바라 마지않는 바이다.

서남포럼 운영위원회
www.seonamforum.net

책머리에

이 책은 2003년 나의 서울대학교 정치학과 박사학위 논문 「중국 개혁개방 정치체제의 형성(1976-1981)」을 수정 보완한 것이다. 올해가 2013년이니 10년이나 걸렸다. 그렇다고 10년간이나 수정 보완했다는 것은 아니고 순전히 나의 게으름 탓에 이렇게나 긴 시간이 흘렀다. 그간 나의 나태함을 자책한 적이 여러번이었지만 그중 2011년 에즈라 보겔(Ezra A. Vogel)의 책 *Deng Xiaoping and the Transformation of China*가 출판된 기사를 신문에서 보았을 때만큼 충격이 컸던 적은 없다. 이제 더이상 내 책은 출판의 인연이 없는가보다 했을 정도였다. 다행히도 보겔의 거작은 중국의 개혁과정을 중심으로 한 것으로, 역사재평가를 중심으로 한 개혁체제의 형성은 중심 주제가 아니었다.

이 연구는 '평반(平反)'이라는 낯선 단어에서 출발한다. '평반'은 우리말의 복권(復權)과 유사한 의미를 갖지만, 단순한 법률적 권리의 회복이 아니라 정치적 재평가와 배상 및 심지어는 원직 회복까지 포함한다는 점에서 복권보다 훨씬 중요한 정치적 의미를 갖는 개념이다. 처음 이 단어를 접한 것은 1995년 1학기 서울대학교에 교환교수로 오신 버클리대 이홍영(李鴻永) 교수의 강의에서였다. 그러나 그때만 하더라도 내가 이렇게 오랫동안

'평반'이라는 주제와 씨름하게 될 줄은 꿈에도 생각하지 못했다.

'평반'과 나의 긴 인연이 본격적으로 시작된 것은 중국인민대학에서 연수 겸 조사를 하고 있던 시기였다. 1998년 개혁개방 20주년을 전후한 무렵 중국에서는 개혁개방과 관련된 많은 책이 출판되었는데, 그중 나의 주목을 끈 것이 신화사 고급기자 출신 다이 황(戴煌)의 『후 야오방과 원가착안 평반(胡耀邦與平反冤假錯案)』이었다.

다이 황의 책은 '평반'이 금역이 아니라 자료 접근이 가능한 영역일 것이라는 확신을 주었으며 그에 따라 나는 본격적인 자료 수집을 시작했다. 이전과 많이 달라지기는 했지만 자료에 대한 접근이 여전히 중국정치 연구의 가장 큰 난점이라는 점에서, 자료 수집은 연구의 승패를 결정한다고 할 수 있다. 내게는 다행히도 그 시기에 회고록을 비롯한 많은 자료들이 새롭게 출간되었다. 관방의 공식적 견해와의 차이 등으로 중국에서 출간되기 어려운 자료가 홍콩 등에서 출간된 것도 행운이었다. 더욱 다행스러운 것은 공식적으로 발간되지 않은 많은 내부 자료들에 대한 접근이 가능했다는 것이다. 그러한 자료들이 없었다면 이 책은 불가능했을 것이다.

원래 나의 문제의식의 출발은 '평반'을 통해 문화대혁명 이후 중국에서 역사재평가와 역사 바로잡기를 하였으며 그것이 개혁개방의 정치적 기초가 되었다는 것이었다. 문혁문제와 관련하여 중국에 여전히 금역이 존재하는 것은 사실이지만 문혁을 비롯한 중화인민공화국과 중국공산당의 역사에 대한 전반적인 재평가와 반성이 있었으며, 그것이 중국 개혁의 전제였다는 것이다. 연구의 결과는 나의 가설을 넘어서는 것이었다. 평반은 역사재평가를 통해 개혁의 전제가 되었을 뿐만 아니라 개혁체제인 덩 샤오핑 체제를 형성하는 직접적인 원인적 기제였다. 다시 말해서 화 궈평 체제에서 덩 샤오핑 체제로의 전환은 개혁문제를 둘러싼 개혁파와 보수파(복고파)의 대립의 결과가 아니라, 문혁을 중심으로 한 역사재평가와 평반의 결과라는 것이다. 그래서 2003년 논문을 제출하면서 제목을 수정하였다.

이후 10년이란 긴 수정(?) 기간은 전적으로 나의 게으름으로 인한 것이지만, 그 기간 동안 새로운 자료의 출판과 발굴을 통해 몇가지 중요한 수정을 할 수 있었다. 그중 일부 내용은 이미 논문으로 게재한 것을 이 책에 실으면서 부분적으로 수정하였다. 4장 1절의 '2. 진리표준토론과 반문혁연합'은 『한국정치연구』 2004년 4월호의 「1978년 진리표준토론과 그 정치적 의의」를 수정한 것이며, 4장 2절의 '1. 중앙공작회의와 11기 3중전회'는 『국제지역연구』 2008년 겨울호에 게재된 「모호한 전환점: 중국공산당 11기 3중전회에 대한 재고」를, 5장 1절 2의 3) '"건국 이래 역사문제 결의"와 화 궈펑의 퇴진'은 『동북아문화연구』 2005년 4월호의 「중공의 1981년 '건국 이래 역사결의'와 그 정치적 의의」를 일부 수정한 것이다.

아무리 작은 일도 혼자 할 수는 없는데 책을 쓰는 것은 말할 필요가 없다. 서울대학교 정치학과 석·박사논문을 지도해주신 최명(崔明) 선생님께는 무엇으로도 감사의 말씀을 다할 수 없다. 우둔한 제자를 채찍질하고 이끌어주셨기에 부끄러운 책이나마 세상에 내놓을 수 있었다. 선생님은 은퇴하시기 전 마지막 연구년을 제자의 논문을 완성시키기 위해 희생하셨다. 황수익(黃秀益) 선생님께는 항상 감사하고 죄송하다. 이홍영 선생님은 논문의 단초를 제공해주셨을 뿐만 아니라 심사위원으로서 논문의 결실을 맺게 해주셨다. 2002년 2학기 서울에 계시면서 논문심사를 맡아주셨고, 2003년 1학기에는 베이징으로 가셨다가 SARS로 인해 서울로 돌아오시는 바람에 최종심사에도 참석하셨다.

학위논문 작성과정에서 학술진흥재단의 지원을 받았다. 또한 중국국가교육위원회의 교류장학생으로 중국인민대학에서 연수하는 기회를 갖지 못했다면 이 연구는 불가능했을 것이다. 책의 출판과 관련하여 서남재단 관계자분들에게는 지원뿐만 아니라 특히 인내력에 깊은 감사를 표한다. 창비 편집진의 꼼꼼한 편집과 교정에도 감사드린다. 그외 거명하지 않은 분들은 결코 그분들께 감사하지 않기 때문이 아닌 줄 아실 것으로 믿어 의

심치 않는다.

　마지막으로 오늘 1주기를 맞이하는 고 이성형(李成炯) 선배에게 감사드린다. 이성형 선배를 생각하면 감사와 슬픔 그리고 말로 표현할 수 없는 아픔을 느낀다. 개인적인 인연 때문이 아니더라도 지역연구자로서 우리 시대의 다른 지역연구자들과 마찬가지로 이성형 선배에게는 조그마한 빚이 있다. 그러나 나는 이성형 선배에게 아무것도 되돌려주지 못했다. 이 책이 이성형 선배가 안식하는 데 작은 위안이 되기를 바랄 뿐이다.

2013년 8월 1일 송도 연구실에서
안치영

차례

서남동양학술총서 간행사 | 21세기에 다시 쓴 간행사 __5
책머리에 __7

제1장 서론 __15

제2장 문혁 전후 중국사회의 문제와 정치세력 __29

I. 문혁 전후 중국사회의 문제 __31
1. 중국 사회주의 건설과 문혁 발생의 원인 __31
2. 문혁과 정치·사회적 균열 __45
3. 경제적 낙후 __57

II. 문혁 전후 권력구조와 정치세력 __68
1. 문혁과 권력구조의 변화 __68
2. 문혁의 경험과 정치집단의 재구성 __84

제3장 반급진파연합의 형성과 재편 __97

I. 화 궈펑 체제의 형성 __99
1. 마오 쩌둥 사망 전후의 권력구조 __99
2. 반급진파연합과 화 궈펑 체제의 형성 __107

II. 화 궈펑 체제의 모순과 재편 __119
　　　1. 화 궈펑 체제의 모순 __119
　　　2. 덩 샤오핑의 평반과 화 궈펑 체제의 재편 __129

제4장 반문혁연합의 형성과 승리 __149

　　I. 평반문제와 반문혁연합의 형성 __151
　　　1. 양개범시와 평반문제 __151
　　　2. 진리표준토론과 반문혁연합 __165
　　II. 반문혁연합의 승리와 한계 __184
　　　1. 중앙공작회의와 11기 3중전회 __184
　　　2. 반문혁연합의 한계와 남겨진 과제 __209

제5장 덩 샤오핑 체제의 완성 __221

　　I. 덩 샤오핑 체제의 성립 __223
　　　1. 반문혁연합의 재편: 급진개혁의 배제 __223
　　　2. 평반과 화 궈펑 체제의 종언 __241
　　II. 덩 샤오핑 체제의 성격 __266
　　　1. 정치·사회적 통합과 그 한계 __266
　　　2. 정치체제의 변화 __283

제6장 결론 __301

    1. 화 궈펑 체제의 역할과 한계 __304
    2. 덩 샤오핑 체제 형성의 원인 __305
    3. 평반과 정치체제의 변화 __306
    4. 덩 샤오핑 체제의 성격과 한계 __308

참고문헌 __310
찾아보기 __324

일러두기
1. 이해를 돕기 위해 인명·지명을 제외한 중국어 고유명사는 우리말 한자음에 따라 표기했다.
2. 책에 나오는 연설·결정·결의·지시·보고·규정·공보·의견 등은 " "로, 개별 글과 작품은 「 」로, 책은 『 』로 표시했다.
3. 인용문 중 〔 〕는 필자가 덧붙인 부분이다.

제1장

서론

개혁은 사회주의 중국의 면모를 근본적으로 변화시켰다. 개혁을 통해 중국은 계획에서 시장으로 경제운용 기제와 사회·경제체제의 근본적 전환을 이룩했으며, 인민의 사회·경제적 생활이 근본적으로 변화했다. 그런데 그러한 개혁은 "정치개혁 없는 경제개혁을 시도하려고 했다"(Shirk 1999, 12~13면)는 평가에서도 알 수 있는 바와 같이, 구소련의 그것과는 달리 공산당 일당독재를 포함하는 정치체제의 근본적 전환 없이 수행되었다. 그 과정에서 1989년의 톈안먼(天安門) 사건과 같은 위기가 없었던 것은 아니지만, 그러한 위기에도 불구하고 중국공산당은 여전히 대안적 정치세력의 대두가 가능하지 않아 보이는 유일한 정치세력으로 존재할 뿐만 아니라 개혁의 '선봉대'라 자임하고 있다. 이러한 사실은 중국의 개혁과정이 정치적으로는 구체제의 틀을 유지한 채 사회·경제체제의 근본적 전환을 이루었다는 것을 의미한다. 그렇다면 사회·경제체제의 근본적 전환에도 불구하고 중국공산당은 어떻게 지배체제를 유지했으며 개혁의 '선봉대'가 될 수 있었는가?

"정치개혁 없는 경제개혁"이라는 주장에도 불구하고, 중국의 개혁과정에서 당·정 분리, 촌민(村民) 자치, 각급 인민대표대회의 역할 강화 등 당-국가 내부의 정치기제에는 상당한 변화가 있었다(Shambaugh 2008). 사회·경제적 변화를 정치적으로 수용할 수 있는 경로를 제공했다는 점에서 이러한 변화가 중국공산당의 지위와 역할이 유지될 수 있었던 요인의 하나라고 할 수는 있지만, 정치적 변화는 사회·경제체제의 근본적 변화에 비해 변화의 폭이 너무 미미했기에 이것만으로 충분한 설명이 될 수는 없다. 오히려 주요한 원인은 유일한 지배집단으로서 중국공산당의 응집력과 내적 통합 및 변화를 주도하고 수용한 이념적 개방성에 있었다고 할 수 있다. 즉 사회·경제적 변화를 선도하거나 선택적으로 수용하면서 사회·경제체제의 전환을 조절하고, 정치적 변화에 대한 요구를 제어할 수 있었던 공산당의 능력이 주요한 원인이었다.

일반적으로 중국공산당 내부의 정치는 파벌적 구조 또는 비공식정치에 의해 규정된다고 본다.[1] 그러나 개혁 이후 사회적 위기를 동반한 1989년의 균열 외에 공산당의 심각한 내적 균열이 표출된 적은 없었다. 또한 1987년 후 야오방(胡耀邦)의 예와 같이 일부 지도자의 실각이 있기는 했지만, 제도의 미비에도 불구하고 계승문제도 비교적 원활하게 해결되고 있다. 그러한 사실은 중국공산당이 파벌적 구조 또는 비공식정치에도 불구하고 (혹은 비공식적 기제를 통해) 당 내부의 갈등을 통합하고 조절할 수 있었다는 것을 의미한다.

다른 한편 중국공산당은 외형적 변화가 없었음에도 불구하고 이념 수정을 통해 사회·경제적 변화를 추동하였으며 중국공산당 자신을 변모시켰

---

1) 중국공산당이 파벌적 구조 또는 비공식정치에 의해 규정된다는 견해는 정치엘리트에 대한 '파벌주의' 또는 '비공식정치'의 관점을 가진 네이선(Andrew J. Nathan)의 선구적인 연구에서 시작된다(Nathan 1973). 그후 탕 추(Tang Tsou)와의 논쟁을 거치면서(Tsou and Nathan 1976), 그러한 관점이 중국 정치엘리트 연구의 주류가 된다. 자세한 내용은 Unger(2002); 김태호(2000) 참조.

다. 중국공산당은 이념뿐만 아니라 구성에서도 계급정당에서 국민정당으로 변모하고 있다.[2] 그 과정에서 사회주의는 전통적 의미를 상실해갔으며, 당원은 수적으로도 그 외연의 범주에서도, 심지어 자본가까지 포함하는 것으로 확대되었다. 이러한 공산당의 이념과 외연의 전환은 정체성이라는 측면에서는 자기모순을 포함하지만 사회·경제적 변화에 공산당이 적응하고 그것을 선도할 수 있도록 했다는 점에서, 독재 및 개혁의 '선봉대'로서 공산당의 지위 유지와 불가분의 관계에 있다.

그렇다면 개혁시기 중국공산당이 내적 응집력과 통합 및 변화에 대한 유연성을 가질 수 있었던 원인은 무엇인가? 그것은 중국혁명 과정에서 형성된 중국공산당의 성격 및 마오 쩌둥 사상(毛澤東思想)과도 관련되지만, 더 직접적으로는 개혁개방의 지도체제인 '덩 샤오핑 체제(鄧小平體制)'의 성격과 관련된다. 볼셰비끼당을 모델로 했던 중국공산당은 당 건설과정에서 고도의 집중과 통일을 강조했으며, 노동자계급이 극소수에 불과했던 중국의 상황에서 출발하여 객관적 계급보다는 사상과 도덕적 수양을 당 건설의 기본 원칙으로 했다는 데 그 특징이 있다(范賢超 外 1993, 539~52면). 그러한 특징은 중국공산당에서 주의주의적(主意主義的) 경향과 주기적 정치운동이 반복되는 결과를 초래하기는 했지만, 구소련 같은 피의 숙청보다는 교육과 사상학습을 통해 이질적 요소를 융화하면서 당의 통합을 유

---

[2] 중국공산당은 2002년 11월 개최된 제16차 전국대표대회에서 당의 성격 및 당원의 구성과 관련된 당장(黨章)의 몇가지 중요한 사항을 수정함으로써 공산당의 성격을 변화시킨다. 당장 총강의 수정을 통해 중국공산당은 "노동자계급의 선봉대"에서 "선진생산력 발전의 요구와 선진문화 발전방향 및 가장 광범한 인민대중의 근본 이익을 대표"하는 이른바 '삼개대표(三個代表)'의 "노동자계급의 선봉대인 동시에 중화민족의 선봉대"로 변화된다. 그리고 그에 맞추어 당장 1조의 당원 자격을 "노동자, 농민, 군인, 지식분자와 기타 혁명분자"에서 기타 혁명분자 대신 "기타 사회계층의 선진분자"로 수정한다. 이러한 당의 성격 및 당원 자격과 관련된 당장 수정은 1982년 제12차 전국대표대회에서의 수정 이후 처음이었다. 이것은 중국공산당이 계급정당에서 사실상의 국민정당으로의 전환을 선언한 것이라고 할 수 있다.

지하게 했다. 그러나 주의주의적 경향이 극단화되었던 1966~76년의 문화대혁명(이하, 문혁)은 당뿐만 아니라 국가·사회 전반에 걸친 균열을 초래했다. 중국공산당이 당과 국가를 위기에 봉착하게 한 그러한 난국을 극복하고, 당과 국가·사회 내부의 통합을 회복하는 과정에서 형성된 것이 바로 덩 샤오핑 체제였다.

덩 샤오핑이 권력의 주도권을 행사하던 시기 중국공산당의 지도체제를 덩 샤오핑 체제라고 한다면, 그것은 대체로 1978년 12월의 중국공산당 제11기 중앙위원회 제3차 전체회의(이하, 11기 3중전회)에서 1992년 중국공산당 제14차 전국대표대회(이하, 14차 당대회) 이전까지의 중국공산당의 지도체제이다.[3] 그러나 14차 당대회 이후에도 권위담당자의 교체를 제외한 커다란 정치적 변화를 찾기 어렵다. 뿐만 아니라 2002년 16차 당대회에서 후 진타오(胡錦濤)의 등장도 덩 샤오핑과 연관되어 있는 점에서[4] 알 수 있는 바와

---

3) 덩 샤오핑이 11기 3중전회에서 권력 주도권을 장악했다는 데 대해서는 이견이 없다. 그러나 그것이 화 궈평(華國鋒)이 실권을 상실했다는 것을 의미하는 것은 아니며, 화 궈평의 실각은 그로부터 2년 후에나 이루어진다. 이에 비해 덩 샤오핑 시기의 종점에 대해서는 이견이 있을 수 있다. 덩 샤오핑은 1989년 11월의 13기 5중전회에서 마지막까지 보유하고 있던 중앙군사위원회 주석직을 사임함으로써 공식적으로 퇴진했다. 하지만 공식적 퇴진 이후에도 덩 샤오핑은 최소한 1992년 남순강화(南巡講話)까지는 공개적이고 중요한 정치적 작용을 수행했다. 뿐만 아니라 1997년 2월 사망하기까지 실질적으로든 상징적으로든 중요한 정치적 작용을 했다고 여겨지고 있다. 그러나 남순강화가 『덩 샤오핑 사상연보(鄧小平思想年譜) 1975~1997』(中共中央文獻硏究室 1998a)에 수록된 덩 샤오핑의 마지막 활동이며, 14차 당대회에서의 인사문제에 대한 결정 이후 덩 샤오핑이 공개적으로 직접 개입한 정치적 결정에 관한 예는 없다. 『덩 샤오핑 연보(鄧小平年譜) 1975~1997』(中共中央文獻硏究室 2004)에는 1995년까지 지방시찰 자료가 있지만, 1992년에 확정된 정책 방향과 권력구조에 대한 강조와 지지 및 『덩 샤오핑 문선(鄧小平文選)』3권 편찬 외 특별한 내용은 없다.
4) 후 진타오가 2002년 11월의 16차 당대회 이후 중국공산당 총서기(總書記)가 될 수 있었던 것은 1992년 14차 당대회 이후 핵심 지도층의 후계자로서 정치국 상무위원에 선출되었기 때문인데, 그것은 덩 샤오핑이 제안한 것이었다. 그렇기 때문에 후 진타오는 덩 샤오핑이 장 쩌민(江澤民) 다음 세대로 격세 지명한 '황태자'로 불린다(高新 2003,

같이 덩 샤오핑 체제는 덩 샤오핑 사후의 지도체제 재구성을 포함한 개혁 시기 정치 전반을 규정하고 있다. 이 책은 바로 그러한 덩 샤오핑 체제의 형성과정과, 그 과정에서 중국공산당이 내적 응집력과 통합 및 변화에 유연성을 가질 수 있었던 원인을 구명(究明)하는 것을 목적으로 한다.

주지하다시피 덩 샤오핑 체제는 1976년 마오 쩌둥 사망과 4인방(四人幇, 왕 훙원王洪文, 장 춘차오張春橋, 장 칭江靑, 야오 원위안姚文元) 체포를 통한 문혁 종결 이후 등장한 '화 궈펑 체제(華國鋒體制)'를 대체하여 성립되었다. 덩 샤오핑 체제는 11기 3중전회에서 화 궈펑이 실각하는 1981년 11기 6중전회까지의 일련의 권력이행과 재구성을 통해 이루어졌다.[5] 그리고 1982년 9월 12차 당대회에서의 당장(黨章) 수정과 1982년 12월 제5기 전국인민대표대회(이하, 전국인대) 5차 회의에서의 헌법 개정을 통해 당과 국가 체제의 법적·제도적 재구성이 완료된다. 그렇기 때문에 덩 샤오핑 체제의 형성과정과 그 성격을 이해하기 위해서는 마오 쩌둥 사망 이후 화 궈펑 체제의 성립에서 권력이행이 완료되는 1981년 11기 6중전회까지를 중심으로, 1982년 당장 수정과 헌법 개정까지의 시기를 포함하여 살펴보아야 한다.

화 궈펑 체제를 대체하였다는 점에서, 덩 샤오핑 체제 성립의 직접적 기원은 화 궈펑 체제의 내부적 모순에 있었다고 할 수 있다. 그러나 화 궈펑

32~33면).
5) 화 궈펑의 실각은 사실상 1980년 11월 10일부터 12월 5일까지 연속하여 개최된 아홉 차례의 정치국 확대회의에서 결정되었다. "건국 이래 당의 약간의 역사문제에 대한 결의(關于建國以來黨的若干歷史問題的決議)"(이하, 건국 이래 역사문제 결의)를 논의하는 과정에서 개최된 그 회의에서 화 궈펑의 당주석직과 중앙군사위원회 주석직을 사임시키고 후 야오방을 당주석, 덩 샤오핑을 중앙군사위원회 주석으로 선출하도록 11기 6중전회에 건의하기로 결정했으며, 6중전회 개최 전에는 후 야오방이 중앙정치국과 정치국 상무위원회의 책임을 맡고, 덩 샤오핑이 중앙군사위원회의 책임을 맡기로 함으로써 화 궈펑의 퇴진이 사실상 결정되었다(王健英 1995, 1133면). 화 궈펑이 겸임하고 있던 국무원 총리직은 그 이전인 1980년 9월의 제5기 전국인대 3차 회의에서 자오 쯔양(趙紫陽)에게 이양되었다.

체제의 문제는 문혁에 기인했기 때문에 덩 샤오핑 체제 형성의 연원은 결국 문혁으로 인한 문제에 있었다. 새로운 사회를 건설하기 위한 전대미문의 실험이었던 문혁의 실패는 중국공산당을 이중적 위기에 빠뜨렸다. 공산당뿐만 아니라 사회 전체를 적대적으로 균열시킴으로써 당과 국가의 통합이 근본적인 위기에 봉착하게 되었으며, 새로운 사회주의 건설방법의 실패라는 점에서 공산당을 신념의 위기에 빠뜨렸다. 더구나 문혁 이후 중국의 사회·경제적 후진성과 그것에 대한 재인식은 그러한 위기를 더욱 심화했다. 그러므로 중국공산당이 당과 국가의 통합을 회복하고 신념의 위기를 극복하기 위해서는, 당과 국가 내부의 균열과 적대적 대립의 치유, 그리고 그러한 문제를 초래한 문혁에 대한 근본적 비판과 반성이 필요했다.

문혁 이후의 중국정치는 바로 이러한 문제들에 의해 규정되었으나, 문혁 종결 후 성립된 화 궈펑 체제는 자기모순으로 인해 이를 해결하는 데 한계가 있었다. 결국 그것을 둘러싼 정치세력들의 갈등과 대립 및 타협과 연합의 과정에서 정치권력이 교체되고 덩 샤오핑 체제가 형성되었다. 문혁 이후 남겨진 문제의 복합성은 덩 샤오핑 체제의 형성과정에서 권위담당자 교체와 더불어 새로운 발전모델로서 개혁개방 노선을 필요로 했다. 그렇게 등장한 덩 샤오핑 체제는 부분적인 제도적 변화를 제외한 당-국가 체제의 전환 없이 사회·경제체제의 근본적인 전환을 이루었다. 따라서 중국의 개혁은 "정치개혁 없는 경제개혁"으로 이해된다.

사회·경제체제의 전환에 조응하는 정치체제의 변화가 없었다는 점에서 중국의 개혁이 "정치개혁 없는 경제개혁"이라는 주장은 타당하다. 그러나 그러한 주장이, 중국의 개혁과정에서 권위담당자 교체 이상의 정치적 변화가 없었다는 것을 의미하지는 않는다. 문혁과 개혁개방의 차이가 단지 정책 선호의 차이를 갖는 정치지도자 교체만의 결과일 수는 없기 때문이다. 그렇다면 어떠한 정치적 변화가 있었는가? 이 책은 당-국가 체제의 불변에 의해 은폐되고 간과되지만 중국의 개혁과정에서 경제개혁에 선행하여 이념, 가치, 규범 및 권력구조를 포함하는 정치체제 전반에 걸친 중요한 변화가 있었다고 주장한다. 다시 말해서, 개혁개방의 지도체제인 덩 샤오핑 체제의 형성과정에서 단순한 권위담당자의 교체만이 아니라 정치체제 전반에 중대한 변화가 있었다는 것이다. 이를 통해 중국공산당은 내적 응집력과 통합을 회복하였으며 변화를 수용하고 주도할 수 있게 되었다. 그러한 정치적 변화는 문혁에 대한 비판과 반성의 결과였으며, 문혁 피해자에 대한 '평반(平反)'을 매개로 이루어진 것이었다.

평반이 그러한 정치적 변화의 매개로 작용한 것은 평반의 일반적 성격과 더불어 그것의 전제였던 역사특수적 실천으로서 문혁의 성격에서 기인한다. 평반의 사전적 의미는 "잘못된 판결과 잘못된 정치적 평가를 바로잡는 것"으로 복권(復權)과 비슷한 개념이다. 그런데 평반은 법적·정치적 의미를 지닐 뿐만 아니라 원직 회복 또는 배상이 수반된다는 점에서 복권과는 차이가 있다. 또한 정치운동이 주기적으로 반복된 중국에서 평반은 그 전제로서 옳고 그름과 허용-금지의 준거틀 자체의 변화를 포함하였다. 그렇기 때문에 평반의 전제인 잘못된 것 또는 부당한 것은 기술적인 잘못에 더해 정책과 노선, 정치체제적 의미를 지니는 이념과 실천 일반의 잘못을 포함했다. 게다가 문혁은 특정 영역이나 부문의 문제가 아니라 국가·사회 전반에 관련된 광범위하고 엄청난 수의 피해자를 양산했다는 점에서 문혁 피해자에 대한 평반은 좀더 근원적인 의미를 지닐 수밖에 없었다.

문혁 피해자의 범위와 규모는 그들에 대한 평반이 개별 사건에 대해서만이 아니라 문혁과 그 원인에 대해 비판과 반성을 하도록 요구했다. 문혁 피해자에 대한 평반은 문혁을 마오 쩌둥이 시작했다는 점에서 마오 쩌둥에 대한 재평가를 피할 수 없게 했으며, 급진적 이념과 권력의 과도한 집중에도 그 원인이 있었다는 점에서 정치체제 문제에 대한 반성도 불가피했다. 그런데 마오 쩌둥은 중화인민공화국의 창건자이자 그 이름의 사상으로 혁명과 건설을 지도한 절대적 권위였다. 그의 사후 성립된 화 궈펑 체제는 마오 쩌둥의 유훈에 권력 계승의 정당성을 두고 있었다. 그런 점에서 문혁 피해자에 대한 평반은 이념과 권력구조에 대한 반성과 변동을 요구하는 것이었으며, 화 궈평 체제의 정통성을 부정하는 것이었다. 게다가 평반은 숙청당했던 간부들을 권좌에 복귀시키는 한편, 화 궈평 체제에서 중요한 역할을 담당하고 있던 숙청에 책임이 있는 인사들에 대한 책임 소추를 불가피하게 함으로써 정치권력 내부의 세력균형을 조정하는 기제로도 작용했다. 그렇기 때문에 평반은 이념과 권력구조를 포함한 정치체제 변동과 권력 교체의 기제가 되었다.

더구나 문혁 이후의 대대적인 평반은 옳고 그름과 정치적·경제적으로 허용되는 자유의 범위를 규정하는 행위 준칙과 준거틀을 일반적 수준에서 재조정했다. 사회·경제·학술 또는 인민 생활의 영역에서 정치적 기준에 의해 배제되거나 딱지 붙여졌던 '불가촉민'들의 평반은 그러한 영역의 행위에서 더이상 정치적 자기검열이 필요하지 않다는 것을 의미했다. 딱지 붙이기와 계급투쟁에 의해 종래에는 금지되던 것이 더이상 금기가 아니게 되었다. 게다가 평반은 선언이 아니라 개별 인신적인 직접적 '해방'을 통해 이루어졌다는 점에서 그 영향이 더욱 직접적이고 즉각적이었다.

그러한 평반은 경제개혁에 있어서도 필수적인 정치적 조건이었다. 중국에서는 경제개혁이 금지영역을 뛰어넘는 것이었고 또한 그것이 아래로부터의 자발성을 통해 이루어졌기 때문이다. '호별영농제〔包産到戶〕'나 '개인경영〔個體戶〕'이 "자본주의로의 복귀이자 자본가계급의 부활"이라는 비판이 남아 있는 한, 감히 그러한 금기를 범할 수는 없었을 것이기 때문이다. 민주적 권리와 정치적 자유의 확대는 명시적이지 않았지만, 정치와 계급투쟁의 기준에 의한 일체의 지배와 그러한 기준에 의한 자기검열의 필요가 사라졌다는 것은 인민의 정치생활 전반에 중요한 변화를 초래한 요인이었다. 그런 점에서 평반은 경제개혁의 필수불가결한 전제이자 인민의 정치생활의 자유를 신장하는 기제였다.

문혁 피해자에 대한 평반이 초래할 그러한 정치적 결과가 명약관화했음에도, 평반이 정치의제화된 것은 화 궈펑 체제가 처한 주객관적 조건 때문이었다. 그 조건이란 첫째, 문혁으로 인한 정치·사회적 균열이다. 균열된 당과 국가의 통합을 회복하기 위해서는 적대적 대립과 균열을 봉합해야 했는데, 그것을 위해 평반이 필수적이었다. 둘째, 화 궈펑 체제가 문혁 주도세력인 급진파 4인방 체포의 결과였다는 점이다. 4인방에게 과오가 있었다면 4인방을 체포한 이후 성립된 화 궈펑 체제에서는 최소한 4인방에 의한 희생자들에 대한 평반을 거부할 수 없었다. 셋째, 화 궈펑 체제는 문혁 수혜자 집단과 문혁 생존자 원로간부 집단의 연합권력이었다는 점이다. 문혁 생존자 집단은 문혁 피해자인 덩 샤오핑 같은 혁명동지에 대한 평반을 요구하였고, 화 궈펑도 그것을 무시할 수 없었다.

그러나 그렇다고 해서 문혁 피해자에 대한 평반이 즉각적으로 문혁 부정, 마오 쩌둥 비판, 그리고 권력구조의 재편을 포함한 정치체제의 변화를 초래한 것은 아니었다. 뿐만 아니라 평반 자체도 여러 정치세력들이 동의하지 않을 수 없는 (결코 덜 민감하거나 덜 중요한 것이 아닌) 문제로부터 이견이 많고 민감한 문제로 점진적이고 체증적(遞增的)으로 확대되었다. 즉 4인방과 직접적으로 관련된 사건에 대한 평반으로부터 문혁 일반과 관련된 사건에 대한 평반으로 확대되었으며, 마오 쩌둥과 직접 관련되어 마오 쩌둥 재평가에 영향을 미칠 수 있는 사건에 대한 평반이 가장 늦게 이루어졌다. 그러한 평반의 체증적 확대는 그 전제이자 결과로서 이념의 수정과 정치세력의 균형 변화 및 재편과 상호작용을 통해 이루어졌으며, 그 결과 권력 교체와 정치체제 변화가 이루어졌다.

일반적으로 정치운동과 숙청이 이념의 경직화와 정치적 통제가 강화되는 시기에 나타난 배제의 기제라면, 평반은 통제가 이완되는 시기에 나타난 통합의 기제였다. 문혁 이후의 평반은 그 규모와 특수성으로 인해 이해관계의 대립과 책임문제 등이 등장하기는 했지만, 통제의 이완과 이념의 유연화를 초래했다는 점에서는 예외가 아니었다. 더구나 문혁 이후의 평반은 그 전제이자 결과로서 이른바 사상해방과 함께 이루어졌는데 이것은 급진적 사회주의 또는 계급투쟁 이념으로부터의 탈피를 의미하는 것이었다. 그러한 사상해방은 이념의 수정만이 아니라 정치행위 준칙과 정치행태의 변화를 포함했다. 이러한 변화는 정치투쟁과 이해의 대립이 극단적인 방식이 아니라 온건하고 합리적인 방식으로 해결되는 것으로 나타났다. 법적 책임을 져야 하는 이른바 문혁시기의 '범죄자'들을 제외한, 과오가 있는 반대자들에게는 정치적 꼬리표 없는 '명예로운' 퇴진이 보장되었다. 그것은 중국공산당이 새로운 적대적 갈등을 최소화함으로써 평반으로 인한 갈등의 해소와 더불어 정치적 통합을 강화하고 수긍할 수 있는 규칙과 절차를 형성해갔다는 것을 의미한다.

  다른 한편 평반의 결과로 당과 국가는 통합을 회복할 수 있었으며, 공산당은 그것을 주도함으로써 문제 해결의 주체로서 공산당의 위신을 높였다. 또한 평반은 사상해방과 정치생활의 변화를 통해 변화를 수용할 뿐만 아니라 새로운 실험을 시도하고 변화를 선도할 수 있도록 당의 체질을 개선했다. 그렇기 때문에 공산당은 개혁을 주도하는 선봉대가 될 수 있었던 것이다.

  이러한 주장은 개혁체제의 형성과정과 그 과정에서 발생한 변화 및 그러한 변화의 기제에 대한 것으로, 크게 다음 세가지로 요약될 수 있다. 첫째, 개혁체제는 화 귀평 체제와 덩 샤오핑 체제라는 2단계의 전환을 거쳤다. 이것은 개혁으로의 전환과정에서 화 귀평 체제가 단순한 과도기 이상의 중요한 작용을 했으며, 그것에 대한 재평가와 연구가 필요하다는 것을 의미한다. 둘째, 개혁체제의 형성과정에서 단지 권위담당자의 교체만이 아니라 개혁의 전제로서 이념과 가치 및 행위규범 등 인민의 정치생활의 중요한 변화를 포함하는 정치체제의 변화가 있었다. 이것은 중국의 개혁과정에서 경제개혁에 상응하는 정치개혁이 없다는 이유로 개혁에 선행하는 정치적 변화를 간과하고 중국의 개혁을 단지 "정치개혁 없는 경제개혁"으로 보는 기존 연구와 대립된다. 셋째, 그러한 변화는 문혁으로 인한 정치·사회적 균열을 해결하고 통합을 회복하기 위한 평반과 그것을 둘러싼 갈등을 매개로 이루어졌다. 이러한 관점은 중국의 개혁에 대해 경제개혁을 중심으로 한 개혁과 보수 또는 개혁과 반개혁의 대립으로 설명하는 기존 연구와 대립된다. 경제개혁을 중심으로 한 개혁과 보수 대립의 관점은 첫째, 개혁체제 형성과정에서 중요한 계기가 되는 11기 3중전회 이전에는 그러한 대립이 없었다는 점에서, 둘째, 11기 3중전회 이후의 경제정책을 둘러싼 대립이 권력 교체를 초래한 정치적 균열과 일치하지 않는다는 점에서 개혁체제의 형성을 설명할 수 없다.

이 책은 바로 그러한 세가지 주장을 논증하려고 한다. 그것을 통해 개혁체제의 형성과정뿐만 아니라 개혁체제와 개혁의 성격을 규명할 수 있다. 또한 개혁체제의 형성과정이 개혁으로의 전환과정이자 정치엘리트 교체와 계승의 과정이었다는 점에서, 이 연구는 사회주의 개혁 일반 및 중국의 정치엘리트 변동과 관련해서도 중요한 함의를 지닌다.

문혁 전후 중국사회의 문제와 정치세력

I. 문혁 전후 중국사회의 문제

1. 중국 사회주의 건설과 문혁 발생의 원인

중국에서 문혁은 사회주의의 급진적·이상주의적 실험을 의미했다. 중국에서 사회주의 건설은 생산력을 발전시키는 것임과 동시에 생산관계를 공유제 위주의 사회주의체제로 전환하는 것이었다. 그러나 저발전된 반식민지·반봉건사회(半植民地·半封建社會)에서 사회주의로 이행하는 과정에서, 생산력 발전과 생산관계의 전환은 서로 조응하기도 했지만 동시에 상호모순을 드러내기도 했다. 이러한 문제로 인해 이론과 정책에 있어서 두 가지 대립적인 경향이 나타났다. 한 극에 이른바 유생산력론(唯生産力論)으로 비판받은 생산력 발전을 중시하는 입장이 있었다면, 다른 한 극에는 계급투쟁과 생산관계의 전환을 중시하는 입장이 있었다. 계급투쟁의 극단화, 혁명과 건설의 결합, '정치에 의한 일체의 지배'를 주요 내용으로 하는 이른바 '정치우위(政治掛帥)' 혹은 '돌출정치(突出政治)'는 계급투쟁과 생산관계 중심론에서 기원하였다.[1] 그러한 급진적 이상주의는 문혁으로 그 정점에 도달한다.

　일반적으로 급진적 이상주의는 1957년 반우파투쟁(反右派鬪爭)을 기점으로 한다고 평가된다.[2] 문혁의 중요한 원인이 되는 마오 쩌둥 사상의 좌경화가 그 시기에 시작되었다고 평가된다. 구미에서의 연구도 문혁을 1956년부터 잉태되기 시작한 마오 쩌둥식 새로운 길의 시도라고 평가한다.[3] 중국의 일부 연구자들은 마오 쩌둥 사상 좌경화의 기원을 1952~53년의 이른바 과도시기총노선(過渡時期總路線)이 제기된 때까지로 그 시기를 앞당기기도 한다.[4] 과도시기총노선은 사회주의적 요소와 자본주의적 요소가 공존하는, 15년 이상 존속될 것이라고 예측했던 신민주주의 단계의 조속한 종결과 사회주의로의 이행의 시작을 의미했다. 그것이 물질적 생산력 발전수준과는 괴리된 조급한 것이었다는 주장이다.[5] 그 기점을 무엇

---

1) '정치우위'는 1958년 3월 27일의 『인민일보(人民日報)』 사론(社論)에서 처음 제기된 것으로, 정치가 경제, 군사, 업무 등 일체에 우선하는 가장 중요한 지위를 점한다는 것으로 '계급투쟁 중심(階級鬪爭爲綱)'과 동의어로 사용되었다. 이후 1964년 린 뱌오(林彪)에 의해 정치가 모든 것을 결정하고 정치가 모든 것을 대체할 수 있다는 '돌출정치'로 발전된다(原武漢軍區政治部 1985, 3~4면; 郭大松·陳海宏 1999, 113면).
2) 중국에서 중화인민공화국(中華人民共和國) 수립 이후의 역사에 대한 공식적인 평가는 1981년 "건국 이래 역사문제 결의"에서 이루어졌다. 이 결의에서는 1957년 이후 "당 사업의 지도방침에서 엄중한 과오가 있었다"라고 평가한다(中共中央文獻硏究室 1985, 22면). 이러한 평가는 중국연구자들의 일반적 지침이 되었다.
3) 맥파콰(Roderick MacFarquhar)의 연구는 1956년부터 시작되는 마오 쩌둥과 류 샤오치(劉少奇) 등 다른 지도자들의 권력투쟁이 문혁을 발생시킨 주요한 요소라고 본다는 점에서 중국에서의 연구와 차이가 있다(MacFarquhar 1974, 9~11면). 그러나 사회를 새롭게 구성하는 것과 맥파콰가 첫번째 '대약진(大躍進)'이라고 표현한 1956년의 '모진(冒進)'은 결국 중국에서 평가하는 마오 쩌둥 사상 좌경화의 내용이다. 그렇기 때문에 사회 재구성과 그 방법론인 모진문제를 둘러싼 권력투쟁을 문혁 발생의 원인으로 본 것은 결국 사상적 좌경화를 문혁 발생의 한 요인으로 보았다는 것을 의미한다.
4) 국방대학(國防大學) 교수를 역임한 저명한 당사(黨史) 연구자인 린 윈후이(林蘊暉)는 1957년 이후의 '좌경' 오류의 최초의 원인은 1953년의 과도시기총노선에 있었다고 주장한다(林蘊暉 1980, 52면).

으로 삼든 상관없이, 급진적 이상주의의 기점에 대한 논의는 그것으로의 전환이 두 단계를 거쳤다는 것을 의미한다. 첫번째는 1952~53년의 과도시기총노선의 제기이고, 두번째는 1957년의 반우파투쟁을 기점으로 하는 급진적 이상주의의 전면화라고 할 수 있다.

급진적 이상주의의 출현은 저발전국에서 사회주의혁명 이후의 개연적인 발전전략이자 동시에 중국의 경험과 국제적 환경이 결합된 결과였다. 1952~53년과 1957년의 전환은 국제적으로는 냉전과 양극체제라는 2차대전 이후의 세계체제와 1956년 소련공산당 20차 당대회에서의 스딸린 비판 및 사회주의진영 내부의 대립과 갈등의 출현과 관련되어 있으며, 동시에 중국 내부의 '과잉 성공'의 결과이기도 했다.

중국공산당은 1949년 중화인민공화국의 수립과 더불어 소련 및 사회주의권에 편향적인 이른바 일변도(一邊倒) 외교정책을 택했다. 그러나 그것이 서방과의 관계를 단절하겠다는 것을 의미하는 것은 아니었다. 오히려 중화인민공화국 수립을 즈음한 시기에 중국공산당과 소련의 관계는 그다지 원만하지 못했다. 그리고 중국공산당과 미국의 적대관계도 그렇게 확정적이지 않았다.

첫째, 그간 소련공산당은 마오 쩌둥을 제2의 티토 출현이라고 의심하는 경향이 있었다. 마오 쩌둥은 코민테른, 즉 사실상 소련공산당에 의해 지배되는 국제공산주의 혁명조직과 대립하여 독자적인 혁명전략을 형성하면서 성장했다. 그 과정에서 마오 쩌둥은 세계 공산주의운동의 영수로 자임했던 스딸린과 일정한 대립관계에 있었다(靑石 1999, 25~34면). 둘째, 소련은 중국이라는 국가의 대표로 국민당을 인정했을 뿐만 아니라 국민당과 비교적 우호적인 관계에 있었다. 이는 1949년 4월 21일 공산당이 국민당의 수

---

5) 린 윈후이는 과도시기총노선이 자본주의와 사유경제를 지나치게 조급하게 절멸시킨 것이자 생산력 발전을 중심으로 삼지 않고 계급투쟁 중심을 계속하여 실행한 것이라고 본다(林蘊暉 1980, 50~51면).

도 난징(南京)을 함락했을 때 유일하게 주중 소련대사만이 국민당 정부를 따라 광저우(廣州)로 이동한 것에서도 증명된다. 셋째, 도리어 미국은 국민당 정부에 대해 신뢰감을 상실했으며 주중 대사관이 공산당 점령지에 잔류함으로써 공산당과의 대화 가능성을 열어놓았다. 결국 반파시스트 통일전선기에 형성된 혁명전략인 신민주주의 혁명노선의 관철과 집행은 국내적 요소와 더불어 그러한 국제정세의 불확정성에서 기인한 것이라고 볼 수 있다.

그러나 중국의 한국전쟁 개입과 냉전의 격화는 최소한 그후 20여년간 지속된 대(對)서방관계의 적대화를 초래했다. 그러한 진영모순의 심화와 국제환경의 변화가 국내 정책의 선택 범위를 제한했다. 마오 쩌둥은 1952년까지의 경제회복 기간 중 도시 민족자본가의 성장과 농촌 중농(中農)의 성장을 자본주의적 요소의 성장과 자본주의 부활 가능성의 증대로 과장하여 평가했다. 마오 쩌둥의 그러한 평가는 국제정세 변화에 따른 위기감의 심화와 더불어 그러한 국제정세 변화를 국내정세에 투사한 결과였다. 냉전과 진영모순의 심화가 의미하는 세계적 범위의 자본주의와 사회주의의 적대적 대결이, 중국에서 자본주의와 사회주의의 공존 상황을 조기에 종식시키도록 요구했던 것이다. 그와 동시에 중국이 소련의 발전모델을 받아들여 1953년부터 '제1차 5개년계획'을 시작한 것은 소련이 유일한 대안적 모델인 상황에서 필연적인 결과였다.

1952~53년의 전환은 자본주의의 조급한 절멸과 사회주의로의 개조를 조산시켰지만, 경제법칙 자체를 무시하지 않았다는 점에서 이상주의적이지는 않았다. 뿐만 아니라 중국은 1949년부터 사회주의로의 진입 완성을 선언하는 1956년 중국공산당 8차 당대회까지 안정적인 경제성장을 이룩했다. 그렇기 때문에 이 시기를 중국에서는 '개선행진의 시기(凱歌行進的時期)'라고 부른다. 급속한 이행과정에서 문제와 갈등이 없었던 것은 아니지만, 유사한 체제 전환을 경험했던 소련이나 동구에 비해 그 전환 속도가

빨랐고 전환 과정의 갈등도 훨씬 적었다. 그러나 1957년 반우파투쟁 이후의 전환은 확연히 다른 결과를 초래했다.

1956년 소련공산당 20차 당대회의 스딸린 비판과 폴란드·헝가리 사태 이후, 중국공산당은 독자적 발전모델을 모색하기 시작했다. 하지만 그것이 급진적 이상주의가 유일한 대안이라는 결론으로 이어진 것은 아니다. 마오 쩌둥은 농촌의 급격한 집단화에 제동을 걸었던 공산당 농촌공작 책임자(당 농촌공작부 부장) 덩 즈후이(鄧子恢)의 방침을 "전족한 여인이 뒤뚱거리며 걸어가는 듯하다"라는 비아냥거림으로 비판했다(毛澤東 1991, 234~63면). 그러나 1956년 4월과 5월 정치국 확대회의와 최고 국무회의에서 발표한 「십대관계론(論十大關係)」이나, 1957년 2월에 발표한 「인민 내부의 모순을 정확하게 처리하는 문제에 관하여(關于正確處理人民內部矛盾的問題)」에서 보는 바와 같이, 마오 쩌둥은 온건하고 균형적인 발전전략을 모색하려 했다. 그러한 상황은 1957년 6월 마오 쩌둥이 이른바 지식인에 대한 자유화라고 할 수 있는 쌍백운동(雙百運動)을 "숨어 있는 적을 끌어내기 위한 (引蛇出洞)" "좋은 꾀(陽謀)"였다고 주장하면서 시작한 반우파투쟁을 계기로 갑작스럽게 변화했다.[6]

쌍백운동이 마오 쩌둥이 주장하는 바와 같이 '숨어 있는 적을 끌어내기 위한 좋은 꾀'였던 것은 아니다. 1956년의 폴란드·헝가리 봉기 이후 중국 사회주의에서도 발생할 수 있는 문제를 당 외부 지식인의 비판을 빌려 미

---

[6] 쌍백운동은 마오 쩌둥이 1956년 4월 28일, 4월 25일에 발표한 「십대관계론」에 대한 토론을 종합하면서 "예술문제에서의 백화제방(百花齊放)과 학술문제에서의 백가쟁명(百家爭鳴)이 방침이 되어야 한다"고 주장하여 제기되는데, 이는 1950년대 전반부터 마오 쩌둥이 계속적으로 주장해온 바였다. 쌍백운동은 1957년 4월 공산당의 정풍운동(整風運動)을 민주당파 인사들이 도와주도록 마오 쩌둥이 호소함에 따라 정점에 달하지만 6월 8일 『인민일보』에 마오 쩌둥이 직접 쓴 「이것이 무엇 때문인가(這是爲甚麼)」라는 사론을 발표함으로써 시작된 반우파투쟁으로 종말을 고한다. 상세한 내용은 朱正(1998); 蕭冬連(1999, 53~240면); 丁抒(2006; 2007) 등 참조.

연에 방지하고자 했던 것이 마오 쩌둥이 쌍백운동을 시작한 진정한 의도였다. 그러나 그러한 비판은 당이 기대했던 선을 넘어, 당의 문제를 해결하기 위한 당 비판이 아니라 당의 정책과 일당독재에 대한 직접적 비판으로 확대되었다. 나아가 지방에서는 소규모 소요 사태가 발생했는데, 마오 쩌둥은 그러한 소요의 유용성을 주장하던 자신의 이전 주장을 뒤집고, '소(小)헝가리 사건' 등으로 비화시켰다.[7] 그러한 반우파투쟁을 통해 약 55만 명의 지식인과 민주당파 인사들이 비판받았지만, 더욱 중요한 것은 이를 계기로 이상주의적 주장이 중국공산당의 주류가 되었다는 사실이다.

경제정책, 사회주의 개조 및 집단화 등에서 과도한 속도전을 제한하는 저우 언라이(周恩來), 천 윈(陳雲), 리 셴녠(李先念) 등 경제정책 책임자들의 '반모진(反冒進)', 즉 과속에 대한 반대는 다시 마오 쩌둥에 의해 반비판되었다. 마오 쩌둥은 1957년 모스끄바에서 열린 세계공산당대회에 참석한 자리에서, 소련은 15년 내에 미국을 추월할 것이라는 흐루시초프의 주장에 호응하여 중국은 15년 내에 영국을 추월할 것이라고 주장한다. 인류 최초의 인공위성 스뿌뜨니끄호 발사 성공은 사회주의 승리의 상징이 되었으며, 제국주의 '종이호랑이'에 대한 승리는 눈앞에 와 있는 것으로 보였다. 뿐만 아니라 중국도 한국전쟁에서 세계 최강의 미국에 '승리'한 경험이 있었으며, 1956년까지의 성공의 경험은 경제적으로도 사회주의의 우월성과 성공을 보증하는 것으로 보였다. 그에 따라 1957년 말 이후 객관적 경제법칙을 무시하는 이상주의적 주장들이 연이어 나타났다. 중국인들이 "그때

---

7) 마오 쩌둥은 「인민 내부 모순을 정확하게 처리하는 문제에 관하여(關于正確處理人民內部矛盾的問題)」에서 소수자의 소요가 관료주의를 극복하는 데 도움을 줄 수 있다고 주장했다(毛澤東 1977, 395~96면). '소헝가리 사건'은 중국공산당 중앙위원회(이하, 중공중앙)의 정풍운동 호소에 호응하여 1957년 6월 초 푸젠성(福建省) 셴유현(仙游縣)의 각급 단위에서 대대적으로 발생한 대중소요와 청원운동을 말한다. 소형가리 사건에 대해서는 蔡天新(2002, 15~20면) 참조.

우리 지도자들은 흥분하여 이성을 잃었다(頭腦發熱)"라고 표현한 바와 같이 현실성 없는 맹목적인 지표들이 제기되었다.[8]

15년 내에 영국을 따라잡겠다는 주장은 2년으로 단축되었으며, 강철 생산이 경제력을 나타내는 지표가 되었다.[9] 그리고 강철뿐만 아니라 곡물 생산 등 모든 영역에서 현실성 없는 과도한 지표가 제기되었다. "사람이 생각하는 만큼 땅은 생산한다"라거나 "이루지 못할 것을 걱정하지 말고, 생각하지 못하는 것을 걱정하라"라는 구호에서 보이듯 극단적 주관주의가 만연하였으며, 1무(畝, 약 200평)당 벼 13만근(약 65톤) 생산이라는 웃지 못할 희극이 『인민일보』를 통해 대약진이 "쏘아올린 위성(放衛星)"으로 보도되었다.[10] 과장된 허위 보고와 그것에 기초한 계획, 그리고 공동식당에서 제공되는 성찬은 당장이라도 "능력에 따라 일하고 필요에 따라 가져가는" 공산주의에 진입할 것처럼 보이게 했다.

그러나 생산되지 않은 것을 기초로 한 소비와 공출에는 한계가 있었으

---

8) 지도자들이 흥분하여 이성을 상실한 상황은 강철 생산량 지표에 대한 마오 쩌둥의 생각 변화에 잘 나타난다. 1957년 중국의 강철 생산량이 570만톤이었는데, 마오 쩌둥은 5년 뒤에는 1,000~1,500만톤, 다시 5년 후에는 2,000~2,500만톤, 그리고 또다시 5년 뒤에는 3,500~4,000만톤을 생산한다는 목표를 제시한다. 그러한 목표 자체도 과도한 것이었지만, 대약진운동(大躍進運動) 과정에서 생산목표치가 계속 상향 조정되어 1958년 6월에는 1958년 1,100만톤, 1959년 2,500만톤으로 늘어났다(張文和·李艶 1998, 195~200면).
9) 1958년 6월 17일 국무원 부총리 겸 국가경제위원회 주임 보 이보(薄一波)는 1958년의 국민경제 상황과 1959년의 경제발전에 대한 보고에서, 전력을 제외한 1959년의 주요 공업생산품 생산량이 영국을 초과할 것이라고 보고했고, 그것에 대해 마오 쩌둥은 "15년이나 7년이 아니라 2, 3년 안에 영국을 초과할 것이며 2년 내에도 초과할 수 있다"라는 의견을 제시한다(毛澤東 1992b, 278면).
10) 당시의 주관주의적 구호(口號)와 이른바 『인민일보』 등에 보도된 "쏘아올린 위성"의 사례에 대해서는 張文和·李艶(1998, 233~54면) 참조. 1무당 벼 13만근 생산은 광시성(廣西省) 환장현(環江縣)의 사례로 『인민일보』 1958년 9월 18일자에 보도된 것이다(王定 1998, 26~27면).

며, 자원과 노동력의 잘못된 배분에 의한 낭비가 언제까지나 지속될 수는 없었다. 그러한 문제는 곧 대약진운동을 일으킨 마오 쩌둥을 비롯한 주요 지도자들에게 발견되어 교정이 시도되었다. 그러나 1959년 루산회의(廬山會議)에서 마오 쩌둥의 비위를 거스른 펑 더화이(彭德懷)의 대약진운동 비판은 오히려 반당분자들의 당 정책에 대한 공격으로 비판되고, 이른바 반우경운동의 전개와 더불어 대약진운동은 더욱 가속화되었다.[11] 천 윈 등이 일부 지표를 축소 조정했지만, 지나치게 과장된 지표에 대한 다소간의 조정은 피해를 약간 축소할 수는 있었을지라도 폐해를 없애는 데는 무의미한 것이었다. 결국 대약진운동은 1959~61년 동안 약 2,000만~4,000만명에 달하는 비정상적인 인구 감소를 발생시킨 이른바 '3년 재해'를 초래하고서야 종결되었다(凌志軍 1997, 81~82면).[12]

그러나 대약진운동의 종결로 문제가 해결된 것은 아니었다. 대약진운동의 종결은 오히려 또다른 비극을 위한 휴식기이자 준비기였을 뿐이다. 수많은 비정상적인 사망자와 경제의 후퇴에도 불구하고 대약진운동에 대한 평가를 둘러싸고 중국공산당의 최고지도자들 사이에 이견이 발생했으며, 그것이 문혁으로 직결되었기 때문이다. 루산회의에서 펑 더화이를 비판했던 류 샤오치를 위시한 대부분의 당 지도자들은 대약진운동을 인재, 즉 정책의 잘못과 실패로 평가하면서, 생산력 발전의 입장에서 경제회복을 모색하는 동시에 반우파투쟁 이후의 정책에 대한 수정을 시도했다. 그 과정에서 이후 덩 샤오핑의 대표적 개혁담론이 된 '흑묘백묘론(黑猫白猫論)'이

---

11) 펑 더화이는 루산회의 직전인 1959년 5~6월 동구를 방문하는 동안 흐루시초프와 세 차례 회담을 가졌기 때문에 소련과 내통했다는 혐의까지 뒤집어썼다(蕭冬連 1999, 560면; 王焰 1993, 641~42면).
12) 대약진운동 시기 인구 감소에 대한 최근의 논의는 宋永毅·丁抒(2009, 1~125면) 참조. 또한 이 시기 농촌의 상황에 대해서는 中國大饑荒檔案館(www.yhcw.net/famine) 참조.

제기되며(蕭冬連 1999, 869면),[13] 농업 개혁의 중심인 '호별영농제'와 과거 잘못된 정책의 희생자에 대한 '번안(飜案)', 즉 재평가가 이루어졌다. 그러나 마오 쩌둥은 대약진운동 시기에 대한 부정적 평가를 '흑암풍(黑暗風, 부정적인 평가 바람)'으로, 호별영농제를 '단간풍(單幹風, 개별적인 경작 바람)'으로, 평반 시도를 '번안풍(飜案風, 재평가 바람)'으로 비판했다.

마오 쩌둥은 1957년 이후 일관된 좌경적 노선을 선택해왔다. 예외적으로 일종의 '제왕'적 관리자로서 불가피한 경우에 그러한 노선에서 후퇴하기는 했지만, 그 경우조차도 급진적 이상주의를 실현하기 위한 우회로로서 선택한 것이었다. 그러한 점은 1957년 이전과는 확연하게 구분된다. 그 전에도 급진적 정책이나 과오가 없었던 것은 아니지만, 그러한 정책과 착오는 곧바로 수정되었다. 그에 비해 1957년 이후에는 명백한 오류로 인해 정책이 수정될 때조차도 자신의 오류를 인정하지 않았다. 그러한 오류는 마오 쩌둥의 성공 혹은 마오 쩌둥 사상의 본질적 특성과 밀접하게 연관되어 있었기 때문이다.

마오 쩌둥은 사회·경제적 조건뿐만 아니라 세력관계에서도 열악한 상황에서 혁명을 수행하여 승리로 이끌었다. 그러한 승리 이면에는 객관적 조건의 결핍을 보완하는 대중에 대한 신뢰와 동원, 그리고 승리에 대한 확신과 의지가 있었다. 그것이 바로 중국혁명의 주요한 특징의 하나인 군중노선이다. 그러한 군중노선은 객관성을 상실하지 않는 한에서 혁명의 주요한 무기가 되었다. 그런데 마오 쩌둥은 그러한 군중노선, 즉 혁명의 경험을 혁명뿐만 아니라 건설에도 곧바로 적용했으며, 1950년대 초의 경험은 그것의 유효성을 보여주기에 충분한 것이었다. 더구나 한국전쟁에서 세계에서 가장 선진적인 최강의 군대 미군을 상대로 거둔 '승리'는 의지와

---

13) 이른바 흑묘백묘론은 덩 샤오핑의 고향인 쓰촨(四川)의 속담으로, 동향이자 함께 항일전쟁과 해방전쟁을 지휘한 밀접한 동료 류 보청(劉伯承)이 즐겨 사용하던 말이다. 원래는 황묘흑묘(黃猫黑猫)이다.

군중에 대한 신뢰의 힘을 증명하는 것으로 보였다. 군중노선과 주의주의의 결합은 군중노선의 정확성을 담보할 수 있는 객관성을 상실하게 했다. 1957년 이후의 좌경화는 바로 그러한 실사구시(實事求是) 정신을 상실한 주의주의와 군중노선의 결합에 뿌리가 있었다.

마오 쩌둥이 문혁을 일으킨 데에는 여러가지 원인이 있겠지만, 대약진운동에 대한 평가와 대약진운동 이후 정책을 둘러싼 당중앙 최고지도층의 분열이 주요한 원인이었다. 그러한 분열이 비록 의도적인 것은 아니었을지라도(서진영 1997, 43면), 사회주의 건설전략과 관련하여 중국공산당 내부에 잠재하던 두가지 이론적 경향이 발현된 것이라는 점을 부정할 수는 없다. 그러나 두가지 이론적 경향이 그에 상응하는 조직화된 정치세력 혹은 그들 사이의 대등한 힘을 전제하는 것은 아니었다. 마오 쩌둥은 베이징시 당위원회와 중공중앙 선전부가 자신의 말을 듣지 않는다고 불평했지만,[14] 마오 쩌둥의 권력이나 권한이 명시적으로 제한된 예를 찾는 것은 불가능하다. 그런 점에서 문혁을 마오 쩌둥과 당권파의 노선투쟁 혹은 권력투쟁에서 기원하는 것으로 보는 관점에는 한계가 있다. 오히려 마오 쩌둥 사상의 좌경화, 급진적 이상주의, 마오 쩌둥의 가부장적 절대권력, 개인독재 등에서 문혁의 원인을 찾는 것이 좀더 타당하다(王年一 1996, 6~34면). 다시 말해서 문혁은 마오 쩌둥의 권력이 도전받았기 때문이 아니라, 대약진운동의 실패에도 불구하고 절대권을 행사했기 때문에 가능했다. 또한 문혁은 마오 쩌둥 사상의 본질적 특징이라고 할 수 있는 평등주의적·공상적 공산

---

14) 마오 쩌둥은 1966년 4월 28일과 29일 펑 전(彭眞)과 베이징시당위원회를 비판하면서 "베이징은 바늘 하나, 물 한 방울도 들어갈 수 없도록 펑 전이 자신의 세계관에 따라 당을 개조하려고 했다"라고 비판했다. 펑 전은 야오 원위안(姚文元)의 「신편 역사극『해서파관』을 평함(評新編歷史劇『海瑞罷官』)」의 발표 이후『해서파관』에 대한 비판을 학술영역으로 제한하려 했다는 이유로 이미 4월 24일부터 자유를 상실한 상태였다(蕭冬連 1999, 1183면).

사회 건설을 목표로 하는 것이었다.

물론 문혁의 배경에는 소련 수정주의노선의 등장, 중소논쟁의 격화, 그리고 대약진운동 이후 중국 지도부의 분열과 중국에서 수정주의 등장 가능성에 대한 방지 등이 있었다. 그러나 수정주의에 대한 비판은 급진적 이상주의를 전제한다는 점에서 결국 이념의 문제로 치환될 수 있다. 대약진운동 이후 지도부의 분열이 사회주의 건설전략에 대한 이견을 반영하며, 그러한 이견은 지도부 일각의 생산력 우선주의와 평화공존의 관점을 반영한다는 점에서 수정주의적 경향과 관련되어 있었다고 할 수 있다. 그러나 그러한 경향은 이미 문혁 이전에 비판되었을 뿐만 아니라, 덩 샤오핑의 예에서 볼 수 있는 바와 같이 자신의 견해와 대립되는 마오 쩌둥의 의견이 명시적으로 제시되면 자신들의 견해를 철회했다.[15] 이러한 사실은 수정주의적 경향이 존재했더라도 마오 쩌둥의 권력에 대한 현실적인 위협은 아니었다는 것을 말한다.

이런 측면에서 보면 잠재적 경향으로서 수정주의에 대한 문제제기는 후계체제 문제와 관련된다고 할 수밖에 없다. 마오 쩌둥이 "우리 곁에 잠자는 흐루시초프가 있다"라고 지칭한 것은, 자신의 사후에 스탈린 비판 같은 마오 쩌둥 비판이 발생하고 혁명이 전도될 위험성이 있다는 경고였다.[16] 그리고 문혁은 바로 그것을 방지하기 위한 것이었다. 마오 쩌둥은 영속적 혁명을 통해 수정주의의 등장을 막는 기제를 만듦으로써, 다시 말해서 일종의 '혁명의 제도화'를 통해 사후의 체제 전환을 막는 동시에, 그러한 방

---

15) 덩 샤오핑은 1962년 7월 7일 공청단(共靑團) 3기 7중전회 연설에서 흑묘백묘론을 이야기했는데, 주석(즉 마오 쩌둥)이 베이다이허(北戴河)에서 호별영농제(포산도호)의 바람이 불고 있다고 비판했기 때문에, 다음날 밤 공청단 제1서기 후 야오방에게 전화를 걸어 그 말을 다른 사람들에게 전달하지 말라고 지시했다(湯應武 1997, 127면).

16) 문혁에 대한 평가를 차치한다면, 개혁 이후 나타난 불평등의 심화는 마오 쩌둥의 판단이 정확했다는 것을 역설적으로 보여준다고 할 수 있다.

법으로 사회주의의 우월성이 발휘되는 평등주의적 공산사회를 실현하고자 했던 것이다.

마오 쩌둥은 새로운 사회를 구성하는 과정으로서 문혁을 누구도 가본 적이 없는, 따라서 누구도 알지 못하는 경로의존적 과정으로 보았다. 그러나 자신이 구상하는 목표와 그 실현과정에 대해 개괄적으로 제시한 적은 있는데, 이른바 1966년 5월 7일의 '5·7지시'와 같은 해 7월 8일 장 칭(江青)에게 보낸 편지가 그것이다. 5·7지시는 린 뱌오의 보고에 대한 마오 쩌둥의 답신이었다. 여기서 마오 쩌둥은 모든 인민이 군사·노동·농업·정치·문화를 학습하고 자본주의를 비판하며, 노동자·농민·지식인이 각각 자신의 본업을 위주로 하면서 동시에 모든 것을 겸함으로써 그들간의 차별과 도농 간의 차이가 없어지는 새로운 사회모델을 제시하고 있다(陳明顯 1998, 441~43면). 장 칭에게 보낸 편지에는 문혁 과정에 대한 마오 쩌둥의 중요한 구상이 담겨 있다.[17] "천하가 크게 다스려질 때까지 천하를 크게 혼란시킨다(天下大亂 達到天下大治). 7, 8년이 지나면 다시 한번 해야 한다"라는 것이 그것이다(陳明顯 1998, 458면).

문혁으로 가는 마오 쩌둥 사상의 '좌경화'는 계급투쟁 중심의 혁명 방식으로 건설을 대체하는 과정이었으며, 적어도 네번의 논리적 진화를 겪는다. 첫번째는 좌경화가 전면화하는 1957년의 반우파투쟁이었다. 반우파투쟁은 1956년 사회주의 개조 완성 이후 원칙적으로 종결되었던 대규모 계급투쟁이 사실상 부활한 것이라고 할 수 있다. 두번째는 1959년 루산회의

---

17) 이 편지에는 린 뱌오에 대한 예민한 내용이 들어 있기 때문에 1971년 린 뱌오 사건(9·13 사건) 이후에야 비로소 공개된다. 마오 쩌둥은 이 편지에서 린 뱌오의 정변(政變) 논의에 대한 불안감을 토로하고 린 뱌오의 마오 쩌둥 개인숭배(구체적으로는 마오 쩌둥 어록에 대한 과장)는 어쩔 수 없이 받아들인 것이며, 중요한 문제에서 '자신의 뜻과 다르게(違心)' 동의한 것은 자신의 일생 중 처음이었다고 밝혔다(毛澤東 1998, 71~75면; 陳明顯 1998, 458면).

이후의 반우경운동이었다. 반우경운동은 공산당 내부의 반대자들에 대한 투쟁으로 계급투쟁이 사실상 공산당 내부로까지 확대된 것이라고 할 수 있다. 세번째는 1962년 9월 24일 8기 10중전회에서 "사회주의사회에도 계급과 계급투쟁이 존재하며, (…) 그렇기 때문에 지금부터 우리는 해마다, 다달이, 나날이 계급투쟁을 강조해야 한다"라고 주장한 것이다. 그것은 사회주의사회에서 계급과 계급투쟁의 존재를 공식화하고, '계급투쟁 중심'을 제기한 것이었다(毛澤東 1967, 317~20면). 네번째는 1964년 "중앙에서 수정주의가 출현했다"라는 문제를 제기함으로써 당중앙을 포함하는 전면적인 계급투쟁의 필연성을 주장한 것이다(王年一 1996, 7~10면).

사회주의사회에서 계급의 존재와 당중앙으로의 수정주의 침투는 전면적인 계급투쟁의 지속을 통해 혁명을 보위할 수밖에 없다는 것을 말한다. 계급은 사회·경제적 생산관계에 의해서 규정된다. 그러나 중국에서는 사회주의 진입으로 그러한 사회·경제적 존재형태로서의 계급은 이미 소멸했으며, 과거의 경력에 대한 표지로서만 남아 있을 뿐이었다. 이미 착취당한 착취자나 딱지 붙여져 관리되던 적대계급은 전면적 투쟁을 전개해야만 하는 위험한 적이 아니었다. 그렇다면 현실적인 위협이 되는 새로운 적이 있어야만 했다. 이미 1957년에 '이론적 착취계급'이라는 이름으로 드러난 그러한 적대계급이 당중앙에까지 침투하고 있는데 바로 그러한 새로운, 숨어 있는 적대계급을 찾아내 투쟁해야만 혁명을 보위할 수 있다는 주장이었다.

물론 이러한 주장이 마오 쩌둥 사상의 좌경화와 마오 쩌둥의 독단이 문혁의 유일한 원인이었다고 말하는 것은 아니다. 문혁을 시작하도록 결정하는 데에는 중소분쟁과 국제정세, 쏘비에뜨 모델의 적용과 결합해 나타난 권력기관으로서 공산당의 관료주의화 문제 등 복합적 요인이 중요한 배경이었다. 그러나 문혁이 마오 쩌둥에 의해 시작되었다면, 문혁의 원인은 결국 마오 쩌둥이 그러한 격변을 결정하게 된 동기와 그러한 결정을 실행할 수 있게 한 정치적 조건에 있었다고 할 수 있다. 마오 쩌둥이 '현재' 중국의 재구성뿐만 아니라, 혁명이 영속화된 미래의 체제와 관련해 후계 문제를 포함하는 이상주의적 구상에서 문혁을 시작하였다는 점에서, 문혁의 주요 원인이 마오 쩌둥 사상의 좌경화에 있었다는 견해는 타당하다. 게다가 구조적 제약을 뛰어넘어 개인적 결정을 관철할 수 있는 마오 쩌둥의 힘이 문혁을 개시할 수 있었던 정치적 조건이었다는 점에서, 마오 쩌둥 권력의 절대화가 문혁의 조건이었다고 할 수 있다.

문혁은 좌경적 사상과 절대권력을 지닌 마오 쩌둥이 시작한 위로부터의 혁명이었지만, 동시에 홍위병운동(紅衛兵運動)과 각급 조반파(造反派) 조직의 아래로부터의 호응에 의해 확산되었다. 다시 말해서, 문혁은 아래로부터의 조응에 의해 혁명으로 전화되었으며, 통제되지 않은 아래로부터의 혁명에 의해 복잡하고 중층적인 대립과 갈등, 균열이 형성되었다. 그렇기 때문에 문혁을 정확히 이해하기 위해서는 위로부터의 혁명에 조응한 아래로부터의 혁명의 조건을 이해해야 한다.[18] 이와 관련하여 당 지도계층과 지식분자의 모순, 그리고 당 지도계층과 군중의 모순도 지적할 수 있다

---

[18] 권력투쟁으로서의 마오 쩌둥의 문혁과는 또다른, 공산당의 폭압에 대항한 아래로부터의 문혁이 있었다는 이른바 '두개의 문혁론' 또는 '인민문혁론'이 있다. 인민문혁론은 광둥(廣東)의 조반파 출신 류 궈카이(劉國凱)가 처음으로 주장하였고 홍콩과 서구의 연구자들, 그리고 특히 외국으로 망명한 조반파 출신 반정부 인사들 사이에서 유행하고 있다(인민문혁론의 관점은 류 궈카이가 문혁 중 비밀리에 저술해 1980년 광둥의 지하출판으로 출간한 『문화혁명간석(文化革命簡析)』에서 처음으로 제기되었다. 이 책은 2006년 저자가 문혁에 대해 정리한 『인민문혁론(人民文革論)』 등의 책과 더불어 2006년 홍콩의 박대출판사(博大出版社)에서 4권의 인민문혁총서(人民文革叢書)로 재출판된다). 아래로부터의 문혁이 반공적 성격을 갖는다는 데 대해서는 대륙의 주류학자들이 비판하고 있으나(金春明 2000, 367~79면), 사회적 모순을 반영하는 형태로서 아래로부터의 호응을 이해하고 설명해야만 문혁을 이해할 수 있다는 견해는 중국에서도 제기되었다. 대표적인 것으로는 문혁 중의 간부와 군중들의 모순을 설명한 印紅標(2000, 353~64면)가 있다.

(印紅標 2000, 353~64면). 그러한 모순은 1957년 반우파투쟁 이후 당의 지식인 정책의 문제와 더불어, 앞에서 언급한 쏘비에뜨 모델의 적용과 결합해 나타난 권력기관으로서 공산당의 관료주의화 문제와 관련되어 있었다. 관료주의화 문제는 사회주의혁명 이후에도 여전히 잔존·재생된 전통적 요소인 관-민의 모순과도 관련이 있다.[19]

아래로부터의 혁명을 포함하는 그러한 급진주의와 계급투쟁으로서의 문혁은 광범한 정치·사회적 대립과 혼란 및 균열을 초래했으며, 그것을 중층적이고 복잡하게 만들었다. 그것은 '사상적 착취계급' 같은 의식적 조작으로서의 계급과 계급투쟁이 자의적인 갈등과 대립을 초래할 수밖에 없었기 때문이다. 위로부터의 갈등과 투쟁 또는 상층에서의 갈등과 투쟁 및 아래로부터의 혁명이 복합적으로 발생했기 때문이기도 하다. 그러한 투쟁과 대립은 그 자체로서 복합적이고 중층적인 갈등과 적대적 균열을 형성하고 혼란을 조성할 수밖에 없었다. 또한 문혁으로 인한 제도와 규범의 파괴는 장기적이고 파괴적인 결과를 초래했다. 그에 따라 문혁은 정치·사회적인 균열·혼란·파괴와 그것으로 인한 직접적인 경제적 손실은 물론 교육제도의 마비, 규율의 파괴 등 장기적이고 구조적인 문제를 야기했다.

2. 문혁과 정치·사회적 균열

10년 동란이자 재앙인 문혁은 1957년 이후 중공의 좌경적 정책이 확대 재생산된 결과였다. 1957년의 반우파투쟁을 기점으로 1959년의 루산회의와 반우경운동, 1963년의 사청운동(四淸運動)은 사회주의사회에서 적대적

---

[19] 사회주의 중국에서 관-민의 차별은 개혁 이후 분명하게 표출되는데, 이는 건국 15년이 지난 문혁 이전의 중국에서도 발생했을 가능성이 컸다는 것을 의미한다. 그러한 관료주의와 관-민의 모순이 위로부터의 요구에 조응한 아래로부터의 '혁명'이 발생하게 한 요소이자 마오 쩌둥이 제도화된 혁명의 반복을 기획하게 한 요소이다. 그러한 관료주의의 문제에 대해서는 Harding(1981) 참조.

균열을 만들었으며, 1962년의 7천인대회(七千人大會)[20] 이후 중공중앙 최고지도부의 분열이 발생했다. 그러한 균열은 당의 외부에서 내부로, 다시 당의 고위층으로 심화되었다. 또한 사회·경제적으로는 소멸했지만 역사적 유산으로서 꼬리표를 달고 있던 구 착취계급에 대한 정치적·사회적 차별도 강화되었다. 문혁은 그렇게 형성된 사회적·정치적 균열을 고착, 확대, 강화했다.

1957년의 반우파투쟁은 이론적으로나 정치적으로 이미 완료된 혁명이 사회주의사회에서 재연된 것을 의미했다. 사회주의사회에서의 계속혁명으로 나타난 그러한 혁명의 재연은 생산수단의 소유관계에 의해 규정되는 자본주의사회에 존재하는 객관적인 계급적대와 계급투쟁이 사회주의사회에도 존재한다는 것을 전제했다. 다만 자본주의사회에서는 생산수단의 소유관계와 그에 기초한 물질적 착취관계라는 객관적 관계에 의해 계급이 분류되고 규정된다면, 생산수단의 사적 소유가 철폐된 사회주의사회의 계급은 자의적인 정치적 기준에 의해 규정된다는 차이가 있을 뿐이었다.

객관적인 사회·경제적 계급이 존재하지 않는 조건에서 계급투쟁을 전개하기 위해서는 새로운 계급을 창조하거나 숨어 있는 적을 찾아내야 했다. 그렇게 하기 위해 마오 쩌둥이 만들어낸 새로운 개념이 '사상적 착취계급'이었다. 사상적 착취계급이라는 개념의 발명을 통해, 공산당과 협력하여 함께 중화인민공화국을 수립했던 민주당파와 지식인들이 착취계급, 다시 말해서 혁명의 대상이자 공산당 독재의 대상이 되었다. 1956년 사회주의 진입의 완성 선언은 기본적으로 착취계급이 소멸했다는 것을 의미했으며, 계급은 소멸해가는 과거 역사의 유물로서만 존재한다는 것을 의미했다. 그러나 반우파투쟁은 새로운 적을 만들어냄으로써 인민으로 통합된

---

[20] 7천인대회는 1962년 1월 11일부터 2월 7일까지 개최된 중공중앙의 확대공작회의이다. 현급 이상 간부, 중요 기업과 부대의 책임자 등 7천여명이 참석하였기 때문에 7천인대회라고 불린다. 상세한 내용은 張素華(2006)를 참조.

사회주의사회에 새로운 균열을 가져왔다.

자본주의의 계급관계는 사회·경제적 위치에 의해 제도적으로 규정되어 있으며, 일상화된 무의식적 착취관계라고 할 수 있다. 이에 비해 사회주의에서의 새로운 계급은 의식적·정치적 규정에 의한 '모자 씌우기(戴帽子)'라는 일종의 '꼬리표 붙이기'에 의해 만들어졌다. 자본주의사회의 계급이 착취와 분배의 차별을 규정하는 관계라면, 사회주의사회에서 그러한 꼬리표는 정치적·법적 권리의 제약 및 심지어는 인신적 자유의 상실을 의미하는 것이었다. 반우파투쟁은 사회주의사회에서 그러한 인신적 자유를 제약받는 사회적 계급을 만듦으로써, 사회를 선량한 인민과 '불가촉민'(the untouchable)으로 분리했다.

1957년 여름부터 다음해까지 약 반년간 지속된 반우파투쟁에서 55만명의 지식인들이 우파로 규정되었다.[21] 이들 중 반수 이상이 공직을 상실했으며, 상당수는 노동개조를 받아야만 했다(蕭冬連 1999, 234면). 이후 중국공산당은 반우파투쟁에 대해, 정당하고 필요한 것이었지만 지나치게 확대된 것이 잘못이었다고 평가내렸다.[22] 1957년 6월 29일 마오 쩌둥은 전국적으로 대략 4천명 정도의 우파가 있을 것이라고 했지만 겨우 10일 뒤인 7월 10일에는 8천명, 다시 9월의 8기 3중전회에서는 6만 2천명을 우파로 확정하고 약 15만명 정도가 있을 것으로 추산했으며, 최종적으로는 55만명으로

---

21) 1978~80년 우파 재심과정에 대한 통계에 의하면, 1957년과 1958년에 우파로 분류된 사람은 55만 2,877명이었다(蕭冬連 1999, 239면). 이는 당시 전국 지식인 총수 약 5백만명의 1/10이 넘는 수였다(毛澤東 1977, 404면).
22) 1981년 당의 11기 6중전회에서 통과된 "건국 이래 역사문제 결의"에서는 "정풍(整風)과정 중 극소수의 자본가계급 우파분자들이 이른바 '대명대방(大鳴大放, 즉 백가쟁명 백화제방)'을 고무하는 기회를 이용하여 당과 신생 사회주의제도를 공격해 공산당 지도체제를 대체하려고 시도했기 때문에 그러한 공격에 대한 반격은 정당하고 필요한 것이었다. 그러나 반우파투쟁이 지나치게 확대되어 지식인들과 애국인사, 당내 간부들을 '우파분자'로 잘못 분류하여 불행한 결과를 초래했다"고 평가한다(中共中央文獻硏究室 1985, 23면).

까지 확대되었다(薄一波 1993, 619~20면). 이러한 사실은 반우파투쟁이 그 과정에서 작위적으로 확대되었다는 것을 보여준다. 이는 1978~80년까지 반우파투쟁에 대한 재평가에서 우파로 규정된 사람 중 97%가 잘못된 것이었다는 평가가 이루어진 데서도 증명된다.[23]

반우파투쟁이 지식인, 특히 당 외부의 지식인을 정치·사회적 적대계급으로 분류한 것이었다면, 1959년 루산회의 이후 진행된 반우경운동은 당 내부 인사들에 대한 투쟁이었다. 루산회의 이후 중공중앙은 삼면홍기(三面紅旗, 총노선總路線, 인민공사人民公社, 대약진大躍進)에 반대하는 '우경 기회주의 분자'가 당의 기층 간부들 중에 존재하는 것으로 판단하고 전국적인 반우경운동을 전개했다. 반우경운동을 통해 약 3백여만명의 당원과 간부 들이 우경 기회주의 분자로 분류되었다(薄一波 1993, 870면). 그밖에도 '계급이색분자(階級異己分子)'로 분류된 사람들을 포함하면 훨씬 더 많았는데, 1962년 8월의 통계에 의하면 그때 평반된 당원과 간부 및 군중만도 6백여만명이었다(蕭冬連 1999, 566면). 이는 우경 기회주의 분자, 계급 이색분자 등으로 분류되어 각종 처분을 받은 사람들은 훨씬 더 많았다는 것을 의미한다.[24] 우경 기회주의 분자, 계급 이색분자 등으로 분류된 간부들은 면직되

---

23) 1959년 9월 17일 중공중앙은 "확실하게 회개한 우파분자들의 모자 벗겨주기에 대한 지시(中共中央關于摘掉確實悔改的右派分子的帽子的指示)"를 내려보내 우파를 다시 인민의 범주에 귀속시키는 작업을 시작하여, 1964년까지 네 차례에 걸쳐 약 30만명에 대한 '모자 벗기기'가 이루어졌다. 그러한 작업은 문혁 종결 이후인 1978년에 재개되어 1980년에 완료되었는데, 1978년부터 1980년까지 재조사 결과, 전체 우파 55만 2,877명의 약 97%인 53만 3,222명이 우파로 잘못 분류된 것으로 확인되어 개정작업이 이루어졌다(蕭冬連 1999, 235~39면).
24) 덩 샤오핑은 선별 평반해야 할 사람이 전국적으로 약 1천만명이라고 보았는데, 한 사람이 한 가족에게 영향을 미치기 때문에 영향을 받는 사람은 수천만명에 이른다. 1962년 8월 말까지 전국 23개 성(省), 시(市), 자치구(自治區)에서 365만명의 당원과 간부에 대한 선별작업을 했는데, 원래의 평가가 잘못된 경우가 약 70% 정도였다. 370여만명의 군중에 대해도 선별작업을 해 모두 평반시켰다. 그러한 평반작업은 1962년 9월 8기 10

거나 당적(黨籍) 제명 혹은 당적은 보유하면서 관찰 대상이 되는 처분을 받았으며, 중점 비판 대상이 된 대중들은 집단적인 비판을 받거나 각종 공격을 받았다(蕭冬連 1999, 566면).

반우파투쟁이 사회주의사회에서 지식인 혹은 민주당파 들과 경계선을 그었다면, 반우경운동은 공산당 내부에 다시 경계선을 그었다. 혁명이 계급의 소멸과 인민으로의 통합을 만들어낸 것이 아니라 사회적·물질적 기초가 없는 이념을 통해 사회주의사회 안에 새로운 적대적 균열을 만들어 낸 것이었다. 반우경운동은 공산당 일반 간부에 대한 것이었지만, 그 기원은 루산회의라는 권력 최상층부의 갈등에서 비롯된 것이었다. 그런 점에서 루산회의 이후 중국사회에는 이미 권력 최상층을 포함한 전사회적인 균열 가능성이 내재했다. 그러한 가능성은 대약진운동의 파괴적 결과와 그것에 대한 평가를 둘러싼 당중앙의 이견 표출로 현실화되어갔다.

대약진의 수습기였던 1961년에는 기아로부터 인민을 구해야 하는 급박한 임무로 인해 우회적으로만 표출되었지만, 경제복구 정책을 둘러싼 중공중앙의 이견과 균열은 더욱 확대, 심화되어갔다. 이견과 균열은 대약진운동을 평가하고 대책을 마련하기 위해 1962년 개최된 7천인대회에서 공개적으로 표출되기 시작했다. 그리고 동년 9월의 8기 10중전회에서 마오 쩌둥이 사회주의사회에도 계급과 계급투쟁이 존재한다고 선언함으로써 그러한 균열은 이론적 토대를 가지게 되고, 공산당 상층과 사회 기층의 양방향에서 계급투쟁에 의한 정치·사회적 균열로 발전하게 된 것이다.

마오 쩌둥이 사회주의에서의 계급투쟁 문제를 제기한 다음, 기층 교육을 위한 기존의 사회주의 교육운동이 계급투쟁과 결합되어 발생한 것이 이른바 1963년의 사청운동이다(郭德宏·李玲玉 1998, 143~44면). 1963년의 사회주의 교육운동은 도시의 오반운동(五反運動)[25]과 농촌의 사청운동[26]으로

중전회에서 계급투쟁이 다시 제기되면서 중단되었다(廖蓋隆·莊浦明 2001, 236~37면).

나뉘어 전개된다. 하지만 1964년 말 이후 양자는 사청운동, 즉 대사청(大四淸)으로 통합 전개되었다. 사청운동은 기층단위를 대상으로 하고 초기에는 경제문제에 중점을 두었지만, 점차 정치문제로 중점이 이전되었으며 기층뿐만 아니라 상층 엘리트의 분열을 초래했다.[27]

마오 쩌둥과 류 샤오치는 1964년 전국 1/3의 기층단위 지도권이 공산당에 있지 않고 적과 적의 동맹자들에게 있다고 하면서, 그들로부터 권력탈취투쟁을 벌여야 한다고 주장했다(胡繩 1991, 395면).[28] 그에 따라 확대된 사청운동은 1966년 상반기까지 전국의 약 1/3에 해당하는 694개 현·시와 약 3.9%의 국영 공업 및 교통 관련 단위에서 진행되었다(胡繩 1991, 396면; 薄一波 1993, 1134~35면). 사청운동은 중앙 또는 상급 기관에서 공작대를 파견하는 방식으로 진행되었는데, 전국적으로 약 156만명이 참가했다(薄一波 1993, 1120면). 사청운동 과정에서 공작대에 의해 지방간부들에 대한 직위 박탈, 구타, 감금 등의 사건이 발생하였으며, 그에 따라 자살하거나 도망하는 자도 있었다. 또한 사청운동 과정에서 지주, 부농, 반혁명분자, 악질분자, 새로운 자본가계급 등의 '모자 씌우기'도 이루어졌다(薄一波 1993, 1125면).

---

25) 이때의 오반운동은 독직절도 반대(反對貪汚盜竊), 투기 반대(反對投機倒把), 허례허식과 낭비 반대(反對鋪張浪費), 분산주의 반대(反對分散主義), 관료주의 반대(反對官僚主義) 등 다섯가지에 대한 반대를 가리킨다.
26) 허베이성(河北省) 바오딩지구(保定地區)에서 전개된 이른바 '장부, 창고, 재물, 임금을 정확하게 정리하자(淸理帳目, 淸理倉庫, 淸理財物, 淸理工分)'는 운동을 다른 지역으로 확산하여 전개했는데, 그것을 사청운동이라고 했다. 1964년 사청운동은 도시와 농촌의 사회주의 교육운동을 결합해 '정치, 경제, 조직, 사상을 깨끗하게 하자(淸政治, 淸經濟, 淸組織, 淸思想)'는 것으로 조정되었는데, 그것을 대사청(大四淸)이라고 부르고 이와 구별해 농촌의 사청운동을 소사청(小四淸)이라고 한다.
27) 사청운동에 대한 자세한 내용은 郭德宏·任小波(2005); Baum & Teiwes(1968) 참조.
28) 전국 기층단위 1/3의 지도권이 공산당에 있지 않다는 주장은 류 샤오치의 주장을 마오 쩌둥이 받아들인 것이다. 초기 문혁은 내용과 형태 면에서 사청운동의 연속이었다고 할 수 있는데, 문혁의 최대 피해자로 알려진 류 샤오치가 사실은 초기 문혁에 독특한 공헌을 했다는 견해가 최근 연구에서 제기되고 있다. 그와 관련해서는 宋永毅(2006) 참조.

다른 한편 사청운동의 진행과정에서 마오 쩌둥과 류 샤오치의 의견 분열이 심화되었다. 마오 쩌둥은 1964년 말 운동의 중점 대상이 '자본주의의 길을 가는 당권파', 즉 '주자파(走資派)'라고 주장함으로써, 류 샤오치를 위시한 당 고위간부들과의 이견을 표출했다(薄一波 1993, 1133~34면). 사청운동에서 그러한 최고권력층의 분열은 1963년 이후의 농업·외교·교육·문화 정책에 대한 비판과 병행되었으며, 그 결과 마오 쩌둥은 1965년 1월 중국에 수정주의가 출현했다는 주장을 제기한다(陳明顯 1998, 417~27면).[29] 그러한 갈등과 더불어 양 상쿤(楊尙昆) 사건[30]과 뤄 루이칭(羅瑞卿) 비판[31] 등의 사건이 발생하였으며 또한 1965년 11월 10일에는 야오 원위안의 「신편 역사극『해서파관』을 평함」이 상하이의 『문회보(文匯報)』에 발표되었다.[32] 이를 계기로 중공중앙 선전부와 베이징시당위원회에 대한 마오 쩌둥과 급진파의 공격이 시작되었고 이것이 문혁을 촉발하는 직접적 계기가 되었다.

중국의 공식 견해에 따르면, 문혁은 1966년 5월 정치국 확대회의에서 5·16통지 발표를 통해 시작되어 1976년 10월 6일 4인방 체포로 종결되었다. 10년 동안의 문혁은 1957년 이후 계속된 중국공산당과 중국사회의 갈등과 균열이 '계급투쟁 중심'의 이름으로 전면적으로 확산된 시기였다. 그

---

29) 마오 쩌둥은 1964년부터 수정주의 문제를 제기하기 시작하는데, 그 기점은 연구자에 따라 다르다. 1964년과 1965년이 혼용되고 있다.
30) 중공중앙 판공청(辦公廳) 주임 양 상쿤이 사적으로 도청기를 설치했다는 죄목으로 1965년 11월 10일 면직된 사건이다. 사실 양 상쿤은 중공중앙의 규정에 따라 중요한 연설을 녹음하기 위해 녹음시설을 설치한 것이었다. 이날은 야오 원위안의 「신편 역사극『해서파관』을 평함」이 발표된 날이기도 하다.
31) 인민해방군 총참모장 뤄 루이칭이 린 뱌오의 '돌출정치'를 반대하고 린 뱌오로부터 군권을 탈취하려는 음모를 꾸몄다는 모함을 받아 1965년 12월 군과 관련된 모든 권한과 직위를 박탈당한 사건이다.
32) 1960년 발표된 우 한(吳晗)의 『해서파관』이 펑 더화이를 재평가하기 위한 것이었다는 비판문으로, 야오 원위안이 장 칭의 지시에 따라 작성한 글이다. 『해서파관』에 대한 비판은 문학과 예술계 전반에 대한 비판으로 확산되어 문혁의 서막이자 도화선이 되었다.

기간 동안 최상층 권력엘리트를 포함하는 정치엘리트들의 대립과 투쟁, 급속한 이동뿐만 아니라 전사회적인 적대와 대립 및 갈등이 있었다. 투쟁의 전반적 방향은 마오 쩌둥에 의해 규정되었지만, 그 구체적인 형태와 과정은 각 층위의 참여자들의 행위 양태에 의해 규정되었다. 최상층 권력엘리트와 간부, 지식인, 대중, 학생 등 각 층위의 참여자들은 상호간 또는 내부적으로 분화, 갈등, 투쟁을 전개하였다. 더구나 문혁 과정에서 투쟁의 방향과 형태가 그 과정에 의해 확대·심화되고 재조정되기도 했기 때문에, 갈등과 투쟁의 양상은 중첩적이고 복합적이었다. 그 결과 문혁은 문혁에서의 위치와 역할에 따라 모든 사회구성원의 이해관계를 복합적으로 재구성했다.

문혁은 최고권력자에 의해 시작되었으며, 급진적 이데올로그를 중심으로 하는 급진주의자들에 의해 주도되었고, 홍위병과 급진적 노동자세력을 포함하는 군중조직과 각 층위의 조반파들에 의해 수행되었다. 그런데 문혁의 지도 방향을 둘러싼 당내의 이견이 생겨났고, 이를 통해 최고권력층 내부의 갈등이 심화된다. 그에 따라 문혁소조는 문혁에 대한 장애를 극복하기 위해, 마오 쩌둥의 동의를 얻어 10월 '자본가계급 반동노선에 대한 철저한 비판운동'을 제기한다(王年一 1996, 98면).[33] 동시에 문혁 초기 각급 군사학교의 당조직과 공작조에 의해 '반혁명' '반당분자' '우파분자' '가짜 좌파 진짜 우파' 등으로 비판당했던 조반파와 군중 들을 평반시킴으로써 군중운동에 대한 제약을 제거하고, 그들로 하여금 대대적으로 "당위원회를 공격하여 혁명을 하게" 했다(王年一 1996, 102면). 그에 따라 당이 '혁명'의 대상이 되었으며, 류 샤오치와 덩 샤오핑이 각급 조반파 조직에 의해 수정주의와 주자파로 비판되었다. 게다가 1967년 1월 상하이의 이른바 '1월

---

33) '자본가계급 반동노선' 비판이 등장한 이후 홍위병운동의 대상이 지식인과 문화계에서 당권파로 전환되었다고 보는 연구도 있다. 印紅標(2000, 355면) 참조.

폭풍(一月風暴)'으로 시작된 권력탈취투쟁을 통해 조반파들이 기존 권력체제와 당 간부에 대한 대대적인 공격을 감행하면서 상황은 더욱 악화되었다.

1월 폭풍을 기화로 시작된 탈권투쟁은 "모든 것을 타도하고(打倒一切)" "전국을 하나로 붉게 만들자(全國一片紅)"라는 기치하에 사회 전계층으로, 전국적으로 확대되었다. 그러한 탈권투쟁은 1968년 9월 5일 신장(新疆)과 티베트에 혁명위원회가 성립됨으로써 완성된다. 권력탈취투쟁 과정에서 각급 당조직과 정부기관, 심지어 군대까지 홍위병과 조반파의 공격을 받았다. 그리고 '숨어 있는 배신자 찾아내기'와 '혁명적 대비판'을 통해 많은 원로간부들이 '배신자, 간첩, 죽어도 후회 않는 주자파 및 우파'로 비판받고 공격당하고 숙청, 투옥되기까지 했다(王年一 1996, 312~16면).

이 과정에서 수많은 정치적·사회적 '불가촉민'이 양산되었으며, 사회 기저로부터 최상층 정치엘리트에 이르는 중층적이고 복잡한 정치·사회적 균열이 형성되었다. 이러한 공격과 균열은 최고권력층 내부의 반발과 대립을 초래했다.[34] 그 결과 더 많은 혁명원로들이 '우경에 대한 복권 시도' 등의 명목으로 비판당하거나 숙청되었다.

예 젠잉(葉劍英)에 의하면, 문혁기간 중 연좌된 사람을 포함한 문혁 피해자가 전인구의 1/9이 넘는 1억명 이상이었다(葉劍英 1996, 494면). 문혁기간 중 정식 안건으로 조사받은 간부는 간부 총수 1,200만명의 19.2%에 달하는 230만명을 넘었으며, 그 비율은 고위층으로 갈수록 더 높았다(宋任窮 1996, 75면). 문혁 전 전국의 부성장(副省長)급, 부부장(副部長)급 이상의 간부는 1,253명이었는데, 그중 81%인 1,011명이 문혁기간 중 피해를 당했으

---

34) 대표적인 예가 1967년 2월에 발생한 이른바 '2월 역류(二月逆流)'이다. 2월 역류는 중난하이(中南海) 화이런탕(懷仁堂)의 정치국회의에서 탄 전린(譚震林), 천 이(陳毅), 예 젠잉, 리 푸춘(李富春), 리 셴녠, 쉬 샹첸(徐向前), 녜 룽전(聶榮臻) 등이 중앙문혁소조(中央文革小組)에 반대해 대립이 발생한 사건을 말한다(王年一 1996, 216~27면).

며, "배신자, 특무, 반혁명 수정주의 분자, 자본가계급 사령부의 대리인, 수정주의노선을 집행한 자" 등의 이유로 숙청되거나 처분을 받은 자가 36%인 453명에 달했다(宋任窮 1996, 85면).

이러한 사실은 문혁시기 전사회적인 갈등관계가 형성되었을 뿐만 아니라 그것이 권력 상층부로 갈수록 더욱 강했다는 것을 의미한다. 다시 말해서 문혁은 현실적 또는 잠재적으로 문혁을 반대할 수 있는 강력한 정치·사회적 희생자를 양산했으며, 상층 권력엘리트로 갈수록 그 비중은 더욱 컸다. 그와 더불어 당과 정부기관을 포함한 각급 단위에서 조반파와 당권파 또는 피비판자들 사이에 갈등과 균열이 생겨났다. 그러한 균열과 갈등은 중첩적이고 복잡하게 형성되었는데, 이는 문혁 과정에서 목표와 방향 및 방법의 조정과 문혁세력 간 이해관계의 차이, 대립, 분화로 인한 것이었다.

문혁에서 '혁명'의 중점이 교육·문화계로부터 당권파로 전환됨에 따라, 대중과 지식인, 지식인 내부, 대중과 간부, 지식인과 간부, 간부 내부의 중층적인 갈등과 대립관계가 형성되었다. 또한 1967년 우한(武漢)의 '7·20사건' 이후 외교부와 군대에 대한 '조반(造反)'과 공격을 주장했던 왕 리(王力), 관 펑(關鋒) 등의 급진파에 대한 숙청과, 1968년 이후 대대적인 홍위병 하방(下放)에서 보이는 바와 같이 국가의 보편적 이해관계에 따른 문혁의 범위와 방법의 조정도 있었다. 중국정치의 한 특징이라고 할 수 있는 비판-숙청-평반의 순환이 문혁시기에도 여러가지 이유로 지속되었는데, 그 과정에서도 행위자들의 위치 조정이 있었다. 더욱이 1971년 린 뱌오의 '9·13사건'에서 보는 바와 같이 문혁세력 내부의 분열과 이후 정치세력의 재배치는 정치세력 구성과 갈등 및 대립관계를 더욱 복잡하게 했다.

문혁시기 정치·사회적 균열의 복잡성은 문혁의 대명사로 불리는 홍위병을 통해 잘 나타난다. 홍위병운동은 '네가지 옛것을 파괴한다(破四舊)'[35]

---

35) 구사상·구문화·구풍습·구습관(舊思想, 舊文化, 舊風習, 舊習慣)이다.

는 기치하에 지식인과 교육·문화계 인사를 공격하고, 제국주의와 봉건의 유산인 각종 시설과 문화재를 파괴하는 것으로 1966년 6월에 시작되었다. 홍위병은 다양한 파벌이 있는데, 크게는 1966년 8월 18일 톈안먼광장에서 마오 쩌둥을 접견하기 이전에 성립된 '노(老)홍위병'과 이후에 나타난 '조반파'로 나누어진다(印紅標 1993, 317~20면).[36] 이들 홍위병과 조반파는 출신성분과 정치적 주장에서 차이가 있었다. 간부 가정 출신이 많았던 노홍위병은 수정주의 교육노선 등 당 외부세력을 중심적인 투쟁 대상으로 삼았고 기존 당위원회를 옹호했기 때문에 보황파(保皇派)라고도 불렸다. 이에 비해 급진파의 영향을 직접적으로 받은 조반파는 일반 노동자·농민 가정 출신이 많았으며, 당권파를 중심적인 투쟁 대상으로 삼았다.

  문혁의 투쟁방향 전환과 1967년 1월 전국적인 권력탈취가 시작되면서 기존의 노홍위병 조직은 와해되고 조반파 조직으로 편입된다. 그러나 탈권투쟁 과정에서 조반파 조직 내부의 분화가 발생하고 갈등이 증폭되면서 심지어는 상호간 무장투쟁이 발생하는 등 극도의 혼란상황이 조성되었다.[37] 뿐만 아니라 조반파 내에서는 공산당에 좀더 직접적인 비판을 가하는 더욱 급진적인 집단도 등장하기 시작한다.[38] 1968년에는 베이징에서도 홍위병 조직간의 유혈사건이 발생하는데, 이를 막기 위해 전국의 학교에 노동자 선전대와 군대 선전대가 진주하게 되었다(王年一 1996, 311면; 唐少傑

---

[36] 이러한 홍위병의 분류는 가장 단순한 구분이며, 홍위병은 지역별·시기별로 다양한 차이를 갖는 다양한 조직들이 등장한다. 상세한 내용은 徐友漁(1999, 53~124면) 참조.

[37] 1967년 초반부터 각지에서 홍위병 조직간의 무장투쟁이 발생하는데, 무장투쟁 과정에서 소총, 수류탄, 기관총 등의 화기를 사용했으며 충칭(重慶)에서는 함포사격까지 포함한 전투가 벌어진다(關海庭 1998, 946면; 王年一 1996, 253~73면; 余劉文·韓平藻 2001). 문혁시기 홍위병 조직의 상세한 무장투쟁 상황에 대해서는 唐少傑(2003); 鄭光路(2006) 등 참조.

[38] 잘 알려진 후난성(湖南省)의 성무련(省無聯), 후베이성(湖北省)의 북결양(北決揚) 등의 조직이 대표적인 예이다. 이들 조직은 5·16집단 색출과정에서 해체되고 구성원들은 체포, 투옥된다.

2003). 그와 더불어 5·16집단 색출, 일타삼반(一打三反, 반혁명분자에 대한 타격, 횡령 반대, 투기 반대, 겉치레 반대) 등 이른바 계급대오 청산작업을 통해 급진파 숙청을 단행했다.

전국을 혼란으로 이끌었던 홍위병운동은 1968년 노동자 선전대와 군대 선전대가 학교와 각급 단위로 진주하여 급진파를 숙청함에 따라 퇴조기에 접어들었다. 1969년 중공 9차 당대회를 기점으로 문혁은 이른바 '투쟁·비판·개혁'의 단계로 전환된다.[39] 이 단계에서는 급진파에 대한 숙청이 지속되는 한편, 당 간부들과 홍위병을 포함한 지식청년들의 대대적인 하방이 이루어졌다.[40] 지식청년의 하방에는 홍위병 조직간의 무장투쟁으로 인한 혼란 외에도 크게 다음과 같은 두가지 원인이 있었다. 첫째, 1966년 이후 3년간 학교를 떠나지 않고 학교에 머물면서 문혁을 주도했던 각급 학교 졸업생들이 도시의 부담으로 작용했기 때문이었다. 이들 홍위병을 중국에서는 '라오싼졔(老三届)'라고 부른다. 둘째, 공·농·병을 결합하여 재교육함으로써, 구사상에서 벗어나 수정주의를 막고 반대하는 무산계급혁명의

---

39) 투쟁, 비판, 개혁은 1966년 8월 8기 11중전회에서 통과된 "중국공산당 중앙위원회의 무산계급 문화대혁명에 대한 결정"에 이미 명기되었던 것으로, 자본주의의 길을 가는 당권파와의 투쟁, 자본주의 학술 권위에 대한 비판, 교육 개혁을 의미했다. 이와는 달리 9차 당대회 이후의 투쟁, 비판, 개혁은 삼결합(三結合, 혁명대중조직의 지도자, 인민해방군 지도자, 마오 쩌둥 노선을 따르는 당과 정부의 혁명적 지도간부들의 삼위일체)된 혁명위원회 건설 대비판을 통한 계급대오 청산, 당의 정돈 및 기구 정비를 통한 불합리한 각종 규정·제도 개혁, 간부들의 하방을 의미한다.

40) 문혁기의 하방은 간부 하방과 지식청년의 '상산하향(上山下鄕)' 두가지로 나뉜다. 간부 하방은 1968년 5월 7일 마오 쩌둥의 '5·7지시' 발표 2주년에 기관 간부들이 새로운 경험을 얻고 재교육을 받도록 하기 위해 대규모로 하방 노동하도록 하고, 하방 농장을 '5·7간부학교(5·7간교幹校)'로 명명함으로써 시작되었다. 이후 대규모의 당·정 간부와 지식분자들이 재교육을 명분으로 각종 5·7간부학교로 하방되었다(王年— 1996, 353~54면). 지식청년의 하방은 원래 1956년 농촌합작화(農村合作化)에 따른 인력의 필요와 도시실업 문제 등의 원인으로 시작되었으며, 홍위병운동이 소강상태에 접어든 1968년부터 대대적인 지식청년의 하방이 이뤄졌다(張化 1987, 141~55면).

계승자를 배양하고자 한 마오 쩌둥의 사상과 관련되어 있었다(張化 1987, 144~48면). 1968년 말 이른바 마오 쩌둥의 '최고 지시'에 의해 1970년 5월까지 지식청년 약 5백만명의 하방이 이루어졌다(柳建輝 1996, 144~48면).

문혁 과정에서 생겨난 군중조직의 균열과 적대적 투쟁은 비단 홍위병 조직에서뿐만 아니라 각급 단위 군중조직에서도 일반적 현상이었다. 다시 말해서 당 또는 간부들과 대중들 간의 균열만이 아니라 대중 내부의 균열과 적대적 대립이 일반화되었다. 이러한 사실은 문혁과 반문혁뿐만 아니라 문혁세력 내부의 대립과 균열로 인해 많은 희생자가 발생했으며 정치·사회적 균열이 광범위하게 확산, 심화되었다는 것을 말한다. 그러한 균열은 정치적 대립을 초래했고, 해결해야 할 수많은 과제를 남겼으며, 사회적 균열 및 적대적 대립의 장기적인 내재화라는 상처를 남겼다.

3. 경제적 낙후

1949년 중국은 반식민지·반봉건 사회에서 사회주의혁명을 통해 새로운 국가를 건설했다. 세계 제1의 인구대국 중국은 1백여년에 걸쳐 열강의 침략을 받은 반식민지였으며, 근대공업이 국민총생산의 10%에 불과한 후진 농업국이었다.[41] 중국은 낙후한 현실에서 벗어나기 위해 새로운 발전전략을 선택했다. 중국의 이른바 (소련) '일변도' 외교정책과 한국전쟁 이후의 서방 봉쇄라는 조건은 소련모델이 중국의 유일한 대안이게끔 했다. 1953년 제1차 5개년계획(1953~57)을 시점으로 하여 전면적으로 받아들인 쏘비에뜨 모델은 개혁 이전 중국경제의 기본적 형태를 규정하였다. 또한 호구제도를 통해 도시와 농촌, 도시민과 농민을 엄격히 분리했는데, 그것이 중국사회를 규정하는 기본 요소가 되었다.[42]

---

41) 이 시기 중국의 자세한 경제상황에 대해서는 Lardy(1987, 144~84면); Eckstein(1977); 孫健(1992); 王海波(1994; 1998) 등 참조.
42) 이전에는 비교적 느슨한 관리제도였던 호구등기제도(戶口登記制度)가 정비된 것은

중국은 쏘비에뜨 모델과 호구제도의 규정하에서, 지표상 상당한 성장을 이룩했다. 문혁이 종결된 1976년의 중국경제는 1952년에 비해[43] 공업은 약 13배, 농업은 1.8배, 국민총생산은 5.8배 이상 증대했다.[44] 문혁시기만 보더라도 문혁 10년간 공업총생산은 매년 평균 9.9%의 성장을 이룩했다(王海波 1998, 484면). 국민소득은 1952년 589억위안에서 1976년 2,427억위안으로 약 4.1배 이상 성장하고 1인당 국민소득도 같은 기간에 104위안에서 261위안으로 약 2.5배 증가했다(國家統計局綜合司 1990, 5면). 이러한 외형적 성장은 문혁시기를 포함하는 개혁 이전 시기의 집단화와 국유화를 포함하는 쏘비에뜨 모델이 적지 않은 경제적 성과를 이룩하였다는 것을 말한다.[45] 그러나 개혁 이전 중국경제는 그러한 외형적 지표에도 불구하고 몇가지의 중대한 문제가 있었다.

첫째, 중국경제는 그 성장과정에서 극심한 굴절을 겪었다. 그러한 경제적 굴절은 경제 자체의 요인에 의해서가 아니라 경제원리를 무시한 정치적 결정과 정치운동에서 기인한 것이었다. 대약진운동과 문혁 등 주기적으로 반복된 정치운동은 경제를 크게 후퇴시켰으며, 그에 따라 인민생활도 후퇴를 겪었다. 군중운동식의 경제건설 전략과 인민공사로 상징되는

1955년 6월 국무원(國務院)의 "경상 호구등기제도 수립에 관한 지시(關于建立經常戶口登記制度的指示)" 발표로부터 비롯된다. 대약진운동의 실패를 보여준 이른바 '3년 곤란기'부터 농업인구의 비농업인구로의 전환을 엄격하게 통제하기 시작했으며, 그후 1964년 "공안부의 호적 이전 처리에 대한 규정(公安部關于處理戶口遷移的規定〈草案〉)"으로 도시 지역으로의 농촌인구 이전에 대해서도 엄격히 통제하였다(卓文同 1994, 2면).

43) 중국에서는 1949~52년까지를 경제복구기로 보는데, 1952년에는 주요 공산품 생산이 항일전쟁 전인 1936년의 최고 수준을 초과한다. 1952년 공업총생산은 1936년보다 22.5%, 1949년보다는 77.5% 증가한다(孫健 1992, 90면).

44) 1952을 100으로 했을 때 1976년의 국민총생산은 582.3, 농업은 185.5, 공업은 1274.9이다(國家統計局綜合司 1990, 9면).

45) 1950년대 중국의 1인당 생산 증가율이 6.5%였던 것에 비해 당시의 신흥 개발도상국들은 평균 2.5%, 인도는 2%에 불과했다(Lardy 1987, 155~56면).

대약진운동은 과도한 집단화와 극단적 평균주의로 인해 1960년부터 3년간 경제의 마이너스 성장을 가져왔다. 문혁시기에도 홍위병운동과 권력탈취투쟁, 각종 정치운동의 영향으로 1967, 68년과 문혁 마지막 해인 1976년에 국민소득이 감소했다.[46]

둘째, 경제성장이 인민생활의 개선으로 연결되지 못했다. 주기적인 정치운동의 충격으로 인한 경제후퇴로 인민의 소득은 감소했을 뿐만 아니라 경제가 성장하는 경우에도 그에 상응하는 소득 증대가 이루어지지 않았다. 1957년까지는 경제성장에 따른 사회총생산 증가와 더불어 노동자의 임금과 농민의 수입이 증가했지만, 이후에는 대약진운동과 문혁의 영향으로 실질소득뿐만 아니라 명목소득조차 감소했다.

도시 공업노동자의 경우 1952년을 100으로 했을 때 1957년에 명목임금 127.9, 실질임금 116.3으로 정점에 다다른 뒤 감소했다가, 명목임금은 1979년, 실질임금은 1984년이 되어서야 1957년 수준을 초과하게 된다. 더구나 대약진운동 이후 조정정책으로 회복되던 임금이, 문혁시기에 들어서면 공업의 성장에도 불구하고 1967년 104.9를 정점으로 1977년 92.7까지 실질임금이 감소하고 명목임금도 1969년 이후 감소했다(王海波 1998, 990~91면). 인구의 80% 이상을 차지한 농민의 경우, 1957년부터 1976년까지 인구가 약 1.41배, 농업총생산은 1.48배 증가했다(國家統計局綜合司 1990, 9면). 이는 특히 1957년 이후 1인당 생산 증가가 거의 이루어지지 않았다는 것을 말한다.

셋째, 공업과 농업, 즉 도시와 농촌의 성장이 극심한 불균형 상태로 진행되었다. 공업과 농업 간의 성장 불균형은 일반적 현상이지만, 공업화와 더

---

46) 자료에 따라서 약간의 차이가 있는데, 이 자료는 國家統計局綜合司(1990, 6~7면)의 전국국민소득과 전국국민소득지수 자료에 근거한 것이다. 이에 비해 사회총생산 자료에 의하면 1967, 68년에는 공업이 마이너스 성장을 했고, 1974, 76년에는 제로 성장에 근접했다(馬泉山 1998, 21면). 구체적인 수치는 차이가 있지만, 이 글에서는 일반적인 상황과 경향성을 본다는 측면에서 그러한 차이를 제외했다.

불어 도시로의 농업인구 유출이 일어나기 때문에 도시인구와 농촌인구의 소득 차이는 상대적으로 감소한다. 그러나 중국의 경우 호구제의 제한에 의해 농업인구 유출이 금지되었기 때문에, 도시와 농촌의 성장 불균형이 생활수준의 차이로 직접 연결되어, 농촌의 경우 절대빈곤 상태가 유지될 수밖에 없었다.[47]

국지적이기는 하지만 농촌의 그러한 빈곤상황을 보여주는 몇가지 예가 있다. 1980년 신화사(新華社)의 기자들이 산시(山西), 산시(陝西), 닝샤(寧夏), 간쑤(甘肅) 등의 황토고원지대를 조사한 내부 보고의 사례와,[48] 중국 농촌개혁의 시발지로 일컬어지는 샤오강촌(小崗村)을 포함하는 안후이성(安徽省) 평양현(鳳陽縣)의 예가 그것이다.

신화사 기자들의 보고에서는 1976년을 전후한 시기 산시성(山西省) 타이위안(太原) 등의 도시들이 인근 농촌에서 온 거지들로 가득 찬 상황을 다음과 같이 묘사하고 있다.

> 항일 근거지인 인구 250만명의 산시성 뤼량지구(呂梁地區)의 경우 해방된 지 30년이 지난 이후의 생활이 허 룽(賀龍) 총사령관이 있을 때(즉 항일전쟁 시기)보다 못한 농민들이 다수 존재했다. (…) 또한 1976년의 경우 1인당 양식이 1년에 100여kg에 불과하였으며, 가장 빈곤한 린현(臨縣)의 경우

---

47) 1949년 10%를 조금 초과하던 도시인구 비율은 점점 증가하다가 대약진운동 실패 뒤 호구제도가 고착, 강화되면서 1962년부터 대체로 17% 정도에서 비율이 고정되었다. 그러한 도시인구 비율은 개혁 이후에야 비로소 변화가 이루어진다(인구비는 "全國人口數及自然變動狀況,"〈國家統計局綜合司 1990, 2〉에서 필자가 계산한 것).
48) 『고별기아: 18년간 먼지 쌓였던 원고(告別飢餓: 一部塵封十八年的書稿)』는 필자들이 1980년 3월부터 9월까지 산시(山西), 산시(陝西), 닝샤, 간쑤 등의 황토고원지대 농촌을 방문 조사하여 중앙의 최고 의사결정자들에게 '내부 참고'로 보고한 것이다. 원고는 1980년에 완성되었지만, 18년이 지난 1998년 출판 준비에 들어가 1999년에야 출판되었다(傅上倫 外 1999).

1958년에서 1979년까지 22년간 인민공사에서 분배한 1인당 평균 수입이 40위안을 넘은 해가 3년뿐이었다. 그래서 외부로 유랑하는 인구가 많았는데, 많을 때는 1만 3,4천명에 이르렀으며, 통계에 잡히지 않는 수는 얼마인지 말할 수 없을 정도였다(傅上倫 外 1999, 2~3면).

평양현의 예는 한층 더 극적이다.

 1976년 평양현 모대대(某大隊) 당지부 서기 쉐 지랑(薛其讓)의 경우 4인 가구의 1년 양식으로 150kg을 분배받아 어쩔 수 없이 [자신은 당원이기 때문에 규정상 동냥을 할 수 없어 집을 지키고] 아내와 아이들에게 동냥질을 시켰다. 1977년에는 공산당원이자 생산대(生産隊) 대장인 쉬 궤이런(徐桂仁)과 부녀대장 판 윈전(范雲珍)은 생산대 사람들을 이끌고 천재지변, 수확량 부족, 노동력 부족, 가정 곤란 등의 명목으로 당조직 이름의 거지 증명서를 만들어서 동냥질을 나가 상하이에서 겨울을 지냈다(凌志軍 1997, 22~25면).

이러한 예는 외형적 성장에도 불구하고 실질적인 인민생활 개선이 거의 이루어지지 않았으며, 인민은 여전히 절대빈곤 상황에 처해 있었다는 것을 말해준다. 특히 성장 자체도 미미했을 뿐만 아니라 호구제도의 제약을 받았던 농민들의 생활은 더욱 그러할 수밖에 없었다.

개혁 이전 인민의 생활이 개선될 수 있는 성장이 이루어지지 못하고, 또 경제성장도 그에 상응하는 인민생활의 개선으로 이어지지 못한 데에는 여러가지 원인이 있었다. 역사로부터 물려받은 근대적 산업기반이 갖춰지지 못한, '인구가 많고 기초가 약한(人口多 底子薄)' 현실에 우선적인 이유가 있을 것이다. 하지만 사회주의혁명 이후 받아들인 쏘비에뜨 모델의 한계와 실천과정에서의 과오와도 무관하지 않았다.

우선, 쏘비에뜨 모델 자체의 문제를 들 수 있다. 쏘비에뜨 모델은 농업 부문 수탈을 통한 공업 부문 투자와 생산재 및 중공업 부문 우선 투자로 특징지어진다. 그러한 전략은 자원이 부족한 저발전국의 초기 발전전략으로서 자원 동원에 상당한 효율성을 갖는다. 그러나 일반적으로는 장기적으로 농업과 공업, 소비재와 생산재 사이의 생산 불균형과 과도한 축적 및 비효율이 발생하고, 소비재의 만성적인 부족을 초래한다. 개혁 이전의 중국도 이 점에서 예외가 아니었다. 중국의 경우도 경제성장에 상응한 생활 개선이 이루어지지 못했고, 앞에서 살펴본 바와 같이 임금지수 등이 미미하게 성장하거나 정체하였다. 농업 부문에서는 과도한 집단화로 인한 비효율성이 대약진운동 초기부터 나타나기 시작했으며, 공업 부문에서는 문혁시기에 그러한 비효율성이 나타났다.

허난성(河南省) 자료에 의하면 농업 부문에서 대약진운동 시기부터 비효율이 발생하고 과도한 축적이 이루어졌다는 것을 알 수 있다. 1957년 이전에는 농민 총수입 중 60% 정도를 농민에게 분배했다. 하지만 대약진운동 시기가 되면 1956년 이전에는 5% 미만이었고 1957년에는 7.47%에 머물렀던 집체 내 유보가 1958년 22.97%, 1959년 14.35%로 증가하고, 농민에 대한 분배는 50% 미만으로 감소했다. 기근으로 인해 다음 2년 동안 농민에 대한 분배는 57%로 증가했지만, 문혁시기가 되면 다시 55% 이하로 줄어든다. 또한 1975년부터 1979년까지는 50% 이하만 농민에게 분배되다가, 농촌 개혁이 일반화되는 1981년이 되어서야 60% 이상으로 증대했다(河南省農村發展硏究中心 1986, 152~55면). 한편 1957년 이전에는 대체로 25% 혹은 그 이하이던 생산비가 문혁시기에는 30%를 넘어서며, 집체유보 비율도 10% 혹은 그 이상이 된다(河南省農村發展硏究中心 1986, 152~55면). 이러한 사실은 대약진운동 이후 농촌에서 과도한 축적과 생산비 증가, 즉 비효율성이 증대했음을 말한다. 나아가 그러한 과도한 축적과 비효율성의 증대는 그렇지 않아도 미미한 생산 증대분에서 농민의 실질수령 소득이 정체하거나 증가와 감소 사이에서 진동을 보일 수밖에 없게 했다는 것을 말한다. 이것은 문혁 10년간 연평균 9백만톤의 식량 증산[49]을 이루게 했던 농업 기계화와 관개면적의 증가가 농민 이익의 유보에 기초하여 이루어졌다는 것을 말해준다.[50]

한편 공업 부문에서는 중공업의 비중이 증가하고,[51] 공업의 효율은 떨어졌다.[52] 그와 더불어 문혁시기에는 앞에서 지적한 바와 같이 노동자의 실질임금뿐만 아니라 명목임금까지도 감소했다. 문혁시기 10년 동안 1971년 전체 노동자의 28% 정도에 해당하는 저임금 노동자들의 임금이 한 차례 인상된 것을 제외하고는 임금이 고정되었다. 자본주의 제도라는 이유로 보너스 제도가 취소되었고, 새로 충원된 노동자들의 임금수준도 낮았다(王海波 1998, 488면).[53] 이는 비효율성의 증가에도 불구하고 문혁시기 공업이 성장할 수 있었던 한 요인이 노동에 대한 수탈에 있었다는 것을 보여준다.

그러나 그것이, 경제문제의 주요한 원인이 자원 동원에 의한 외연적 성장전략인 쏘비에뜨 모델에 있음을 의미하는 것은 아니다.[54] 비효율성과 불

---

49) 1965년의 식량총생산은 1억 9,453만톤, 1975년은 2억 8,452만톤이다. 1976년은 2억 8,631만톤으로 그보다 적은 179만톤 정도의 증산이 이루어진다(王海波 1998, 481~82면; 國家統計局綜合司 1990, 12면).
50) 기계경작 면적이 1957년 2.4%에서 1965년 15%, 1978년 40.9%로 증가하고, 관개면적도 1957년 24.5%, 1965년 31.9%, 1978년 45.2%로 증가한다(國家統計局綜合司 1990, 14면).
51) 경공업 대 중공업의 비중은 1965년 51.6 : 48.4, 1975년 44.1 : 55.9이다(王海波 1998, 484면).
52) 1966~76년 사이에 전민소유제 독립채산기업에서 매 100위안의 자금이 실현할 수 있는 이윤과 세금이 29.8위안에서 19.3위안으로 줄어든다(王海波 1998, 487면).
53) 2006년 1월 필자 등의 상하이 노동자 조사에 의하면 모든 노동자들이 문혁시기 보너스를 받은 것으로 기억하고 있었다. 그것은 일반적으로 알려진 사실과 차이가 있는 것으로 문혁시기의 이론이나 주장들의 실제 실행에 대해서는 재검토가 필요하다는 것을 의미한다.
54) 퍼킨스(Dwight H. Perkins)는 문혁으로 인한 경제적 손실이 홍위병운동 시기의 혼란

균형, 그리고 과도한 축적 등의 측면에서 쏘비에뜨 모델의 한계가 나타나기는 했지만, 그보다는 정치적 요소에 의한 경제교란으로 인해 그 모델이 정상적으로 작용할 수 없었다는 데 더 주요한 문제가 있었기 때문이다. 다시 말해서, 중국의 경제문제는 경제발전 모델 자체가 아니라 경제 외적 요소의 개입에 의한 경제교란 현상에 그 주요한 원인이 있었다는 것이다.

경제에 대한 직간접적인 경제 외적 교란은 급진적 이상주의에 의해 지도된 정치로 인한 것이었다. 급진적 이상주의는 주관주의적이고 맹목적인 높은 지표와 과도한 집단화 및 극단적 평균주의를 초래했으며, 그것이 중국경제 저발전의 주요한 원인이었다. 그러한 급진적 이상주의에 의한 주기적 정치운동은 주관주의 또는 '정치우위'의 기치하에 경제논리를 무시함으로써 주기적인 경제후퇴를 낳았다. 대약진운동이 극단적인 주관주의적 방식으로 경제건설을 시도한 것이었다면, 문혁은 정치운동이 경제를 교란한 전형이었다고 할 수 있다. 그렇기 때문에 최소한 중국에서 경제문제는 쏘비에뜨 모델 자체의 결과이기보다는 급진적 이상주의와 더 깊은 관련을 갖는다. 높은 지표 설정과 집단화 및 평균주의는 쏘비에뜨 모델에서 기원하지만, 그것이 극단적이고 절대적으로 적용된 것은 급진적 이상주의의 정치적 결정의 결과였기 때문이다.

앞에서 지적한 바와 같이 중국경제의 사회주의로의 전환과정은 다른 사회주의 국가보다 안정적으로 이루어졌다. 사회주의로의 개조과정, 특히 1955년 수공업과 개체상공업(個體商工業, 개인이 다른 사람들을 고용하지 않고 운영하는 상업과 공업)을 사회주의로 전환하는 과정에서 몇가지 문제가 발생하기는 했지만,[55] 제1차 5개년계획 기간 중인 1953~56년까지 공업은 연평균

으로 인한 것보다는 주로 발전전략과 그 전략을 수행하기 위한 계획과 관리체계로 인한 장기적인 결과에 기인한 것이라고 보는데(Perkins 1991, 486면), 이는 개혁 이전 중국경제의 근본문제가 발전전략 자체에 있었다고 본 것이라고 할 수 있다.

55) "건국 이래 역사문제 결의"의 평가에 의하면 "1955년 여름 이후 농업합작화 및 수공

19.6%, 농업은 연평균 4.8%의 성장을 이룩했다. 그러나 1958년 이른바 대약진운동이 시작되면서 그러한 성장 기조에 급격한 변화가 발생했다. 대약진운동은 쏘비에뜨 모델 또는 경제건설 자체의 문제가 아니라 중국혁명의 경험에서 유추한 새로운 사회주의 건설전략과 관련된 것이었다. 다시 말해서 대약진운동은 경제법칙을 혁명기의 군중운동과 극단적 주관주의로 대체하고자 한 것이었다.

대약진운동의 파괴적 결과는 마오 쩌둥으로 하여금 경제문제를 우회하도록 만들었다. 그러나 군중운동과 주관주의적 방식을 통한 사회구조를 재구성하려는 마오 쩌둥의 구상은 변하지 않았다. 마오 쩌둥은 여전히 문혁이라는 군중운동과 주관주의적인 정치·사회·문화 개조를 통해 새로운 사회를 구성하고자 했다. 자연재해와 겹쳐 수천만명의 아사자를 낳았던 대약진운동에 비하면 문혁이 경제에 미친 직접적 영향은 적었다고 할 수 있다. 대약진운동과는 달리 정치운동에 의한 경제논리 자체의 대체는 없었고, 대약진운동 시기와 같은 재앙을 초래한 대중동원으로 인한 농업 부문의 대규모 감산도 없었으며, 문혁기간 중에도 공업은 비교적 안정적 성장을 이룩했기 때문이다.[56] 그러나 그것이 경제에 대한 문혁의 충격이 적었다는 것을 말하는 것은 아니다. 문혁도 정치운동을 통해 경제 영역을 교란했기 때문이다.

우선, 앞에서 지적한 바와 같이 문혁은 1967년과 1968년 및 문혁 마지막 해인 1976년에 국민소득의 감소를 초래했다. 1967, 68년의 경우는 이른바 홍위병의 조반과 권력탈취투쟁을 통해 경제관리기구와 기업 단위들을 직

업과 개체상공업의 개조에 대한 요구가 지나치게 조급하고, 조악하고 빠르게 개조하고, 획일적으로 변화시킴으로써, 일련의 장기적인 문제를 남겼다"(中共中央文獻研究室 1985, 18면).

[56] 1966~76년까지 문혁 10년간 공업총생산의 연평균 증가치는 9.5%였다(馬泉山 1998, 20면).

접 공격한 결과였으며, 1976년의 경우는 톈안먼 사건, 탕산 대지진(唐山大地震) 같은 정변이나 자연재해에 더해 덩 샤오핑의 3차 숙청과 문혁 좌파에 의한 1975년 조정정책 부정과 관련되어 있었다. 그런데, 그러한 계기적 사건의 배후에 있는 계급투쟁 중심과 정치우위는 일시적인 경제후퇴보다 장기적이고 근본적인 문제를 초래했다.

계급투쟁 중심과 정치우위는 경제문제에 대한 경제적 관점에서의 접근을 부정했다. 경제문제가 경제적 효율성과 경제법칙에 의해서가 아니라 계급투쟁의 관점에서 평가되었다. 계급투쟁의 관점에서 볼 때 기존의 경제정책과 제도 및 이론은 수정주의 혹은 자본주의적인 것이었다. 대약진운동 이후의 조정과정에서 일부 지역에서 나타난 호별영농제가 '단간풍'으로 비판되었으며, 일종의 텃밭이라고 할 수 있는 농민의 '자류지(自留地, 자기 경작지)', 가정부업(家庭副業), 농촌시장(集市貿易)이 자본주의의 부활로 비판받은 것이 그 예이다. 뿐만 아니라 가치법칙과 경제법칙을 통해 경제를 관리하는 것을 자본주의적 자유화로 비판했으며, 노동에 따른 분배와 임금제도 및 보너스 제도를 노동자 부패와 계급 분화의 경제적 뿌리라고 비판하면서 극단적인 평균주의를 고취했다(周太和 1984, 127면). 또한 중공중앙이 1961년 반포한 "국영공업기업 공작 조례(國營工業企業工作條例)"는 기업의 자주권, 공장장 책임제, 노동에 의한 분배 등을 규정했는데, 이는 사회주의 기업을 자본주의 기업으로 변화시키고, 주자파들이 기업의 지도권을 탈취하고자 하는 것으로 비판받았다(周太和 1984, 128~29면). 또한 사회주의사회의 상품 생산, 가치법칙, 노동에 따른 분배 등에 대한 쑨 예팡(孫冶方) 같은 이들의 이론적 연구와 주장이 수정주의로 비판받았다(周太和 1984, 129~30면).

이러한 사실은 문혁시기 경제가 계급투쟁을 기준으로 집체경제 이외의 그 어떤 이질적인 요소도 배제된, 고도로 단일한 평균주의적 체계로 재구성되었다는 것을 말한다. 그러한 체제는 농민의 자율성을 제한하고, 노동효율성을 제고할 수 있는 기제를 결여했다는 점에서 낮은 생산성과 저효율을 낳을 수밖에 없었다. 더욱 중요한 문제는 계급투쟁과 정치우위의 제약하에서 경제문제를 해결하기 위한 경제적 관점에서의 대안 모색이 불가능했다는 사실이다. 1975년 덩 샤오핑의 조정정책이 문혁을 부정하는 '우경번안풍(右傾飜案風, 우경에 대한 재평가 시도)'으로 비판받고 무산된 것이 그 예라고 할 수 있다.

또한 문혁으로 인한 노동규율과 교육제도의 파괴는 장기적인 영향을 남겼다. 관리제도의 파괴와 평균주의는 노동규율을 파괴했으며, 이는 효율성과 노동생산성의 하락을 초래했다. 게다가 문혁으로 인한 교육제도의 파괴는 관리자와 기술자 및 노동자의 소질과 수준을 전반적으로 저하시켰다. 학력이 전반적으로 낮아졌을 뿐만 아니라, 교육의 질도 떨어졌다(王海波 1998, 486~87면; 程晉寬 2001, 551~56면). 교육 피폐화의 영향은 특히 과학기술 부문에서 심각했는데, 문혁 10년간 고급 기술인력의 배양 중단은 경제발전에 장기적 제약 요소가 될 수밖에 없었다.

그렇다고 문혁시기의 모든 경제문제가 문혁의 직접적인 결과인 것은 아니다. 베트남전과 중소분쟁으로 인한 전쟁 준비와 3선 건설(三線建設) 등에 따른 생산 요소 간의 균형 상실과 자원의 낭비가 있었다.[57] 또한 1970년에는 중앙이 장악하고 있던 경제관리 기능과 기업관할권을 대대적으로 지방으로 하방했는데, 이로 인한 문제도 적지 않았다.[58] 3선 건설과 지방

---

57) 3선 건설은 베트남전과 중소분쟁으로 인한 전쟁 위험에 대비하기 위해 1965년 마오쩌둥에 의해 제기되어 3/5계획, 4/5계획 기간 중 실시된 것으로, 쓰촨 등 서남 오지에 군사공업기지를 건설하는 것이었다. 3/5기간 중에는 전국 기본 건설투자 총액의 52.7%가, 4/5기간 중에는 41.1%가 3선의 11개 성(省)에 투자되었다. 3선 건설은 산업 연관과 균형을 무시한 건설로 자원의 낭비를 초래한 반면, 내륙 지역의 공업 건설과 지역간 균형 발전에 기여한 바도 있었다(王海波 1998, 447~78면).
58) 지방으로의 경제권 하방은 대약진운동 시기에 이루어졌다가 조정 시기에 회수되었다. 그리고 다시 1970년 경제조정 정책을 통해 기업 관리, 재정 등의 권한을 대대적으로 지

으로의 경제권 하방은 장기적으로 긍정적 측면이 있었다는 평가를 받기도 한다. 그럼에도 불구하고 그러한 비효율성과 낭비는 계급투쟁과 정치우위에 의한 경제교란과 더불어, 역사적으로 계승된 후진적 빈곤을 지속시킨 요소였다고 할 수 있다.

II. 문혁 전후 권력구조와 정치세력

1. 문혁과 권력구조의 변화

문혁의 충격은 전사회적인 것이었지만, 그중에서 최상층 권력엘리트에 미친 영향이 가장 컸다. 1943년 옌안정풍운동 이후 형성된 마오 쩌둥 체제 혹은 옌안체제는 마오 쩌둥을 정점으로 한다는 한가지를 제외하고는 근본적으로 변화를 거쳤다. 그런데 그 마오 쩌둥조차도 이전과는 근본적으로 다른 마오 쩌둥이었다. 옌안체제에서의 마오 쩌둥이 동료들 중의 1인자였다면, 문혁시기의 마오 쩌둥은 권위와 권력의 최종적 근원으로서 그의 말이 '최고 지시(最高指示)'인 절대권력자였다. 옌안체제는 마오 쩌둥 권력의 점진적 강화에도 불구하고 근본적으로는 합의체제의 범주에 속했다. 그러나 문혁체제는 마오 쩌둥 1인이 절대적 권력을 가진 체제였다.

인사문제를 포함한 정책결정 과정에서 마오 쩌둥의 의지와 의사는 가장 중요한 요소로 작용했다. 그러나 마오 쩌둥의 권력이 무제약적이었던 것

방에 하방하였다. 1965년 중앙 직속 기업의 생산이 전민소유제 공업총생산의 46.9%와 전국 공업총생산의 42.2%를 점했으나, 1970년 하방 이후에는 그것이 전민소유제 공업총생산의 8%에 불과했다. 뿐만 아니라 국무원의 국가경제관리기구를 대대적으로 축소해 중앙의 경제관리기구 인원이 원래의 11.6%로 감소했다. 그 결과 계획경제가 실제로는 반(半)계획 또는 무계획 상태에 이르게 되었다(周太和 1984, 136~47면; 王海波 1998, 465~75면).

은 아니다. 우선, 역사적·구조적 제약이 있었다. 문혁이라는 새로운 질서를 만들기 위한 시도 또한 옌안체제의 제약에서 출발한 것이다. 새로운 체제의 구성은 옌안체제의 파괴를 의미했기 때문에, 그것을 위한 새로운 세력 혹은 동맹관계를 선택 또는 구성해야 했다. 둘째, 마오 쩌둥은 새로운 사회를 형성하려고 했지만, 동시에 국가(질서)도 유지해야 했다. 새로운 사회의 구성은 기존 사회의 파괴를 전제하지만, 국가의 관리자로서 이미 혁명으로 형성된 국가질서 자체는 유지해야 했다. 마오 쩌둥은 그러한 정치세력의 선택 또는 구성에 있어서, 새로운 사회의 구성과 국가질서의 유지라는 두가지 기준에 의해서만 제약되는 절대적 권한을 행사했다. 문혁시기 마오 쩌둥은 최소한의 제약 아래서 권력구조 자체를 변화시킬 수 있는 절대권력을 가진 지도자였다.

문혁의 시작과 더불어 마오 쩌둥은 군중 동원을 통해 기존의 질서와 권력구조를 근본적으로 파괴하면서 새로운 구조를 형성해가기 시작한다. 마오 쩌둥과 급진주의자들이 지도하는 조반파와 홍위병에 의해 당의 일선 책임자들에 대한 대대적인 비판이 이뤄졌으며, 일부 실무자를 제외한 대부분의 지도자들이 '타도'되었다. 그에 따라 옌안정풍운동으로 형성된 마오 쩌둥 1인 우위와 류 샤오치를 2인자로 하는 집단지도체제는 근본적으로 붕괴하게 된다. 마오 쩌둥은 그의 말이 모든 것에 우선하는 최종적 권위를 갖는 '최고 지시'인 '황제'가 된다. 류 샤오치를 대신하여 '위대한' 마오 쩌둥 주석의 '친밀한 전우'인 린 뱌오가 1966년 8월의 8기 11중전회에서 유일한 당 부주석이 됨으로써 2인자이자 후계자가 된다.[59] 그리고 타도

---

59) 린 뱌오는 1969년 4월 14일 9차 당대회에서 통과된 당장 총강에 "린 뱌오 동지는 일관되게 마오 쩌둥 사상의 위대한 붉은 깃발을 높이 들고, 가장 충실하고 가장 견고하게 마오 쩌둥 동지의 무산계급 혁명노선을 집행하고 지켰다. 린 뱌오 동지는 마오 쩌둥 동지의 친밀한 전우이며 계승자이다"라고 명시함으로써, 마오 쩌둥의 확고한 후계자가 된다 (中國革命博物館 1979, 206~7면).

된 혁명원로들과 당 간부들의 자리는 군부의 급진파, 급진 이데올로그, 그리고 군중 대표들에 의해 채워진다.

그렇게 형성된 초기 문혁체제는 마오 쩌둥의 절대권과 명시적인 2인자이자 후계자로서 린 뱌오의 확고한 지위, 그리고 급진파들을 권력의 핵심으로 한다는 데 그 특징이 있다. 또한 이 시기에는 고위간부들과 혁명원로들에 대한 대대적인 비판이 이루어지지만, 독자적인 지역적 기반을 갖지 않는 실무를 담당하는 당·정 관료와 군부는 상대적으로 보호를 받았고 그 직위를 유지하였다.[60] 이는 "천하를 혼란시킴으로써 천하의 질서를 재형성하는" 문혁이라는 비일상적인 상황에서 최소한의 안정성을 유지하고 국가질서의 근본적인 파탄을 막기 위한 것이었다. 특히 경제 부문 관료에 대한 숙청이 상대적으로 적었던 것은 생산의 안정성을 유지하기 위한 최소한의 전제였는데, 그것은 대약진운동의 교훈과 관련이 있었다.[61] 이 실

---

60) 이들에 대한 조반파의 권력탈취투쟁과 홍위병의 공격이 없었던 것은 아니다. 하지만 저우 언라이가 이들 영역을 적극적으로 보호했고, 마오 쩌둥도 저우 언라이의 '혁명을 부여잡고 생산도 부여잡자(抓革命 捉生産)'는 노선을 지지하고 그들에 대한 보호에 힘을 더했다. 1967년 우한의 7·20사건 이후 왕 리, 관 펑 등이 군대와 외교 방면에 대한 노골적인 권력탈취를 선동했는데, 마오 쩌둥이 그들의 선동문을 '대독초(大毒草)'라고 비판하고 외교와 군대 부문을 보호한 것이 그 예이다. 그리고 저우 언라이는 조반파와 함께 리 셴녠이 부장으로 있던 재정부의 권력을 탈취하려 한 모 부부장(副部長)과 모 부사장(副司長)을 체포하였으며, 석유공업부 부장 위 추리(余秋里) 등을 보호했다(陳揚勇 1999, 14면; 雷歷 2006). 외교부에 대해도 조반파의 감독은 인정했지만, 외교권의 탈취와 외교부장 천 이의 타도를 막았다(陳揚勇 1999, 350면). 물론 그것이 이들 부문이 문혁에 의한 피해가 없었다는 것을 의미하지는 않는다. 이와 관련된 외교부의 문혁 상황에 대해서는 馬繼森(2003) 참조.

61) 주자파에 대한 비판과 숙청에도 불구하고 경제정책만을 이유로 숙청된 지도자들이 없었다는 것은 놀라운 일이다. 리 셴녠, 위 추리, 구 무(谷牧) 등은 홍위병으로부터 공격을 받기는 했지만 숙청되지는 않았으며, 더구나 당 농촌공작부 부장을 역임하고 포산도호 등을 주장하여 농촌정책에서 마오 쩌둥과 대립했을 뿐만 아니라 여러 차례 비판을 받은 덩 즈후이는 문혁시기 타도되지도 않았으며 9차 당대회에서도 여전히 중앙위원으로 선출되었다.

무세력은 정치적으로는 상대적으로 취약했다. 하지만 그들은 문혁 초기의 공격으로부터 살아남은 원로들과 더불어 상황의 변화에 따라 정치적인 힘을 발휘할 수 있는 잠재력을 가진 세력이었다.

문혁 초기의 권력구조는 마오 쩌둥의 절대권과 확정적인 후계체제, 그리고 정치권력의 급진파로의 집중으로 인하여 통일적이며 안정적인 외형을 가진다. 그러나 구조를 변화시킬 수 있는 능력을 가진 마오 쩌둥의 절대권과 급진파의 권력 독점은 그 자체가 불안정성의 요소를 잉태하고 있었다. 절대권력자 아래의 후계자는 자신의 명시적인 지위에도 불구하고, 그것을 변화시킬 수 있는 능력을 가진 절대권력자로부터 상대적으로 안정적일 수 있는 권력자원을 확보하려 했으며, 공동의 적을 상실한 급진파 내부 세력들 사이에서 갈등이 나타났기 때문이다. 1969년 9차 당대회에서 문혁이 새로운 단계에 접어든 뒤 권력을 독점한 급진파 내부의 분화와, 절대권자인 마오 쩌둥과 후계자 린 뱌오 사이의 갈등이 발생한다. 이러한 갈등은 급진파 내부의 갈등과 결합하여 증폭되었고 '9·13사건'으로 문혁체제의 굴절을 초래한다.

급진파는 크게 린 뱌오의 군부세력과 대중운동을 지도한 급진 이데올로그의 두 세력으로 구성되어 있었다.[62] 린 뱌오는 마오 쩌둥에게 절대적으로 복종하였고,[63] "자본주의의 길을 가는 당권파(즉 주자파)"라는 공통의 적이 있었기 때문에 두 세력 사이의 협력관계가 유지될 수 있었다. 하지만 두 세력의 차이는 모순을 포함할 수밖에 없었다. 마오 쩌둥에 대한 린 뱌

---

[62] 급진 이데올로그 집단은 이후 '4인방'으로 불리게 되는 집단의 모태이다. 그런데 4인방의 한 사람인 왕 훙원(王洪文)이 중앙에 진출하는 것은 1973년 5월의 중앙공작회의 이후이다. 그렇기 때문에 문혁시기의 이데올로그 집단을 '4인방'으로 통칭하는 것은 부정확한 표현이다. 그래서 중국에서는 이들에 대해 '장 칭 집단'이라는 표현을 병용한다.

[63] 린 뱌오는 비서에게 자신은 아무런 능력이 없고, 다만 마오 주석을 긴밀하게 따를 뿐이며, 자신의 능력은 모두 마오 주석에게서 배워온 것이라고 말했다. 즉 마오 쩌둥을 따르는 것이 린 뱌오의 정치적 입장이었다(王年一 1996, 387면).

오의 절대적 복종에도 불구하고, 린 뱌오의 지지기반인 군부세력과 급진파 이데올로그 및 그들이 지도하는 대중운동 사이에 대립이 있었기 때문이다.[64] 린 뱌오는 혁명과 전투에서 탁월한 경력을 가진 장군으로 이념적 성향과는 별도로 군부에 광범한 세력기반을 가지고 있었다.[65] 그러나 급진 이데올로그 지도하에 있던 대중운동의 비판과 투쟁의 대상은 린 뱌오의 심복을 포함한 군부세력에 대해서도 예외가 아니었다.[66] 군부에 대한 조반파의 비판 및 투쟁, 그리고 이에 대한 군부의 진압과정에서 두 세력 간의 대립이 심화하였다.[67]

---

64) 왕 녠이(王年一)는 장 칭 일파가 극단적인 좌파였던 반면, 린 뱌오 일파는 좌경노선에 충실하였지만 원로간부들, 특히 군대의 장군들과 깊은 관계에 있었기 때문에 급진파를 못마땅하게 생각했을 뿐만 아니라 새로 등장한 중앙문혁소조에 대해 내심으로는 깊은 반감을 가지고 있었다고 지적한다(王年一 1996, 398면).
65) 린 뱌오 집단을 단순히 문혁기간 중 승진한 이념적 급진파로만 보는 것은 1971년 9·13사건 이후 린 뱌오 집단으로 처벌받은 린 뱌오의 심복들만으로 린 뱌오 집단의 범위를 한정하기 때문이다. 그러나 화려한 군 경력을 가진 린 뱌오의 군부 내 지지기반은 더 광범위한 것으로 보는 것이 옳다. 이와 관련해 문혁시기 린 뱌오의 처 예 췬(葉群)과 난징군구(南京軍區) 사령관이었던 쉬 스유(許世友)의 다음과 같은 통화 기록을 참조할 필요가 있다. 예 췬은 쉬 스유와 통화에서 "쉬 사령관! 주석이 당신을 보호하고 린 뱌오 부주석도 당신을 보호한다는 것을 알지요! (…) 누군가가 당신을 반대하고 있어요. 당신은 누가 반대하는지 아세요? 바로 당신 동쪽[즉 상하이]에 있는 그자예요. 그 사람 이름을 말하지 않겠지만 당신도 누군지 알 겁니다. 맞아요. 내가 당신에게 말하는 것을 당신이 염두에 두기만 하면 돼요"(王年一 1996, 400면). 잘 알려진 바와 같이 덩 샤오핑 과 밀접한 관계인 쉬 스유와 예 췬의 이러한 통화는 린 뱌오 집단이 군부의 원로간부 세력들과 우호적인 관계를 유지하고 있었음을 말한다.
66) 린 뱌오의 심복들로 이른바 린 뱌오의 4대금강(四大金剛)으로 불리는 황 융성(黃永勝), 우 파셴(吳法憲), 리 쭤펑(李作鵬), 추 후이쭤(邱會作)도 장 칭과 중앙문혁소조의 선동과 지지하에 여러 차례 조반파의 공격을 받았는데, 린 뱌오가 자신의 심복이었던 이들을 보호했다. 린 뱌오와 이들의 밀접한 관계는 이들 사이의 군대에서의 오랜 상하관계와 더불어 문혁시기의 보호와 린 뱌오의 지위에 의해 강화되었다(王年一 1996, 395면).
67) 이홍영도 지방에서의 대중조직과 군부 지도자의 마찰로 두 세력의 이해가 대립하게 되었다고 본다(이홍영 1997, 110면). 그밖에 9차 당대회 이전의 린 뱌오 집단과 장 칭

급진파 내부의 대립은, 1968년 8기 12중전회에서 기존의 당권파에 대한 숙청 및 처리가 완료된 뒤, 특히 새로운 권력구조가 확립된 1969년의 중공 9차 당대회 이후 격화되기 시작한다. 공동의 적이 소멸되자 권력 분할을 둘러싼 이견이 표면화되었기 때문이다. 중공 9차 당대회에서 린 뱌오가 마오 쩌둥의 후계자로 당장에 공식적으로 수록되어 린 뱌오의 지위가 확고부동해지고, 린 뱌오의 권력기반인 군부가 중앙위원의 대부분을 차지하는 등 형식적으로는 후계체제를 포함하는 권력구조가 안정화되는 듯 보였다.[68] 그러나 "9차 당대회 정치보고" 작성을 둘러싼 갈등과 논쟁 및 중앙위원 선출과정의 갈등에서 보는 바와 같이 권력을 장악한 급진파 내 파벌들 사이의 갈등이 이미 표면화하고 있었다(王年一 1996, 402~3면).

같은 시기에 제4기 전국인대 개최를 준비하는 과정에서 류 샤오치 숙청 이후 공석이던 국가주석직 유지 문제를 둘러싼 마오 쩌둥과 린 뱌오 집단의 대립이 발생한다(王年一 1996, 408~12면). 그러한 대립은 1970년 8월 23일에서 9월 6월까지 루산에서 개최된 9기 2중전회에서 폭발한다.[69] 9기 2중전회에서 마오 쩌둥의 의사와는 반대로 국가주석직 설치와 천재론(天才論)을 주장한 천 보다(陳伯達)를 위시한 린 뱌오의 지지자들이 비판받았다. 그후 천 보다 비판운동이 전개되고 린 뱌오의 심복들에 대한 자아비판이 요구된다. 이에 실각의 위기를 느낀 린 뱌오 집단은 쿠데타를 계획하지만

집단의 대립은 장 텅자오(江騰蛟)의 장 춘차오(張春橋)에 대한 자료 조사와 고발, 1968년 황 융성을 알바니아 방문단의 일원으로 선정한 것에 대한 장 칭의 반대 등 여러 사례가 있다. 뿐만 아니라 린 뱌오는 과거 무명 소졸이었던 장 춘차오, 야오 원위안 등을 무시했고, 장 칭이 자신의 심복인 황 융성, 우 파셴을 무시하는 데 대한 불만도 컸다(王年一 1996, 398~404면).

68) 군부가 그렇게 부상한 데에는 군부가 조반파의 무장투쟁으로 인한 혼란을 바로잡을 수 있는 유일한 힘이었다는 사실과, 1969년 3월의 전바오다오(珍寶島) 사건과 같은 중소분쟁의 격화로 인한 전쟁 위험 증대 등의 원인이 있었다.

69) 9기 2중전회(1970년 루산회의)에 대해서는 高文謙(2003); 吳法憲(2006); 舒雲(2006) 참조.

실패하고, 소련으로 도망가던 린 뱌오는 몽골에서 비행기 추락으로 사망하는데 이것이 1971년 '9·13사건'이다.[70]

9·13사건은 안정적 외양을 가진 문혁기의 1인 절대권력체제의 불안정성의 결과였다. 이 불안정성은 첫째, 당권파의 숙청으로 공동의 적이 소멸하고 급진파로 권력이 집중되자 권력 재분할을 둘러싸고 나타난 서로 다른 기반을 갖는 급진파들 간의 대립 때문에 발생한 것이다.[71] 둘째, 승계문제의 규범적 제도화가 이루어지지 않은 절대권력하에서 후계자 지위의 불안정성 때문이었다. 일반적으로 절대권력체제에서 2인자는 절대권력자의 가장 큰 잠재적 위협세력으로 인식되며, 2인자는 자신의 권력이 절대권력자에 의해 언제든 변경될 수 있는 불안정한 것으로 인식한다.[72] 그렇기 때문에 절대권력자는 2인자 혹은 후계자의 권력을 가능한 한 제어하려고 하는 반면, 후계자는 가능한 한 자신의 권력자원을 확대함으로써 자신의 지위를 공고히하려 한다. 국가주석직을 둘러싼 논쟁은 바로 이러한 문제였

---

70) 린 뱌오 사건에 대해서는 최명(1972); 熊華源·安建設(1995); 江波·黎青(1993); 汪東興(1997); 孫一先(2001) 등의 회고록과 張聶爾(1999); 邵一海(1996) 등의 기실(紀實) 소설을 참조. 또한 우 파셴의 딸 Qiu Jin(金秋)(1999); Teiwes & Sun(1996) 등의 연구서와 丁凱文(2004); 吳潤生(2006); 舒雲(2006); 吳法憲(2006) 등을 참조하라.
71) 예 첸은 4기 전국인대를 '권력 재분배' 회의로 보았는데, 그것은 급진파로의 권력 집중과 급진파의 내부 분화를 반영한 것이라고 할 수 있다(王年一 1996, 411면).
72) 9차 당대회 이후 예 첸은 린 뱌오의 '후계자'로서의 지위가 불안정하며 장 칭과 장 춘차오에게 탈취될지 모른다는 두려움을 가졌다. 또한 마오 쩌둥은 린 뱌오에게 린 뱌오의 나이를 이유로 린 뱌오 이후의 계승문제를 언급하면서 장 춘차오를 언급하여 린 뱌오의 의심을 불러일으켰다(王年一 1996, 403면). 더구나 왕 리의 회고에 의하면 덩 샤오핑이 비판받은 후인 1967년 7월 16일 마오 쩌둥이 자신과의 단독 면담에서 "린 뱌오의 신체에 문제가 생기면 나는 덩 샤오핑을 다시 불러올 것이다. 덩은 최소한 정치국 상무위원이다"라고 했다(毛毛 2000, 46면). 린 뱌오에게 이러한 이야기가 전달되었는지 여부와는 상관없이 마오 쩌둥의 그러한 태도가 린 뱌오에게는 불안감을 조성했을 가능성이 크다. 더구나 마오 쩌둥은 1968년의 8기 12중전회에서 급진파의 당적 제명 요구에도 불구하고 덩 샤오핑의 당적을 유지시킴으로서 복귀의 길을 열어놓았다.

다.[73]

결국 9·13사건으로 문혁 초기 권력구조는 붕괴되었다. 문혁과 더불어 확립된 마오 쩌둥 절대권력체제는 마오 쩌둥 사망시까지 지속되지만, 후계체제와 권력 구성에서 근본적인 변화가 발생한다.

첫째, 숙청된 원로간부들에 대한 대대적인 복권과 새로이 젊은 지방간부의 중앙간부로의 충원이 이루어진다. 린 뱌오 사건 이후의 가장 큰 변화는 문혁으로 숙청되었던 원로간부 세력의 복귀와 실무파의 권력 강화라고 할 수 있다. 문혁 초기 원로간부들이 이미 숙청된 상황에서 린 뱌오 집단의 제거는 옌안정풍운동 혹은 쭌이회의(遵義會議) 이후 마오 쩌둥 체제를 지탱해오던 핵심 세력이 사라졌다는 것을 의미했다. 마오 쩌둥 주위에 남아 있는 옛 동지들이라고는 문혁 이후 형성된 권력집단에서는 밀려났지만 숙청을 면한 소수의 실무집단이 있었을 뿐이다. 그에 따라 문혁체제는 문혁 이데올로그 세력에 의한 권력 독점으로 전환될 가능성이 있었다. 그러한 상황은 단일한 세력의 과도한 권력 독점 위험뿐만 아니라, 편중되고 일천한 경험만을 가진 이데올로그 집단이 권력을 독점할 경우 국가관리능력

---

73) 린 뱌오 집단은 국가주석직 부활과 마오 쩌둥의 국가주석 취임을 계속 주장하면서, 그것에 반대 입장을 취하는 장 칭 집단에 대해 "주석의 위대한 겸손을 이용해 마오 쩌둥 사상을 폄하하려고 하는 사람들이 있다"라고 비판한다. 예 췬은 한편으로는 4기 전국인대를 권력 재분할의 계기로 보면서, 마오 쩌둥이 자신은 다시는 국가주석을 맡지 않을 것이라고 했기 때문에 국가주석직이 유지되면 린 뱌오가 그것을 맡을 것이므로, 린 뱌오의 권력이 더욱 공고화될 것으로 보고 국가주석직 유지를 주장했다. 다른 한편으로는 마오 쩌둥을 국가주석으로 추천하고 '천재'로 부른 것은 마오에 대한 자신들의 충성을 표함으로써 장 칭 집단을 비판하고 배제하기 위한 것이기도 했다(王年一 1996, 412~14면). 중국에서는 일반적으로 린 뱌오와 4인방 집단의 재판 자료가 나온 이후 전자의 입장만을 강조하는데, 두 측면을 동시에 보는 왕 녠이의 주장이 더 객관성이 있다. 실제로 1970년 4월 12일 중앙정치국의 토론에서 다수가 마오 쩌둥이 국가주석을 맡아야 한다는 린 뱌오의 의견에 동의했다. 뿐만 아니라 린 뱌오는 자신의 건강이 좋지 않아 외빈 접견을 싫어했는데, 그런 그가 공식적 역할이 많은 국가주석을 맡고 싶어했을지도 의문이며, 예 췬의 활동에 대해서는 알지 못했으며 알 수도 없었다(王年一 1996, 411면).

이 결여될 것이라는 문제가 있었다. 그렇기 때문에 마오 쩌둥은 급진파와 대립했으며, 문혁에 비우호적이었던 혁명시기 동료들인 원로간부들을 복귀시켰다.[74] 그들의 복귀는 문혁시기 권력구조의 근본적 변화를 초래했다. 원로간부의 복귀는 부분적으로는 문혁으로 피해를 입은 집단의 복귀를 의미했을 뿐만 아니라, 관리 기능에 머물던 실무파 세력의 권력집단 내 위상을 강화했다.

그러나 마오 쩌둥으로서는 하방을 통한 '교육'과 '단련'으로 문혁을 '긍정'하기는 했지만 문혁을 적극적으로 지지하지 않는 원로간부 집단에 모든 것을 맡길 수는 없었다. 그렇기 때문에 마오 쩌둥은 원로간부들을 부분적으로 복귀시키는 한편 문혁시기에 성장한 젊고 참신한 지방 또는 중견 간부들을 중앙간부로 충원했다. 1973년 중공 10차 당대회를 계기로 중앙 고위층 간부로 진출하는 왕 훙원, 화 궈펑, 우 더(吳德), 왕 둥싱(汪東興) 등이 그들이다. 이들은 단일한 성격의 집단도 아니었고 즉각적으로 새로운 정치집단을 형성한 것도 아니었지만, 1976년 이후에는 중요한 정치세력의 하나가 된다.[75]

둘째, 새로운 후계자의 선정이다. 린 뱌오 사건의 충격에서 벗어난 마오 쩌둥은 일생의 과업 중 중국혁명에 버금가는 중요한 과업으로 생각한 문혁을 계승할 수 있는 신뢰할 만한 후계자를 선정하고자 했다.[76] 그러나 린

---

74) 원로간부들의 복귀를 최종적으로 결정한 것은 마오 쩌둥이지만 그 과정에서 저우 언라이의 역할과 덩 샤오핑 등과 같은 피숙청자들의 반성 편지를 통한 의사 표현이 중요한 작용을 했다.
75) 상하이의 급진파들과 밀접한 관계에 있었던 왕 훙원은 4인방의 일원이 되지만 나머지는 마오 쩌둥 사망 후 범시파(凡是派)의 주요 구성원으로서 화 궈펑 체제의 중심 세력이 된다.
76) 마오 쩌둥은 병이 위중해졌을 때 화 궈펑, 왕 훙원, 장 춘차오, 장 칭, 야오 원위안, 왕 하이룽(王海容) 등을 불러 중요한 지시를 내렸다. 그가 말하기를 "자고로 사람이 70년을 사는 것은 드문데, 나는 이미 80여세이다. 사람이 늙으면 죽은 뒤의 일을 생각한다. 중국의 격언에는 관 뚜껑을 닫은 후에야〔그 사람의 일생에 대한〕판단이 내려진다고 했는

뱌오의 경우와는 달리 확정적으로 지명하지 않고, 당의 권력구조와 업무 관계에 의한 위계질서 속에서 잠정적이고 시험적인 수준에서 후계자를 선정했다. 그렇기 때문에 린 뱌오 사건 이후의 후계체제는 가변적이며 임의성을 갖는다는 특징이 있었다.

다시 말해서 린 뱌오 사건 이후 중국의 권력구조는 급진 이데올로그와 실무파·원로간부를 두 세력으로 하고, 새롭게 충원된 비교적 젊은 지방과 당의 관료집단이 잠정적인 하나의 세력이 되는 구조였다. 1976년 이전까지 급진 이데올로그와 실무파·원로간부들 사이의 대립구조를 중심으로 마오 쩌둥의 선택, 특히 후계자 선택에 따라 역관계의 중심 이전이 있었지만, 그러한 구조의 근본적 변화는 없었다. 마오 쩌둥이 문혁의 지속과 더불어 국가의 안정성이라는 두가지 목표를 동시에 실현하기 위해 이질적이고 대립적인 정치세력의 균형을 유지하려 했으며, 그것이 유지되는 후계체제를 만들고자 했기 때문이다. 그것을 위한 마오 쩌둥의 선택은 급진파인 대중운동 지도자 왕 훙원, 원로간부 세력인 덩 샤오핑, 그리고 다시 당 관료체계 내 배경을 가지고 문혁을 계기로 급부상한 문혁 수혜자 화 궈펑으로 변화한다.

데, 나는 아직 관 뚜껑을 덮지 않았지만 곧 그렇게 될 것이므로 결론을 내릴 수 있다고 할 수 있을 것이다. 나는 일생을 통해 두가지 일을 했다. 하나는 장 제스(蔣介石)와 수십년간 싸워 그를 몇개의 섬으로 쫓아낸 것이다. 8년 항전으로 일본인들을 집으로 돌려보냈으며, 베이징으로 진격하여 자금성(紫禁城)으로 들어온 것이 그것이라고 할 수 있다. 이 일에 대해서는 이의를 다는 사람이 많지 않으며, 다만 일찌감치 그 섬을 차지했어야 했다고 몇몇이 내 귓가에서 재잘거릴 뿐이다. 다른 하나는 너희들이 알고 있는 문혁을 일으킨 일이다. 이 일에 대해서는 옹호하는 사람이 많지 않으며 반대하는 사람들도 적지 않다. 이 두가지 일을 완수하지 못하고 그 과업을 다음 세대에 넘겨야 한다. 어떻게 넘겨야 하는가? 평화롭게 넘기지 못하면 혼란을 통해 넘겨야 하는데, 일을 잘 처리하지 못하면 피바람이 일 것이다. 너희들이 어떻게 할지는 하늘만이 알뿐이다." 그런데 이 담화의 구체적인 날짜는 확인되지 않고, 1976년 1월 13일설과 6월 15일설이 있는데 6월 15일일 가능성이 크다(王年一 1996, 640~41면).

린 뱌오 사건 이후 저우 언라이는 업무관계에서뿐만 아니라 정치적으로도 입지가 강화된다. 저우 언라이는 1973년 8월 24일 "10차 당대회 정치보고"를 함으로써 린 뱌오 사건 이후 2인자로서 위상이 강화되었음을 보여준다.[77] 그럼에도 불구하고 저우 언라이가 후계 경쟁에 뛰어들었다는 증거는 찾기 어렵다. 뿐만 아니라 이때 그는 이미 70대 중반의 고령이었고, 또한 중병을 앓고 있었기 때문에 후계자로서 고려 대상이 될 수 없었다.[78]

그러한 상황에서 마오 쩌둥은 문혁을 계승할 수 있는 후계자로 왕 훙원을 선정한다. 왕 훙원은 상하이 노동자 대표로 문혁을 통해 성장한 전형적인 급진파였으며, 상하이를 기반으로 하는 급진 이데올로그들과 밀접한 관계를 맺고 있었다. 1972년 9월 7일 마오 쩌둥은 왕 훙원을 베이징으로 불러들여 후계자 훈련을 시작한다. 왕 훙원은 1973년 5월 10차 당대회를 준비하기 위해 개최된 중앙공작회의에서 마오 쩌둥의 지명으로 화 궈펑, 우 더 등과 함께 중앙으로 진출한다.[79] 왕 훙원은 1973년 8월 24일 10차 당대

---

77) 당대회에서의 공식 보고와 좌석 배열 등은 의례적인 것이기만 한 게 아니라 권력관계에 대한 중요한 상징성을 지닌다. 당대회에서의 공식 보고자는 공식 권력서열에 의해 결정된다. 일반적으로 정치보고는 당의 1인자가 하는데, 1956년 8차 당대회부터 당대회의 정치보고는 모두 당의 2인자가 했다. 1956년 8차 당대회에서는 류 샤오치가, 1968년 9차 당대회에서는 린 뱌오가, 그리고 1973년 10차 당대회에서는 저우 언라이가 했다.

78) 1972년 5월 18일 저우 언라이의 방광암이 확인된다(中共中央文獻硏究室 1997, 526면; 張佐良 1997, 301면).

79) 중공 10차 당대회를 준비하기 위해 1973년 5월 20일에서 31일까지 중앙공작회의가 개최된다. 5월 20일 저우 언라이는 마오 쩌둥의 제의로 그들을 중앙정치국 회의에 배석시키고 중앙정치국 업무에 참가시키기로 결정한다고 선포한다(王年一 1996, 488면). 또한 왕 훙원은 중앙당장수정소조(中央黨章修正小組) 책임자와 저우 언라이가 부주임인 중공 10차 당대회 선거준비위원회 주임으로 임명된다(譚宗級 1983, 25면). 王年一(1996)과 『천 윈 연보(陳雲年譜)』 하권(中共中央文獻硏究室 2000, 175면)에 의하면 5월의 중앙공작회의에서 왕 훙원, 화 궈펑, 우 더의 중앙정치국 참가 결정이 선언되었다. 그런데 『저우 언라이 연보(1949~76)』 하권(中共中央文獻硏究室 1997, 585~86면)에 의하면 3월 29일 중앙정치국 회의에서 덩 샤오핑이 부총리 신분으로 대외활동에 참가하는

회에서 저우 언라이에 이어 "당장 수정에 대한 보고"를 하고, 저우 언라이와 더불어 마오 쩌둥 좌우에 좌석을 배치받았으며, 저우 언라이에 이어 서열 2위의 당 부주석이 됨으로써 '마오 쩌둥이 왕 훙원을 사실상 자신의 후계자로 삼았다'는 것을 보여주었다(王年一 1996, 491면).

이와 동시에 마오 쩌둥은 1973년 저우 언라이의 건의에 따라, 1969년부터 장시(江西)로 하방되었던 덩 샤오핑을 베이징으로 불러들여 국무원 부총리로 복귀시킨다.[80] 덩 샤오핑 복귀는 비록 엄중한 정치적 문제가 있다는 꼬리표를 달고 있기는 했지만, 급진파들에게는 후계문제에 있어서 정치적 위협이 증가했다는 것을 의미했다. 덩 샤오핑은, 임의적이기는 했지만 1957년 모스끄바에서 마오 쩌둥이 자신의 후계자로서 가능성 있는 인물로 언급하고, 문혁시기 비판을 받을 때조차도 마오 쩌둥에 의해 그 능력을 높이 평가받은 인물이었기 때문이다. 그렇기 때문에 급진파들은 덩 샤오핑의 복귀와 부상을 저지하려고 하였다. 그러나 마오 쩌둥이 덩 샤오핑

것이 결정됨과 동시에 10차 당대회 준비를 위한 각종 소조의 구성이 이루어졌다. 그렇다면 이미 베이징으로 이동한 왕 훙원의 10차 당대회 준비작업에서의 직위에 대한 결정도 이때 이루어졌으며, 5월의 중앙공작회의에서 그것이 공식화되었다고 보는 것이 타당하다.

80) 덩 샤오핑의 복귀과정은 1972년 1월 10일 천 이의 추도식에 참석한 마오쩌둥이 천 이의 부인 장 쳰(張茜)에게 "덩 샤오핑의 문제는 인민 내부의 문제에 속한다"라고 규정한 것을 저우 언라이가 알리게 함으로써 시작된다(中共中央文獻硏究室 1997, 503면). 이런 상황에서 덩 샤오핑은 동년 8월 3일 마오 쩌둥에게 린 뱌오 비판 및 자아비판과 일하고 싶다는 소망을 담은 편지를 보낸다(덩 샤오핑은 감금 또는 하방되었을 때도 왕 둥싱 등을 통해 마오 쩌둥과 당중앙으로 편지를 보낼 수 있었다. 毛毛 2000, 127면). 이에 대해 마오 쩌둥은 덩 샤오핑이 "엄중한 잘못이 있지만 류 샤오치와는 구별되며, 역사적으로 네가지 공(功), 즉 덩 샤오핑은 1930년대 중앙 쏘비에뜨에서 '마오파'의 우두머리였으며, 역사문제가 없고, 전공(戰功)이 있으며, 건국 후 소련의 압력에 굴복하지 않았다는 네가지)이 있다"라는 평가를 첨부하여 덩 샤오핑의 편지를 중앙정치국 위원들에게 전달하게 한다(中共中央文獻硏究室 1997, 544~45면; 余世誠 1999, 262~63면). 이후 덩 샤오핑은 1973년 2월 베이징으로 돌아오며, 3월 10일 국무원 부총리로 복귀한다.

을 복귀시켰을 때 그를 후계자로 삼으려고 고려했다는 증거를 찾을 수는 없다. 다만 덩 샤오핑의 관리능력은 이미 50년대부터 증명되었기 때문에, 왕 훙원이라는 급진파를 후계자로 불러들임과 동시에 덩 샤오핑이라는 안정적인 관리자를 복귀시킴으로써, 혁명의 지속과 국가 관리와 안정성 유지의 균형을 모색할 수 있는 후계체제를 구상했을 가능성은 충분히 짐작할 수 있다.

덩 샤오핑은 복귀 후 1973년 8월에 열린 10기 1중전회에서는 중앙정치국 위원이 되지 못한다. 그러나 12월 마오 쩌둥의 제의로 중앙정치국 위원으로 추천되어 10기 2중전회에서 추인되고 중앙군사위원회 위원으로도 임명되어 당과 군의 주요한 지도자의 반열에 오르게 된다. 그리고 1974년 4월 UN총회에 참석하는 것을 필두로 대내외적 활동을 강화한다. 특히 저우 언라이의 병이 악화되자 마오 쩌둥은 1974년 10월 덩 샤오핑을 제1부총리로 임명하도록 하여 저우 언라이의 업무를 덩 샤오핑에게 이관하려 하였다.[81] 덩 샤오핑을 제1부총리로 임명하는 문제는 1975년 새로 구성되는 제4기 전국인대 인사 구성에 있어서 주도권 문제와 관련되는 것이었다. 다시 말해서, 급진파 4인방 세력과 저우 언라이를 중심으로 하는 원로간부 실무파들 사이의 국무원 권력 장악을 둘러싼 갈등과 관련된 것이었다. 그렇기 때문에 장 칭을 중심으로 하는 4인방은 왕 훙원을 마오 쩌둥이 있는 창사(長沙)로 파견하여 마오 쩌둥의 결심을 바꾸려고 시도하지만 실패한다(王年一 1996, 545~47면).

덩 샤오핑은 1975년 1월 8일부터 10일까지 개최된 10기 2중전회에서 제1부총리로 지명되고, 중공중앙정치국 위원으로 추인될 뿐만 아니라, 중공중앙 부주석과 정치국 상무위원으로 선출된다. 게다가 이에 앞서 1월 5일

---

[81] 이러한 소식은 1974년 10월 4일 마오 쩌둥의 비서 장 위펑(張玉鳳)이 전화로 왕 훙원에게 전한 것이다(最高人民法院研究室 1982, 93면).

중앙군사위원회 부주석 겸 총참모장에 임명된다. 이로써 덩 샤오핑은 당·정·군의 핵심적인 지도직위를 차지하게 된다. 덩 샤오핑의 약진이 4인방에 대한 실무파의 승리를 말하는 것은 아닐지라도, 1월 5일 덩 샤오핑의 임명과 더불어 장 춘차오가 인민해방군 정치부 주임으로 임명된 것을 볼 때 후계체제와 관련한 마오 쩌둥의 구상에는 분명 변화가 있었다. 1974년 말 덩 샤오핑의 부상이 린 뱌오 이후 후계자로 지명했던 왕 훙원에 대한 마오 쩌둥의 실망이 표면화되는 시점과 정확히 일치하며,[82] 뿐만 아니라 1975년 초(혹은 중반)에는 이전에 왕 훙원이 관할하던 당중앙 일상업무를 덩 샤오핑이 맡아, 병중의 저우 언라이를 대신해 실질적으로 국무원 총리의 역할을 수행했으며 사실상 왕 훙원의 역할을 대신하게 된다.[83]

---

82) 마오 쩌둥은 1974년 7월 17일 정치국 회의에서 '4인방'에게 "네 사람의 소종파 활동을 하지 말라"라고 경고한다(曉地 1993, 256면). 그리고 9월 4일 이후 마오 쩌둥이 외빈을 접견하는 자리에는 왕 훙원이 아니라 덩 샤오핑이 배석한다(溫樂群·郝瑞庭 1993, 243면). 중난하이의 사진가 두 슈셴(杜修賢)의 사진에 의하면 마오 쩌둥이 1974년 3월 25일 탄자니아 대통령을 접견할 때는 저우 언라이와 왕 훙원이 배석했으며, 5월 25일 영국의 전 수상 히스(Edward Heath)를 접견했을 때는 저우 언라이, 왕 훙원, 덩 샤오핑이 배석했고, 10월 20일 덴마크의 하틀링(Poul Hartling)을 접견했을 때는 덩 샤오핑만 배석했다(顧保孜·杜修賢 2010, 182~83면). 10월 18일 덩 샤오핑의 부총리 지명을 좌절시키기 위해 왕 훙원이 창사에 갔을 때도 마오 쩌둥은 "장 칭과 함께하지 말라"라고 지시하고 자아비판서를 쓰게 한다(曉地 1993, 257면). 그것은 마오 쩌둥의 왕 훙원에 대한 반감이 점점 증대하기 시작했다는 것을 의미한다. 뿐만 아니라 마오 쩌둥은 12월 23일 창사에서 저우 언라이, 왕 훙원과 만난 자리에서 덩 샤오핑은 얻기 어려운 인재로 정치에서 왕 훙원에 비해 우월하다고 발언한다(余世誠 1999, 277~78면).
83) 일반적으로 1975년 초 덩 샤오핑이 당중앙과 국무원의 업무 책임을 모두 맡았다고 본다. 그러나 위 광위안(于光遠)은 1975년 4기 전국인대 1차 회의 이후 덩 샤오핑은 제1부총리로서 국무원의 일상업무 책임만을 맡았고, 이때의 당중앙 일상업무의 책임은 왕 훙원이 맡았으며, 7월 초에야 그것이 덩 샤오핑에게 이관되었다고 주장한다(于光遠 2000, 5면). 4인방에 대해서는 권력탈취 음모와 그것을 위한 활동만을 강조하고 실질적인 역할에 대한 연구나 기술은 부족하다. 1974년 12월 23일부터 27일까지 저우 언라이가 왕 훙원과 함께 창사에서 마오 쩌둥을 만났을 때, 마오 쩌둥은 "저우 언라이와 왕 훙원이 창

문혁시기 마오 쩌둥 권력의 절대성을 감안한다면, 최소한 1975년 중반에 마오 쩌둥의 후계 구상이 다시 한번 변화했다는 것을 알 수 있다. 그러나 그것은 후계체제 내 권력 중심의 이동이기는 했지만 구조의 변화는 아니었다. 즉 마오 쩌둥의 조정과 선택에 의해 후계체제의 세력 균형이 실무파 및 원로간부 측으로 이동한 것일 뿐이었다.

1975년 상반기 덩 샤오핑의 정돈(整頓)정책은 군대와 철도, 철강산업 등 사회 기간시설에서 문혁의 혼란을 바로잡는 데 상당한 성과를 거두었다.[84] 하지만 경제회복의 성공에도 불구하고, 마오 쩌둥은 그러한 정책을 덩 샤오핑이 문혁에 불만을 가진 증거로 보았다(王年一 1996, 588~89면). 뿐만 아니라 1975년 후반기 덩 샤오핑은 최소한 두 차례 이상 마오 쩌둥에게 문혁에 반대한다는 징후를 드러냈다. 첫째는 칭화대학(淸華大學) 당위원회 부서기 류 빙(劉冰), 후이 셴쥔(惠憲鈞), 류 이안(柳一安)과 당위원회 상무위원이자 정치부 주임인 뤼 팡정(呂方正)의 편지 사건이다. 그들은 1975년 8월 13일과 10월 7일 덩 샤오핑을 통해 츠 췬(遲群), 셰 징이(謝靜宜) 등 칭화대학의 급진파 인물들을 고발하는 편지를 마오 쩌둥에게 보냈다. 마오 쩌둥은 그들이 편지를 자신에게 직접 보내지 않고 덩 샤오핑을 통해서 보낸 것은 덩 샤오핑이 류 빙 편을 들었기 때문이며, 그것은 당면한 두개의 노선(즉 수정주의와 혁명주의)투쟁을 반영하는 것이라고 보았다(王年一 1996, 590~1

사에 머무는 기간에 베이징의 업무는 덩 샤오핑이 책임을 맡게 하라"라고 지시했다(中共中央文獻硏究室 1997, 687면). 이러한 사실은 이 시기에 저우 언라이와 왕 훙원이 각각 국무원과 당중앙의 일상 업무를 분담하여 책임지고 있었다는 것을 말한다. 1975년 6월 덩 샤오핑이 국무원 정치연구실(政治硏究室)을 만든 이유가 당중앙의 일상업무 책임을 왕 훙원이 맡고 장 칭, 장 춘차오가 이데올로기에 대해 통제하고 있었기 때문이라는 위 광위안의 지적(于光遠 2000, 5면)은 1975년 중공당의 권력관계와 그 변화와 관련하여 시사하는 바가 크다.

84) 1975년 덩 샤오핑의 정책은 개혁의 선구로 평가된다. 그에 대해서는 張化(2004); 程中原·夏杏珍(2003) 등 참조.

면). 둘째는 마오 쩌둥이 덩 샤오핑에게 문혁을 긍정하는 결의안을 만들라고 한 것에 대해 덩 샤오핑이 거절한 일이다. 덩 샤오핑은 "나는 도화원(桃花源)의 사람으로서 한(漢)나라의 흥망도 모르는데 어떻게 위진(魏晉)을 알겠습니까?"라면서 거절한다(范碩·高屹 1995, 82면).[85]

4인방은 그 기회를 빌려 덩 샤오핑의 정책을 이른바 '우경번안풍'으로 공격하였다. 그 결과 덩 샤오핑은 1975년 11월 이후에는 대외 업무를 제외한 영역에서의 권한을 상실한다. 이후 덩 샤오핑은 1976년 1월 8일 저우 언라이 사망 후 그를 추모하기 위해 청명절에 발생한 톈안먼 사건의 배후로 지목되어 실각하게 된다. 덩 샤오핑의 실각은 원로세력의 약화를 초래했다. 생존파의 대표자 예 젠잉도 덩 샤오핑이 비판받기 시작한 뒤 신병을 핑계로 두문불출했고, 린 뱌오 사건 이후 넘어왔던 군의 일상 공작에 대한 관할권을 사실상 박탈당하며, 그 권한은 문혁 수혜자인 천 시롄(陳錫聯)에게로 이양된다.[86]

그런데 덩 샤오핑의 실각 후 마오 쩌둥은 당과 정부의 권력을 급진파가 아니라 상대적으로 권력기반이 취약한 온건파인 문혁 수혜자 화 궈펑에게 넘긴다. 4인방과 사상적 일치에도 불구하고 마오 쩌둥이 그렇게 결정한 것은 4인방의 관리능력에 대한 의구심과 더불어 권력의 과도한 집중을 방지하기 위한 것이었다. 온건파 문혁 수혜자에게 문혁이념의 유지와 더불어 원로세력과 급진파 사이에 예견되는 대립의 조정 역할을 맡김으로써 세

---

85) 이전에 마오 쩌둥이 '현직을 상실한(靠邊站)' 간부에 대해, "도화원 중의 사람으로서" 그들이 "한의 흥망을 모르는데, 위진을 어떻게 알겠는가!"라는 말을 한 적이 있었다(總參謀部『羅瑞卿傳』編寫組 1996, 592면). 이것은 결국 덩 샤오핑이 마오 쩌둥의 말을 빌려 자신의 입장을 표명한 것이라고 할 수 있다.
86) 1976년 2월 2일 중공중앙은 1호 문건을 내려보내 전체 당에 "위대한 수령 마오 주석의 제의로 중앙정치국은 화 궈펑을 국무원 총리서리로 임명하는 것을 만장일치로 통과시키고, (…) 예 젠잉 동지가 병을 앓고 있는 기간 중 천 시롄 동지가 중앙군사위원회 업무를 책임진다"는 내용을 통고한다(范碩 1995, 71~75면).

력 균형을 추구했던 것이라고 볼 수 있다. 그에 따라 권력 최상층부에는 상대적으로 약화된 원로세력과 급진파 사이의 대립 위에 상대적으로 취약한 문혁 온건파가 조정 역할을 하는 정립구조가 형성되었다. 그러나 원로세력과 급진파 사이에는 문혁 초기부터 적대적 갈등관계가 형성되어 있었다. 그러한 갈등관계는 절대적 권위자 마오 쩌둥이 부재한 상황에서, 상대적으로 취약한 문혁 온건파에 의해 조정될 수 있는 범위를 초월했다는 데 새로운 후계구조의 한계가 있었다.

2. 문혁의 경험과 정치집단의 재구성

중국공산당은 고도로 중앙집중적인 외양을 가지지만, 다양한 관계를 갖는 집단을 포함하고 있었다. 출신 지역과 배경, 그리고 활동 영역과 경험의 공통성 등이 그러한 관계를 규정했으며 이 중에서도 고립되고 독립적인 근거지 활동과 상대적으로 독립적인 군사적 활동과정에서 맺어진 관계가 중국정치의 권력구조를 형성하는 주요한 요소였다. 옌안체제는 그러한 관계를 기초로 중앙권력이 지배권을 행사하는 체제였다. 다시 말해서 다양한 관계들이 통일적 외형 속에 은폐되어 있는 것이 옌안체제였다.[87] 그러한 관계는 느슨한 통합성을 지녔지만, 계기적으로 대립과 협력의 축으로 작용했다. 건국 후 지방 혹은 군에 기초한 관계를 중앙화함으로써 통합을 시도했지만, 그러한 관계는 여전히 정치엘리트의 협력과 대립을 규정하는 주요한 요소였다.

여기에 더해 중국공산당의 정치엘리트는 경험과 활동의 공통성에 의해 형성된 관계뿐만 아니라 이념적 차이에 의해 재구성되었다. 이 두가지 요소는 상호대체적이 아니라 중첩적으로 작용했다. 문혁 이전에는 전자가

---

87) 그러한 관계망은 당내의 권력투쟁이나 숙청 등 부정적 계기를 통해 쉽게 노출된다. 근거지의 조직이기주의를 일컫는 산봉우리주의(山頭主義)는 그러한 현상을 반영한 표현이라고 할 수 있다.

규정적 작용을 했지만, 마오 쩌둥의 '이념적 급진화'와 더불어 후자가 점점 더 강화되었으며, 문혁기에는 후자가 규정적으로 작용했다.

중국공산당 내부의 이념적 대립은 내재적 근원을 가지며, 계기적으로 중요한 역할을 했다. 자본가의 지위와 역할 논쟁, 과도시기총노선, 농업집단화 등의 문제에서 그러했으며, 그런 문제를 둘러싼 대립이 가오 강·라오 수스(高崗·饒漱石) 사건의 한 원인이 되었다.[88] 뿐만 아니라 상하이가 문혁 이데올로그의 요람이 되었던 것은 이념적 좌파였던 상하이시 서기 커 칭스(柯慶施)와 밀접한 관련을 가진다. 1961년 이후 마오 쩌둥과 류 샤오치의 대립 또한 직접적으로는 대약진운동에 대한 평가를 둘러싼 것이었지만 그 뿌리는 이념적 차이에 있었다는 점에서, 정치세력의 구성에 있어서 이념적 요소의 비중이 더 중요해졌다. 그럼에도 불구하고, 문혁 이전에는 명시적으로 이념을 중심으로 정치집단이 구성되지는 않았다.

문혁은 이념과 더불어 그에 기초한 행위와 문혁에서의 위치와 역할에 따라 정치엘리트를 재구성했다. 마오 쩌둥에 의해 시작된 정치운동으로서 문혁은, 그 주도세력과 대상을 운동과정에서 구성하였다. 대중동원을 통해 진행된 비판과 각종 형식의 비판투쟁, 그리고 감금, 숙청은 주도세력과 운동의 대상을 적대적 이해를 갖는 가해자와 피해자로 재구성했다. 이러한 이분법적 구조는 현실에서 좀더 복잡한 양상으로 나타났다. 첫째, 가해자와 피해자뿐만 아니라, 비판받기는 했지만 문혁 과정에서 일정한 역할을 수행하면서 잔존한 집단이 있었고, 또 숙청된 사람들의 공백을 메우기 위해 충원된 중간 직위에서 승진한 집단이 있었다.[89] 둘째, 문혁의 진행과

---

[88] 자본가의 지위와 역할 논쟁, 과도시기총노선, 농업집단화 등에 대해 류 샤오치와 마오 쩌둥의 의견 분화가 나타나자 가오 강, 라오 수스는 그 기회를 이용해 류 샤오치, 저우 언라이를 공격한다. 하지만 그들의 기대와는 달리 마오 쩌둥은 류 샤오치, 저우 언라이의 손을 들어주었다.

[89] 이들을 이홍영은 '상황집단'이라는 개념으로 설명하는데, 각각 피해자, 생존자, 수혜

정에서 운동의 대상과 중점의 변화로 인해 가해자와 피해자의 위치를 포함한 위치 변동이 있었다.

문혁 주도세력 또는 가해자는 급진파들인데, 이들은 다시 린 뱌오 집단과 장 칭 집단으로 분류할 수 있다(이홍영 1997, 109면). 주로 군부에 기초를 둔 린 뱌오 집단은 1971년 9·13사건으로 숙청되며, 그후 장 칭 집단이 급진파의 주도권을 장악한다. 장 칭 집단은 문혁을 계기로 정치집단으로 구성되었으며, 이념적 급진성이라는 공통성을 지녔다. 장 칭 집단은 당내의 급진 좌파와 급진 이데올로그, 대중운동의 지도자, 각 층위의 조반파 들로 구성되었다. 이들은 주로 당의 이데올로기, 선전 부문 및 대중조직의 권력과 일부 지방 및 지방의 일부 부문을 장악했다. 이들은 문혁의 가해자이기는 했지만 반드시 수혜자였던 것은 아니며, 그중 상당수는 그 자신이 선봉장이었던 문혁의 희생자가 되었다. 급진 이데올로그 중 중공중앙문혁소조의 구성원이었던 관 펑, 왕 리, 치 번위(戚本禹)[90] 등과 홍위병 우두머리들[91]이

자, 문혁 급진파로 표현한다(이홍영 1997, 100~1면). 문혁 이후 정치행위자를 문혁시기의 경험과 관련하여 분류하는 것은 파이(Lucian Pye) 이후 중국연구에서의 일반적인 경향이다. 이홍영은 그들의 역할과 관계를 상세하게 규명했다(이홍영 1997, 91~174면). 필자는 이 책에서 문혁으로 구성된 정치집단에 대한 이홍영의 견해를 수용한다. 그런데 동일한 범주의 경험이 일반적인 경향성으로서는 비슷한 이해관계와 입장을 갖게 하지만, 경험의 정도와 이념적 정향 또는 역사적으로 구성된 관계망 등에 따라 그 정도와 입장에 차이가 있으며, 특히 의제의 변환에 따라 후자의 규정성이 더 커지기도 한다. 그렇기 때문에 구체적 분석에서는 문혁의 경험과 더불어 이념적 정향, 역사적으로 구성된 관계망, 마오 쩌둥과의 관계 등의 기준을 중첩적으로 사용해야 하며, 그러한 요소를 통해서만 구체적인 인물들의 행위 양태를 설명할 수 있다.

90) 중앙문혁소조 구성원 관 펑과 왕 리는 1967년 7·20사건(우한 사건) 이후 군대를 공격하는 글을 발표했다가 비판과 격리 조사를 거쳐 투옥되며, 치 번위도 이듬해 비판을 받고 격리 조사 이후 투옥된다(王年一 1996, 267면).

91) 대부분의 홍위병 우두머리들은 1968년 이른바 무투(武鬪) 이후 하방과 노동형에 처해진다. 그런데 그들은 급진 이데올로그와 더불어 문혁 이후 다시 정식 재판에 회부된다. 녜 위안쯔(聶元梓), 콰이 다푸(蒯大富), 한 아이징(韓愛晶), 탄 허우란(譚厚蘭), 왕 다빈

그들이다.

장 칭 집단은 문혁기간 내내 강한 정치적 영향력을 가진 세력으로 존속했으며, 후기에는 '4인방'으로 불린 것에서 보듯 비교적 강한 내적 응집력을 가졌던 것으로 알려져 있다. 물론 이들 사이에도 '4인방'이라는 이미지에 의해 간과되는 긴장과 차이가 존재하였으며 계기적인 갈등이 있었지만 (Teiwes & Sun 2007, 15~19면), 이들은 기본적으로 공동의 이해와 전망을 가진 집단이었다고 할 수 있다.

1969년 당조직 재건 이후 공산당 당원수가 급증하는데, 새로 충원된 당원들은 문혁의 이론과 원칙에 따라 선발된 사람들로 상당수가 이들 세력이었다.[92] 이들은 자신들이 장악한 대중조직 이외에도 당조직에 대한 상당한 통제력을 가지고 있었다. 그러나 다른 실무 부문과 군부에서는 세력이 미미했다는 점에서 조직적 한계가 있었다.[93]

급진파에 의해 직간접적으로 조정되거나 영향을 받아 생겨난 다양한 대중조직은 지식인들과 당·정·군 등의 정치엘리트를 공격했다. 비판과 공격

(王大賓) 등 이른바 5대 홍위병 우두머리들은 모두 60년대 말에서 70년대까지 노동개조 등을 받았으며 다시 1978년 모두 체포되어 실형을 선고받는다(溫樂群·郝瑞庭 1993; 『歷史的審判(續集)』編寫組 1986).

92) 문혁 시작 때인 1966년의 전국 당원 총수는 2,150만명, 1968년에는 2,200만명이었는데, 1975년 3,300만명, 이듬해는 3,500만명으로 급증한다(中共中央組織部 外 2000(7卷), 1227~28면). 문혁기간 중 약 60% 이상 당원이 증가한 것이다. 문혁시기 당원의 증가는 지역적으로 편차가 있지만 대부분 문혁을 통해 성장한 문혁세력으로, 4인방 체포 이후와 1980년대 초반 정풍운동의 주요 대상이 되는 이른바 '삼종인(三種人)'—즉 린 뱌오·장 칭 집단을 따라 조반하여 일어선 자, 종파주의 사상이 엄중한 자, 폭행과 파괴 및 약탈 분자—이 그들이다. 삼종인에 대해서는 5장 주38 참조.

93) 장 칭 집단은 린 뱌오 사건 이후 무(武) 없이 문(文)만 장악해서는 안 된다는 것을 깨닫고 자신들이 직접 통제할 수 있는 무장력을 조직하는데, 그것이 '노동자 민병대(工人民兵)' 조직이다. 왕 훙원은 1973년 자신이 통제하는 전국적인 민병조직을 건설하려 했으며, 특히 상하이에서는 무장과 조직이 잘 갖추어진 4인방과 직접 통제하의 민병대가 있었다(王洪模 等 1989, 5~6면).

의 대상은 이전에 정치운동에 의해 타도된 기존의 '적대계급'뿐만 아니라 당·정·군의 모든 질서와 제도 및 그 구성원들을 포함하였다. 숙청 범위와 처벌 정도는 마오 쩌둥의 정치적 고려와 저우 언라이 및 급진파들의 보호 등에 의해 결정되었다. 비판과 공격 또는 조사 대상에서는 절대적 권위와 진리의 근원인 마오 쩌둥만이 유일한 예외였다.[94]

그러한 과정을 통해 구시대 계급의식의 담지자인 지식인, 그리고 대부분의 기존 당권파들이 비판, 타도, 숙청되었다. 문혁의 굴절 과정에서 그들 중 일부는 다시 복권되었지만, 여전히 정치문제 등의 '꼬리표'를 달고 있었으며, 상당수는 하방 또는 투옥에서 벗어나지 못했다.

문혁시기 비판, 타도, 숙청되었던 피해자들은 서로 중첩되기는 하지만 크게 세가지 범주로 구분된다. 기존의 당권파 또는 마오 쩌둥에 대한 정책적 반대자들이 하나라면, 마오 쩌둥과는 다른 산봉우리(山頭) 출신 혹은 대립적이었던 세력, 즉 서로 다른 군과 지방적 기반을 가진 세력, 그리고 문혁 과정에서의 반대자들이 그들이다. 하지만 그들 피해자가 모두 숙청되거나 하방된 것은 아니었다. 류 샤오치처럼 영원히 당에서 숙청되거나, 펑 전, 보 이보처럼 투옥되는 경우가 있었는가 하면, 덩 샤오핑과 같이 하방되었지만 당적을 유지하는 경우도 있었고, 천 이에 예 젠잉처럼 당직은 유지했지만 실질적으로 정직 상태에 처해진 경우도 있었다.[95] 이러한 사실

---

94) 심지어는 저우 언라이에 대한 조사와 장 칭, 장 춘차오에 대한 비밀 조사도 있었다. 문혁시기 저우 언라이도 이른바 '우하오(五豪) 사건'으로 조사를 받았으며, 1975년 9월 20일 마지막 수술을 위해 수술실로 들어가기 전 "우하오 사건에 대한 보고"에 서명하고, "나는 당에 충성했다, 인민에 충성했다, 투항파가 아니다"라고 외치면서 들어갔다(中共中央文獻研究室 1997, 721면). 뿐만 아니라 장 텅자오는 1968년 장 춘차오를 고발하는 자료를 작성하여 린 뱌오를 통해 마오 쩌둥에게 보고하였다(王年一 1996, 400면). 캉 성(康生)은 1975년 5월 장 칭, 장 춘차오를 고발하는 자료를 마오 쩌둥에게 보냈다(仲侃 1982, 319면). 이러한 사실은 문혁의 복잡한 투쟁과정에서 마오 쩌둥을 제외한 어느 누구도 자유롭지 못했다는 것을 말한다.
95) 이른바 '현직을 상실한' 간부가 그들이다. 이들은 현지 조사와 재교육을 명분으로 공

은 문혁 피해자들 중에서도 그 피해 정도와 층위에 차이가 있었다는 것을 말한다.

숙청의 공식적인 대상과 범위는 '변절자(叛徒)와 간첩(特務)'이었다(이홍영 1997, 106면). 변절자와 간첩은 주로 국민당 또는 기타의 적과 접촉했거나 체포된 경우에 해당했기 때문에 주로 백구(白區)에서 활동한 세력이 중심 대상이었다. 과거 군벌에게 전향한 경우와 의심받을 만한 전력이 있는, 마오 쩌둥과 다른 지역적 또는 군사적 기반을 가진 세력의 경우도 이에 해당했다. 펑 전을 위시한 베이징 세력과 보 이보를 위시한 이른바 '61인 사건' 관련자들은 모두 백구 활동가 출신으로, 혁명과정에서 류 샤오치와 일정한 조직적 관계가 있었다. 또한 허 룽의 경우는 제2방면군(方面軍) 출신이었으며, 1967년 허 룽(賀龍) 전안조(專案組, 특수 안건 전문 조사팀) 성립 이후 그 아래에 구성되었던 부속 전안조 10여개의 조사 대상은 대부분 혁명시기 허 룽의 부하들이었다(總參謀部『賀龍傳』編寫組 1995, 791면).

문혁 피해자들 중의 상당수는 린 뱌오 사건 이후 문혁이 굴절을 겪으면서 복귀하게 된다. 특히 린 뱌오와의 대립관계에 의해 정치적 처분을 받고 숙청되었던 세력들의 정치적 복귀가 이루어졌다.[96] 그러나 이 경우에도 완전한 평반이 이루어진 것이 아니라 대부분은 문혁시기에 받은 정치적 처분의 '꼬리표'를 달고 있었고, 그들에 대한 잘못된 평가도 수정되지 않았다.[97]

장에 보내지고, 특히 전바오다오 사건 이후 간부의 지방 분산을 명목으로 처분을 받은 간부들과 함께 지방 각지로 하방된다. 천 이, 네 룽전, 예 젠잉, 천 원, 왕 전(王震) 등의 9기 중앙위원과 많은 현직 간부들이 이 부류에 속한다.

96) 대표적인 것이 ① 반(半)타도 상태의 2월 역류 관련자들에 대한 평반 및 재평가와, ② 2월 역류에 대한 재평가 시도로 린 뱌오에 의해 숙청되었던 양 청우(楊成武), 위 리진(余立金), 푸 충비(傅崇碧)의 '양·위·푸 사건' 관련자의 평반, ③ 허 룽 집단의 평반이 그것이다. 그리고 뤄 루이칭도 1974년 연금에서 풀려나 1975년 8월 탄 정(譚政), 천 자이다오(陳再道), 천 스쥐(陳士榘) 등과 함께 중앙군사위원회 고문에 임명된다.

97) 그렇기 때문에 11기 3중전회 이후 다시 이들 사건과 관련자들에 대한 '철저한 평반(徹底平反)'이 이루어진다.

뿐만 아니라 덩 샤오핑이 다시 축출됨에 따라 그들도 사실상 정직(停職)되는 경우가 많았다.[98]

이렇듯 공산당 내부의 관계망이 피해자들의 처벌 정도를 규정하는 중요한 요소이기는 했지만,[99] 문혁은 그러한 관계망의 범위를 초월하여 특정 국면에서 경험과 이해관계의 동일성을 갖는 정치세력을 재구성했다. 문혁이 급진파를 하나의 세력으로 구성했다면, 문혁의 대상이 된 집단은 공통된 경험과 이해를 갖는 또 하나의 세력이 되었다. 승리한 급진파가 공동의 적이 사라진 뒤 그 조직적 기초에 따라 분화되었던 것과 마찬가지로, 문혁의 대상도 그 비판과 처분의 정도에 따라 다시 피해자와 생존자로 분화되었다.

문혁 피해자가 비판받고 숙청되거나 격리 조사를 받은 사람에 해당한다면, 생존자는 비판은 받았지만 현직을 유지하고 숙청·격리되지 않은 사람들이다(이홍영 1997, 101면). 저우 언라이, 예 젠잉, 리 셴녠 등이 대표적인 예다(이홍영 1997, 101면). 그런데 역사문제[100]를 예외로 한다면, 일반적으로 군대와 국무원의 외교·재정·공안 관련 부문은 문혁의 영향을 상대적으로

---

98) 덩 샤오핑에 대한 우경번안풍 비판운동과 더불어 푸젠 제1서기 랴오 즈가오(廖志高), 쓰촨 제1서기 자오 쯔양, 장시 제1서기 장 웨이칭(江渭清), 철도부장 완 리(萬里), 인민해방군 국방과학기술위원회 주임 장 아이핑(張愛萍), 과학원 중공핵심소조 제1부조장 후 야오방 등에 대한 고발이 이루어졌다(靑野·方賂 1993a, 35면). 그리고 국무원 정치연구실의 후 차오무(胡喬木), 덩 리췬(鄧力群), 위 광위안 등도 비판을 받았다(馮蘭瑞 2000, 5~6면).
99) 이를 가장 잘 보여주는 것이 마오 쩌둥과 덩 샤오핑의 관계이다. 덩 샤오핑은 주자파 2호 인물이었지만, 최후의 순간에는 항상 마오 쩌둥에 의해 보호를 받았다. 그것은 덩 샤오핑이 혁명과정 중 국민당에 체포된 경력이 없었기 때문에 배신자나 간첩이 될 수 있는 근거를 발견할 수 없었다는 것이 이유였지만, 마오 쩌둥이 자기 사람이라고 여긴 것이 더 주요한 원인이다.
100) 이홍영은 최종적으로 숙청된 것은 '배신자와 간첩'에 한정되었다고 했는데, '배신자와 간첩'은 결국 과거경력 문제, 즉 역사문제가 있는 경우를 말한다.

덜 받았다. 군의 경우 부분적으로 홍위병과 조반파의 공격을 받고 충돌하기도 했는데, 그런 경우와 린 뱌오 또는 급진파와 직접적으로 대립적 입장에 있었던 경우에는 숙청 또는 처분을 받았다.[101] 그러나 2월 역류의 경우에서 볼 수 있는 것처럼 마오 쩌둥 등의 보호로 피해자의 범위가 최소화되었다.[102] 국무원의 경제 관련 부문도 홍위병과 조반파의 공격을 받아 석탄부 부장 장 린즈(張霖之)가 홍위병에 의해 40여일간 감금되어 심문을 받다 사망하고(陳揚勇 1999, 31~32면), 석유공업부 부장 위 추리, 국가기본건설위원회 주임 구 무 등은 홍위병에 의해 감금되기도 했지만 저우 언라이 등의 노력으로 재정부장 리 셴넨과 더불어 보호를 받았다. 이들 문혁 생존자들은 경우에 따라서 문혁에 반기를 들기도 했고, 직위를 유지했지만 정직을

---

101) 총정치부 부주임 류 즈젠(劉志堅)은 '류 샤오치, 덩 샤오핑 자본가계급 노선의 군대 대표'라는 이름으로 타도되고, 쿤밍군구(昆明軍區) 제1정치위원 옌 훙옌(閻紅彦)은 비판을 받다 자살하고, 동해함대 사령관 타오 융(陶勇)도 원인 불명으로 사망했다(陳揚勇 1999, 30면). 또한 신장위구르 자치구의 스허쯔시(石河子市) 사건, 칭하이(青海)의 자오 융푸(趙永夫) 사건(王年一 1996, 211~16면), 우한의 7·20사건(王年一 1996, 254~62면), 양·위·푸 사건(王年一 1996, 290~301면) 등도 그러한 사건이다. 그런데 조반파와 지방 군부 충돌의 구체적 상황에 대해서는 이론의 여지가 있다. 문혁시기에는 군대의 과잉진압으로 '판명'되어 군대 지휘관이 비판·숙청되었지만, 문혁 이후에는 그러한 결론이 조작된 것으로 '판명'되어 그들에 대한 복권이 이루어진다. 문혁 이후 문혁시기의 모든 문제들을 급진파와 조반파의 잘못으로 귀결시키는 경향이 있다는 점에서, 그러한 평가도 정치적 평가에서 벗어나지 않는다고 할 수 있다.
102) 중앙문혁소조를 직접적으로 공격했던 2월 역류의 경우, 탄 전린은 역사문제가 있었기 때문에 격리 조사를 받고 하방되었지만, 예 젠잉, 리 푸춘, 리 셴넨, 녜 룽전, 쉬 샹첸 등은 자아비판을 하는 데 그쳐 모두 직위를 유지했다. 이홍영은 9차 당대회에서 군대 출신 중앙위원의 비율이 급증한 것을 들어 군대가 문혁 최대의 수혜자였다고 주장한다(이홍영 1997, 112~13면). 하지만 그것이 군부가 문혁 중 피해를 당하지 않았다는 것을 말하는 것은 아니다. 1967년 1월 상하이에서의 이른바 '1월 혁명' 이후 전국적인 탈권투쟁의 상황에서 군대에서의 조반을 금지하는 「군위8조(軍委八條)」가 발표되기는 했지만, 홍위병이 각 지방의 군대를 공격하여 홍위병과 군대가 충돌한 유혈 사건이 빈발했으며, 역사문제가 있는 경우에는 군부도 숙청에서 예외가 아니었다.

당하는 등 부침이 있었기 때문에, 문혁에 대해 부정적 입장을 가질 수밖에 없었다.

캉 성, 천 보다, 셰 푸즈(謝富治) 등 급진파를 제외한 원로간부 대부분은 문혁으로 인해 어떤 방식으로든 피해를 당했다. 문혁은 원로간부들의 몰락과 함께 그 공백을 메우기 위한 간부들의 빠른 이동을 초래했다. 그러한 인사 변화는 중국공산당 권력의 핵심인 중공중앙정치국의 인사 변화를 통해 잘 드러난다.[103]

문혁으로 인하여 문혁 주도세력인 급진파들이 대대적으로 권력의 핵심으로 진출한 것은 당연한 결과였다. 그들은 문혁의 지도기관인 중앙문혁소조의 구성원뿐만 아니라 1969년 9기 1중전회에서 중앙정치국 위원으로도 선출되는데, 장 칭, 장 춘차오, 야오 원위안이 그들이다. 그리고 린 뱌오 세력이 정위원 21명, 후보위원 4명 등 전체 25명의 정치국 위원 중 8명을 차지한다.[104] 린 뱌오 세력 외의 군부의 진출도 문혁 초기의 두드러진 현상인데, 1966년 8월의 8기 11중전회에서 이미 중앙위원이 된 군부의 예 젠잉, 류 보청 외에도 쉬 스유, 천 시롄, 리 더성(李德生) 등이 새롭게 정치국에 진출한다. 또한 지 덩쿠이(紀登奎), 왕 둥싱 등 지방관료와 마오 쩌둥 심복의 진출도 한가지 특징인데, 이는 9·13사건 이후 더욱 증가한다.

9·13사건 이후 린 뱌오 세력에 대한 숙청과 원로간부 복귀, 새로운 관료

---

103) 중국공산당의 권력의 핵심은 중앙정치국 상무위원회라고 할 수 있지만, 정치국 상무위원은 많아도 10여명 정도의 소수이기 때문에 인사 변동을 보여줄 수 있는 충분한 모집단이 되지 못하며, 200명 정도(후보위원을 포함하면 300명 내외)의 중앙위원회는 구체적 분석을 하기에는 지나치게 큰 숫자이기 때문에 20여명의 정치국을 선택하였다. 정치국과 정치국 상무위원회는 당장에서 규정하고 있는 중앙위원회 휴회 기간 중 중앙위원회의 직능을 수행하는 기관이다.
104) 린 뱌오, 예 췬, 천 보다, 리 쭤펑, 우 파셴, 추 후이쭤, 황 융성, 리 쉐펑(李雪峰, 후보) 등이 9·13사건에서 사망하거나 그와 관련하여 처분을 받은 사람들이다. 그중 리 쉐펑은 이후 린 뱌오의 반혁명 사건과 무관함이 밝혀져 복권된다.

들의 충원이 이루어진다. 이는 1973년 10기 1중전회에서 결정된 중앙정치국의 인사에서 두드러지게 나타난다. 린 뱌오 세력을 대신하여 등장한 정치국 위원 또는 후보위원 중 군부세력은 웨이 궈칭(韋國淸), 쑤 전화(蘇振華) 등 2명뿐이며, 나머지 7명은 문혁 과정에서 성장한 대중운동 지도자, 노동모범, 그리고 지방관료 출신이었다. 린 뱌오에 이어 마오 쩌둥의 후계자로 선발된 왕 훙원이 대중운동의 지도자였다면, 천 융구이(陳永貴), 우 구이셴(吳桂賢)은 노동모범이었고, 화 궈펑, 우 더, 싸이푸딘(賽福鼎) 등은 지방관료, 그리고 니 즈푸(倪志福)는 기술관료 출신이었다.

  10기 1중전회에서 선출된 정치국 위원과 후보위원 25명 중 문혁시기 9차 당대회 이후 승진한 관료 또는 노동모범 출신은 모두 8명으로, 급진파인 4인방을 제외하면 가장 큰 비중을 차지한다. 여기에다 1973년 12월 정치국 회의에서 충원되는 덩 샤오핑을 포함하여 전체 26명 중, 마오 쩌둥을 위시하여 저우 언라이, 주 더(朱德), 캉 성, 둥 비우(董必武) 등 5명은 문혁시기에 사망한다. 사망한 이들 외에 21명의 정치국 위원과 후보위원 중 나머지는 급진파인 4인방 4명, 군대가 7명인데,[105] 그중 예 젠잉, 류 보청을 제외하면 모두 9차 당대회 이후 승진한 문혁 수혜자의 범주에 속한다고 할 수 있다. 그외 2명은 덩 샤오핑과 리 셴녠이다. 그중 군대의 리 더성은 1975년에 처분을 당하고, 덩 샤오핑은 1976년 4월 다시 지도자로서의 모든 직위가 박탈된다.

  이러한 사실은 마오 쩌둥이 린 뱌오 사건 이후 관리 경험이 있는 관료들을 지도부에 대대적으로 충원함으로써 문혁의 지속과 더불어 안정적 관리체제를 형성하려 했다는 것을 보여준다. 실무 경험과 능력이 있는 지방의 중견 지도자들을 고속으로 승진시키는 방법으로 문혁의 수혜자를 양산함으로써, 이데올로기적 편향성이 강한 급진파와 균형을 이루게 하여 안정

---

105) 웨이 궈칭, 예 젠잉, 류 보청, 쉬 스유, 리 더성, 천 시롄, 쑤 전화(후보).

적인 문혁체제를 형성하고자 했던 것이다. 이 과정에서 문혁에서의 위치와 역할, 경험의 차이에 의하여 네가지 정치행위자 집단이 구성되었다.

이들 집단은 문혁시기 또는 문혁 종결 이후 각각 그 존재 위치에 따라 중요한 정치적 역할을 수행한다. 특히 1976년 마오 쩌둥 사망 이후 그들은 하나의 정치집단으로서 작용한다. 또한 급진파, 수혜자, 생존자, 피해자는 대체로 이념적으로 좌파에서 우파로의 순서와 일치하며, 문혁에 대한 평가, 마오 쩌둥에 대한 충성심, 정책적 선호도에서도 차이가 있었다. 그러나 그것이 이들 집단이 내적인 응집성의 정도, 이념적 동일성 또는 이해관계의 측면에서 서로 대등하고 동질적인 집단이었다는 것을 의미하는 것은 아니다.

급진파의 경우 응집성의 정도와 이념적 일치성이 비교적 높은 반면, 정치집단으로서 생존자와 피해자는 존재 형태와 시기에 따른 역할 차이는 있지만 이념적 성향 또는 이해관계에서는 큰 차이가 없다. 그것은 생존자 집단과 피해자 집단이 문혁에 의해 구체적인 위치는 달라졌지만, 과거의 관계망에 의해 서로 밀접하게 관련되어 있었기 때문이다. 그러한 점에서 생존자와 피해자 원로간부 집단은, 특정 시점에서의 위치와 역할의 차이를 제외한다면, 이념적 성향 또는 이해관계와 유대라는 측면에서 범주의 차이를 갖는 집단이라기보다는 원로간부라는 동일한 범주의 집단으로 분류하는 것이 더욱 타당하다.

군부의 경우 급진파로 알려진 난징군구 사령관 딩 성(丁盛)이나 수혜자 집단과 밀접한 관계를 가진 것으로 알려진 천 시롄, 쑤 전화 등을 제외한다면, 범주상 문혁 수혜자 집단에 속하는 쉬 스유, 웨이 궈칭 등이 모두 덩 샤오핑, 예 젠잉과 밀접한 관계를 가진다는 점에서 과거의 관계망이 훨씬 더 중요한 요소로 작용했다. 게다가 딩 성은 급진파와의 관련성을 부정하였으며,[106] 천 시롄과 쑤 전화는 모두 제2야전군 시기 덩 샤오핑의 부하 출신이었다.

뿐만 아니라 피해자 집단 내부에서도 이념적 성향은 서로 다양한 편차를 가진다. 이는 이들의 동일한 이해가 문혁문제의 해결이라는 특정 의제와 관련된 국면에만 제한되어 있었다는 것을 의미한다.

---

106) 딩 성은 장 칭과 문혁시기 접촉한 적이 있으며, 난징군구 사령관으로서 상하이 세력과 일정한 관계에 있었던 것으로 알려져 문혁세력으로 분류되지만, 자신에 대한 혐의가 날조된 것이라고 주장하였다(丁盛 2008, 362~66면).

제3장

반급진파연합의 형성과 재편

I. 화 궈펑 체제의 형성

1. 마오 쩌둥 사망 전후의 권력구조

1976년 9월 9일, 쭌이회의를 기점으로 한다면 41년, 옌안정풍운동을 기점으로 해도 30여년간 최고지도자로서 중국공산당을 이끌어온 마오 쩌둥이 사망한다. 중화인민공화국의 창건자이자 중국공산당 최고지도자였던 마오 쩌둥의 죽음은 문혁체제를 형성해온 최고 권위체인 권력구조의 중심축이자 조정자가 사라졌다는 것을 의미했다. 문혁체제에서는 마오 쩌둥이라는 특수한 개인이 핵심적 요소였기 때문에, 마오 쩌둥 사망은 체제 자체에 영향을 미칠 수 있는 중요한 사변이었다. 마오 쩌둥 사망의 공백을 메울 수 있는 가능한 대안은 마오 쩌둥을 대체할 수 있는 새로운 절대적 권위체가 등장하거나 체제 자체를 재구성하는 것이었다. 장기적으로 볼 때, 중국공산당은 마오 쩌둥 사후 새로운 개혁체제를 구성하였다. 하지만 단기적으로는 제도나 기제의 변화를 필요조건으로 하는 체제의 재구성을 초래하지 않는 방법으로 새로운 권위체 '주석'을 선출하는 계승문제가 중심 의제가 되었다.

새로운 주석 선출을 둘러싼 계승문제는 화 귀펑을 위시한 문혁 수혜자들과 예 젠잉 등 문혁 생존자 원로간부들이 1976년 10월 6일 중난하이 화이런탕에서 '궁중 쿠데타'(중국에서는 '화이런탕 사변'이라고 부른다)를 통해 4인방을 체포하고, 마오 쩌둥이 2인자로 지명했던 화 궈펑을 주석으로 선출함으로써 일단락된다. 4인방 체포는 문혁시기 형성된 정치집단들 사이의 적대·갈등·협력의 결과였으며, 특히 1976년 4월 톈안먼 사건 이후 형성된 권력 배분과 갈등관계의 직접적 결과였다.

앞에서 살펴본 바와 같이 린 뱌오 사건 이후 형성된 생존자와 피해자를 포함하는 원로간부 집단과 급진파의 대립은 1975년 말의 우경번안풍 비판을 통해 급진파의 승리로 귀결된다. 그러나 마오 쩌둥은 1976년 1월 화 궈펑을 사망한 저우 언라이의 후임 총리서리로 임명하고, 톈안먼 사건 뒤인 1976년 4월 화 궈펑을 총리 겸 당의 제1부주석과 정치국 상무위원으로 선출하도록 결정한다. 그에 따라 화 궈펑은 마오 쩌둥에 이은 2인자가 되었고, 후계 경쟁에서 가장 유리한 '잠정적인' 후계자로 확정된다.[1]

화 궈펑이 잠정적 후계자로 지명됨으로써, 당 권력구조에 중요한 지각변화가 초래되었다. 1973년 8월 10기 1중전회에서 선출되거나 그후 충원된, 권력의 핵심이라고 할 수 있는 11명의 정치국 상무위원 중 둥 비우, 캉성, 저우 언라이가 차례로 사망하였고, 리 더성은 상무위원직을 박탈당하고, 덩 샤오핑은 모든 지도직위에서 실각했으며, 7월 사망하게 되는 주 더

---

1) 린 뱌오 사건 이후 마오 쩌둥은 왕 훙원, 덩 샤오핑, 화 궈펑을 차례로 중공중앙의 일상업무를 총괄하는 사실상 자신을 대리하는 당의 책임자로 임명하여 후계자로서의 가능성을 시험한다. 그런데 마오 쩌둥은 류 샤오치, 린 뱌오의 경우와는 달리 이들을 명시적으로 자신의 후계자라고 지칭한 바는 없다. 승계 순위에서 앞서는 2인자로 지명하고 당의 업무를 총괄하게 함으로써 유사시 계승자로서의 위치를 보장했지만, 이들의 지위는 유동적인 것이었다는 의미에서 명시적인 후계자로 선정되었던 류 샤오치, 린 뱌오와 달리 이들을 '잠정적인' 후계자로 보는 것이 타당하다.

는 아무런 활동을 하지 못하는 상황이었다. 이러한 변화는 이 시기 중공 권력의 핵심이 마오 쩌둥을 제외하면 예 젠잉, 장 춘차오, 왕 훙원, 화 궈펑으로 구성되었다는 것을 뜻한다. 그런데 예 젠잉은 앞에서 지적한 바와 같이 1976년의 1호 문건에 의해 군사 지휘권을 박탈당했으며, 마오 쩌둥에 의해 4월 7일의 정치국 회의에 정치국 후보위원 쑤 전화와 더불어 참석이 금지되는 등 사실상 정직 상태였다(范碩 1995, 137면).[2] 그렇기 때문에 화 궈펑, 왕 훙원, 장 춘차오가 이 시기 당의 핵심을 구성하였다고 할 수 있다.

이러한 사실은 생존자와 피해자를 포함하는 원로간부 세력이 후퇴하고, 동시에 정치국에서 다수를 차지하는 수혜자 집단이 권력 핵심으로 진출했음을 의미한다. 원로간부 집단과 급진파의 적대적 관계 속에서 원로간부 집단이 실패한 것이다. 그러나 급진파 세력은 원로간부와의 싸움에서는 승리했음에도 불구하고, 그 과실은 제3자인 수혜자에게 귀속되었다는 점에서 반쪽뿐인 승리를 거둔 것이었다. 반쪽의 승리는 급진파에게 불만스러운 것일 수밖에 없었으며, 이들은 문혁 수혜자 집단과 권력 주도권을 둘러싼 잠재적 대립관계에 처하게 되었다.[3] 이러한 대립관계는 우회적이고 제한적이기는 했지만 몇가지 계기를 통해 표출되기 시작했다.[4] 하지만 마

---

[2] 예 젠잉은 1976년 4월 사실상 정직 상태에 있었지만 1976년 5월 말부터 공식적인 활동을 재개한다. 하지만 예 젠잉이 모든 권한을 회복한 시기는 마오 쩌둥 사망 이후로 보인다. 예 젠잉은 5월부터 휴식을 이유로 4인방을 피해 베이징 서부 시산(西山)의 군사보호구역 내로 거처를 옮겨 9월 말까지 거주하면서, 군부의 원로간부들과 두루 접촉하며 4인방 문제에 대해 논의한다.

[3] 급진파 세력은 원로간부와의 투쟁의 과실이 당연히 자신들에게 귀속될 것으로 생각하였다. 그렇기 때문에 왕 훙원은 1976년 1월 당중앙의 업무를 주관하기 위한 준비로 사적으로 연설문을 준비했다. 하지만 마오 쩌둥이 그들의 기대와는 어긋난 결정을 하자 장 춘차오는 자신의 일기에서, 덩 샤오핑을 부주석에 임명한 1975년의 1호 문건과 1976년 2월 3일의 중앙 1호 문건을 비교하며 불만을 토로한다(王張江姚專案組 1976, 36~40면; 范碩 1995, 74~75면).

[4] 1976년 7월 6일부터 8월 1일까지 개최된 전국계획공작회의(全國計劃工作會議)에서는

오 쩌둥 사망 이전에는 전면에 드러나지 않았다.

톈안먼 사건 이후 마오 쩌둥에 의해 만들어진 그러한 세력 배치가 마오 쩌둥의 사망까지는 표면상 변화 없이 유지되었다고는 하나, 이 시기에 군부를 중심으로 한 원로간부 생존자 세력과 4인방 세력은 이미 화해할 수 없는 적대적 상황에 도달해 있었다. 마오 쩌둥이라는 절대적 권위체에 의해 불안한 균형 상태를 유지하고 있었지만, 두 세력의 충돌은 시간문제일 뿐 필연적인 것이었다.

군부를 중심으로 하는 원로간부 세력은 예 젠잉, 쑤 전화 등이 마오 쩌둥에 의해 4월 정치국 회의 참석이 금지되기는 했지만 직위를 유지하고 있었으며, 리 셴녠, 쉬 스유, 웨이 궈칭 등은 여전히 건재했다. 1976년 4월 덩 샤오핑이 숙청된 뒤 이들 원로간부 세력 사이에는, 마오 쩌둥이 살아 있을 때는 어쩔 수 없지만 유사시에는 4인방을 제거해야 한다는 결의가 확산되고 있었다. 예 젠잉의 비서 판 쉬(范碩)는 1976년 5월 왕 전, 네 룽전이 각각 시산의 예 젠잉 거주지로 찾아와 4인방 제거에 대해 논의한 사항을 다음과 같이 회고하고 있다.

마오 쩌둥이 중병을 앓고 있을 때 왕 전이 여러 차례 예 젠잉을 찾아와 담화를 나누었다. '왕·장·장·야오(王·張·江·姚)'의 문제에 대해 이야기하면

왕 홍원의 지시를 받은 랴오닝(遼寧) 대표 양 춘푸(楊春甫)와 상하이 대표 황 타오(黃濤)가 1975년 국무원공작회의와 전국계획회의를 '우경번안풍의 기원'으로 비판했다. 또한 그들은 "광범한 군중들과 간부들은 성실하게 학습하고 비판을 심화하면서 덩 샤오핑에 대항했지만, 상층 몇몇은 말로만 비판하고, 행동은 이전 그대로 하려고 한다"라고 비판했다. 판 쉬는 그것이 화 궈펑과 당중앙에 대한 4인방의 계획적인 공격이었다고 평가한다(范碩 1995, 212면). 그리고 7월 정치국에서 마오 쩌둥의 건강상태에 대한 통보를 둘러싸고 4인방과 예 젠잉, 왕 둥싱 사이에 논란이 있었다. 화 궈펑은 4인방이 주장한 "마오 쩌둥의 건강이 호전되었으며, 업무에 복귀할 수 있다"라는 구절을 삭제하였다(陳東林·杜蒲 1994, 1359면).

서 왕 전이 예 젠잉에게 "왜 그들이 그렇게 발광하게 내버려둡니까? 그들을 잡아들이면 문제가 해결되지 않습니까?"라고 묻자, 예 젠잉은 오른 주먹을 내뻗어 엄지손가락을 위로 두번 흔들었다 뒤집어서는 아래로 눌렀다. 왕 전은 잠시 생각한 후 마오 주석이 계시기 때문에 경거망동할 수 없고 그가 세상을 떠나기를 기다려 다시 상의하여야 하며, 기회를 기다려야 한다는 뜻임을 깨달았다(范碩 1995, 168~69면; 靑野·方雷 1993b, 19면).

예 젠잉과 녜 룽전 사이에도 유사한 대화가 이루어진다.

샤오핑 동지가 타도되었다. (…) 다음〔목표〕은 화 궈펑이다. (…) 군권이 그들의 손에 들어가서는 안 된다. 그래서 그들이 다시 제멋대로 굴도록 내버려두어서는 안 된다. 이를 미연에 방지하기 위해서는 먼저 손을 써서 제압해야 한다. (…) 그렇지만 주석이 계시기 때문에 주석의 건강을 보살피고 상황의 안정을 도모하기 위해, 과거의 '총신(寵臣)'들에게 약간의 체면을 세워줄 수밖에 없다. 잠시 동안은 그렇게 하기가 쉽지 않다(范碩 1995, 175면).

왕 전은 예 젠잉과 덩 샤오핑, 천 윈, 리 셴녠 및 다른 두명의 원로 원수들과의 연락참모 역할을 하였다(范碩 1995, 170면).[5] 예 젠잉은 베이징 외부 다른 군구의 고위 지휘관들인 한 셴추(韓先楚), 양 더즈(楊得志), 우 커화(吳克華) 등에게 부대를 잘 장악하도록 지시하고, 선양군구(瀋陽軍區) 사령관

---

5) 중국에서는 1955년 군대에 계급제도를 만들고 계급을 부여하면서, 공로가 뛰어난 주 더, 펑 더화이, 린 뱌오, 류 보청, 허 룽, 천 이, 뤄 룽환(羅榮桓), 쉬 샹첸, 녜 룽전, 예 젠잉, 허 룽 등 10명에게 원수(元帥) 계급장을 부여했다. 여기서 두 원로 원수는 그중 당시 생존해 있던 녜 룽전, 쉬 샹첸을 지칭한다. 당시 류 보청도 생존해 있었고 정치국 위원이기는 했지만, 1972년 실명하고 1973년부터는 사유 능력을 상실했기 때문에 논의 대상이 못되었다.

리 더성에게도 자신의 의사를 전한다(『葉劍英傳』編寫組 1995, 643~44면).[6] 이러한 사실은 예 젠잉을 핵심으로 하는 군부 중심의 원로간부 생존자 세력들 사이에 4인방 타도에 대한 광범한 인식의 공유가 형성되었다는 것을 보여준다. 다만 마오 쩌둥이 생존해 있는 기간 중에는 마오 쩌둥의 지시 없이 정치국 상무위원과 당 부주석을 포함하는 권력 핵심의 교체가 사실상 불가능하였기 때문에 마오 쩌둥 사후로 미룰 수밖에 없었던 것이다.

4인방 세력도 그러한 대립의 필연성을 인식하고 있었다. 그들은 선전 부문을 장악하기는 했지만 군대에 대한 장악력은 거의 없었다.[7] 장 춘차오, 왕 훙원, 장 칭은 '붓만 있고 총이 없는 상황'을 근심하면서 군권을 장악하려 시도했다(范碩 1995, 183면). 이들은 마오 쩌둥이 중국혁명에 버금가는 자신의 과업으로 평가하는 문혁을 통해 성장, 형성된 집단이자 문혁을 지속시킬 급진파 집단인 자신들 4인방 세력이, 이데올로기 기구의 장악에도 불구하고 무력을 갖지 못해 취약하다는 점을 잘 인식하고 있었다. 마오 쩌둥이라는 조정자이자 권위의 중심이 사라졌을 때 문혁이 형성한 대립구조 안에서 무력 없이는 권력을 장악할 수 없을 뿐만 아니라 그것을 유지하는 것도 불가능하다는 것은 분명해 보였다.

그렇기 때문에 4인방 세력은 군권을 장악하려는 시도가 실패하자 민병(民兵)을 '제2무장(武裝)'으로 개조하고, '중화인민공화국 민병 지휘부'를 설치하여 자신들의 통제하에 둠으로써 해방군 대신 민병이라는 무장력을 확보하고자 했다(范碩 1995, 205면). 민병은 1976년 톈안먼 사건을 성공적으

---

6) 당시 한 셴추는 란저우군구(蘭州軍區) 사령관이었고, 양 더즈는 우한군구 사령관이었으며, 우 커화는 철도병(鐵道兵) 사령관이었다.

7) 장 춘차오가 1975년 1월 총정치부 주임이 되고, 왕 훙원이 1975년 2월 신설된 11인으로 구성된 중공중앙군사위 상무위원회 위원이 되기는 했지만, 군부 내에 기반이 없었기 때문에 실질적인 통제력을 가지기 어려웠다. 4인방의 직접적인 영향력하에 있는 군부세력은 난징군구 사령관 딩 성과 선양군구 정치위원 마오 위안신(毛遠新) 등 극소수에 불과했으며 그들의 경우도 부대에 대한 장악력은 거의 없었다.

로 진압함으로써 야오 원위안으로부터 "민병이 계급투쟁 중 왕성한 생명력을 드러냈다"라고 평가받았다(上海滬東造船廠黨委會 1976, 73면).[8] 더욱이 야오 원위안은 "민병은 마오 쩌둥 주석의 혁명노선에 따라 건설된 무장역량으로 당 내외의 자본주의 복벽(復辟)세력에 대한 엄중한 타격이 되므로, 투쟁 중에 건설·강화해야 한다"라고 주장한다(上海滬東造船廠黨委會 1976, 73면).

4인방 세력이 대중운동에 대한 지도력을 확보하였고 민병을 적극적으로 조직하고 무장시키려고 했다는 점에서, 민병은 대체로 4인방 세력의 장악하에 있었거나 적어도 그 영향하에 있었다고 보는 것이 타당하다. 뿐만 아니라 1976년 8월에서 9월 사이 상하이시당 서기 마 톈수이(馬天水) 등이 7만 4,220정의 총과 300문의 대포, 그리고 1,000만발의 탄약으로 민병을 무장시킨 사실로 미루어보아, 최소한 4인방 세력의 본거지인 상하이의 민병은 상당한 정도의 무장력을 갖추었음을 알 수 있다(王洪模 等 1989, 5~6면).

이와 같이 원로간부 세력과 4인방 세력이 각각 서로 다른 형태의 무장력까지 갖춘 적대적 대립관계에 있던 상황에서, 마오 쩌둥이 당시 당 부주석이자 정치국 상무위원인 왕 훙원이나 장 춘차오를 뛰어넘어 정치국 위원화 궈펑을 2인자로 지명한 것은 파격적인 일이었다. 마오 쩌둥이 이런 파격 인사를 한 것은 앞장에서 지적한 바와 같이 안정과 문혁의 지속을 동시에 추구할 수 있도록 급진파와 원로간부 세력의 균형을 유지하기 위해서였다. 그렇기 때문에 마오 쩌둥은 원로간부 집단을 보호했으며 덩 샤오핑의 반문혁적 태도가 확인되었을 때조차도 당적을 제명하지 않고 유보적인 태도를 보였던 것이다.[9] 또한 적대적 대립관계에 있는 급진파의 손을 일방

---

8) 「노동자 민병 건설을 강화하자(加强工人民兵的建設)」라는 글은 상하이호동조선창당위회(上海滬東造船廠黨委會) 명의로 발표되었지만, 야오 원위안이 심사·수정·완성한 것이었다(王洪模 等 1989, 5면).
9) 덩 샤오핑의 모든 지도직위를 박탈한 1976년 중공중앙의 10호 문건은 "(…) 덩 샤오핑의 당내 모든 직무를 박탈하지만 당적은 유지시키면서 그 효과를 관찰한다"라고 유보적

적으로 들어주지 않고 문혁 수혜자이면서 행정 및 관리 경험과 능력이 있는 화 궈펑을 선택하였던 것이다. 마오 쩌둥은 화 궈펑이 음모나 종파 활동을 하지 않는 '진실하고' 겸허한 사람으로 자신의 지시와 뜻대로 유업을 계승하고 예견된 대립을 조정할 수 있을 것으로 판단했다.[10]

화 궈펑은 마오 쩌둥의 지명을 제외한다면 경력이나 자격으로 볼 때 개인적인 권위도 없었을 뿐더러, 정치국의 문혁 수혜자 집단을 제외하면 조직적·대중적 기반도 없었다. 문혁 수혜자 집단은 베이징을 장악하고 있었고 중앙경위단(中央警衛團) 같은 핵심 부대를 휘하에 두고 있었지만, 선전기구와 대중조직을 장악한 4인방 세력이나 군부를 중심으로 당·정·군에 강력한 세력기반을 가지고 있던 원로간부 세력에 비하면 상대적으로 취약한 세력이었다. 그럼에도 불구하고 문혁 수혜자의 다수가 정치국으로 진출할 수 있었던 것은 인사권을 장악하고 있던 마오 쩌둥의 절대적 권위에 의해서였다. 다시 말해서 문혁 수혜자의 최대 권력자원은 마오 쩌둥의 권위였다. 그렇기 때문에 마오 쩌둥이 없는 상태에서, 독자적 기반이 취약한 화 궈펑이 주도적으로 두 적대적 세력의 갈등을 조정하는 것은 사실상 불가능한 것이었다고 할 수 있다.

이와 같이 1976년 톈안먼 사건 이후 형성된 권력구조에서 마오 쩌둥이

인 결론을 내리고 있다(范碩 1995, 138면). 그러한 유보적 결론은 4인방의 제명 요구에도 불구하고 마오 쩌둥의 지시에 의해 이루어진 것으로, 이후 덩 샤오핑이 빠르게 복권할 수 있었던 중요한 조건이었다.
10) 마오 쩌둥은 1976년 6월 15일의 담화에서 문혁 계승문제에 대한 자신의 염려와 더불어 자신 사후의 불확실성에 대해 토로한 바 있다(王年一 1996, 640~41면). 이러한 사실은 마오 쩌둥이 화 궈펑을 지명한 것이 불확정성을 타개하기 위한 선택이었다는 것을 말한다. 마오 쩌둥은 1950년대에 화 궈펑을 '진실한 사람'으로 칭찬하였으며(范碩 1995, 73면), 문혁시기에 후난성 샹탄지구(湘潭地區) 서기에서 후난성 서기로 직접 발탁하였고, 다시 1973년 중앙으로 불러들였다. 1976년 1월 21일 화 궈펑을 총리서리로 지명하도록 마오 위안신에게 지시하면서 "화 궈펑은 스스로 정치 수준이 높지 못하다고 생각한다"라고 말했다(『葉劍英傳』編寫組 1995, 634면).

라는 절대적 권위를 가진 조정자가 없다면 충돌은 필연적인 상황이었다. 문제는 그러한 충돌이 언제, 어떠한 형태로 발생할 것인가 하는 것이었는데, 이는 적대적 대립의 사이에 있는 수혜자, 특히 '잠정적' 계승자 화 궈펑이 어떤 선택을 할 것인가와 밀접하게 연관되어 있었다. 마오 쩌둥 사망 이후 화 궈펑에게는 그러한 적대적 구조 속에서 두가지 대안이 있었다. 문혁의 수혜자로서 문혁 주도세력인 급진파와 더불어 문혁연합을 형성하는 것이 하나의 선택이었다면, 원로간부 세력과 협력함으로써 반급진파연합을 형성하는 것이 다른 하나의 선택이었다. 화 궈펑은 급진파와 마찬가지로 문혁을 통해 이익을 얻었다는 점에서 광의의 문혁세력이라고 할 수 있으며, 문혁의 지속이라는 마오 쩌둥의 유지를 계승하는 데도 전자가 유리하였다. 그러나 주석직을 둘러싼 급진파와의 대립상황은 화 궈펑에게 원로간부와의 반급진파연합을 선택하게 했다.[11] 반급진파연합은 4인방과 수혜자의 잠재적 대립이 표출된 결과이자 마오 쩌둥 사후 여러 행위자들의 역동적인 대립과 정치적 선택과정의 결과였다.

2. 반급진파연합과 화 궈펑 체제의 형성

1976년 9월 9일 마오 쩌둥의 사망은 최고 권력자와 권위체의 공위(空位)를 의미하는 것이었을 뿐만 아니라 4인방 세력과 원로간부 세력 양자의 적대적 충돌을 막던 안전망이 사라졌다는 것을 의미했다. 마오 쩌둥이라는 보호막이 사라진 이상 두 적대적 세력은 권력을 선점함으로써만 자신들의 안전을 보장받을 수 있었다. 각 행위자들은 자신들의 권력자원을 최대화하여 유리한 지위를 선점하려고 했으며, 그러한 시도는 위기를 더욱 심화했다.

---

11) 그외에도 당 간부로서 화 궈펑의 성장 경험도 화 궈펑이 급진적 대안을 반대하게 한 요인이었을 것으로 짐작된다. 후 야오방은 화 궈펑이 문혁시기 벼락출세한 것이 아니라 단계적으로 성장한 간부였다고 강조한다(胡耀邦 1982, 735~36면).

생존자 원로간부 세력과 4인방 세력 간 긴장관계가 초래한 두 세력의 위기감과 이에 대한 대응은 마오 쩌둥 사후 극단적인 대립을 확대재생산했다. 이러한 대립은 생존자 원로간부 세력과 4인방뿐만 아니라 모든 행위자를 제약했으며, 그 결과 수혜자들의 선택도 적대적 대립상황에 의해 제한되었다. 적대적 상황에서 4인방의 일련의 대응에 의구심을 갖게 된 화 궈평이 생존자 원로간부 세력과 협력하여 4인방 제거를 결심함으로써 반급진파연합이 형성된다. 이러한 선택은 마오 쩌둥 사후 적대적 구조 속에서 행위자들의 선택과 행위의 결과였으며 여기에는 화 궈평의 선택이 중요하게 작용했다.

화 궈평이 언제 4인방 문제 처리를 결심했는지는 분명하지 않지만, 마오 쩌둥이 사망한 지 불과 이틀 후인 9월 11일 화 궈평은 4인방 문제의 해결 의사를 리 셴넨에게 전하고 예 젠잉과 상의하도록 한다.[12] 화 궈평이 그러한 결심을 하게 된 것은 화 궈평에 대한 4인방의 일련의 공격이 그를 후계자로 인정하지 않고 권력을 탈취하려고 하는 것으로 보였기 때문이다. 그러한 상황이 화 궈평에게 반급진파연합을 선택할 수밖에 없게 했다.

마오 쩌둥 사후 4인방은 문혁에 공통의 이해관계를 갖는 수혜자 집단과의 협력과 타협 전략을 선택한 것이 아니라 그들로부터 권력을 탈취하고자 했다. 그 이유는 첫째, 앞에서 이미 언급한 바와 같이 4인방은 마오 쩌둥

---

12) 화 궈평이 리 셴넨을 찾은 일자와 리 셴넨이 예 젠잉을 만난 일자가 지금까지는 각각 9월 21일과 24일로 알려져 있었다(李先念 1989, 518면). 그러나 중국에서 『리 셴넨전(李先念傳)』하권을 편찬하는 과정에서 그것이 각각 9월 11일과 14일로 정정되었다(『李先念傳』編寫組 2001, 73~75면). 이러한 일자의 정정은 단지 날짜의 문제가 아니라 4인방 문제 해결·결정 과정과 원인에 대한 이해에 있어 중요한 의미를 지닌다. 다시 말해서, 화 궈평이 마오 쩌둥 사망 후 즉각적으로 4인방 문제 처리를 논의했다는 것은, 화 궈평의 선택이 마오 쩌둥 사후의 갈등의 결과가 아니며, 화 궈평이 이미 4인방 문제 처리를 고려하고 있었다는 것을 의미하기 때문이다. 4인방의 체포에 대해서는 Onnate(1978) 참조. 최근 중국의 자료가 집약적으로 정리된 것은 『리 셴넨전(1949~92)』하권(『李先念傳』編寫組 2009, 868~910면)이다.

이 화 궈펑을 2인자로 선택한 것에 불만을 가지고 있었고, 문혁의 적자인 자신들에게 권력이 귀속되어야 한다고 생각했기 때문이다. 4인방은 마오 쩌둥의 사망과 그로 인한 권력 재조정을 자신들이 권력을 장악할 수 있는 기회로 여겼다. 둘째, 4인방이 화 궈펑을 사상적으로 불신했기 때문이다. 1976년 7월의 국무원 계획회의에서 4인방 세력이 고위층을 비판한 것은 결국 화 궈펑에 대한 그러한 의구심을 드러낸 것이라고 할 수 있다.[13] 1973년 백지답안 사건으로 전국적인 반조류(反潮流)의 영웅이 된 장 톄성(張鐵生)은 마오 쩌둥 사망 직후인 9월 9일과 10일 이틀간의 연설에서 한층 직접적으로 화 궈펑에 대한 불신을 표시했다.[14] 셋째, 원로간부 생존자 세력과의 적대적 대립이라는 위기 상황이 4인방에게 권력 장악을 추구하게 했기 때문이다. 4인방과 수혜자 연합은 화 궈펑에 대한 인정을 전제하는데, 화 궈펑은 원로간부 생존자 세력과의 대결에 동의하지 않을 것이며, 그렇다면 불안한 적대적 상황이 지속될 수밖에 없었을 것이다. 이것은 곧 4인방 세력으로서는 그러한 적대적 대립상황을 해소하려면 권력 장악 외에 다른 길은 없다는 것을 의미했다.

4인방의 불안감을 가중시켰을 뿐만 아니라 4인방이 정변을 채택하지 않을 수 없게 했던 당시 상황을 잘 보여주는 두가지 에피소드가 있다. 하나는 당시 광저우군구 사령관이었던 쉬 스유 아들의 편지 사건이며, 또 하나는

---

13) 마이스너(Maurice Meisner)가 주장하는 바와 같이 화 궈펑이 덩 샤오핑의 1975년 경제정책을 내용적으로 계승함으로써 4인방의 그러한 의구심이 옳았다는 것이 증명된다 (Meisner 1996, 75면).
14) 장 톄성은 국가의 상황을 가정에 비유하여, "부친이 돌아가셨으며, 집에 큰형, 둘째, 셋째가 있어서 큰형에 의지하여 꾸려나가야 하는데, 큰형이 믿음직스럽지 못하다. 화 궈펑이 1호 인물이 되었는데, 그는 무엇을 할지 모르며, 계획회의에서의 연설도 왕 훙원의 그것과 차이가 있고, 그의 연설로 우파 인물들이 고무되었다"라고 주장하였다(王張江姚專案組 1976, 101면; 靑野·方雷 1993b, 53~55면). 장 톄성의 이 연설문은 왕 둥싱을 통해 화 궈펑에게 전해진다.

정치국 위원이며 국무원 부총리였던 지 덩쿠이의 아들과 관련된 사건이다.[15]

첫째로 쉬 스유 아들의 편지 사건이다. 301병원의 간호사였던 쉬 스유 아들의 약혼녀는 마오 쩌둥 사후 푸 충비, 뤼 루이칭 등이 병원으로 권총을 반입하는 모습을 보고, 그것을 베이징 근교 포병연대 연대장인 자신의 약혼자에게 전화로 알린다. 쉬 스유의 아들은 그에 답하는 편지에서 그 일을 아무에게도 알리지 말라고 하면서 자신과 쉬 스유 사이의 대화 내용을 알려준다.

며칠 전 아버지를 만났는데, 내게 다음과 같이 말씀하셨다. 주석이 돌아가신 후 중국에서 내란이 발생할 가능성이 있는데 주로 최고지도권 쟁탈 때문이다. 만일 베이징에서 일이 생기면 부대를 이끌고 북상하여 베이징성(北京城)을 점령하여 중난하이와 댜오위타이(釣魚臺)를 장악하고 몇놈을 잡아들여 죽여버릴 것이다. 상하이방(上海幇)은 질이 아주 나쁘고, 주석에 의지하여 권력과 힘만 믿고 제멋대로 날뛰면서 못된 짓을 해왔는데, 이제 주석이 안 계시니 그들도 끝장났다. 그리고 또 왕 훙원이 군사위원회 부주석이고 장 춘차오가 총정치부 주임이라고 해도 상관할 필요 없다. 군대에서는 아무도 그들의 말을 듣지 않고 총은 모두 우리 손에 있으며 그들은 겨우 몇 개의 민병대만 움직일 수 있을 뿐이기 때문에 대세와 상관없다. 한개 군만 있으면 상하이 민병대는 처리할 수 있다. 60군을 우시(無錫)에 배치하여 상하이를 감시하고 있다.(靑野·方雷 1993b, 86면)[16]

---

15) 1976년 당시 신화사 기자였던 양 지성(楊繼繩)은 이 두 사건 중 전자는 당시 군대의 많은 간부들이 아는 이야기였으며, 후자는 신화사의 노장 기자들 대부분이 아는 사건이었다고 한다(楊繼繩 1998, 83면).
16) 쉬 스유는 1973년 12월 딩 성과 교체되기 전까지 1955년 3월부터 난징군구 사령관을 역임하였으며, 제2부사령관에 임명된 1954년 2월부터 포함하면 약 20년간 난징군구 사령관으로 있었다. 그렇기 때문에 난징군구에 대한 쉬 스유의 영향력은 절대적이었으며,

그런데 이 편지가 4인방의 손에 들어가게 되었다. 이 편지를 본 왕 홍원이 마오 위안신에게 편지를 보여주자 마오 위안신은 2개 사단을 베이징 근처로 이동시키기로 한다. 왕 홍원은 또 베이징 민병대의 마 샤오류(馬小六)와 장 스중(張世忠)을 찾아가 3천명의 무장 민병을 중난하이 동편 중산(中山)공원에 비밀리에 배치하도록 했다(靑野·方雷 1993b, 86~87면; 楊繼繩 1998, 82~83면).

둘째는 베이징에서 입원해 있던 허난성 조직부의 책임자를 지 덩쿠이의 아들이 찾아가서 나눈 대화이다. 그는 "현재 정치국의 신파와 원로간부파 사이에 투쟁이 벌어지고 있으며, 원로간부들이 입을 다물고 있지만 마오 주석이 죽으면 (…) 장 춘차오를 배반자로 선포하고 전국에 대한 군 관리를 실시하여 피바람이 불 것이다"라고 말했는데, 그것이 신화사 허난성 사장 주 밍잉(朱明英)에 의해 중앙의 야오 원위안에게 보고되었다(楊繼繩 1998, 82~83면).

이러한 상황은 4인방 세력이 선택할 수 있는 폭을 제한하였으며, 마오 쩌둥 사후 자신들의 안전을 보장하기 위해서는 권력 장악 외에는 다른 길이 없다고 믿게 만들었다. 그렇기 때문에 4인방 세력은 마오 쩌둥 사망 이후 정국을 통제하기 위한 일련의 조치를 취한다. 그러한 조치는 화 궈펑에게 4인방이 자신의 권력을 탈취하려는 시도로 보였고, 이에 대응하는 과정에서 예 젠잉의 태도와 도움은 화 궈펑이 4인방 문제 해결을 주장하는 반급진파연합을 선택하고 4인방 체포를 결심하게 하는 데 중요한 계기가 되었다.

4인방 세력의 공격과 이에 대한 화 궈펑의 대응과정을 살펴보면, 첫째, 4

딩 성도 자신이 군구에서 고립되어 있으며 부대가 자신의 명령을 따르지 않는다고 했다. 그런데 딩 성은 군구 상무위원회의 건의에 따라 군사위원회의 비준을 받아 자신이 60군을 1976년 상반기에 우시로 이동시켰다고 말했다(丁盛 2008, 364면).

인방 세력은 화 궈펑에게 몇가지 어려운 문제들을 제기함으로써 화 궈펑을 공격하였다. 마오 쩌둥 사후 장 칭은 즉각적인 덩 샤오핑의 당적 제명을 요구하는가 하면, 기술적 문제로 인해 마오 쩌둥의 시신이 '변질'되었다는 말을 듣고 제1부주석 화 궈펑에게 그 책임을 추궁하는 등의 방법으로 화 궈펑이 권력을 이양하도록 강요했다. 화 궈펑은 예 젠잉의 도움으로 그러한 공격에서 벗어날 수 있었다(范碩 1995, 249~53면).

둘째, 마오 쩌둥 사망 후 4인방 세력은 지방에 대한 당중앙의 지도권을 탈취하려 했다. 왕 훙원은 그의 비서 미 스치(米士奇)에게, 중난하이에서 근무하면서 중공중앙 판공청 명의로 지방에 전화를 걸어 마오 쩌둥 조상(弔喪) 기간 중 지방(성·시·자치구)의 중요한 일과 중앙의 허가가 필요한 일을 모두 미 스치에게 연락하도록 전하라고 지시했다(王張江姚專案組 1976, 90~91면; 靑野·方雷 1993b, 49~51면). 그러한 지시는 왕 둥싱이 주임을 맡고 있는 중앙판공청의 권한을 탈취하고 지방에 대한 지휘권을 장악하려는 것이었다. 이에 대해 화 궈펑과 예 젠잉은 중앙의 명의로 각지에 중요한 문제가 발생할 경우 화 궈펑에게 보고하고 처리하도록 지시를 내렸다(范碩 1995, 253~54면).

셋째, 마오 쩌둥의 유훈 변조문제이다. 장 칭은 마오 쩌둥이 남긴 자료를 탈취하려 했을 뿐만 아니라, 4인방은 자신들이 장악한 선전도구를 이용해 "이미 정해진 방침대로 하라(按旣定方針辦)"라는 마오 쩌둥의 '분부'를 발표한다(『人民日報』 1976. 9. 16). 아울러 다음날 신화사에서 발행한 『내부참고(內部參考)』에 "이미 정해진 방침대로 하라"가 마오 쩌둥의 '임종 분부'였다고 보도한다(范碩 1995, 357면). 4인방은 그러한 마오 쩌둥의 '임종 분부'를 광범위하게 선전했으며 10월 4일에는 '량 샤오(梁效)'라는 이름으로 「영원히 마오 주석이 이미 정해놓은 방침대로 하자(永遠按毛主席的旣定方針辦)」라는 글을 『광명일보(光明日報)』에 발표해, "마오 주석이 이미 정해놓은 방침을 왜곡하는 것은 맑스주의, 사회주의, 무산계급독재하의 계속혁명 이론을 배반하는 것이며, (…) 주자파가 여전히 존재하며, (…) 무산계급독재를 전복하여 자본주의로 되돌아가고, 마오 쩌둥 주석이 이미 정한 방침을 왜곡하려고 한다. (…) 20,30번의 노선투쟁을 맞이할 준비를 해야 한다"라며 전면적인 투쟁을 선언했다(范碩 1995, 358면).[17] 그런데 "이미 정해진 방침대로 하라"라는 마오 쩌둥의 지시는 1976년 4월 30일 마오 쩌둥이 화 궈펑에게 써준 "과거의 방침대로 하라(照過去方針辦)"라는 지시를 수정한 것이었다. 의미가 서로 같은 "이미 정해진 방침대로 하라"가 문제가 된 것은, 그것이 마오 쩌둥의 '임종 분부'로 4인방에게 한 것이라면, 마오 쩌둥이 화 궈펑을 후계자로 선택했다는 근거를 부정하는 동시에 화 궈펑이 아니라 4인방에 정통성이 있다는 뜻이 되기 때문이다(范碩 1995, 359면).

넷째, 4인방 세력이 무장정변을 기도하고 있다는 몇가지 증거가 화 궈펑에게 보고되었다. "화 궈펑이 4인방을 체포하기로 결심한 데는 중앙판공청 부주임이자 중앙경위단 부단장 리 신(李鑫)이 중요한 역할을 했다. 4인방은 중앙경위단에서 자기 사람을 찾으려고 했는데, 장 춘차오는 캉 성의 비서를 역임했던 리 신을 마음에 두고 장 칭을 만나게 했다. 그 자리에서 리 신이 전적으로 장 칭 동지의 지시를 듣겠다고 하자 장 칭과 장 춘차오는 리 신을 통해 중앙경위단의 인원 편제, 무기·장비 현황, 정치국 위원들의 거주 장소와 경위들의 배치상황 등을 묻고 매일 비밀 전화를 통해 장 칭에게 경위단의 활동상황을 보고하도록 지시했으며 리 신도 그에 동의했다. 그러나 리 신은 돌아온 후 그 내용을 왕 둥싱에게 보고하였고 왕 둥싱은 다시 화 궈펑에게 보고하여 화 궈펑이 4인방 문제 해결을 결심하는 계

---

17) 4인방 체포 후 조사 결과 이 글의 발표는 4인방과는 무관함이 밝혀졌다(王忠人 2003, 43~47면). 그러나 량 샤오는 4인방의 어용 이론가였고 "이미 정해진 방침대로 하라"는 예민한 문제였기 때문에 사실 여부와는 상관없이 그 글은 4인방의 권력탈취 음모로 비추어졌다. 여기서 량 샤오(梁效)라는 이름은 개인이 아니라 베이징대와 칭화대 비판조(批判組)로 '양효(梁效)'는 '양교(兩校)'의 중국어 음차 표기이다.

기가 되었다"(楊繼繩 1998, 93면; 靑野·方雷 1993b, 67~173면). 화 궈펑과 왕 둥싱은 4인방이 무장정변을 일으키려는 것으로 이해했으며, 게다가 선양군구 정치위원이던 마오 위안신이 2개 사단을 이동시켜 이미 산하이관(山海關) 일대에 도달했다는 사실이 리 신에 의해 10월 4일 화 궈펑에게 보고됨으로써 그러한 추측은 좀더 구체적으로 확인된다(靑野·方雷 1993b, 252~59면).

이러한 사실은 4인방에 대한 화 궈펑의 의혹이 옳았음을 보여주는 것이었다. 그런데 화 궈펑이 리 셴녠을 통해 예 젠잉에게 4인방 문제 해결에 대한 자신의 결심을 전달했을 때, 예 젠잉 등 군부를 중심으로 한 원로간부 세력은 이미 4인방 문제 해결에 대해 광범위한 인식 공유가 이루어진 상태였다. 예 젠잉은 ① 정상적인 정치국 회의 혹은 확대회의 방법을 통한 해결방안과 ② 소수의 중앙 지도자들의 결정을 통해 처리하고 난 뒤 정치국 회의에서 통과시키는 방안 ③ 군사위원회의 명령을 통해 체포한 뒤 법적으로 처리하는 방안 등 다양한 해결방안을 고려하고 있었다(范碩 1995, 309면). 하지만 4인방 세력이 제2의 무장세력을 가진 상황에서 짧은 시간 안에 가능한 한 합법성을 획득하는 방식으로 처리함으로써 혼란을 최소화해야 한다는 것이 천 윈의 의견이었다(范碩 1995, 273면).[18] 덩 잉차오(鄧穎超)는 4인방 문제 해결을 위해 화 궈펑의 동의를 받아야 한다는 의견을 제기했고, 예 젠잉도 그에 동의한 상황이었다(范碩 1995, 275면). 그러한 상황은 9월 14일 리 셴녠이 예 젠잉에게 화 궈펑의 의견을 전달함으로써 4인방 문제를 해결하기 위해 화 궈펑의 수혜자 세력과 원로간부 생존자 세력들 사이에 형성되기 시작한 반급진파연합이 확고해지는 작용을 했다.

마오 쩌둥이 지명한 후계자, 그리고 정치국 상무위원 반수와 정치국의 다수를 반급진파연합이 차지함으로써 4인방 문제 해결을 위한 다수의 명

---

18) 천 윈은 중앙위원회를 통해 해결하는 방법을 고려했지만 중앙위원 명단 확인 후 어려울 것 같다고 했으며(中共中央文獻硏究室 2007, 204면), 10월 초 예 젠잉의 집에서 4인방을 체포하는 데 동의했다(中共中央文獻硏究室 2005, 1441면).

시적 혹은 묵시적 동의를 얻을 수 있는 조건이 형성되었다.[19] 하지만 4인방 세력이 선전매체와 대중조직을 장악하고 있는 상황에서 정상적 절차에 의한 4인방 문제 해결은 불가능했다. 더구나 10월 4일 『광명일보』에 '량 샤오'의 글이 발표된 이후 긴장이 강화되었으며, 10월 8일부터 4인방에 의한 대규모 대중동원이 이뤄지고 대중의 이름으로 왕 훙원을 주석으로, 장 춘차오를 총리로 지명할 것이라는 소문, 10월 8, 9, 10일에 "매우 기쁜 소식"이 있을 것이라는 소문이 4인방에 의해 유포되었다(耿飇 1998, 291, 287면; 范碩 1995, 363면). 이는 반급진파연합이 빠른 시간 내에 가능한 한 소규모 범위에서 일을 처리해야 한다는 것을 의미했다.

왕 둥싱은 원래 건국기념일 10일 뒤에 행동하기로 했지만, 미룰수록 위험하기 때문에 미리 구상한 행동 방안대로 화이런탕에서 정치국 상무위원회를 개최하여 문제를 해결하기로 10월 5일 오후 결정했다고 밝히고 있다(范碩 1995, 367면). 그런데 겅 뱌오(耿飇)의 회고록에 의하면 화 궈펑은 겅 뱌오에게 "자신이 리 셴녠에게 예 젠잉을 찾아가 4인방 문제 해결을 논의하라고 했는데, 그 자리[9월 14일 리 셴녠이 예 젠잉을 방문했을 때]에서 예 젠잉은 자세한 이야기를 하지 않았다. 며칠 뒤 예 젠잉이 자신을 직접 찾아와서 리 셴녠과 깊은 이야기를 나누지 못한 이유를 밝히고, 두 사람이 4인방과 그 세력을 격리 조사하는 시간과 방법, 정치국 및 기타 구성원들에

---

19) 이것이 리 셴녠의 지적처럼 사전에 다수의 동의를 얻었다는 것을 의미하지는 않는다. 4인방 체포 논의에 참가한 정치국 위원과 후보위원은 4인방을 제외한 16명 중 화 궈펑, 예 젠잉, 왕 둥싱, 리 셴녠에 불과했다. 그외 다수의 정치국 위원들은 반(反)4인방적 성향이 뚜렷했지만, 외지에 있었거나 다른 이유로 인해 사전 논의에 직접 참가했다는 증거는 없다. 예 젠잉 경위(警衛)의 회고에 의하면 논의과정에 참여했던 리 셴녠조차 4인방 체포 후 10월 6일 저녁 긴급하게 소집된 정치국 확대회의에 참석하기 위해 위취안산(玉泉山)에 도착했을 때 예 젠잉이 병에 걸렸기 때문에 정치국 회의를 소집했는지 물었다(湯應武 1998, 29면). 이러한 사실은 정치국 위원 다수가 4인방 체포에 묵시적으로 동의했을지라도, 구체적인 방안뿐만 아니라 체포에 대한 논의는 극히 제한적인 범위에서 이루어졌음을 말해준다.

게 연락하는 방법, 그리고 언론매체를 관리하는 인선문제 등을 논의했다"라고 밝혔다(耿颷 1998, 287면). 이로 미루어볼 때 4인방 체포의 방식은 화 궈평과 예 젠잉에 의해 미리 결정되었으며, 상황 변화에 따라 화 궈평에 의해 10월 6일에 결행하기로 10월 5일 오후에 결정되었다. 그렇지만 그 구체적인 실행방안과 세부적인 계획은 모두 왕 둥싱에 의해 이루어지고 실행되었다(靑野·方雷 1993b, 264면).

반급진파연합을 기초로 화 궈평은 1976년 10월 6일 오후 8시 중난하이 화이런탕에서 『마오 쩌둥 선집(毛澤東選集)』 5권 편찬과 마오 쩌둥 기념관 건립을 의제로 하는 정치국 상무위원회를 소집하고, 왕 훙원, 장 춘차오, 예 젠잉 등 상무위원과 『마오 쩌둥 선집』 편집 책임을 맡고 있던 야오 원위안의 출석을 통고한다. 그 자리에서 중앙경위단의 왕 둥싱이 장 춘차오, 왕 훙원, 야오 원위안을 체포하고, 경위단 부단장 장 야오츠(張耀祠)가 마오 쩌둥 사후 댜오위타이에서 중난하이로 옮겨온 장 칭과 마오 위안신을 체포함으로써 4인방 체포가 완료된다(張耀祠 1996, 161~63면; 范碩 1995, 375~79면; 鄔吉成·王凡 2003, 387~89면).

그런데 4인방 체포상황이 복잡했던 것과 더불어 이후 화 궈평이 실각했기 때문에, 4인방 문제 해결의 논의과정과 역할 평가에 대해서는 이론이 많았다.[20] 특히 화 궈평의 역할 평가를 둘러싼 논란이 많았지만, 현재 중국에서는 화 궈평의 역할을 주요한 것으로 보는 견해가 공식화되었다.[21] 중

---

20) 특히 화 궈평의 역할을 과소평가하고 예 젠잉을 주요하게 평가하는 것이 그것인데, 그러한 주장들에 대해서는 리 셴녠과 예 젠잉이 각각 비판하고, 화 궈평의 주요한 역할을 강조했다(楊繼繩 1998, 80~81면).
21) 중공중앙당사연구실(中共中央黨史硏究室)에서 후 성(胡繩) 주편으로 펴낸 『중국공산당의 칠십년(中國共産黨的七十年)』에서는 "당시 당중앙 제1부주석이자 당의 일상공작을 주관하던 화 궈평이 당과 국가의 화근을 제거하기로 결심하고 예 젠잉, 리 셴녠과 함께 상의하여 중앙정치국 다수 동지들의 동의를 얻어 과감한 조치를 취했다"라고 평가하여 화 궈평의 역할을 주요한 것으로 인정한다(胡繩 1991, 460면).

앙경위단의 역할과 화 귀펑에 대한 왕 둥싱의 절대적 충성 등을 전제했을 때, 화 귀펑이 중심적 역할을 한 것은 자명하다.[22] 뿐만 아니라 4인방 체포 후 방송국을 통제하기 위해 파견되었던 겅 뱌오는, 자신이 화 귀펑으로부터 직접 명령을 받아 파견되었으며, 예 젠잉이 그를 추천했다고 화 귀펑이 말했다고 회고한다(耿飇 1998, 291~92면). 이러한 사실은 화 귀펑이 모든 책임을 맡았으며 예 젠잉과 긴밀하게 협력하여 결정했다는 것을 보여준다. 또한 마오 쩌둥에 의해 2인자로 지명된 '후계자' 화 귀펑에 의한 결정은 '궁중 쿠데타'에 합법성을 부여할 수 있었기에, 후유증을 최소화하고 중립적인 진영의 동의를 구하는 데 유리한 조건이었다는 점에서도 화 귀펑의 역할을 경시할 수 없다. 물론 군부를 장악하고 있던 예 젠잉의 역할도 과소평가해서는 안 된다. 예 젠잉은 4인방 체포를 위한 논의과정에 직접 참가했으며, 군부를 안정적으로 장악함으로써 정국의 안정을 유지했고, 상하이를 위시한 지방에서 무장력을 가진 4인방 잔여세력들의 저항을 막을 수 있었다.

4인방 체포 완료 후 10월 6일 밤, 화 귀펑과 예 젠잉은 9월 말부터 예 젠잉이 거주하던 베이징 서북의 위취안산에서 정치국 회의를 소집하여 4인방 체포를 선언하고, 예 젠잉의 제의로 화 귀펑을 중공중앙 주석과 중앙군사위 주석으로 선출해 중앙위원회에서 추인받도록 했다(湯應武 1998, 31면). 회의 후 10월 7일부터 14일까지 중앙정치국은 베이징에서 중앙의 당·정·군 기관과 지방 및 각 군구 책임자 회의를 소집하여 4인방 문제 해결을 통보하고, 아울러 상하이와 각지의 4인방 세력을 체포한 후 10월 21일 공개적으로 발표한다(湯應武 1998, 31~32면).

이로써 마오 쩌둥 사망 이후 새로운 주석의 선출을 둘러싼 갈등은 화 귀

---

22) 판 숴에 의하면 왕 둥싱은 화 귀펑에게 마오 쩌둥을 대하는 것과 같은 태도를 취했다 (范碩 1995, 343면).

평을 중심으로 하는 반급진파연합인 화 궈펑 체제를 형성함으로써 종결되었다. 새로운 주석의 선출과 권력 배분을 둘러싼 투쟁은 문혁을 통해 형성된 급진파, 즉 4인방 세력과 원로간부 세력의 적대적 대립의 필연적 결과였다. 그러한 대립과 갈등 상황에서 4인방 세력은 권력탈취와 독점을 추구함으로써 결국 수혜자 세력을 적대화했으며, 그 결과 반4인방, 즉 반급진파연합이 형성되었다. 반급진파연합은 4인방을 체포하고 화 궈펑 체제를 형성함으로써 마오 쩌둥의 유지를 계승하는 새로운 체제를 형성했다.

이러한 화 궈펑 체제는 마오 쩌둥의 유훈체제인 동시에 반4인방투쟁에 의해 형성된 반급진파 체제였다. 화 궈펑이 마오 쩌둥의 지명에 의해 2인자로 부상하고, 그것으로 후계자로서의 정당성을 획득하였다는 점에서 화 궈펑 체제는 마오 쩌둥의 유훈에 의해 형성된 체제였다. 동시에 4인방과의 권력투쟁 과정에서 문혁 생존자 원로간부 집단과 수혜자 집단이 연합하여 4인방을 체포함으로써 형성된 반급진파연합 체제였다. 그러므로 화 궈펑 체제는 마오 쩌둥에 의해 구성된 권력구조의 기초 위에서 4인방 체포를 통해 권력이 재분배된 체제라고 할 수 있다. 이 체제에서는 마오 쩌둥에 의해 지명된 화 궈펑과 더불어 예 젠잉과 리 셴녠, 그리고 4인방 체포과정을 실질적으로 책임진 왕 둥싱 등이 주요한 구성원이 된다.

그런데 두 세력은 반4인방이라는 직접적인 목표를 위해 협력하였지만, 문혁의 경험과 혁명과정에서 형성된 관계망에 차이가 있었다는 점에서 그 협력관계는 제한적일 수밖에 없었다. 그리고 더욱 근본적인 차이는 양자가 문혁으로 형성된 적대적 균열구조에서 서로 상반된 위치에 있었다는 점이다. 수혜자 집단과 원로간부 생존자 세력 사이의 관계망과 문혁 경험의 차이는 양자 사이의 갈등과 대립을 필연화할 수밖에 없었다. 이는 구성원들의 의도와는 관계없이 화 궈펑 체제 자체의 균열을 초래할 수 있는 것이었다.

II. 화 궈펑 체제의 모순과 재편

1. 화 궈펑 체제의 모순

화 궈펑 체제는 마오 쩌둥의 지명과 더불어 4인방을 체포함으로써 형성되었다. 화 궈펑은 체제 안정을 위해 4인방에 대한 폭로와 비판을 최우선적이고 핵심적인 과제로 삼았다.[23] 또한 경제적으로 낙후한 중국의 면모를 변화시킴으로써 '위대한' 주석이 선택한 '영명한' 주석으로서 자신의 능력을 드러내 보이고자 했다.[24] 4인방에 대한 폭로·비판과 경제건설은 화 궈펑 체제의 중심 과제였다. 하지만 문혁의 계승이자 단절이라는 모순적 성격과 마오 쩌둥의 절대적 권위는 그러한 과제를 해결하는 데 제약 조건이 되었다.

1) 문혁의 계승과 단절

화 궈펑 체제는 화 궈펑이 당주석, 중앙군사위 주석, 국무원 총리를 겸하여 형식적으로는 당·정·군 삼권이 1인에게 집중된, 중화인민공화국사상 전무후무한 강력한 체제였다. 마오 쩌둥의 지명이 권력계승 정당성의 원천이었으며 마오 쩌둥의 절대적 권위 덕분에 화 궈펑은 상대적으로 취약

---

23) 『인민일보』·잡지『홍기(紅旗)』·『해방군보(解放軍報)』의 연합사론 「문건을 잘 학습하고 중심을 부여잡자(學好文件抓住綱)」에서 4인방과의 투쟁을 당면 투쟁의 중심이라고 밝히고 있다. "당면한 사회주의와 자본주의의 모순, 무산계급과 자산계급의 모순, 맑스주의와 수정주의의 모순은 우리 당과 4인방의 모순에서 집중적으로 표현된다. 4인방 폭로·비판투쟁을 심도있게 전개하는 것이 당면한 주제이며 당면한 중심〔綱〕〔임무〕이다"(『人民日報』 1977. 2. 7).
24) 마이스너는 "화 궈펑은 자신이 경제적 근대화를 이룬 지도자로 중화인민공화국사에 기록됨으로써 마오 쩌둥의 후계자로서의 정당성을 수립하려고 했다"라고 주장한다(Meisner 1984, 450면).

한 경력과 기반에도 불구하고 권력을 획득할 수 있었다. 이러한 마오 쩌둥의 지명은 화 궈펑에게 권력을 가져다준 동시에 화 궈펑을 마오 쩌둥의 그림자 속에 가두어버린 제약 요소이기도 했다. 마오 쩌둥의 지명과 마오 쩌둥의 권위를 권력의 원천으로 삼는 화 궈펑으로서는 마오 쩌둥을 벗어날 수 없었기 때문이다. 그러나 문혁 이후 남겨진 경제적 낙후와 정치·사회적 균열은 마오 쩌둥을 계승하는 한 해결할 수 없는 것으로, 새로운 지도자 화 궈펑이 그 문제를 해결하기 위해서는 마오 쩌둥의 제약을 벗어나야만 했다. 그렇기 때문에 화 궈펑은 마이스너가 주장하는 바와 같이, 마오 쩌둥이 있어도 없어도 존속할 수 없는 진퇴양난의 상황에 처해 있었다(Meisner 1996, 88면).

화 궈펑 체제의 그러한 모순은 이미 탄생과정에서 예견된 것이었다. 마오 쩌둥의 지명과 더불어 문혁 생존자 원로간부 세력과 연합하여 4인방을 체포한 뒤 형성된 화 궈펑 체제는 태생적으로 문혁, 즉 마오 쩌둥의 계승인 동시에 단절이었기 때문이다. 화 궈펑은 마오 쩌둥의 지명을 받아 고속 승진한 문혁 수혜자였기 때문에 문혁의 계승자가 되어야 했지만, 문혁 주도 세력인 4인방 체포는 문혁을 부정한 것이었다. 그러한 모순은 문혁에 부정적 견해를 가진 문혁 생존자 세력과의 연합으로 인해 더욱 심화될 수밖에 없었다.

그에 따라 우선 화 궈펑은 마오 쩌둥의 절대적 권위를 유지하기 위해 문혁을 포함한 마오 쩌둥의 정책과 결정을 전반적으로 긍정해야 했다. 4인방이 변조했다고 하는 "이미 정해진 방침대로(按既定方針)"이든 마오 쩌둥이 화 궈펑에게 직접 써준 "과거의 방침대로(照過去方針)"이든 상관없이 마오 쩌둥의 유훈은 결국 마오 쩌둥이 해왔던 대로 하라는 것이었다. "네가 일을 맡으면 [그렇게 할 것으로] 내가 안심한다(你辦事 我放心)"라고 한 것이 바로 화 궈펑 권력의 정당성을 보증하는, 마오 쩌둥이 화 궈펑에게 하사한 '전가의 보도'였다. 그렇기 때문에 화 궈펑은 마오 쩌둥의 권위를 이론적으로 절대화하는 "무릇 마오 주석이 내린 결정은 우리 모두 단호하게 지켜야 하며, 무릇 마오 주석의 지시는 우리 모두 시종일관 어김없이 준수해야 한다"라는 이른바 '양개범시(兩個凡是)'를 제기한다.

절대적 권위를 가진 '위대한' 주석의 지시와 결정을 반드시 지켜야 한다면, 위대한 주석이 지명한 후계자도 옹호하여야 한다. 위대한 주석이 '영명한' 주석을 후계자로 선택했으며, 영명한 주석은 위대한 주석의 뜻에 따라 영명한 결정을 하여 인민에 대한 '네명의 해악(四害)'을 제거했던 것이다.[25] 하지만 위대한 주석의 뜻에 따른 영명한 결정으로 체포된 4인방은 위대한 주석의 '일생 중 가장 중요한 과업인' 문혁의 주도세력이었다. 문혁 주도세력의 체포는 곧 문혁에 대한 부정을 의미했으며, 위대한 주석의 결정을 부정하는 것이었다. 위대한 주석의 뜻에 따른 영명한 결정이 위대한 주석의 '위대성'의 부정으로 귀결된다면, 그것은 곧 영명한 주석의 '영명성'이 부정된다는 것을 의미했다. 영명한 주석은 위대한 주석이 위대한 한에서 영명한 것이었기 때문이다.

그렇기 때문에 영명한 주석은 4인방을 체포하기는 했지만, 문혁의 총신

---

[25] 중국공산당은 4인방 체포를 정당화하기 위해 그것이 전적으로 마오 쩌둥 주석의 뜻에 따른 것이라고 주장한다. 즉 1974년부터 1975년까지 마오 주석이 몇차례에 걸쳐 4인방을 비판하고 4인방 문제를 해결해야 한다고 지시했다는 것이다. 10월 25일 발표한 「위대한 역사적 승리(偉大的歷史性勝利)」라는 『인민일보』・『홍기』・『해방군보』의 연합사론은 다음과 같은 마오 쩌둥의 지시를 인용하고 있다. "1974년 7월 17일 마오 주석이 왕(王)・장(張)・장(江)・야오(姚)에게 '네명의 소종파를 만들지 말라'라고 비판했다. 동년 12월 24일에도 '종파 활동을 하지 마라. 종파 활동을 하면 쓰러지게 될 것이다'라고 비판했다. 동년 11월과 12월 장 칭에 대해서도 '장 칭은 야심이 있다. 왕 훙원을 [인대 당위원회] 위원장을 시키고 자신은 당주석이 되려고 한다'라고 했다. 1975년 5월 3일에는 '맑스-레닌주의를 행하고 수정주의를 행하지 말며, 단결하고 분열하지 말며, 광명정대해야 하고 음모 활동을 해서는 안 된다. 4인방을 이루지 말아야 한다. 하지 말아야 하는데, 왜 그대로 하고 있는가'라고 비판했다. 같은 날 그들의 문제는 '상반년에 해결할 수 없으면, 하반년에 해결해야 하고, 금년에 해결할 수 없으면, 내년에 해결해야 하고, 내년에도 해결할 수 없으면 내후년에 해결해야 한다'고 지시했다"(『人民日報』1976. 10. 25).

인 4인방을 위대한 주석이 결정한 문혁과 분리해야 했다. 4인방은 음모 활동을 통해 권력을 탈취하려 했을 뿐만 아니라(『人民日報』1976. 10. 25) "중국에서 자본주의를 부활시키려는 극우파"였으며(『人民日報』1977. 2. 7), 그들의 반혁명 수정주의 노선은 극우노선이었다(華國鋒 1978, 32면). 문혁의 총아 4인방은 더이상 마오 주석이 시작한 계급투쟁을 통해 수정주의를 방지하고 반대했던 문혁의 전사가 아니라 계급투쟁의 대상인 '극우파'가 되었다. 그렇게 함으로써 4인방에 반대하면서, 마오 쩌둥 주석과 문혁을 4인방과 분리해 마오 쩌둥 주석이 주창한 계급투쟁과 문혁을 구원하며, 따라서 화 궈펑이 '영명'해질 수 있다고 보았다.

문혁 10년 동안 4인방은 마오 쩌둥의 비호 아래 최고의 권력을 행사했기 때문에 강력한 영향력을 가졌으며, 중앙과 지방에 광범한 세력을 구축하고 있었다. 따라서 4인방 체포 이후 4인방의 영향력을 제거하기 위한 반4인방운동과 4인방 세력의 제거가 가장 중요한 과제가 될 수밖에 없었다. 4인방 비판을 위해 중공중앙은 1976년 12월부터 1977년 9월까지 세 차례에 걸쳐 중공중앙 문건으로 "왕 훙원, 장 춘차오, 장 칭, 야오 원위안 반당집단 비판자료(王洪文,張春橋,江青,姚文元反黨集團罪證〈材料〉)"를 내려보낸다. 1976년 12월 10일 중공중앙의 1976년 24호 문건으로 내려보낸 첫번째 자료는 4인방이 마오 쩌둥 주석을 배반하고 권력을 찬탈하려고 한 음모에 대한 것이었다. 1977년 3월 6일 중공중앙의 1977년 10호 문건으로 내려보낸 두번째 자료는 국민당의 특무이자 신생 자본가계급으로서 4인방이 성장해온 역사와 그들의 생활상의 죄상에 대한 것이었다. 그리고 동년 9월 23일 중공중앙의 1977년 37호 문건으로 내려보낸 세번째 자료는 4인방이 마오 쩌둥 사상을 왜곡한 죄상에 대한 것이었다(王張江姚專案組 1976; 1977a; 1977b; 程中原 外 1998, 19~21면). 4인방 폭로·비판투쟁 중에 1976년 10월부터 1977년 8월까지 격리 조사를 받고 당적이 박탈되고 당내 모든 직무가 박탈되거나 체포된 중앙위원과 후보위원만 하더라도 각각 전체 195명과 124명

중 28명과 14명에 이르렀다(中共中央組織部 外 2000(7卷), 67면). 이것은 결국 그 명목이 무엇이든 상관없이 문혁세력에 대한 비판과 공격이었다.

그러나 문혁세력에 대한 비판과 공격은 몇가지 측면에서 화 귀펑 체제를 약화할 수 있는 요소를 포함하고 있었다. 첫째, 4인방과 마오 쩌둥을 분리한다 하더라도 마오 쩌둥이 문혁을 일으킨 이상 문혁세력에 대한 비판과 공격은 마오 쩌둥과 무관할 수 없었다. 그렇다면 마오 쩌둥의 절대적 권위에 그 정당성의 기원을 갖는 화 귀펑 체제에 대한 영향 또한 피할 수 없는 것이었다. 둘째, 문혁세력에 대한 비판은 그들에 의해 비판과 억압을 받은 피해자에 대한 평반문제와 불가분의 관계를 갖는다. 피해자의 평반은 화 귀펑 체제에 불리한 방향으로 세력관계의 재편을 초래할 수 있었다. 셋째, 4인방 체포 이후 4인방 세력에 대한 비판과 공격은 정치적 안정을 위한 조건이었다. 하지만 다른 한편 그것은 문혁 수혜자인 화 귀펑을 포함하는 범문혁 세력의 약화를 의미했다. 그런 점에서 4인방 비판은 화 귀펑 체제의 입장에서는 피할 수 없는 것이었지만 반드시 유리한 것은 아니었다.

그렇기 때문에 화 귀펑 체제에서는 4인방을 이념적으로 '극우파'로 규정함으로써 마오 쩌둥 및 문혁과 4인방을 분리하는 동시에 4인방 비판과 평반의 범위를 마오 쩌둥과 관련 없는 부분으로 제한하고자 했던 것이다. 심지어 야오 원위안의 「린 뱌오 반당집단의 사회기초론(論林彪反黨集團的社會基礎)」과 장 춘차오의 「자본가계급에 대한 전면 독재론(論對資産階級的全面專政)」에 대한 비판도 그것이 마오 쩌둥이 본 것이기 때문에 제목을 거명하지 않고 내용을 비판하는 정도로 제한되었다.[26] 뿐만 아니라 평반도

---

26) 『홍기』 잡지사에서 두 글에 대한 비판 허락을 구하자 4인방 체포 이후 당의 이론을 관장하던 왕 둥싱은 그것이 "중앙과 위대한 영수이자 교사인 마오 주석이 본 것"이기 때문에 "[제목을] 거명하지 말고" 글 내부의 잘못된 관점만 비판할 수 있다고 했다(湯應武 1997, 31~32면). 그러나 1977년 9월 말 이후 이론계에서는 두 글에 대한 공개적 비판이 이루어진다(程中原 外 1998, 21면).

순수하게 4인방에 반대한 사람에 대해서만 석방하고 처분을 취소하는 것으로 한정되었다(中共中央組織部 1999, 174면). 그것은 4인방 비판이 문혁 전반에 대한 비판과 마오 쩌둥에 대한 비판으로 확대되는 것을 막음으로써 마오 쩌둥의 권위와 자신들의 권력 정당성의 원천을 지키면서 동시에 반대세력의 정치적 진출을 최소화하기 위한 것이었다.

그러나 제한된 평반은 4인방 체포 이후 문혁이 남긴 문제 해결을 바라던 피해자들의 기대와는 배치되는 것이었다. 그렇기 때문에 화 궈펑 체제에서는 문혁 피해자 평반을 둘러싼 새로운 갈등이 생겨났다. 그러한 갈등은 문혁 수혜자와, 문혁시기 상이한 경험과 관계망을 가진 생존자 원로간부 집단의 연합이라는 화 궈펑 체제의 성격으로 인해서 체제 내부로부터 표출되기 시작했다. 대부분의 생존자 원로간부들은 그들 자신이 비판을 당했으며 문혁에 저항한 경험까지 있었기 때문에 문혁을 긍정적으로 평가하지 않았으며, 혁명과정을 통해 형성된 밀접한 관계망으로 인해 문혁 피해자 문제의 해결에 적극적 관심을 가지고 있었다. 그러한 상황은 한편으로는 평반을 둘러싼 화 궈펑 체제의 모순을 체제 내부로 흡수할 수 있게 했다는 점에서 모순을 완화하는 요소로 작용했다. 그렇지만 다른 한편으로는 평반문제가 화 궈펑 체제에서 대립적 의제로 등장하는 요인이 되기도 했다.

2) 마오 쩌둥의 계승과 경제건설

태생적 조건으로 인한 화 궈펑 체제의 한계와 모순은 비단 문혁문제의 처리에만 한정되지 않았다. 화 궈펑이 '위대한' 주석이 선택한 '영명함'을 드러내 보임으로써 정당성을 재구성하기 위해서는 4인방 비판투쟁과 더불어 낙후한 경제를 부흥해야 했다. 경제정책으로는 실패했던 대중운동 방식의 한계를 극복하기 위해서는 저우 언라이, 덩 샤오핑으로 이어지는 일련의 실용주의적 방식을 도입하지 않을 수 없었다. 그런데 마오 쩌둥과 문혁의 계승자로서의 화 궈펑은 "과거의 방침에 따라" 계급투쟁 중심과 마오 쩌둥의 대중운동식 경제건설 방침을 계승해야 했다. 경제건설의 제약 조건으로 작용했던 계급투쟁 중심의 견지와 대중운동 방식은 경제건설을 위해 원용했던 저우 언라이 또는 덩 샤오핑의 경제건설 전략과 모순될 수밖에 없었다. 뿐만 아니라 저우 언라이, 특히 덩 샤오핑 방법의 원용은 화 궈펑 체제의 이론적 기초인 양개범시와 대립되는 요소를 포함하고 있었다. 그것은 화 궈펑 체제의 목표와 정당성 또는 이론적 기초 사이에 모순이 존재한다는 것을 의미했다.

화 궈펑은 4인방 비판투쟁 전개와 더불어 마오 쩌둥의 모델을 따라 1976년 12월 10일부터 27일까지 '제2차 전국 농업 다자이(大寨) 학습회의(第二次全國農業學大寨會議)'를 개최하여 국민경제를 발전시키고자 했다. 회의에서 우선적으로 강조된 것은 물론 4인방 비판투쟁이었지만, 그와 더불어 '농업 다자이 학습'과 '공업 다칭(大慶) 학습' 운동을 통해 국민경제를 발전시킬 것을 강조하였다. 그런데 화 궈펑은 "혁명은 곧 생산력 해방이다"라는 주장을 통해 자신의 경제건설 노선은 4인방 또는 문혁시기의 그것과는 차별성이 있음을 보인다.[27] 4인방 분쇄도 생산력을 파괴하고 생산력 발전을 저해하는 해악을 제거한 것이라고 주장하였으며(華國鋒 1978a, 44면), 뿐만 아니라 계급투쟁만을 일방적으로 강조하면서 생산력 발전을 '유생

---

[27] "혁명이 생산력 해방이다"라는 주장이 화 궈펑의 발명은 아니지만, 문혁 이후 이러한 주장을 제기한 것은 화 궈펑이 문혁과는 다른 길을 가려고 했다는 것을 보여준다. 이것은 중국의 개혁이 "사회주의가 생산력 발전이다"라는 사회주의에 대한 재정의에서 출발하였다면, 문혁 이후 그러한 재정의는 덩 샤오핑이 아니라 화 궈펑으로부터 시작되었다는 것을 의미한다. 한편 화 궈펑의 이러한 성격과 관련하여 파이는, 중국정치의 파벌주의적 특성이라는 자신의 주장을 강조하기 위해 화 궈펑의 실각이 정책의 실패가 아니라 파벌주의적 한계에서 기인한 것이라고 주장하면서, 화 궈펑이 덩 샤오핑보다 4개 현대화에 대해 더 열정적으로 주장했고, 실용주의적이었으며, 직접 유럽(1979. 10. 15~11. 6, 프랑스, 서독, 영국, 이딸리아)과 일본(1980. 5. 27~6. 1)을 방문함으로써 중국을 세계에 개방했다고 지적했다(Pye 1981, xii면).

산력론'이라고 비판한 4인방의 관점을 맑스주의의 왜곡이라고 비판한다. 또한 사회주의의 물질적 기초로서 사회생산력 발전에 대해 강조한 1957년 마오 쩌둥의 주장을 인용하면서 1975년 저우 언라이가 제기한 4개 현대화로 돌아갈 것을 주장한다(華國鋒 1978a, 46~47면).

이를 위해서 화 궈펑은 이른바 '마오 쩌둥 사상의 좌경화' 이전인 1956년 4월 마오 쩌둥이 정치국 확대회의에서 한 연설문인 「십대관계론(論十大關係)」을 공개적으로 발표하여 학습하게 함으로써, 경제건설과 생산력 발전의 이론적 기초로 삼는다.[28] 『인민일보』·잡지 『홍기』·『해방군보』의 연합사론으로 1977년 2월 7일 『인민일보』에 발표된 「문건을 잘 학습하고 중심을 부여잡자」는 현재 중국에서 화 궈펑의 사상적 과오인 양개범시를 천명한 것으로 평가받고 있는데, 여기에서 주장하는 중심(綱)은 4인방 비판이며, 문건은 바로 마오 쩌둥의 「십대관계론」과 화 궈펑의 제2차 전국 농업 다자이 학습회의 연설을 의미한다. 그것은 곧 화 궈펑이 "마오 쩌둥의 과거 방침대로" 하지만 적극적인 경제건설 의지를 가지고 있었다는 것을 의미한다. 「십대관계론」에 대한 강조는 경제건설을 위해 과거의 마오 쩌둥으로 돌아가서 "과거 마오 쩌둥의 정책을 통해" 마오 쩌둥에 대한 교정을 시도했던 것이라고 할 수 있다.

이는 1977년 초부터 경제이론 영역에서 이른바 문혁시기의 과오에 대한 '역사 바로잡기(撥亂反正)'가 전개되어, 1975년 덩 샤오핑 시기의 정책을 포함해 4인방에 의해 비판받은 경제정책을 재평가하기 시작한 데서도 증명된다. 1977년 2월 하순부터 베이징을 시작으로 하여 각 지역별로 4인

---

28) 「십대관계론」은 소련과 중국의 실천 경험을 반성하면서, 지역별·부문별·요소별 균형적인 경제발전, 관리권의 과다한 중앙집중 비판, 지방으로 권한 하방, 인간의 적극성 동원 등을 통해 사회주의 경제체제 개혁을 주장한다. 「십대관계론」은 '전국 농업 다자이 학습회의' 말미인 1976년 12월 26일 『인민일보』에 최초로 공개 발표된다(毛澤東 1992a, 105~6면).

방에 의해 비판받은 경제이론에 대한 재평가가 이루어진다. 중국 경제개혁의 중요한 이론적 기초가 되는 이른바 '노동에 따른 분배(按勞分配)'에 대한 긍정적 평가와 유생산력론 비판에 대한 반비판 및 생산력 발전에 대한 긍정적 평가가 그것이다(房維中 1984, 576면). 2월의 국무원 회의에서는 4인방에 의해 비판당했던 1975년의 "중공중앙의 철로 공작을 강화할 것에 대한 결정(中共中央關于加強鐵路工作的決定)"을[29] 긍정적으로 평가한다. 3월에는 4인방으로부터 '수정주의'로 비판당했던 저우 언라이의 1973년 정책과 '자본주의의 부활'로서 이른바 '우경번안풍의 기원'으로 비판받았던 1975년 덩 샤오핑의 일련의 경제정책 관련 문건과 회의가 재평가된다(程中原·夏杏珍 2003, 577면). 7월에는 1973년 비준된 서방으로부터의 43억 달러 설비 도입을 서두르도록 하는 동시에 향후 8년간 약 65억 달러가 소요될 각종 설비와 기계·기술 도입을 계획한다(程中原·夏杏珍 2003, 583면). 그런데 화 궈펑의 이러한 경제정책의 전환은 그것의 한계 또는 성과에 대한 논란을 차치하더라도 마오 쩌둥의 계승자로서 양개범시에 기초한 정책과는 모순된 것이었다.

첫째, 화 궈펑의 정당성을 재구성하고 증명하기 위한 경제건설 전략의 문제이다. 마오 쩌둥과 문혁의 계승자로서 화 궈펑은 계급투쟁 중심론을 견지하고 대중운동식 경제건설 방침을 계승해야 했다. 그런데 저우 언라이 또는 덩 샤오핑의 실용주의적 경제건설 전략이 마오 쩌둥의 방침과 모순된다는 것은 문혁시기에 이미 증명된 것이었다. 그러므로 계급투쟁 중심을 견지하기 위해서는 경제건설 전략을 제약할 수밖에 없었다. 계승된 정당성과 정당성의 재구성이라는 양립 불가능한 두개의 전략과 방침 중

---

29) 이 문건은 1975년 중공중앙 9호 문건으로 문혁시기 여러가지 문제를 노정한 철로운송을 정비하는 것을 주요 내용으로 했지만, 덩 샤오핑의 조정정책의 돌파구이자 다른 업종에도 적용될 모범적 의미를 지니는 것이었다. 1975년 철로 정돈에 대해서는 程中原·夏杏珍(2003, 51~86면) 참조.

어느 것도 포기할 수 없었고, 이것이 화 궈펑 체제가 봉착한 모순이었다.

이 모순된 상황을 해결하기 위한 화 궈펑의 선택이「십대관계론」의 마오 쩌둥으로의 회귀였다. 화 궈펑은 '농업 다자이 학습' 또는 '공업 다칭 학습'이라는 대중운동식 경제건설 형식과 과거 마오 쩌둥의 전략을 결합함으로써 마오 쩌둥이라는 깃발 아래 상호모순된 것을 통합하려고 했다. 그러나 그것은 상호모순된 것의 통합보다는 오히려 마오 쩌둥 내부의 모순을 드러내는 데 더욱 주효했다. 덩 샤오핑의 이른바 "완전하고 정확한 마오 쩌둥 사상"이라는 용법이 현재 중국에서 주장하는 것처럼 양개범시와 그렇게 첨예하게 대립적인 의미를 지니는 것은 아닐지라도, 마오 쩌둥의 모순을 포착한 것임에는 틀림이 없다.

둘째, 1975년 덩 샤오핑 경제정책의 수용문제이다. 덩 샤오핑 정책은 경제적 성과에도 불구하고 '우경번안풍'으로 4인방에게서 비판받았고 그러한 비판은 마오 쩌둥의 승인을 받은 것이었다. 그러한 덩 샤오핑 정책의 수용은 우경번안풍 비판에 대한 부정을 의미할 수밖에 없다는 점에서 그 자체가 양개범시에 위배되는 것이라고 할 수 있다. 비판받은 정책을 수용하면서 그 비판을 유지하는 것은 모순이었기 때문에 화 궈펑 체제는 딜레마에 봉착하게 되었다. 그러한 딜레마는 화 궈펑 체제의 정치적 선택이 제약받을 수밖에 없게 만들어, 화 궈펑은 덩 샤오핑에 대한 평반 요구에 강한 반대 입장을 견지할 수 없었다.

마오 쩌둥의 계승자이면서 문혁의 계승자이자 부정자라는 모순적 성격을 가진 화 궈펑 체제는 그 모순된 성격으로 말미암아 문혁이 남긴 정치적 과제를 해결하는 데 한계가 있을 수밖에 없었다. 화 궈펑 체제는 문혁이 초래한 정치·사회적 균열을 해결하기 위한 평반을 받아들일 수도, 거부할 수도 없었다. 그렇기 때문에 제한적 평반을 선택했지만, 화 궈펑 체제는 혁명과정에서 피해자 세력과 밀접한 관계망을 형성하고 있던 생존자 원로간부 세력과의 연합정권이었기 때문에 평반문제가 정치 의제로 등장하는 것은 시간문제일 수밖에 없었다. 더구나 새로운 정당성을 구성하기 위해 받아들인 실용주의적 경제건설 전략은 덩 샤오핑 평반에 대한 요구를 받아들이지 않을 수 없게 만들었다. 그러나 덩 샤오핑 평반은 문제의 해결이 아니라 출발점일 뿐이었다.

2. 덩 샤오핑의 평반과 화 궈펑 체제의 재편

1) 덩 샤오핑 평반

화 궈펑은 마오 쩌둥을 계승하는 동시에 경제건설을 이룩함으로써 부여받은 정당성을 강화하고 나아가 새로운 정당성을 구축하고자 했다. 한편으로는 반4인방운동을 강화하고 4인방파를 숙청하면서 다른 한편으로는 양개범시를 통해 마오 쩌둥의 권위를 절대화했다. 뿐만 아니라 경제건설을 위해 4인방에 의해 비판당했던 덩 샤오핑의 1975년 정돈정책을 받아들었다. 그러한 상황에서 화 궈펑에게 제기된 최초의 시험이 덩 샤오핑의 평반문제였다.

덩 샤오핑의 평반은 현실적으로도, 그리고 양개범시의 입장에서도 모순을 포함하는 문제였다. 덩 샤오핑은 1950년대 중반부터 마오 쩌둥에 의해 후계자의 한명으로 지목될 정도의 자질을 가졌을 뿐만 아니라 화 궈펑 자신과는 비교할 수 없는 화려한 당·정·군 경력을 가진 강력한 잠재적 도전자였다. 그러한 점에서 덩 샤오핑의 평반은 화 궈펑 체제에 위협이 될 수밖에 없었다. 그러나 화 궈펑 체제의 양대 세력의 하나였던 문혁 생존자 원로간부들이 덩 샤오핑의 평반을 강력하게 요구하고 있었으며 화 궈펑은 그들의 요구를 무시할 수 없었다. 덩 샤오핑의 3차 숙청은 마오 쩌둥이 결정한 것으로 양개범시에 의하면 바꿀 수 없는 '절대진리(凡是)'였다. 하지만 다른 한편으로 마오 쩌둥은 덩 샤오핑이 자신을 한번도 배신한 적이 없는 자기 사람이라고 하여 덩 샤오핑의 당적 박탈을 끝까지 반대했고, 덩 샤오평을 류 샤오치, 린 뱌오와는 다른 인민 내부의 모순이자 인도의 대상으로 봄으로써 덩 샤오핑 평반의 길을 열어놓았다.[30] 덩 샤오핑의 실각을 결정한 1976년의 중공중앙 10호 문건에서 "당적 보류와 그 효과를 살펴본다(保留黨籍 以觀後效)"라고 결정한 것은 곧 반성과 그 효과 여하에 따라서 평반할 수 있다는 것을 의미하는 것이었다.

공식적으로 덩 샤오핑 평반을 최초로 요구한 것은 1977년 3월 중앙공작회의에서의 천 윈과 왕 전이었다. 그런데 그전인 1976년 10월 6일 4인방 체포 후 예 젠잉의 거주지 위춰안산에서 거행된 중앙정치국 확대회의에서 이미 예 젠잉이 덩 샤오핑 평반을 요구하는 발언을 한 바 있다. 예 젠잉의 비서 판 쉬에 의하면 예 젠잉이 "나는 덩 샤오핑이 나와서 업무를 보도록 할 것을 건의합니다. 여기에 앉아 계신 동지들은 그를 두려워하지 않겠지요? 그가 정치국에 참가하고 직무를 회복해도 우리에게 트집을 잡지 않지 않겠습니까?"라고 말하자 리 셴녠은 동의를 표시했지만 화 궈펑은 아무런 의견 표시도 하지 않았다(范碩·高屹 1995, 85면).[31] 그후에도 예 젠잉 등은 여러 차례 화 궈펑에게 덩 샤오핑의 평반을 건의했다(范碩·高屹 1995, 85면; 中共中央文獻硏究室 2004, 153면). 덩 샤오핑의 평반은 원로간부들의 요구인 것만이 아니라 아래로부터의 요구이기도 했다. 1977년 1월 8일 리 둥민(李冬民)

---

30) 마오 쩌둥은 덩 샤오핑이 "계급투쟁을 중시하지 않았으며 계급투쟁 중심을 제기하지도 않았고 흑묘백묘론을 제기했는데 그것은 제국주의와 맑스주의를 구분하지 않은 것"이라고 비판했다. 하지만 동시에 "그는 인민 내부 모순에 속하며, 잘 인도하면 류 샤오치나 린 뱌오처럼 상대편(즉 적)으로 가지 않을 수 있다. 비판은 해야 하지만 한번에 때려죽이는 식이어서는 안 된다"라고 했다(王年一 1996, 597면).
31) 우 더는 10월 화 궈펑이, 덩 샤오핑의 복권은 중앙위원회를 통해 이뤄져야 하며, 그전에 대중에 대한 준비작업을 해야 한다고 선포했다고 주장한다. 또 자신과 리 셴녠, 천 시렌이 직접 덩 샤오핑을 방문하여 중앙의 그러한 의견을 전달했다고 한다(朱元石 2004, 255면). 이는 중국의 공식적 주장과는 상당한 차이가 있지만, 이후 덩 샤오핑 복권상황과는 부합한다. 『리 셴녠전(李先念傳)』『예 젠잉전(葉劍英傳)』『예 젠잉 연보(葉劍英年譜)』 등에는 관련 기록이 없다.

등이 톈안먼에 톈안먼 사건과 덩 샤오핑의 평반을 요구하는 표어를 쓴 이른바 '리 둥민 사건'이 대표적인 예다(湯應武 1998, 36면).

이러한 상황에서 덩 샤오핑 평반의 전환점이 된 것은 1977년 3월 10일부터 22일까지 베이징 징시호텔(京西賓館)에서 개최된 중앙공작회의였다. 3월의 중앙공작회의는 화 궈펑이 소집한 것으로 회의 목적은 4인방 분쇄 이후의 사업을 평가하고 1977년 사업 과제를 결정, 배분하는 것이었다. 회의 보고는 양개범시에 기초한 것이었는데, 화 궈펑은 "덩 샤오핑 비판과 '우경번안풍에 대한 반격(批鄧, 反擊右傾翻案風)'은 위대한 영수 마오 주석이 결정한 것으로 [덩을] 비판하는 것이 필요하다"라고 주장했다. 또 리 둥민 사건은 "반혁명분자가 덩 샤오핑 평반을 기치로 중앙을 압박하고, [우리가 그대로 하면] 우리가 마오 주석의 유지를 위반했다고 공격하고 선동하여 중앙을 전복하고, 왕 훙원을 옹립하고 4인방을 재평가하려고 한 것이다. 그러므로 만일 서둘러 덩 샤오핑을 평반하면 적의 꼬임에 빠지게 되어 4인방 폭로·비판이 어려워지고 우리가 피동적인 상황에 빠지게 될 것이다"라고 발언하면서, 각 소조에서 토론할 때 덩 샤오핑 평반문제와 톈안먼 사건 평반문제는 토론하지 말도록 지시했다(程中原 等 1998, 43~44면).

그러나 천 윈과 왕 전은 화 궈펑의 지시를 어기고 다음과 같이 발언했다. 천 윈은 "톈안먼에 모인 절대다수의 군중은 저우 총리를 애도하기 위한 것이었다. 덩 샤오핑은 톈안먼 사건과 무관하며 중국혁명과 중국공산당의 필요에 따라 그가 다시 중앙의 지도 업무에 참가해야 한다"라고 발언했다. 왕 전은 "덩 샤오핑은 정치사상이 강하고 얻기 어려운 인재라고 마오 쩌둥 주석이 말했다. (…) 톈안먼 사건은 군중이 4인방의 죄상을 성토한 것이었다"라는 발언을 했다(程中原 等 1998, 44~45면). 그러한 발언은 왕 정(王錚), 겅 뱌오, 야오 이린(姚依林) 등의 지지를 얻었지만, 왕 둥싱의 거부로 『회의 소식지(簡報)』에 실리지 못했다. 그러나 그 발언은 예 젠잉, 리 셴녠도 동의한 것이었기 때문에 화 궈펑도 양보하지 않을 수 없었다.

그래서 화 궈펑은 "4·5운동〔톈안먼 사건〕중 극소수의 반혁명분자들이 위대한 영수 마오 주석을 공격했다. 하지만 군중들이 청명절에 톈안먼광장에서 저우 총리에 대한 애도의 마음을 표시한 것은 정리(情理)에 부합하는 것이다. 덩 샤오핑 동지에 대한 4인방의 사실과 부합하지 않는 모멸적 발언은 모두 폐기되어야 하며, 적당한 시기에 덩 샤오핑이 업무에 복귀하도록 해야 한다"라며 덩 샤오핑의 복귀를 받아들였다(程中原 等 1998, 46면). 이것은 3월의 중앙공작회의 기간 중 화 궈펑의 입장 변화가 있었다는 것을 의미한다.

중앙공작회의 후 4월 7일 화 궈펑은 왕 둥싱과 리 신을 덩 샤오핑에게 보내 평반의 전제로서 톈안먼 사건이 반혁명 사건이었다는 것을 인정하도록 요구하지만 덩 샤오핑은 이를 거절한다(程中原 等 1998, 46면).[32] 하지만 그 후 4월 10일 덩 샤오핑은 화 궈펑과 예 젠잉 및 당중앙 앞으로 다음과 같은 편지를 보낸다.[33]

    화 주석, 예 부주석과 중앙위원회 앞
    나는 화 주석이 최근 중앙공작회의에서 한 발언을 전적으로 지지하며, 화 주석이 '중심을 부여잡고 나라를 다스리겠다(抓綱治國)'고 한 기본 정책, 당면 문제에 대한 처리방식 및 사업 안배에 대해서도 전적인 지지를 보냄

---

32) 구체적인 일시는 『新華月報』 編輯部(1999, 523면). 그리고 이때의 담화 내용의 일부를 덩 샤오핑이 동년 5월 24일 자신을 찾아온 왕 전, 덩 리췬과의 담화에서 소개하고 있다(鄧小平 1994b, 38면).
33) 이 편지의 중국어 전문은 楊繼繩(2004, 107~8면)에 실려 있는 것을 번역한 것이다(강조는 필자). 그런데 이 편지의 영문 번역본(Deng 1984, 95~99면)은 번역상의 이유로 원문과는 약간의 차이가 있다. 예를 들면 중국에서 양개범시에 대한 공개적 부정이었다고 주장하면서 편지의 핵심적인 내용으로 인용하는 "완전하고 정확한 마오 쩌둥 사상(完整的準確的毛澤東思想)"을 단지 "마오 쩌둥 사상"(Mao Tse-tung Thought)으로만 번역하였다.

니다.

　1975년 나는 직무를 수행하는 과정에서 약간의 공헌이 있었지만 결점과 실수도 있었습니다. 위대한 영도자이자 교사이신 마오 주석의 비판과 지도를 깊이 받아들입니다.

　내가 톈안먼 사건과 무관하다는 중앙위원회의 판단에 감사를 표합니다. 또한 화 주석의 발언에서 청명절 날 톈안먼에서의 광범한 대중의 행위는 이해할 수 있는 행위였다고 한 데 대해 감사드립니다.

　나의 직무문제에 있어 어떤 일을 하는 것이 적합하며 언제 시작하는 것이 적합한가는 전적으로 중앙위원회의 결정과 안배에 복종하겠습니다.

　위대한 영도자이자 교사이신 마오 주석의 서거에 대해 중앙위원회에 보낸 편지에서 가슴이 찢어지는 슬픔과 깊은 애도를 표하였습니다. 우리는 대대로 완전하고 정확한 마오 쩌둥 사상으로 전체 당, 전체 군, 전국 인민을 지도하여 당과 사회주의와 국제공산주의 사업을 실현하기 위해 전진해야 합니다.

　화 궈펑 동지의 당주석과 군사위원회 주석직 계승에 대한 당중앙의 결정과 화 주석이 영도한 중앙 4인방에 대한 투쟁에서의 승리가 가장 찬란하고, 결정적이며, 정확한 길이자 방법이었다는 데 대해서는, 1976년 10월 10일의 편지에서 궈펑 동지와 중앙에 대한 충심으로부터의 지지와 환호를 표시하였습니다.

덩 샤오핑
1977년 4월 10일

　이 편지는 화 궈펑의 정책과 체제에 대한 찬양, 자신의 과오 인정, 화 궈펑의 톈안먼 사건 평가에 대한 감사, 그리고 자신의 평반은 중앙의 결정에 맡긴다는 것과 마오 쩌둥 사상을 지켜나가자는 내용으로 이루어져 있다.

　그런데 중국에서는 이 편지의 전문을 공개하지 않고 필자가 강조한 부분만 공개하면서, "완전하고 정확한 마오 쩌둥 사상"이라는 표현을 통해 덩 샤오핑이 양개범시를 비판하고 있다고 주장한다. 하지만 편지의 전문을 통해 볼 때 그러한 주장은 과장된 해석이다. 편지의 주요한 기조는 화 궈펑 찬양과 자기 잘못의 인정이다. 화 궈펑은 3월의 중앙공작회의에서 톈안먼 사건을 재평가하고 덩 샤오핑의 평반을 고려하기 시작했으며, 덩 샤오핑은 이에 자신의 과오에 대한 인정과 화 궈펑 찬양으로 화답한 것이다. 이러한 사실은 4월 7일 왕 둥싱과 리 신의 덩 샤오핑 방문이 덩 샤오핑 평반의 전제 조건에 대한 포괄적 협의를 위한 것이었다는 것을 말한다.

그런데 여기에서 한가지 지적할 것은 왕 둥싱과 리 신의 방문에서 덩 샤오핑 평반의 전제로 톈안먼 사건이 반혁명이었음을 인정하도록 요구했던 이가 화 궈펑이 아니라 왕 둥싱이었을 가능성이 높다는 점이다.[34] 화 궈펑은 이미 중앙공작회의에서 톈안먼 사건에 대한 재평가를 받아들였는데 덩 샤오핑에게 그것을 다시 뒤집는 요구를 했을 가능성은 크지 않으며, 이와 달리 왕 둥싱은 톈안먼 사건이 반혁명 사건이었다는 것은 마오 쩌둥 주석이 말한 것으로 바꿀 수 없다는 입장을 견지하고 있었기 때문이다(程中原 等 1998, 47면). 톈안먼 사건에 대한 부정이 자신의 지지기반 약화를 의미한다는 것 외에도, 중앙의 문건을 이미 보고 화 궈펑의 입장 변화를 알고 있었기 때문에 덩 샤오핑은 자신의 평반의 전제로서 톈안먼 사건을 반혁명 사건으로 인정하라는 요구를 거절할 수 있었던 것이다.[35]

---

[34] 왕 둥싱은 "화 궈펑은 덩 샤오핑의 평반을 방해하지 않았으며 그것을 저지한 것은 자신이었다. 만일 덩 샤오핑이 평반된다면 화 궈펑이 권력을 유지하지 못할 것이라고 판단했기 때문이다"라고 했다(楊繼繩 1998, 113면).

[35] 중국에서 권력은 문건에 대한 접근 정도라고도 할 수 있다. 그런데 덩 샤오핑은 1976년 12월 14일 이미 중앙 문건의 열람 권한을 부여받았다(中共中央文獻研究室 2004, 153면). 또 예 젠잉은 3월 정치국 회의 이후 자신이 본 모든 문건을 덩 샤오핑에게 보여주라고 지시하였다(范碩·高屹 1995, 85면). 그렇기 때문에 이 당시 덩 샤오핑은 화 궈펑의 중앙공작회의 발언을 모두 알고 있었을 가능성이 크며 그것은 4월 10일의 편지에서도 증명된다.

그러한 상황에서 5월 3일 화 귀평은 덩 샤오핑의 의견에 따라 덩의 1976년 10월 10일과 77년 4월 10일의 편지를 전체 당에 내려보내 덩 샤오핑의 평반을 준비한다.[36] 덩 샤오핑의 공식적 평반은 1977년 7월 16일부터 21일까지 개최된 중국공산당 제10기 3중전회에서 "덩 샤오핑 동지 직무 회복에 대한 결정(關于恢復鄧小平同志職務的決定)"을 통해 이루어진다.

5월 3일 이후 7월의 10기 3중전회 전까지 덩 샤오핑의 평반과 관련된 공식적 논의는 알려지지 않았지만, 덩 샤오핑은 5월 3일 이후 몇가지 중요한 비공식 활동을 시작했다. 우선 덩 샤오핑은 5월 4일 부인 줘 린(卓琳)과 더불어 녜 룽전, 양 청우, 왕 전, 위 추리 등이 참가한 예 젠잉의 80세 생일 축하연에 참석한다. 덩 샤오핑이 그런 반(半)공개적 장소에 출현했다는 사실은 5월 3일의 조치가 덩 샤오핑의 신분에 상당한 변화를 가져왔다는 것을 암시한다. 더구나 다음과 같은 대화는 상징적인 의미를 갖는다고 할 수 있다. 그 자리에 들어서면서, 덩 샤오핑이 "원로장군들이 여기 모두 있군요"라고 하자 예 젠잉이 "샤오핑 동지 당신도 원로장군이며, 당신이 우리 원로장군들의 지도자입니다"라면서 맞아들였다(范碩·高屹 1995, 85~86면).

이어서 5월 12일 중국과학원의 두 책임자인 부원장 팡 이(方毅)와 리 창(李昌)이 덩 샤오핑을 방문했으며 덩 샤오핑은 그들에게 과학기술 발전의 중요성과 서구의 선진 과학기술 도입, 그리고 인재 중시 정책을 역설한다(中共中央文獻研究室 1998a, 26~27면). 5월 24일에는 자신을 방문한 덩 리췬, 왕 전과의 대화에서 양개범시에 대한 명시적 반대와 지식과 인재를 존중해야 한다는 구체적인 정책적 함의를 지닌 발언을 한다.[37] 그것은 이 시기에 이

---

36) 1976년 10월 6일 4인방 체포 후 10월 10일 덩 샤오핑은 왕 둥싱을 통해 화 귀평 주석과 당중앙 앞으로 화 귀평에 대한 절대적 지지와 화 귀평의 4인방 체포를 찬양하는 편지를 보낸다.
37) 『덩 샤오핑 문선』 2권에는 세번째 숙청 전인 1975년 9월 27일과 10월 4일 발언 이후 첫번쌔 글로 두 사람과의 대화를 「양개범시는 맑스주의에 부합하지 않는다('兩個凡是'

미 덩 샤오핑의 활동이 비공식적으로 시작되었다는 것을 의미한다. 그렇다면 대체로 내부적으로는 덩 샤오핑의 평반이 5월 초 이전에 결정된 것이라고 보는 것이 타당하다. 덩 샤오핑 평반은 대체로 다음의 몇가지 요인에 의해 이루어졌다.

첫째, 예 젠잉, 리 셴녠, 천 윈, 왕 전 등 생존자 원로간부들의 지지이다. 혁명과 건설 과정에서 덩 샤오핑과 밀접한 관계를 형성했던 생존자 원로간부 세력이 덩 샤오핑의 평반에 관심을 갖는 것은 당연한 귀결이었다. 화 궈펑 체제에서는 그들 원로간부의 의견을 무시할 수 없었을 뿐만 아니라, 원로간부들은 화 궈펑의 반대와 관계없이 자신들의 주장을 정치쟁점화할 수 있는 역량을 가지고 있었다. 이러한 사실은 화 궈펑 권력구조의 특성과도 관련된다. 문혁 수혜자와 생존자라는 서로 다른 두 정치세력으로 구성된 화 궈펑 체제는 어느 한편이 다른 한편에 대해 완전한 지배적 지위에 설 수 없었으며 그것을 증명하는 것이 3월의 중앙공작회의이다. 그것은 서로의 이해가 타협되지 않는 한 갈등이 심화될 수밖에 없다는 것을 의미하며 그러한 상황에서 화 궈펑은 덩 샤오핑의 평반을 수용할 수밖에 없었다.[38]

둘째, 덩 샤오핑의 평반은 화 궈펑의 개성과도 관련된다. 화 궈펑에 관해 알려진 자료가 불충분하기는 하지만 몇가지 자료로부터 추론해보면, 그는 독단적이지 않고 경청형에 가까웠으며, 파벌을 형성하지 않으려고 했던 데에 특징이 있다. 3월 중앙공작회의에서 논의를 수용하여 톈안먼 사건

不符合馬克思主義)」와 「지식을 존중하고 인재를 존중하자(尊重知識, 尊重人才)」라는 두 편의 글로 나누어 싣고 있다.
38) 원로간부들의 지지 외에 군중들의 지지도 들 수 있다(楊繼繩 1998, 112면; 程中原 등 1998, 42면). 앞에서 언급한 리 둥민 사건이 그 대표적인 예로 평가된다(湯應武 1998, 36면). 그런데 군중들의 그러한 요구가 어떤 방식으로 어떻게 작용했는지는 잘 알려지지 않고 있으며 검증하기도 어렵다.

에 대한 재평가와 덩 샤오핑의 평반을 고려하기 시작한 것은 화 궈펑 체제의 취약성과 동시에 화 궈펑의 포용성을 보여주는 것이라고 할 수 있다. 그것을 잘 보여주는 것이 덩 샤오핑의 핵심 브레인 위 광위안이 11기 3중전회와 중앙공작회의에 대한 회고록에서 밝힌 화 궈펑에 대한 다음과 같은 평가이다. "내가 적지 않은 회의에 참가했지만, 당의 최고지도자가 그처럼 여러 사람들의 의견을 경청하고, 이처럼 철저하고 명확하게 문제를 해결하는 경우는 본 적이 없었다"(于光遠 1998a, 106~7면). 뿐만 아니라 양 지성에 의하면 화 궈펑은 자신의 권력을 이용하여 조직에 자기 사람들을 심는 일을 하지 않았으며, 자신이 오랫동안 근무한 연고지 후난의 간부를 중앙으로 불러들이지도 않았고, 군대, 경찰부대와 심지어는 중앙경위부대에조차 자기 사람을 심지 않았다(楊繼繩 1998, 111면). 또 『인민일보』 사장을 지냈으며 후 야오방 측 개혁파 핵심 인물의 한 사람인 후 지웨이(胡積偉)도 화 궈펑을 중국공산당 역사상 "비교적 개명한 민주적인 최고지도자의 한 사람"으로 평가한다(胡積偉 1997, 84면).

셋째, 화 궈펑 체제에 대한 덩 샤오핑의 전면적인 인정과 지지가 있었다. 덩 샤오핑은 1976년 10월 10일 화 궈펑에게 보낸 편지를 다음 구절로 시작한다.

> 둥싱 동지를 통해 궈펑 동지와 중앙에 전달
>
> 화 궈펑이 당중앙 주석과 중앙군사위 주석을 맡도록 한 중앙의 결정을 충심으로 옹호하며 당과 사회주의 사업에 위대한 의의를 갖는 매우 중요한 결정으로 환영합니다. 정치적으로 사상적으로 화 궈펑 동지는 마오 주석의 가장 적합한 후계자일 뿐만 아니라 연령으로 보았을 때 무산계급 지도의 안정성을 적어도 15년에서 20년 보장할 수 있는데, 그것이 전체 당과 전체 군 및 전체 인민에 있어 얼마나 중요한 일입니까! 어떻게 기뻐 춤추지 않을 수 있겠습니까?[39]

이것은 덩 샤오핑이 화 궈펑에 대한 절대적 지지를 표명한 것이라고 할 수 있다. 이러한 내용을 포함하는 편지를 전체 당원들에게 내려보낸 이상 화 궈펑에 대한 덩 샤오핑의 도전은 무망한 것이었다. 더구나 편지의 하달이 덩 샤오핑 자신의 요청에 의한 것이라는 점에서 화 궈펑 체제에 대한 덩 샤오핑의 지지는 확고한 보증을 받았다고 할 수 있다.

넷째, 화 궈펑과 덩 샤오핑 사이의 타협이 있었다. 화 궈펑이 3월의 중앙공작회의에서 톈안먼 사건에 대한 평가를 부분적으로 수정하고 덩 샤오핑 평반 가능성을 수용하자, 덩 샤오핑도 그에 부응하여 4월 10일 화 궈펑 등에게 보낸 편지를 통해 화 궈펑 체제와 정책을 인정하고 자기 과오를 반성하면서 자신의 편지를 공개해도 좋다고 제안했다. 그러한 점에서 4월 10일 편지에서 "완전하고 정확한 마오 쩌둥 사상"이라는 구절을 통해 양개범시에 정면으로 반대한 것이었다는 중국 측 연구자들의 주장은 일면적이라고 할 수 있다. 이 편지에서 덩 샤오핑은 화 궈펑의 통치이념인 '중심을 부여잡고 치국하자(抓綱治國)'에 전적인 지지를 보냈다는 점에서, "완전하고 정확한"이라는 두 단어가 '심오한' 의미를 지니고 있었다 하더라도 공식적인 반양개범시의 의미를 지니지는 못한다.[40] 그리고 5월 24일 덩 샤오핑

---

39) 덩 샤오핑이 1976년 10월 10일 화 궈펑에게 보낸 편지는 范碩(1995, 400면)에 수록되어 있으며 다른 많은 책에도 인용되었다. 그런데 공개된 편지의 내용은 4인방 체포에 대한 찬양 부분이며, 여기에서 인용한 화 궈펑에 대한 인정과 지지 부분은 빠져 있는데, 정치적으로 민감한 이 내용을 의도적으로 생략한 것으로 보인다. 후 야오방은 정치국 회의 발언에서 "덩 샤오핑 동지도 편지에서 궈펑 동지가 최소한 20년은 할 수 있을 것이라고 말했다"(胡耀邦 1982, 736면)라고 밝히고 있다.

40) 양 지성은 화 궈펑이 그러한 '심오한' 내용을 깨닫지 못했기 때문에 5월 3일 그 편지를 전당(全黨)에 내려보냈다고 본다(楊繼繩 1998, 115면). 하지만 화 궈펑 또는 당시 이데올로기와 마오 쩌둥 해석을 관장하던 왕 둥싱도 포착하지 못했던 그러한 '심오한' 내용이 현실적·비판적 의미를 가졌다고 판단하기에는 무리가 있다. 이와 관련하여 선 바오샹(沈寶祥)은 "완전하고 정확한 마오 쩌둥 사상"이라는 개념이 가지는 양개범시에 대

이 왕 전, 덩 리췬과의 대화에서 양개범시를 비판했지만, 그것은 자기 사람들과의 대화였고 공개적인 것은 아니었으므로, 당시의 주류였던 양개범시에 공식적이고 공개적으로 반대한 것이라고는 보기 어렵다. 4월 10일의 편지는 "완전하고 정확한"이라는 '심오한' 두 단어에도 불구하고, 화 귀펑의 통치이념과 체제에 대한 인정, 그리고 마오 쩌둥이 덩 샤오핑을 인도하기 위한 조건으로 요구했던 반성이 기본적 내용이었다. 그런 점에서 화 귀펑에 대한 덩 샤오핑의 타협이 주요한 기조였다고 할 수 있다.

마지막으로, 4인방 체포 이후의 정치적 균열선으로 인한 것이었다. 4인방 체포 이후 11기 3중전회까지 화 귀펑 체제의 중심 과제는 4인방 비판과 [4인]방파분자의 숙청이었다. 문혁 10년간 4인방은 광대한 정치세력과 영향력을 형성했기 때문이다. 이 숙청으로 1978년 8월까지의 조사에서 전국 29개 성·시·자치구 책임자 중 1/3에 가까운 9명이 4인방의 권력탈취 음모와 관련해 직위가 박탈되었으며, 지방 14개 성·시·자치구와 중앙부처 23개 부·위·국(部·委·局) 등의 간부들이 대대적으로 이동되었다(王洪模 等 1989, 40면; 中共中央組織部 外 2000(第7卷), 3면). 또한 1983년 10월의 12기 2중전회에서 방파분자 숙청을 중심으로 한 정풍운동이 다시 결정될 만큼 4인방 세력의 영향은 뿌리 깊은 것이었다.[41] 그렇기 때문에 반4인방 선전과 4인

한 대립성을 강조하면서도, 그것이 이론 자체의 문제를 정면으로 제기한 것이 아니며, 사람들이 자신의 필요에 따라 "완전하고 정확한"에 대한 자기 나름의 해석을 할 수 있기 때문에, 양개범시 입장의 사람들도 그러한 관점에 이의를 제기하지 않았을 뿐만 아니라 양개범시의 사상체계 내로 받아들였다고 한 주장에 유의할 필요가 있다(沈寶祥 1997, 15~16면). 화 귀펑은 "11차 당대회 정치보고"에서 "맑스-레닌의 저작과 마오 쩌둥의 저작을 학습하여, 완전하고 정확하게(完整地, 準確地) 마오 쩌둥 사상을 이해하고 파악해야 한다"라고 주장하면서 "완전하고 정확한 마오 쩌둥 사상"이라는 용어를 원용한다(華國鋒 1977, 44면).
41) 1983년 10월 11일 중국공산당 제12기 2중전회에서 4인방 숙청과 당의 정돈을 중심 내용으로 하는 "중공중앙의 정당(整黨)에 관한 결정(中共中央關于整黨的決定)"이 통과되었다(中共中央文獻研究室 1986, 390~409면).

방 세력 숙청은 정치적 안정을 위한 전제였지만, 동시에 대립과 저항을 동반하는 것이었다. 이런 상황에서 잠재적 경쟁자 덩 샤오핑이 화 궈펑 체제를 인정한 것은 반4인방 세력의 강화와 화 궈펑 체제의 공고화에 유리한 요소였다.

여러가지 요인들의 복합적 작용에 의해 1977년 7월 16일부터 21일까지 개최된 중공 10기 3중전회 중인 17일 덩 샤오핑의 평반 결의안이 통과된다. 그 결정에 따라 덩 샤오핑은 중앙위원, 정치국 위원, 정치국 상무위원, 중공중앙 부주석, 중앙군사위 부주석, 국무원 부총리, 인민해방군 총참모장 등 1976년 4월에 박탈되었던 모든 직위를 회복한다(湯應武 1998, 45~46면).

2) 화 궈펑 체제의 재편

화 궈펑 체제는 1977년 7월 10기 3중전회에서 덩 샤오핑의 복귀를 추인함으로써 권력구조 재편이 이루어진다. 중국공산당은 다음달인 8월, 5년마다 당대회를 개최하기로 되어 있는 당장의 규정보다 1년 앞당겨 11차 당대회를 개최하여 조직 구성을 새로이하며 화 궈펑 체제의 새 출발을 시작한다. 11차 당대회는 4인방 분쇄를 통해 문혁이 종결되었음을 공식적으로 선언한다. 그러나 계급투쟁과 무산계급독재하의 계속혁명이 지속되어야 한다는 것을 분명히 함으로써 마오 쩌둥 주석을 계승하고 그의 방침대로 지속할 것을 확인한다(華國鋒 1977, 31면). 동시에 그것을 위해서 4인방 비판 투쟁을 끝까지 진행할 것이며, 4인방에 의해 파괴된 당조직과 국가기구의 재건 및 경제건설을 추진할 것을 선언한다(華國鋒 1977, 31면).

11차 당대회에 이어 개최된 11기 1중전회에서는 4인방 체포와 덩 샤오핑 평반 이후 형성된 세력관계에 따라 중국공산당의 권력과 업무의 분담이 이루어진다. 4인방 체포과정에서 중요한 역할을 한 문혁 수혜자와 생존자 원로간부, 평반된 덩 샤오핑이 각각 당의 주석과 부주석, 정치국 상무위원이 됨으로써 중국공산당의 최고지도부가 된다. 이미 지적한 대로 화 궈평은 당주석, 중앙군사위원회 주석, 국무원 총리를 겸임함으로써 형식적으로 당·정·군의 모든 권력을 장악하였으며, 예 젠잉, 덩 샤오핑, 리 셴녠, 왕 둥싱이 각각 당 부주석과 정치국 상무위원이 된다. 그런데 화 궈펑이 총괄적 책임과 최종적인 권력을 행사하지만, 실제 업무 분담에 있어서 군은 예 젠잉에 의해 장악되었고, 당의 조직과 선전은 왕 둥싱이 장악하였으며, 농업 외의 경제문제는 주로 리 셴녠이 담당하였다(沈寶祥 1997, 121면). 그에 비해 덩 샤오핑은 직책상 군과 외교문제에 개입하기도 하지만 당에서는 주로 교육과 문화라는, 상대적으로 권력관계에서는 덜 핵심적인 업무를 분담받은 듯하다.[42]

화 궈펑은 개인적 취약성에도 불구하고 마오 쩌둥의 지명을 자산으로 하고 군부의 예 젠잉 지지와, 당의 조직과 이념을 장악한 왕 둥싱의 충성을 기초로 안정적 체제를 이루었다. 더구나 문혁 피해자인 덩 샤오핑과의 타협을 통해 문혁 피해자 세력을 포섭함으로써, 반4인방운동을 전개할 수 있는 한층 광범한 정치세력의 통합을 이루었다. 다른 한편으로는 신화화된 마오 쩌둥의 권위를 바탕으로 한 양개범시를 통해 이념적 통제력을 장악함으로써 정당성을 강화하는 동시에 조직적 통제를 확보하고자 했다.

군부의 지지, 당조직 및 이념에 대한 통제력, 정치적 통합 그리고 양개범시라는 마오 쩌둥의 권위를 기반으로, 화 궈펑은 당면한 4인방 비판운동과 경제건설을 추진한다. 이듬해인 1978년 2월에 개최된 제5기 전국인대 1차 회의에서는 "단결하여 사회주의 현대화 강국을 건설하기 위해 분투하자

---

[42] 1977년 복귀 이후 11기 3중전회 이전까지 덩 샤오핑은 군대의 회의 참석과 외국 방문을 제외하면, 교육과 문화, 과학기술 방면의 업무와 관련된 활동을 주로 했다(中共中央 文獻硏究室 1998a, 26~103면). 그런데 덩 샤오핑은 1978년 7월 22일 후 야오방과의 담화에서 자신과 예 젠잉이 화 궈펑과 협조하여 전면적인 상황을 장악하는 것으로 정치국의 업무 분담을 재조정했다고 말했다. 후 야오방은 그러한 사실을 몰랐다면서 그렇다면 이제 대담하게 행동할 수 있다고 말한다(沈寶祥 1997, 127면). 이것은 세 사람의 최고권력 분점을 말하는데 그것이 정확히 어느 시점에 이루어졌는지는 확인할 수 없다.

(團結起來, 爲建設社會主義現代化强國而奮鬪)"라는 정부공작보고를 통해 저우 언라이가 제기했던 4개 현대화를 다시 전면적으로 제기하여 경제건설에 대한 의지를 표명한다(華國鋒 1978b, 23면).

그런데 덩 샤오핑의 평반은 문제의 봉합이 아니라 오히려 문제의 전면화로 귀결되었다. 1975년 11월부터의 덩 샤오핑 비판과 1976년 4월 실각의 한 원인이 그가 문혁에 반대 의사를 보였기 때문이라는 데서도 알 수 있다시피, 덩 샤오핑은 반4인방의 중심이었을 뿐만 아니라 반문혁의 중심이었다. 그러한 덩 샤오핑의 평반은 하나의 정치행위자가 더 등장했다는 것과는 근본적으로 다른 구조적 의미를 지니는 것이었다. 덩 샤오핑의 평반은 덩 샤오핑으로 대표되는 문혁 피해자 세력의 복귀의 시작이자 구심점의 등장이었다. 그런 점에서 덩 샤오핑의 평반은 문혁 피해자라는, 독자적인 의제와 목소리를 가진 정치집단이 현실적 정치세력으로 구성되기 시작했다는 것을 의미했다.

이에 따라 4인방 체포 이후 형성된, 수혜자와 생존자 원로간부의 이원적 구조로 이루어진 화 궈펑 체제는 피해자를 포함하는 정립구조로 변화되었다. 다시 말해서 그것은 평반과 문혁의 부정에 좀더 직접적인 이해를 가진 세력이 화 궈펑 체제의 핵심적 구성요소가 되었다는 것을 의미한다. 이러한 화 궈펑 체제 구성의 변화는 곧 그에 상응하는 의제의 변화를 수반했다. 그리고 반문혁 성향을 갖는 세력이 좀더 직접적으로 목소리를 낼 수 있는 조건을 만들었다. 그것은 곧 문혁에 대해 상반된 이해관계를 갖는 세력이 권력블록 내에 공존하게 됨으로써 직접적 대립의 가능성이 증가했다는 것을 의미했다.

그렇지만 그러한 대립은 우회적이고 점진적인 방식으로 진행되었다. 첫째, 양개범시라는 제약 때문이기도 했지만 더 근본적으로는 그것이 기반하고 있는 문혁시기 마오 쩌둥 권위의 절대화와, 마오 쩌둥의 과오를 인정하지 않으려는 광범한 사회심리적 조류가 있었기 때문이다(沈寶祥 1997, 13

면). 그것은 마오 쩌둥에 대한 직접적 부정이나 비판이 불가능했다는 것을 의미하며, 또한 마오 쩌둥 비판을 초래할 수 있는 문혁에 대한 직접적인 비판과 부정도 쉽지 않다는 것을 뜻했다. 둘째, 화 궈펑 체제의 중요 구성부분인 군부에 중심을 둔 예 젠잉을 위시한 생존자 원로간부 세력의 모순적 태도로 인한 것이었다. 생존자 원로간부 세력은 문혁에 대한 반대 입장에 있었지만 동시에 마오 쩌둥에 대한 충성을 견지하고 있었다. 그것은 이들이 문혁 반대와 마오 쩌둥 권위의 옹호라는 서로 모순된 가치를 동시에 추구하게 하고, 하나의 가치만을 추구하는 직접적인 대립을 회피하게 만들었다. 더구나 원로간부들은 문혁 반대라는 측면에서는 피해자 세력과 일치하는 입장이었지만, 마오 쩌둥에 대한 충성이라는 측면에서는 수혜자 집단에 좀더 근접해 있었다. 그러한 상황이 상반된 이해관계를 갖는 대립세력을 완충하는 역할을 했으며, 그에 따라 피해자 세력은 점진적이고 우회적인 접근을 모색할 수밖에 없었다.

그런데 화 궈펑 체제에서 이러한 대립상황은 화 궈펑과 수혜자 집단에 불리한 방향으로 전개되었다. 이미 지적한 바와 같이 1977년 7월의 11차 당대회까지 격리 조사를 받은 중앙위원과 후보위원이 42명에 이르렀으며, 11차 당대회 중앙위원 선출에서 10기 중앙위원 중 46%인 79명이 탈락했다(中共中央組織部 2000(第7卷), 48면). 201명의 신임 중앙위원 가운데 새로 선출된 중앙위원은 48%인 97명이었다. 이들 중에는 문혁파도 있었지만 친문혁 세력의 상당수가 탈락했다. 그리고 탈락한 문혁파를 대신하여 피해자 세력의 인물들이 상당수 충원되었다. 그러한 사실은 잠재적인 문혁 반대자들의 입지가 강화되고 있었다는 것을 의미한다.

그런데 흥미있는 사실은, 문혁 피해자에 속하면서 이후 반문혁투쟁에서 중요한 역할을 수행한 인물들의 충원과정에 화 궈펑이 깊숙하게 개입하고 있었다는 사실이다. 화 궈펑이 당의 최고권력자로서 중요한 인선문제에 형식적 또는 실질적 최종 결정권을 가지고 있었기 때문에 그가 이 인선문제에 개입한 것은 당연하지만, 결과적으로는 자신의 정치적 적대세력을 스스로 충원한 것이었다. 예를 들면, 1977년 3월 3일 복교된 중공중앙 당교 부교장으로 후 야오방을 임명한 것은 화 궈펑과 예 젠잉이었으며(盛平 2007, 38면), 1977년 12월 10일 문혁파 궈 위평(郭玉峰)에서 후 야오방으로 중공중앙 조직부장을 교체한 것은 화 궈펑, 예 젠잉, 덩 샤오핑, 리 셴녠, 왕 둥싱으로 이루어진 5명의 정치국 상무위원들이 논의하여 결정한 것이었다(曾志 1999, 51면). 그리고 후 야오방에 이어 1978년 12월 조직부장이 된 쑹 런충(宋任窮)이 1977년 제7기계공업(인공위성산업 관할) 부장에 임명될 때도 장 아이핑의 건의가 있기는 했지만 화 궈펑과 리 셴녠이 직접 결정하였다(宋任窮 1996, 34면). 또한 이후에 벌어지는 '진리 검증 기준에 대한 토론(이하, 진리표준토론(眞理標準討論)'에서 중요한 역할을 하는 대표적 개혁파 후 지웨이도 화 궈펑의 적극적인 요청에 따라 『인민일보』 편집장에 부임하였다(胡績偉 2006, 1면).

후 야오방은 중공중앙 조직부장에 임명될 당시 이미 자신의 의견에 기초하여 중앙당교의 세 사람이 작성한 「4인방이 전도한 간부노선을 바로 잡자(把四人幫顚倒了的幹部路線是非糾正過來)」라는 글을 1977년 10월 7일에, 그리고 11월 27일에는 「마오 주석의 간부정책을 반드시 성실하게 관철하자(毛主席的幹部政策必須認眞落實)」라는 글을 각각 『인민일보』에 발표하여, 많은 호응을 받기도 했지만 문혁파들로부터는 반발을 산 이후였다(曾志 1999, 37~51면). 그러한 상황에서 후 야오방이 조직부장에 임명된 것은 예 젠잉, 덩 샤오핑 등 원로간부들의 지지가 있었던 동시에, 화 궈펑과 왕 둥싱의 반대가 없었기 때문이기도 했다.[43] 화 궈펑은 적어도 1978년 초까지

---

43) 선 바오샹에 의하면 왕 둥싱은 10월 7일 『인민일보』의 글에 대해, 심각한 잘못이 있는 글로 지금 비판하지 않는다면 나중에라도 비판해야 한다고 했을 만큼 신랄한 태도를 가지고 있었다(沈寶祥 1997, 13면). 그렇다면 당시 조직과 선전을 관할하던 왕 둥싱이 조직문제에 대립적 입장을 가진 후 야오방의 조직부장 임명에 동의한 것은 이해하기 어렵

는 후 야오방이 중앙당교에서 창간하고 이후 진리표준토론의 모태가 되는 『이론동태(理論動態)』에 발표된 글에 대한 적극적인 지지와 긍정적 태도를 표시했다(沈寶祥 1997, 63면). 최소한 그 시기까지는 화 궈펑이 후 야오방에 대해 긍정적인 평가를 하고 있었다고 볼 수 있다. 앞의 두 글의 경우도 사상문제에 민감한 왕 둥싱의 입장에서는 양개범시에 대해 잠재적인 위협을 발견했을지 몰라도, 화 궈펑의 입장에서는 마오 쩌둥의 노선과 11차 당대회의 자신의 연설에 기초한 것이었다. 화 궈펑은 덩 샤오핑의 평반에서도 보여준 바와 같이 왕 둥싱과는 구별되는 포용적인 입장이었는데, 후 야오방에 대해서도 마찬가지였다고 할 수 있을 것이다.[44] 또한 반4인방이라는 투쟁 '중심'의 입장에서 본다면, 후 야오방같이 철저한 인물이 더욱 적합했기 때문이기도 했다. 게다가 후난에서 지방간부 시절 화 궈펑과 후 야오방은 이미 서로에게 호의적인 인상을 가진 접촉 경험이 있었다.

화 궈펑의 그러한 포용적인 태도는, 파이의 가설과는 다른 이유에서이지만 그의 주장대로, '다른 파벌'의 지지를 얻는 데 실패했다.[45] 서로 다른 이해와 의제를 가진 세력에 대한 포용은 그들의 이해를 수용하지 않는 한 제한적인 의미만을 가질 뿐이기 때문이다. 서로 다른 이해로 인한 대립적 의제가 해소되지 않은 상황에서 인적인 포용은 오히려 대립세력의 강화

다. 티위스(Frederick Teiwes)의 가설대로 덩 샤오핑이 1977년 7월 복권 이후 실권자였다면(Teiwes, 1984, 121면) 가능한 일이겠지만, 티위스의 그러한 가설은 덩 샤오핑의 실제 업무로 보았을 때 신빙성이 없다. 그렇다면 선 바오샹의 주장은 진리표준토론 이후의 대립상황에 의해 유추된 잘못된 기억이거나, 왕 둥싱이 그 글과 후 야오방의 관련성을 알지 못했을 가능성 등을 추론해볼 수 있다.

44) 이와 관련하여 그의 파벌주의적 가정에는 동의하지 않을지라도 파이가 "화 궈펑이 지도자로서 자신의 이해를 자신의 특수한 파벌적 이해를 넘어선 것으로 규정하여, 자신이 누구와 무엇을 대표하는지 자신의 파벌 지지자들을 혼란스럽게 했으며, 새로운 지지자를 획득하는 데도 실패했다"라고 평가한 것은 타당하다고 할 수 있다(Pye 1981, xii면).

45) 파이는 화 궈펑이 정책의 개혁성과 포용성에도 불구하고 성공하지 못했던 원인을 중국정치의 파벌주의적 전통에서 찾는다.

라는 결과를 초래했다. 그러한 점에서 화 궈펑은 법가 혹은 마키아벨리적 '군주'는 아니었다.

그런데 이것이 티위스처럼, 덩 샤오핑이 1977년 7월 공식적으로 복귀하면서 출발부터 사실상의 지도자였으며 결국에는 승리하게 되어 있었다(Teiwes 1984, 121면)고 주장하는 것은 아니다. 화 궈펑은 선택 대안을 제약받는 모순적 상황에 처해 있었으며 정책적 선택이 모순적 결과를 초래할 수 있었다는 점에서 한계가 있었다. 하지만 1978년의 중앙공작회의와 11기 3중전회까지는 화 궈펑이 정책 주도권을 상실했다거나 혹은 덩 샤오핑이 주도권을 행사했다는 증거를 찾을 수 없다.[46] 물론 화 궈펑은 덩 샤오핑에 비하면 경력, 자격, 능력 등에서 한계가 있었다. 그러나 그로 인해 덩 샤오핑이 평반과 동시에 공식적인 최고 지위를 능가하는 권위를 가질 수 있었던 것은 아니다.

정책 주도권의 이동은 화 궈펑 체제에서 정치과정의 결과였다. 화 궈펑은 정책적 주도권을 장악했지만 그의 정책적 선택과 그 권력 기초인 마오쩌둥의 절대적 권위 간에는 모순이 노정되었다. 그리고 그러한 모순은 다른 이해를 갖고 있던 피해자 세력들이 적극적으로 이견을 개진할 수 있는 기회를 주었다. 그러한 상황이 피해자 세력과 수혜자 집단의 잠재적 갈등을 현실화하는 조건이 되었다. 다시 말해서, 정책 주도권의 이동은 화 궈

---

46) 화 궈펑이 덩 샤오핑의 경제정책을 받아들였지만 그것은 화 궈펑이 주도적으로 경제건설을 위해 받아들인 것이라는 점에서 덩 샤오핑이 정책 주도권을 행사했다는 증거가 될 수 없다. 인사문제에서도, 덩 샤오핑과 밀접한 문혁 피해자의 임명이 반(反)문혁 입장의 화 궈펑과 배치되지 않았을 뿐만 아니라 오히려 화 궈펑의 의사가 개입된 것이었다. 이에 비해 10기 3중전회에서는 톈안먼 사건에 대한 평반은 하지 않고 덩 샤오핑이 톈안먼 사건과 무관하다는 재평가를 전제로 덩 샤오핑에 대한 평반이 이루어졌다. 그것은 덩 샤오핑이 자신과 관련된 문혁시기 문제의 꼬리표에서 완전히 자유롭지는 못했다는 것을 의미한다. 그리고 평반 이후 덩 샤오핑이 제기한 주요 정책 영역도 과학기술, 교육 등 정치적으로는 상대적으로 부차적인 영역에 집중되었다는 점에서 이 시기 덩 샤오핑의 주도적 역할에 대한 평가는 과도한 것이라고 할 수 있다.

평 체제의 모순과 그러한 모순상황을 문혁 반대자인 피해자들이 적극적으로 이용한 결과이지 덩 샤오핑의 평반과 동시에 그렇게 정해진 것은 아니었다.

덩 샤오핑의 평반이 곧바로 덩 샤오핑이 권력의 우위를 점하거나 화 궈펑 권력을 취약하게 만들지는 않았지만, 권력 균형을 변화시켰다는 것만은 분명한 사실이다. 피해자와 문혁 반대자의 구심점인 덩 샤오핑의 복귀는 문혁 반대세력이 화 궈펑 체제의 핵심을 구성하게 함으로써 화 궈펑 체제 구성의 변화를 초래했기 때문이다. 그러한 변화는 서로 대립적 이해와 의제를 가진 세력을 포함하는 방향으로 진행되어 체제의 균열 가능성은 점차 높아졌다. 더구나 화 궈펑 체제의 태생적 모순과 정책적 선택으로 인해 문혁세력의 약화와 반문혁 세력의 강화 방향으로 세력 재편이 진행되었기 때문에 균열 가능성은 더욱 증가하였다. 그러한 상황은 반문혁 세력들이 목소리를 낼 수 있는 조건이 되었으며, 그것은 화 궈펑 체제의 균열이 시작되었다는 것을 의미했다. 그런 점에서 덩 샤오핑의 평반은 새로운 균열의 출발점이었다고 할 수 있다.

제4장

반문혁연합의 형성과 승리

I. 평반문제와 반문혁연합의 형성

1. 양개범시와 평반문제

4인방 체포를 통한 문혁 종결은 문혁 피해자 평반문제의 의제화로 연결될 수밖에 없었다. 그런데 문혁 수혜자 주도하의 화 궈펑 체제는 순수하게 4인방에 반대한 사람에게만 한정하는 제한된 평반을 실시했다. 평반이 문혁에 대한 부정과 마오 쩌둥 비판으로 이어짐으로써 화 궈펑 체제 정당성의 근간이 무너지는 것을 막기 위한 것이었다. 또한 문혁 수혜자 자신들의 문혁시기 역할로 인해 평반이 자신들에 대한 부정과 비판을 초래할 수 있기 때문이기도 했다. 그렇기 때문에 수혜자 집단은 마오 쩌둥의 권위와 양개범시를 통해 마오 쩌둥의 권위에 영향을 미칠 문혁에 대한 비판을 금지하고 평반을 제한함으로써 자신들의 권력을 유지하고자 했다.

그러나 문혁 피해자 집단은 문혁시기에 자신들에게 가해진 '부당하고 불공정한' 처분과 평가에 대한 취소와 재평가, 즉 평반을 통해서만 자신들의 정치적 자유와 권리를 회복할 수 있었다. 그들은 문혁에 대한 부정과 평반의 광범한 확산에 중요한 이해관계를 가지고 있었다. 이러한 상황은 문혁 평가와 평반을 둘러싼 두 세력의 충돌이 불가피한 것이었음을 의미한다. 그러나 마오 쩌둥의 절대적 권위와 양개범시의 규정하에서는 마오 쩌둥 권위에 손상을 초래할 문혁에 대한 직접적 부정은 불가능했다. 문혁 부정과 마오 쩌둥에 대한 직접적 공격은 당 방침에도 부합하지 않았을 뿐만 아니라 신화화된 마오 쩌둥의 권위에 의해 쉽게 비판받을 수 있었기 때문이다. 그러한 제약은 평반 확산을 위해서는 점진적이고 우회적인 전술이 필요하다는 것을 의미했다.

피해자 세력은 첫째, 마오 쩌둥의 권위를 빌려서 자신들의 주장을 개진하였다. 그들은 4인방 체포 이후 화 궈펑 체제에서 전개한 반4인방운동의 기회를 이용해 마오 쩌둥의 사상과 조직노선을 통해 평반의 정당성을 주장하였다. 이러한 방식은 '마오 쩌둥의 말'로 '마오 쩌둥의 지시와 결정'에 대응하는 것으로, 양개범시의 입장에서도 부정할 수 없는 것이었다. 마오 쩌둥의 말을 빌려서 마오 쩌둥의 결정 또는 그것의 절대화를 부정하는 방식은 덩 샤오핑이 시작한다.[1]

11차 당대회 이후 마오 쩌둥 사망 1주년을 즈음하여, 녜 룽전, 쉬 샹쳰, 장 딩청(張鼎丞), 천 윈 등은 『인민일보』에 각각 「당의 우수한 기풍을 회복 발양하자(恢復和發揚黨的優良作風)」(9월 5일), 「영원히 당이 군을 지휘하는 원칙을 견지하자(永遠堅持黨指揮槍的原則)」(9월 19일), 「옌안 중앙당교에서의 정풍(整風在延安中央黨校)」(9월 20일), 「실사구시의 혁명기풍을 견지하자

---

[1] 덩 샤오핑의 "완전하고 정확한 마오 쩌둥 사상"이라는 개념의 '심오한 의미'를 인정한다면 좀더 앞당겨질 수 있겠지만, 적어도 1977년 5월 24일 왕 전과 덩 리췬에게 소개한 왕 둥싱, 리 신과의 대화 내용에서는 명시적으로 마오 쩌둥을 인용하여 마오 쩌둥의 권위에 대한 절대화를 비판한다. 즉 "마오 쩌둥 동지 자신도 과오를 범한 적이 있다고 말했으며, (…) 한 사람의 공과(功過)가 7 대 3이면 매우 좋은 것이라고 말했다"라면서 마오 쩌둥의 말로 양개범시를 비판한다(鄧小平 1994b, 38면).

(堅持實事求是的革命作風)」(9월 28일) 등의 글을 발표한다. 이들의 글은 실천과 실사구시를 마오 쩌둥 사상의 중심으로 강조한 것으로, 명시적이지는 않지만 마오 쩌둥을 통한 양개범시 비판을 포함하는 것이었다(沈寶祥 1997, 10~11면).

이들의 글은 후 야오방에게 많은 시사점을 주었다(沈寶祥 1997, 11면). 후 야오방의 지시에 따라 작성된 「4인방이 전도한 간부노선을 바로잡자」와 「마오 주석의 간부정책을 반드시 성실하게 관철하자」라는 두편의 글은 마오 쩌둥의 노선에 따라 당의 조직노선 수정과 '원가착안(冤假錯案, 조작 날조되고 잘못 처리된 억울한 사건)'에 대한 평반을 주장한 것으로, 화 궈평의 "11차 당대회 정치보고"와도 부합하는 것이었다.[2] 이와 같이 마오 쩌둥을 통해 마오 쩌둥을 수정하는 방법은 11기 3중전회에서 사실상 문혁이 부정되고 마오 쩌둥의 과오에 대한 인정이 이루어지기 전까지 계속 유지된다.

둘째, 절대적 권위를 가진 마오 쩌둥의 과오에 대한 직접적인 비판이나 부정이 아니라 그것을 절대화하는 이론인 양개범시를 비판하였다. 그 경우에도 양개범시가 당의 방침으로 공개적으로 부정되거나 비판될 수 없는 것이었기 때문에 우회적으로 이뤄졌다. 이론적 관점에서 진리를 검증하는 기준으로서 실천문제를 제기한 것이 그것이다. 실천문제는 두가지 방면

---

[2] 화 궈평은 "11차 당대회 정치보고"에서 4인방이 마오 주석의 주자파 용어를 왜곡하여 자신들을 따르지 않는 노년·장년·청년 간부들에게 모두 주자파의 모자를 씌웠으며, 경험주의, 민주파 등으로 원로간부들을 모독한 것도 마오 쩌둥이 이끈 중국혁명 역사를 부정한 것이라고 비판한다(華國鋒 1977, 21~27면). 아울러 과거 간부 심사과정 중 남은 문제에 대해서는 빠른 시일 내에 성실하고 타당한 처리를 해야 하며, 업무를 배정받지 못한 자들에게는 적합한 업무를 빠른 시일 내에 배정해야 한다고 주장한다(華國鋒 1977, 61면; 沈寶祥 1997, 12면). 『인민일보』 1977년 10월 7일자의 「4인방이 전도한 간부노선을 바로잡자」는 "11차 당대회 정치보고"와 화 궈평의 주장을 인용하면서, 조직 부문은 방해를 과감하게 극복하고 간부 심사과정에서 4인방에 의해 잘못 내려진 결론을 바로잡고, 화 궈평의 말을 빌려 "빠른 시일 내에 성실하고 타당한 처리를 해야 한다"라고 주장한다.

에서 제기되었다. 이론 영역의 문제로서 진리 검증 기준으로서의 실천문제 제기가 그 하나라면, 문혁 평가 기준으로서의 실천문제 제기가 다른 하나였다. 전자는 학계에서 제기되기도 했지만, 양자 모두 중공중앙당교 부교장으로서 중앙당교 업무를 주관하던 후 야오방과 그의 주도하에 창간된 당 내부의 이론 잡지『이론동태』를 중심으로 이루어졌다.

이론문제에서 진리 검증 기준으로서 실천문제의 제기는 1976년 10월 16일 중공 베이징시당위원회에서 베이징대학에 하달한 "당면 운동에 관한 의견(關于當前運動的意見, 6조六條)"에 대해 1년 후인 1977년 10월 베이징대학 철학과의 젊은 교수 왕 구이슈(王貴秀)가 "시위원회의 "6조"를 평함(評市委"六條")"이라는 대자보로 비판함으로써 시작된다. 문혁을 옹호하는 시당위원회의 지시에 대해 대자보는 시당위원회의 "6조"가 객관적 사실에 부합하지 않고 실천의 검증을 받지 않은 것이라고 비판하면서 진리의 검증 기준은 실천이라고 주장한다(沈寶祥 1997, 17면).

1977년 7월 15일부터 5일마다 발행되기 시작한『이론동태』에도 실사구시 등에 대한 글이 게재되었으며, 1977년 12월 15일에는「진리의 검증 기준은 사회적 실천뿐이다(眞理的標準只能是社會的實踐)」라는 마오 쩌둥의 글을 인용하면서 검증 기준으로서의 실천을 강조한다(沈寶祥 1997, 18~19면). 이어서 1978년 3월 26일에는 진리 검증 기준으로서 사회적 실천을 강조하는「검증 기준은 하나뿐이다(標準只有一個)」라는 글이『인민일보』에 게재된다. 이러한 논의는 이론 영역의 문제로서 사회적으로는 크게 주목받지 못했지만, 1978년 5월부터 전개되는 이른바 '진리표준토론'의 조건이 된다.

문혁을 평가하기 위한 검증 기준으로서의 실천문제는 중앙당교에서 후 야오방에 의해 제기된다. 그런데 문혁 평가문제는 이미 "11차 당대회 정치보고"에서 화 궈펑이 "연구역량을 조직하여 당사를 성실하게 연구하고 당의 역사경험, 특히 제9·10·11차 노선투쟁의 경험을 학습하고 종합하자"라며 제기한 것이었다(沈寶祥 1997, 23면; 華國鋒 1977, 44~45면).[3] 이를 기초로 후 야오방은 1977년 9월 22일 중앙당교 당사와 당 건설 관계 교육연구실의 보고를 받는 자리에서 문혁 연구와 그 평가 기준으로서의 실천문제, 즉 "문혁의 사상은 찬란한 것이지만 그 실천은 과오였다"라는 문제를 제기한다(沈寶祥 1997, 24~25면). 이어서 1977년 10월 9일 중앙당교 개학식에서 예 젠잉도 "당교의 일꾼들과 당교에서 학습하는 동지들이 우리 당의 역사, 특히 제9·10·11차 노선투쟁의 역사에 대해 열심히 연구할 것을 제기한다"(沈寶祥 1997, 25면; 葉劍英 1977, 14면)라고 하였다.[4] 이에 따라 후 야오방 주도하의 당사 연구방법에 대한 논의가 더욱 활성화되는데, 이들은 마오 쩌둥의 옌안정풍운동의 방법과 과학적 태도의 이름으로 린 뱌오와 4인방을 비판하고 역사를 바로잡아야 한다고 주장한다(沈寶祥 1997, 30면).

이러한 상황에서 1977년 3월 중앙당교의 복교 이후 1977년 9월 입교하여 1978년 4월까지 학습한 국가기관 각 부서와 위원회 당조(黨組) 구성원,

---

3) 마오 쩌둥은 1971년 9·13사건 직전 남순(南巡)과정에서 중국공산당에는 10차례의 분열과 노선투쟁이 있었다고 말했다. ① 천 두슈(陳獨秀) 우경기회주의 노선, ② 취 추바이(瞿秋白) 좌경맹동주의 노선, ③ 리 리싼(李立三) 좌경모험주의 노선, ④ 뤄 장룽(羅章龍) 우경분열주의 노선, ⑤ 왕 밍(王明) 좌경교조주의 노선, ⑥ 장 궈타오(張國燾) 우경분열주의 노선, ⑦ 가오 강·라오 수스 반당연맹, ⑧ 펑 더화이 우경기회주의 반당집단, ⑨ 류 샤오치 반혁명수정주의 노선, ⑩ 1970년 루산회의 투쟁이 각각 그것이다. 1970년 루산회의 투쟁은 린 뱌오 사건 이후 린 뱌오 반당집단 사건으로 불리게 된다. 화 궈펑이 4인방과의 투쟁을 11차 노선투쟁이라고 한 것은 그러한 마오 쩌둥의 관점을 받아들인 기초 위에서 주장한 것이다(于光遠 1998a, 26~27면). 이후 펑 더화이 사건과 류 샤오치 사건은 완전히 재평가되며, 다른 사건들도 평가의 관점이나 내용에서 변화가 발생한다. 제9·10·11차 노선투쟁은 각각 류 샤오치, 린 뱌오, 4인방 사건을 가리키는 것으로 문혁 시기의 역사를 상징한다.
4) 예 젠잉의 이 연설은 1996년 출판된 『예 젠잉 선집(葉劍英選集)』에 「이론을 실제와 결합하는 학풍을 견지하고 발양하자(堅持和發揚理論聯系實際的學風)」라는 제목으로 수록되어 있지만, "특히" 이후의 구절은 생략되어 있다(葉劍英 1996, 465면). 이른바 제9·10·11차 노선투쟁이라는 관점이 부정되었기 때문이다.

성·시·자치구의 상무위원 이상 간부, 군대의 군단장급 이상 고급간부로 구성된 고급반에서는 문혁의 필요성, 수정주의 문제, 계급투쟁 문제 등에 대한 광범한 논의가 이루어진다. 그러한 논의과정에서 양개범시의 관점과 마오 쩌둥의 주장인 실사구시와 실천제일의 관점 사이에 논쟁이 벌어진다 (沈寶祥 1997, 386~89면). 그러한 논의는 고급간부들 사이의 사상논쟁과 실천 혹은 실사구시 관점의 확산을 의미하는 것임과 동시에 평반을 위한 기초로서 문혁 재평가 문제가 제기되었다는 것을 의미했다.

그런데 이러한 논의들은 마오 쩌둥의 절대적 권위를 전제한 것으로, 명시적으로는 마오 쩌둥의 권위를 통해 린 뱌오와 4인방을 공격하는, 화 궈펑 체제의 '중심(綱) 과제'인 반4인방운동의 입장에 서 있는 것이었다. 그렇기 때문에 이들 관점을 포함하는 『이론동태』의 논의들은 여러 차례에 걸쳐 화 궈펑으로부터 높은 평가를 받았다.[5] 특히 1977년 12월 30일 출간된 제34기의 「어떠한 정신적 태도로 새로운 1년으로 돌진할 것인가(以怎樣的精神狀態跨進新的一年)」를 읽고 난 이후에는 '국무원 정부 공작보고'를 준비하는 작업팀에 그 글을 잘 읽고 학습하도록 지시하기까지 했다(沈寶祥 1997, 63~64면). 이러한 사실은 피해자 세력과 수혜자 세력 사이의 대립 가능성은 잠재했지만, 두 세력은 여전히 반4인방운동으로 통합되어 있었고 대립이 표출되지는 않았다는 것을 의미한다.

후 야오방을 중심으로 한 이러한 논의는 부분적인 반대에 봉착하기도

---

5) 화 궈펑의 이러한 태도는 1978년 5월 10일 『이론동태』 제60기와 5월 11일 『광명일보』에 게재된 「실천이 진리 검증의 유일한 표준이다(實踐是檢證眞理的唯一標準)」라는 글이 진리표준토론을 촉발하기까지 지속된다(沈寶祥 1997, 64면). 그런데 이 시기 『이론동태』의 주요 내용은 맑스-레닌주의-마오 쩌둥 사상의 기본원리, 노동에 따른 분배문제와 농촌시장 문제 등 경제개혁 문제, 4인방 비판 등을 이론적 관점에서 정리한 것이었다. 후 야오방이 중앙당교의 직위를 가졌던 1982년 4월 24일까지 발행된 1~346기까지 『이론동태』의 목록은 우 장(吳江)의 『십년의 길(十年的路)』에 부록으로 수록되어 있다 (吳江 1995, 266~78면).

했지만, 광범위한 사회적 파장을 불러일으켰다.[6] 특히 중공중앙 조직부 내 원로간부들이 강력하게 호응했다. 당시 중공중앙 조직부 부장 궈 위평은 문혁파로 4인방 관련 사건과 인물에 대한 조사를 방해하였을 뿐만 아니라 문혁시기의 노선을 계속 견지했다(中共組織部 外 2000(7卷上), 227면).[7] 그러한 상황에서 1977년 10월 7일 『인민일보』 글의 발표 이후, 조직부 내의 원로간부들은 대자보로 궈 위평에 대한 대대적인 비판을 감행한다. 이러한 대자보의 내용이 『인민일보』에 전달되어 「원로동지들의 대자보로 본 궈 위평의 조직부에서의 행위(從一批老同志的大字報看郭玉峰在中組部的所作所爲)」라는 제목의 『정황휘편(情況彙編)』으로 정리되어 예 젠잉 등에게 전달된다(戴煌 1997, 55면). 뿐만 아니라 『인민일보』에서는 11월 27일 「마오 주석의 간부정책을 반드시 성실하게 관철하자」라는 글을 다시 게재하는 것과 동시에 10월 7일 글을 지지하는 독자들의 편지와 지방에서의 일련의 평반 사례를 보도하여 평반에 대한 사회적 여론을 환기한다(戴煌 1997, 54~55면; 曾志 1999, 50~51면).

이러한 상황은 중앙 최고지도층 인사들의 개입을 초래하였다. 당시 조직과 선전을 관할하던 정치국 상무위원 왕 둥싱이 궈 위평의 자아비판을

---

6) 왕 둥싱에 의한 비판(沈寶祥 1997, 13면) 외에도 그것이 우파의 주장이라는 당시 중공중앙 조직부장 궈 위평의 비판 등이 반대의 대표적인 예이다(曾志 1999, 47면). 하지만 그 글 발표 후 1개월 내에 『인민일보』는 글에 찬성하는 1만여통의 편지와 전보를 받았으며, 저자들도 두달간 약 두 마대 분량의 편지를 받았을 만큼 폭넓은 관심과 지지를 받았다(曾志 1999, 43면).
7) 문혁 전 조직부장 안 쯔원(安子文)의 비서 류 위안(陸沅)에 대한 처리문제가 그 예인데, 4인방 체포 6개월 후인 1977년 4월 문혁시기 5·7간부학교와 노동개조를 거쳐 돌아온 그녀에게 다시 당적 제명보다 한 단계 낮은 2년간의 당적 보류 상태에서의 관찰 처분(중국공산당 내의 처분은 경고, 엄중경고, 당내 직무의 박탈, 당적 보류 상태에서의 관찰, 당적 제명의 5단계로 되어 있다)과 베이징에서 떠나라는 지시가 내려진다. 또한 베이징시에 그녀 남편의 베이징 호구(戶口)를 말살하라는 지시가 내려지는데 이는 베이징시의 거절로 성사되지 못한다(戴煌 1997, 51~52면).

요구했는데, 궈 위펑의 자아비판은 책임을 회피하고 사소한 문제만을 언급한 불충분한 것이었다(曾志 1999, 51면). 조직부에서는 11월 24일 왕 둥싱에게 궈 위펑의 자아비판 상황에 대한 보고를 올리고, 정치국 상무위원회에서 그 보고를 심의한다. 12월 4일 왕 둥싱은 정치국 상무위원회의 의견에 따라 정치국 상무위원회에 조직부 문제에 대한 보고를 올린다. 왕 둥싱은 이 보고에서 다음 두가지 내용을 건의했다.

첫째, 중공중앙 조직부의 궈 위펑은 10·11차 노선투쟁 중 과오가 있어 중조부의 동지들이 많은 문제를 제기했다. 일부 간부들은 궈 위펑의 자아비판을 긍정적으로 받아들였지만 다른 사람들은 핵심을 언급하지 않는 불충분한 것이라고 판단했다. 이로 미루어볼 때 궈 위펑에게 계속 일을 맡기는 것은 곤란하다. 둘째, 후 야오방 동지를 중조부 부장에 임명하고 중앙당교 부교장을 겸임하도록 한다(曾志 1999, 51~52면).[8]

---

[8] 왕 둥싱은 양개범시를 주장한 범시파의 핵심 인물로, 덩 샤오핑의 복권을 반대하였으며 평반도 제한적으로만 허용해야 한다고 주장하여 피해자 집단과 일관되게 대립했던 인물로 평가된다. 하지만 진리표준토론 이후의 대립과 그전의 상황은 구분할 필요가 있다. 물론 왕 둥싱은 스스로 덩 샤오핑의 평반을 반대한 것이 화 궈펑이 아니라 자신이었으며, 그 이유는 덩 샤오핑이 평반된다면 화 궈펑의 권력 유지가 어렵기 때문이었다고 주장한 적이 있다. 그러나 진리표준토론 이전 왕 둥싱이 일관되게 피해자 세력 혹은 이후 이른바 '실천파'로 불리는 집단의 주장을 반대해왔다는 주장에는 과장이 있어 보인다. 그러한 주장은 후 야오방 주도하에 작성된 10월 7일 『인민일보』의 글이 화 궈펑의 "11차 당대회 정치보고"를 뛰어넘은 것이라고 보는 관점과 일치한다. 그러나 10일 7일 글은 화 궈펑 정치보고의 기조에서 벗어나지 않는다. 다시 말해서 후 야오방은 당의 11차 당대회에서 확립된 노선의 관철·집행을 반복적으로 강조함으로써 4인방이 전도한 노선의 시비를 바로잡는 간부정책을 실행하는 전가의 보도로 삼았다(曾志 1999, 95면). 아울러 후 야오방은 중앙조직부에서 자신이 중조부에 오기 전 왕 둥싱 부주석이 원가착안 중 마땅히 재조사해야 할 것은 재조사하고 평반할 것은 평반해야 하며, 결국 실사구시해야 한다고 지시했다고 말했다(曾志 1999, 85면). 이러한 사실은 왕 둥싱이 평반의 확대를 원하지는 않았지만, 일정 범위 내에서의 평반은 필연적이라는 것을 알고 있었다는 것

그에 따라 12월 10일 후 야오방이 조직부장에 임명된다. 12월 19일부터 정식으로 조직부 업무를 시작한 후 야오방은, 문혁시기에 권리를 박탈당한 뒤 직무를 재분배받지 못하고 대기 상태에 있던 간부들에게 업무를 배분했을 뿐만 아니라 원가착안에 대한 평반작업을 단행한다. 후 야오방은 조직부장 취임 후 즉각 과거 쏘비에뜨 시기의 '원안(冤案)', 즉 억울한 사건에서부터 문혁시기의 각종 안건들을 모두 해결하겠다는 의지를 표명한다(曾志 1999, 53면; 戴煌 1997, 60~61면). 이러한 후 야오방의 태도는 표면적으로는 화 궈펑의 "11차 당대회 정치보고"의 노선을 근거로 하였지만, 양개범시의 제약을 받지 않는 전면적인 조사와 평반을 주장하는 것이었다.

후 야오방은 우선 평반과 간부들의 직무 재배치를 원활히하기 위해 조직부의 조직체계를 재편했다. 후 야오방은 문혁시기 피해를 당한 간부들을 '신원(伸冤)'하고 원안들을 재조사하기 위해 '원로간부 접견조(接談組)'를 만들어, 신원하기 위해 조직부를 방문하는 사람들과 그들의 편지—방문과 편지를 합쳐 '신방(信訪)'이라고 한다—를 처리하게 했다. 또한 직무 분배를 위해 대기하고 있는 간부 6천여명의 직무 분배를 위해 '간부 배치 업무 사무실(幹部分配辦公室)'과 우파문제 처리를 위한 '우파 조사조(右

을 말한다. 뿐만 아니라 그러한 평반은 마오 쩌둥에 의해 수립된 중국공산당의 이른바 '우수한' 전통이었다. 즉 마오 쩌둥은 옌안정풍운동 시기 "과거의 잘못을 후일의 거울로 삼고 병을 고쳐 사람을 구한다(懲前毖後 治病救人)"라는 방침을 제기하여 잘못을 바로잡으면 평반시키게 하였다(이는 마오 쩌둥이 1942년 발표한 「당의 작풍을 정돈하자(整頓黨的作風, 1942. 2. 1)」에서 제기한 것으로 『시경(詩經)』「주송(周頌)」 소비(小毖)의 내용을 원용한 것이었다). 뿐만 아니라 잘못을 범할 가능성을 보편적으로 인정하고, 특히 정치운동은 필수적이기는 하지만 과도하게 진행될 가능성을 인정하였기 때문에 정치운동 이후에는 그러한 잘못을 바로잡는 평반을 단행했다. 그렇기 때문에 문혁 종결 이후 평반은 필연적인 것이었다. 다만 그것을 어느 정도의 범위에서 수행할 것인가가 문제로 남아 있었는데, 피해자 집단은 그러한 범위의 제약을 받아들이지 않았고, 그것이 두 세력간 균열의 원인이 되었지만, 그것은 이후의 일이었다.

派改正組)'를 각각 만들었다(宋任窮 1996, 65면). 후 야오방이 조직부장에 취임한 뒤 신원과 평반을 요구하는 각종 '신방'이 끊이지 않았는데, 취임 1개월 후인 1978년 1월 한달 동안만 해도 매일 수백명이 조직부에 상방(上訪, 방문)했으며, 편지가 6마대에 달할 정도였다(戴煌 1998, 62면).

이러한 과정에서 평반작업은 광범하게 확대되었으며, 문혁시기의 '의문점이 많지만 해결하기 어려운 중대한 사건(疑難案)'들까지 포괄하게 되었다. 이러한 작업이 가능했던 것은 덩 샤오핑, 천 윈 등 원로간부 세력의 지지가 있었기 때문이다(中共中央組織部 1999, 182면). 뿐만 아니라 후 야오방의 전략과 더불어 화 궈펑의 우호적인 태도 또한 중요한 조건이었다.[9] 평반 작업과정에서 후 야오방은 화 궈펑의 "11차 당대회 정치보고"를 바탕으로 접근했기 때문에 몇몇 난제들에 대해 화 궈펑의 동의를 받았으며 화 궈펑이 직접 정책적 의견을 제시하도록 하기까지 했다(曾志 1999, 96면).[10]

---

[9] 중국에서는 양개범시가 평반에 중대한 장애였으며, 화 궈펑, 왕 둥싱은 양개범시를 견지하였고, 또 화 궈펑의 "11차 당대회 정치보고"에서 문혁에 대한 전반적 긍정을 주장했기 때문에 화 궈펑이 평반에 커다란 곤란을 초래했다고 평가한다(中共中央組織部, 1999, 180면). 그러나 화 궈펑의 평반에 대한 공헌과 반대는 사안에 따라 구분하여 평가해야 하며, 쩡 즈(曾志)의 회고록에서 알 수 있는 바와 같이 중대 안건의 평반에 중앙전안조(中央專案組) 책임자인 왕 둥싱과는 분명하게 구분되는 태도를 보인다(曾志 1999).

[10] 문혁시기의 대표적인 원안의 하나인 '61인 사건'에 대해 1978년 7월 4일 화 궈펑이 후 야오방에게 조직부에서 조사하여 해결하도록 지시한 것이 한 예이다(曾志 1999, 156면). 중공중앙 조직부에서 1978년 11월 20일 제출한 "'61인 사건'에 관한 조사 보고(關于'61人事件'的調査報告)"에는 화 궈펑과 중앙 지도자들의 지시에 따라 1978년 7월부터 61인 사건에 대한 조사를 시작했다고 명시하고 있다(中共中央文獻硏究室 1982b, 25면). 화 궈펑의 이러한 태도는 다른 범시파들과는 구분되는 태도인데, 그것이 화 궈펑의 실각시기가 그들에 비해 늦어진 원인 중 하나였으며, 화 궈펑의 역할에 대한 신중한 재평가가 필요한 부분이기도 하다. 61인 사건은 일본의 화베이(華北) 침략 이후 1936년 국민당에 체포되어 감옥에 있던 공산당원들에게 반성문에 서명하고 출옥하도록 당에서 공식적 절차를 거쳐서 지시했던 일이 문혁시기 캉 성 등에 의해 배신행위로 규정된 사건이다. 61인 사건에 대한 그러한 성격 규정은 마오 쩌둥이 서명한 것이었다(王年一 1996, 234~37면).

그러나 양개범시의 규정하에서 그러한 평반작업은 두가지 측면에서 장애에 봉착했다.

첫째, 양개범시의 조건하에서 지방 또는 각급 부문이 여러가지 이유로 평반작업에 저항하거나 비협조로 일관했다. 그러한 상황은 이미 1977년 10월 7일『인민일보』에「4인방이 전도한 간부노선을 바로잡자」가 발표되었을 때, 일부의 반발에서 드러난 것이었다. 당시『인민일보』에 전달된 반발 의견 중 대다수는 조직·인사 부문에서 온 것이었다. "그렇게 많은 사건을 어떻게 평반하겠는가?" "새로운 불안정을 일으킨다" "선임 상급자가 한 것으로 지금은 〔그것을 재평가할〕 권한이 없다" "어렵게 결론을 내렸는데 어떻게 또 뒤집겠는가?" "처리를 하려면 근거가 있어야 하는데 다시 〔그것을 조사하기 위해〕 힘을 쏟을 필요가 없다" "4인방을 비판·폭로하고, 혁명을 부여잡고 생산을 촉진하는 임무가 중요하지 그러한 일까지 할 수 있는 여유가 없다"라는 등의 반발이 있었는가 하면, 가장 온건한 경우도 "문제가 아주 복잡하기 때문에 천천히 할 수밖에 없다"라는 것이었다(曾志 1999, 46면). 그것은 문혁 중 성장한 정치세력이 여전히 상당 부분 잔존했기 때문이기도 하며, 문혁의 대립으로 형성된 파벌의 영향으로 인한 것이기도 했다.

이는 문혁의 가해자로서 억울한 사건들을 만들어낸 인물들이 여전히 최고지도자였다는 사실과 관계된다. 그들에게 평반은 자기 자신을 부정하는 것이자 그 잘못에 대한 책임으로 자신의 지위와 이익을 상실할 수 있다는 것을 의미했다. 그렇기 때문에 그들은 여러가지 방법으로 평반을 막으려 했는데, 양개범시는 그들이 평반에 저항할 수 있는 중요한 수단이었다. 그들은 양개범시를 옹호하면서, 양개범시를 통해 평반을 저지하려 했다(中共中央組織部 1999, 180~1면).

문혁 중에 형성된 파벌관계 또한 그 수단이었다. 문혁시기의 '조반'과 극단적인 대립은 광범위한 파벌관계를 형성했는데, 그러한 파벌관계는 평반을 방해하는 요소였다.[11] 자신의 파벌인 경우에는 적극적으로 평반을 단행했지만, 그렇지 않은 경우에는 방해했기 때문이다(中共中央組織部 1999, 181면).

둘째, 중앙의 최고권력층을 포함하는 중앙전안조 관련 인사들이 강력하게 반발하고 협력을 거부했다. 문혁 초기 성립된 중앙전안조는 캉 성, 장 칭이 직접 지휘한 당·정·군 고위층 관련 중요 사건에 대한 전문 조사기구였다.[12] 문혁시기 고위층과 관련된 중대한 사건의 평반작업에는 중앙전안조에서 조사한 사건과 기록에 대한 재조사가 필수적이었다. 일련의 '신방'에는 여전히 감금되어 있던 평 전, 안 쯔원 등을 포함한 중앙전안조에서 조사한 안건 관련자들의 요구가 포함되어 있었기 때문에 중앙전안조의 자료 조사가 필요했다.[13] 그런데 당시 왕 둥싱, 지 덩쿠이, 우 더가 책임을 맡고

---

11) 문혁시기 대립으로 인한 갈등관계는 이후까지 계속 남아 있었는데, 행정기관에서만이 아니라 학교 등에서도 문혁시기 형성된 적대관계가 여전히 영향을 미쳤다. 그러한 파벌투쟁이 가장 심했던 곳의 하나가 허난성인데, 문혁 이후 4인방 세력 비판·폭로와 처벌에서도 그러한 파벌관계가 반영되었다. 허난성의 경우 당적 제명이 전국 13만명 중 80%, 법적인 처벌을 받은 자가 1,700여명으로 전국 5천여명의 1/3을 점했다. 허난성 당 상무위원을 지낸 자오 준펑(趙俊峰)이 당중앙에 보낸 보고에 의하면, 문혁 이후의 당권파가 문혁시기 적대 파벌세력을 문혁세력으로 몰아 부당하게 처벌을 가했던 것이 주요 원인이었다(趙俊峰 2006).
12) 문혁 초기에서 중기까지 장 칭과 캉 성이 전안(專案)에 대한 권한을 장악하였으며, 세 개의 전안판공실(專案辦公室)을 통해 당·정·군의 주요 지도자들을 조사했다. 제1전안판공실은 당과 정부의 전안을 담당하고, 제2판공실은 군대, 제3판공실은 이른바 외국과 내통한 자에 대한 전안을 담당했다(中共中央組織部 外 2000(6卷), 8면). 중앙전안조에 관해서는 Schoenhals(1996) 참조.
13) 1975년 각각 산시(陝西)와 안후이(安徽)로 보내져 '감호 개조'를 받고 있던 전 베이징 제1서기 펑 전과 전 조직부장 안 쯔원은 조직부로 직접 편지를 보내 신병 치료를 위한 베이징으로의 귀경과 자신들 사건에 대한 재조사를 요구했다(戴煌 1997, 75면). 61인 사건 관련자 왕 치메이(王其梅)의 처 왕 셴메이(王先梅)는 부친의 문제로 인해 자녀들이 직장을 분배받지 못하고 정치적 권리를 제한당하는 문제에 대해 덩 샤오핑에게 1977년 12월 8일 편지를 보냈다. 이에 덩 샤오핑과 왕 둥싱은 조직부에서 그것을 처리하도록 했

있던 중앙전안조에서는 자신들이 조사한 사건은 자신들이 관할했던 것으로 린 뱌오와 4인방의 관여가 없었고, 마오 쩌둥 주석이 결정한 것이기 때문에 재평가할 수 없다면서 협조를 거부했다(中共中央組織部 1999, 187면; 戴煌 1997, 75, 114~20면).[14]

이들은 양개범시를 이유로 중앙전안조의 자료 제공과 재조사를 거부했는데, 더욱 중요한 이유는 자신들이 관할하고 있는 중앙전안조 관할 사건에 대한 평반이 결국 자신들의 책임문제로 돌아올 것을 알았기 때문이었다. 평반은 과오에 대한 인정을 전제하는 것이므로, 결국 자신들의 권력 약화 혹은 상실로 귀결될 수밖에 없었다. 더구나 중앙전안조에서 장악하고 있는 고위간부들에 대한 조사 자료는 그들에게 조사 대상자들을 통제할 수 있는 중요한 정보원이었다. 평반은 바로 그러한 중요한 권력자원의 상실을 의미했다. 그렇기 때문에 당중앙에서 1978년 6월 중앙전안조의 자료

다. 덩은 "왕 치메이는 당을 위해 적지 않은 공이 있으며, 아버지의 일이 가족과 자녀들에게 영향을 미치지 않도록 하는 것이 마오 쩌둥 주석의 당 정책이다"라고 했으며, 왕 둥싱은 구별하여 대우해야 하지만 차별하지 않아야 한다고 마오 주석이 여러 차례 지시했다면서 후 야오방에게 처리하도록 했다. 그런데 후 야오방은 왕 셴메이의 편지 일부와 「간부정책 실시의 중요한 문제(落實幹部政策的一個重要問題)」를 1978년 2월 28일 『인민일보』에 발표하여 61인 사건의 평반 가능성을 유포하려 했다(曾志 1999, 151~54면; 戴煌 1997, 111~14면). 여기서 분명히 구분해야 할 것은 왕 둥싱이 동의한 것은 마오 쩌둥 주석의 정책에 따라서 부모의 문제로 자녀를 연좌하지 않는 것이었으며, 후 야오방도 그 범위에서 처리하였지만, 한편으로 후 야오방은 『인민일보』 발표를 통해 암묵적으로 그것을 61인 사건 평반과 연계시키려 했다는 것이다. 즉 자녀문제와 61인 사건 평반문제는 별개의 일이며, 왕 둥싱은 그것을 분명하게 구분한 데 반해, 후 야오방은 전자만을 처리하면서도 의도적으로 후자와 연결지으려 했다. 그렇기 때문에 왕 둥싱의 전자 문제의 해결 동의와 이후의 중앙전안조 자료 제공 거부는 서로 모순되지 않는다.
14) 1978년 6월 9일 왕 둥싱은 중앙전안조 제1·3판공실 조사 안건 중 인민 내부 모순으로 결론이 난 자료는 조직부로 이관할 수 있지만 적대적 모순으로 결론 난 자료는 이관할 수 없다고 밝혔다. 그것은 결국 중요한 사건에 대한 자료는 이관하지 않겠다는 것을 의미했다(戴煌 1997, 115면; 盛平 2007, 190~1면).

를 중공중앙 조직부로 이관하도록 결정했음에도 불구하고 11기 3중전회 중인 12월 19일에야 모든 자료의 조직부 이전과 중앙전안조의 완전한 해체가 결정된다.[15]

이러한 사실은 결국 양개범시가 존속하는 한 평반은 여러가지 장벽에 부딪혀 제한적으로 진행될 수밖에 없다는 것을 의미했다. 더구나 영향력이 큰 중요한 사건은 모두 마오 쩌둥이 직접 결정하거나 동의했다는 점에서 그러한 사건에 대한 평반은 불가능했다. 그렇기 때문에 후 야오방은 1978년 9월 왕 둥싱이 소집한 전국신방공작회의(全國信訪工作會議)에서 평반의 확대를 위해 양개범시에 대응하는 '두가지를 상관하지 않는다'는 이른바 '양개불관(兩個不管)'을 제기했던 것이다(曾志 1999, 131~35면). 양개불관은 "진실이 아닌 말과, 정확하지 않은 결론과 처리는 언제 어떤 상황하에서 이루어진 것이든 상관하지 않고, 어느 급의 조직에서 행한 것이든 누가 정하고 비준한 것이든 상관하지 않고, 모두 바로잡아야 한다"라는 것이다(宋任窮 1996, 66면).

그것이 당의 방침인 양개범시 자체를 직접 공격한 것은 아니었다. 양개범시가 당의 방침인 이상 내부적 비판은 가능했지만 직접적이고 공개적인 비판은 불가능했기 때문이다.[16] 그런데 평반을 둘러싼 이러한 문혁 피해자 세력과 범시파의 대립은 진리표준토론의 확산을 통해 전혀 다른 국면에

---

15) 이 당시에는 중앙전안조 제1·3전안판공실과 5·16전안연합소조판공실이 존속하고 있었다(宋任窮 1996, 78면).
16) 당의 노선·방침·정책의 관점에 대한 공개적인 반대 선전 행위는 당적 제명에 처해진다(王炳岐·朱景哲 1993, 59면). 그렇기 때문에 내용적으로는 그것을 부정하는 경우도 양개범시가 의거하고 있는 마오 쩌둥의 사상과 원칙의 이름으로 제기했던 것이다. 심지어 양개불관을 주장하면서도 후 야오방은 "그 노인장(즉 마오 쩌둥)이 살아계신다 해도 자신이 주장해온 실사구시 원칙을 회복시켰을 것이므로, 노인장이 과거에 비준하고 결정했지만 실천 중 잘못으로 증명된 원가착안에 대해 우리는 마땅히 평반해야 한다"라는 주장으로 옹호했다(曾志 1999, 135면).

처하게 된다. 진리 검증 기준으로서의 실천 또는 실사구시의 관점과 양개범시의 잠재적 대립은 진리표준토론을 통해 이론논쟁에서 정치논쟁으로 전화된다. 그에 따라 문혁 수혜자 세력인 범시파와 문혁 피해자 세력의 잠재적 대립은 정치적 논쟁으로 표출되고, 대립과정에서의 입장 표명에 따라 정치세력의 재배치가 이뤄지게 된다.

2. 진리표준토론과 반문혁연합

진리표준토론은 「실천이 진리 검증의 유일한 표준이다」라는 글이 1978년 5월 10일 『이론동태』에 실리고 5월 11일 『광명일보』에 본보 특약평론원(本報特約評論員) 명의로 발표된 것을 계기로 촉발되어 양개범시의 폐기를 초래했다. 그에 따라 1978년 말 중앙공작회의와 11기 3중전회에서의 문혁 부정과 마오 쩌둥 비판을 위한 조건이 형성되며, 화 궈평 체제 권력 정당성의 이론적 기초를 부정함으로써 화 궈평 체제의 해체가 시작되었다. 뿐만 아니라 마오 쩌둥 사상과 이론에 대한 경직된 이해에서 벗어나 이른바 '사상해방'을 이룸으로써 중국 사회주의 발전모델을 전환하는 개혁개방의 기초가 되었다.

그렇기 때문에 진리표준토론은 개혁으로 전환하는 과정의 중요한 계기로 여겨지고 있다. 진리표준토론에 대해서는 『철학연구(哲學硏究)』 편집부에서 편찬한 『진리표준토론문제 토론집(實踐是檢驗眞理的唯一標準問題討論集)』 1, 2 등의 자료집뿐만 아니라 많은 회고록과 당시 상황에 대한 기록이 1980년대부터 출판되었다. 구미에서도 진리표준토론에 대한 연구가 있는데(Womack 1979, 768~92면; Schoenhals 1991, 243~68면), 그중 쇤할스의 논문은 인터뷰와 광범한 자료를 통해 기존 연구의 오류를 바로잡고 진리표준토론을 종합적으로 정리하고 있다. 그렇지만 그의 연구는 진리표준토론을 『광명일보』의 5월 11일자 글을 중심으로 이해했다는 데 한계가 있다. 7월 이후 지방·군·학계의 진리표준토론에 대한 역동적 참여가 정치 변화의 실질적 원동력이 되었다는 점에서, 『광명일보』의 글은 출발점이었지만 전체 토론과정의 절반이었을 뿐이라고 할 수 있다. 중국에서는 진리표준토론에 직접 관여했던 중앙당교의 선 바오샹이 종합적인 연구(沈寶祥 1997)를 발표함으로써 좀더 자세한 자료를 제공해주었다.[17]

진리표준토론은 문혁시기 폐쇄되었다가 1977년 3월 복교된 중앙당교의 부교장 후 야오방과 그에 의해 창간된 내부 간행 이론 잡지 『이론동태』 편집조(編輯組)에 의해 주도되었다.[18] 『광명일보』의 글은 양개범시에 대응하여 진리 검증 기준으로서의 '실천'이라는 관점을 제기했지만, 맑스-레닌주의와 마오 쩌둥 사상이라는 관점에서의 이론적 논쟁을 내용으로 한 것으로, 명시적이고 직접적으로 양개범시 반대를 주장한 것은 아니었다. '유일한'이라는 표현을 통해 양개범시와 대비되는 원리를 암묵적으로 강조했지만, 그러한 언어적·이론적 표현이 반양개범시로서 정치화되는 과정은 글 자체와는 또다른 정치적 과정을 포함하는 것이었다. 그러한 과정은 암묵적이고 은폐되어 있던 대립이 공식화되는 과정이었는데, 그것은 단지 역사적 문제가 아니라 현실정치적 의미를 지니는 문혁 평가를 둘러싼 대립의 표출이었다.

그렇기 때문에 진리표준토론을 이해하기 위해서는 우선 그 배경과 글 자체의 작성 과정과 내용을 보아야 하지만, 더욱 중요한 것은 그것이 정치 논쟁으로 전화되고 확산되는 과정이다. 진리표준토론의 역사적 작용은 바로 후자의 과정을 통해 이루어졌기 때문이다. 진리표준토론은 『광명일보』 특약평론원 명의의 글과 그것의 정치화, 당의 이념과 선전 담당 부분에 의한 논의 금지, 그러한 금지에 맞선 토론의 재개와 확산이라는 과정을 거친

---

17) 중앙당교 교수였던 선 바오샹은 1977년 6월부터 후 야오방의 지도하에 『이론동태』 창간과정에 참여했으며, 이후 『이론동태』 편집조 주임과 주편 등을 역임했다.
18) 후 야오방은 1977년 12월 10일 중공중앙 조직부장으로 임명되었지만, 이후에도 중앙당교 부교장을 겸임하고 있었으며 『이론동태』의 발행과정에 깊숙하게 개입했다.

다. 그리고 11기 3중전회에서 양개범시의 공식적 폐기와, 다시 1979년 1월 18일부터 4월 3일까지의 이론공작회의[19]에서 전개된 진일보한 양개범시에 대한 비판, 이념적 재조정 등의 과정으로 진행되며 이후에도 이론적 측면의 논의는 지속된다. 그러나 이 글에서는 진리표준토론 자체가 아니라 그것의 권력관계에 대한 직접적인 정치적 결과에 중점을 두기 때문에, 진리표준토론의 전체 과정이 아니라 11기 3중전회의 권력이전의 전제로서 그것을 통한 정치적 세력관계 재편과 그 성격을 논의하는 것으로 범위를 한정한다.

1) 진리표준토론의 제기

진리표준토론의 발단이 되는 『광명일보』 특약평론원의 글은 상호독립적으로 이루어진 작업에 『광명일보』와 중앙당교의 『이론동태』 편집조가 몇차례 수정을 하여 완성된 것이다. 최초의 초고는 난징대학(南京大學) 철학과 교수 후 푸밍(胡福明)이 작성한 것이지만, 그와는 완전히 독립적으로 후 야오방의 지시에 따라 우 장의 책임하에 중앙당교의 쑨 창장(孫長江)도 비슷한 원고를 작성하고 있었다. 『광명일보』에 발표된 글은 수정을 거친 두 편의 글을 쑨 창장이 종합하여 최종 수정하고, 다시 우 장과 후 야오방의 심의·수정을 거쳐 완성된 것이었다. 하지만 그 작성과 수정이 복잡한 과정을 통해 이루어졌기 때문에 글의 작성과정에 대해서는 이견이 존재한다.[20]

---

19) 회의의 정식 명칭은 이론공작무허회의(理論工作務虛會議)이다. 무허(務虛)와 무실(務實)은 마오 쩌둥이 만든 개념의 대립쌍으로, 실(實)은 실제 업무를 지칭하며 허(虛)는 사상과 이론을 지칭한다. 그렇기 때문에 무허는 곧 이론공작을 의미하는 것으로 이론공작과 무허는 동어반복이다(李洪林 1999, 248면). 의미상 이론공작회의로 번역하였다.
20) 글의 작성과 수정의 자세한 과정과 여러가지 주장에 대해서는 沈寶祥(1997, 66~113면) 참조. 그런데 쉰할스는 쑨 창장과의 인터뷰에 기초하여 후 푸밍 글의 역할을 지나치게 과소평가한다(Schoenhals 1991, 258~60면). 그 글의 작자가 일반적으로 후 푸밍만으로 알려진 것을 바로잡는 데는 쉰할스의 주장이 의미가 있겠지만, 쑨 창장만을 강조하는

이렇게 완성된 글은 1978년 5월 10일 『이론동태』에 발표되고, 그 다음날 『광명일보』에 본보 특약평론원 명의로 발표된다.

이 글은 ① 진리 검증의 기준은 사회적 실천뿐이다, ② 이론과 실천의 통일이 맑스주의의 가장 기본적 원칙이다, ③ 혁명의 지도자들은 실천을 진리 검증의 기준으로 견지한 모범이다, ④ 어떠한 이론도 부단히 실천의 검증을 받아야 한다는 네 부분으로 구성되어 있다. 4인방의 영향에 대한 비판을 목표로 맑스, 레닌 및 마오 쩌둥의 글을 인용하여 사회적 실천의 중요성에 대한 이론적 논의를 전개한 것이 글의 주요 내용이다(『光明日報』特約評論員 1979, 12~22면). 양개범시를 직접적으로 언급하거나 비판하지는 않았지만, 모든 이론이 실천의 검증을 받아야 한다고 주장한다는 점에서, 마오 쩌둥의 글과 결정을 절대적 진리로 인정하는 양개범시에 반대되는 주장을 펼친 것이었다.

글이 특약평론원 명의로 발표된 것은 이미 여러 차례에 걸쳐 『이론동태』의 글이 『인민일보』에 특약평론원 명의로 발표된 선례가 있었고, 또 더 많은 주목을 받을 수 있었기 때문이었다. 더구나 신문사 사론의 경우 당중앙 선전 담당의 사전 심의를 받아야 했지만, 『이론동태』에 발표된 뒤에 특약평론원 명의로 다시 발표하는 경우는 그럴 필요가 없었다. 그렇기 때문에 『인민일보』에서는 사론으로 작성한 것 중 예민한 문제를 포함하는 것

것은 또다른 편향이다. 분명한 것은 독립적으로 이루어진 글의 작성에서 시간적으로 최초인 것은 1977년 9월에 『광명일보』에 기고된 후 푸밍의 것이다. 자기 글의 기본적 내용은 변화되지 않았다는 후 푸밍의 주장과는 달리 원래의 글이 쑨 창장에 의해 대폭 수정되었고(혹은 쑨 창장이 이미 작성한 문장과 합쳐졌고), 최종적으로 쑨 창장에 의해 수정이 완료되었다. 뿐만 아니라 글을 양개범시와 명시적으로 대립되게 하고 진리표준토론을 주도한 것이 중앙당교의 『이론동태』 편집조였다는 점에서, 후 야오방과 중앙당교의 역할을 중심적으로 보는 것은 타당하다. 그러나 쑨 창장의 주장대로 원래의 글에서 1/3 미만을 남기고 다시 쓴 것이라고 하더라도 '최초' 저자의 1/3의 '저작권'은 과소평가될 수 없다.

을 먼저 『이론동태』에 보내 발표한 후 다시 특약평론원의 이름으로 『인민일보』에 발표하는 경우도 있었다(沈寶祥 1997, 58~59면).[21]

『광명일보』에 발표된 글은 다음날인 5월 12일 『인민일보』와 『해방군보』 및 몇몇 지방신문에 『광명일보』 특약평론원의 이름으로 전재된다. 이어 13일에도 다시 지방신문들에 전재되는데, 13일까지 전국 성·시의 35개 대규모 신문 중 25개에 전재된다(沈寶祥 1997, 105~6면).

5월 12일 『인민일보』에 그 글이 게재되자, 그날 밤 당시 『인민일보』 편집장(總編輯) 후 지웨이는, 문혁 이전 신화사 사장과 『인민일보』 편집장을 역임했으며 당시에는 마오 쩌둥 저작편집출판위원회 판공실 부주임이었던 우 렁시(吳冷西)의 전화를 받는다. 이 전화에서 우 렁시는 글의 정치적 성격이 아주 나쁘다고 하면서 정치적으로 마오 쩌둥 사상의 깃발을 부러뜨리려고 하는 것이라고 비판한다.[22] 그러면서 우 렁시는 그러한 판단은 자기 개인의 의견이므로 다른 사람에게는 알리지 말라고 했다. 그러나 후 지웨이는 우 렁시가 정치적인 문제가 있다고 했기 때문에 그 의견에 대해 다른 사람과 토론해야 한다고 하며 이를 거절한다. 그리고 다음날 후 지웨이는 후 야오방의 집에서 열린 『이론동태』조 회의에서 그 일을 알리는데, 이것이 토론 확산의 계기가 된다. 선 바오샹은 우 렁시와 후 지웨이의 이 전화 통화를 진리 검증 기준으로서의 실천과 양개범시 사이의 논쟁의 시작으로 보아야 한다고 본다(沈寶祥 1997, 110면). 다시 말해서 실천을 마오 쩌둥

---

21) 원래는 본보평론원(本報評論員) 이름으로 발표할 생각도 했지만 그럴 경우는 심사를 받아야 하기 때문에 특약평론원 명의를 사용했다. 후 야오방은 특약평론원의 경우 신문사에서 작성한 것이 아니라 외부의 개인이 작성한 것을 의미하기 때문에 당보(黨報)를 대표하지 않을 수 있으므로 원고의 심사를 받지 않아도 된다고 했다(沈寶祥 1997, 156면).
22) 우 렁시와 후 지웨이의 통화기록 전문은 沈寶祥(1997, 108~9면); 胡積偉(1997, 39~40면) 등에 수록되어 있으며, 쇤할스도 전문을 영문으로 번역하여 수록하였다(Schoenhals 1991, 261~62면).

사상의 중심 내용으로 주장하는 입장과 마오 쩌둥 사상 자체의 완전성을 주장하는 입장의 잠재적 대립이 우 렁시에 의해 정치적 차이를 갖는 적대적인 것으로 비약하여 표출되었기 때문이다.

그것은 역사적 의미를 갖는 진리표준토론의 진정한 의미에서의 '토론'은 글 자체가 아니라, 그것에 대한 우 렁시의 비판으로부터 비롯되었다는 것을 말한다. 글은 '진리' 자체와 진리 검증 기준으로서의 실천문제에 대한 논의로 한정될 수도 있었다. 하지만 우 렁시가 글에 정치적 성격을 부여함으로써 그 의미가 달라져버렸던 것이다. 이는 왕 둥싱과 덩 샤오핑의 반응에서도 증명된다. 왕 둥싱은 5월 18일 잡지 『홍기』의 전임 편집장 왕 수(王殊)와 신임 편집장 슝 푸(熊復)를 불러 논의하던 중 "두 특약평론원의 글이 당시에 보기에는 괜찮았는데, 이제 와서 보니 문제가 매우 크며, 마오 주석을 겨냥한 것이다"라고 비판한다(沈寶祥 1997, 115면).[23] 덩 샤오핑도 7월 22일 후 야오방과의 대화에서 "원래는 그 글에 주의를 기울이지 않았지만, 이견이 있다는 이야기를 듣고 보았더니 맑스주의적인 내용이었다"라고 했다. 즉 선 바오샹이 주장하는 바와 같이 별 문제 없이 지나갈 수 있었던 것이 우 렁시의 문제제기로 광범한 주의를 끌고 중요한 정치문제로 비화했던 것이다.[24]

5월 13일 밤에는 『홍기』 편집장(당시에는 왕 수였지만 곧바로 슝 푸로 교체된다)이 신화사 사장 쩡 타오(曾濤)에게 전화를 걸어 오류가 있는 글이라고 비판한다. 또 5월 17일에는 신임 편집장 슝 푸도「노동에 따라 분

---

23) 왕 둥싱이 비판한 것은 「노동에 따라 분배하는 사회주의 원칙을 철저히 집행하자(貫徹執行按勞分配的社會主義原則)」와 「실천이 진리 검증의 유일한 표준이다」라는 두 특약평론원의 글이다.
24) 선 바오샹은 다음과 같이 평가한다. "만일 강력한 반대 의견이 없었다면 그 글은 그렇게 많은 주의를 끌지 못하고 모두들 그냥 보고 지나갔을 것이며, 그러한 대논쟁은 늦추어졌을 것이다. 그런 점에서 이 글에 반대한 동지의 공로가 매우 크다"(沈寶祥 1997, 113면).

배하는 사회주의 원칙을 철저히 집행하자」와 「실천이 진리 검증의 유일한 표준이다」라는 두 글에 오류가 있다고 비판한다. 이어서 5월 18일 왕 둥싱은 왕 수와 슝 푸를 부른 자리에서 앞의 비판과 더불어 "〔글의 견해가〕 어떤 중앙을 대표하는지 모르겠다"라고 하면서, "경험을 종합하고 인식을 통일하여 다시는 〔그런 일이〕 발생하지 않도록 하자"라는 방침을 정한다. 그리고 그 방침을 중공중앙 선전부에서 각 선전단위에 전달하여 집행하도록 하고, 또 "이론문제에서는 신중해야 하며 확신이 없는 문제에 대해서는 상부의 지시를 받도록 하라"라고 지시한다. 중공중앙 선전부장 장 핑화(張平化)도 5월 18일 베이징에서 개최된 각 성·시 문교 서기와 선전부장 좌담회에서 그 글에 대해 "두가지 서로 다른 의견이 있는데, 읽어보고 소규모 범위에서 토론하고 이견을 발표하도록 하며,『인민일보』에 발표되었다고 하여 정론이라고 여기지는 말라"라고 지시한다. 6월 15일 왕 둥싱은 선전부와 중앙 직속 언론단위(신화사,『인민일보』,『광명일보』,『홍기』)의 책임자 회의에서 특약평론원과 후 야오방을 직접 거명하여 비판한다(沈寶祥 1997, 116~18면).

이런 상황에서 진리 검증 기준으로서의 실천에 대한 토론은 당연히 위축될 수밖에 없었다. 더구나 선전과 조직을 관할하는 정치국 상무위원 왕 둥싱은 조직부장인 후 야오방의 직속 상관이었기 때문에 후 야오방으로서도 신중하지 않을 수 없었다(沈寶祥 1997, 121면). 정치적 압력으로 자아비판을 하는 사람도 생겨났다(吳江 1995, 39면). 그러한 상황에서 6월 2일 덩 샤오핑은 전군정치공작회의(全軍政治工作會議)에서 마오 쩌둥 사상의 출발점으로서 실사구시에 대해 연설한다.『인민일보』는 화 궈펑이나 예 젠잉의 연설이 아니라 덩 샤오핑의 연설을 표제로 뽑음으로써, 덩 샤오핑이 진리 검증 기준으로서의 실천에 대한 논의와 동일한 입장에 있음을 보이려고 했다.[25] 이와 같은 덩 샤오핑의 입장이『이론동태』편집조를 고무하는 역할을 한 것은 틀림없지만, 그 자체는 논쟁을 재개시키는 동력이 되었던 것도, 논쟁에 직접적 도움을 준 것도 아니었다. 왕 둥싱의 비판을 받은 뒤 후 야오방은 그 글에 정말로 (정치적) 문제가 있는가를 다시 살펴보았으며, 덩 샤오핑의 연설에 상관없이 냉각기를 가지려고 했다.[26]

그러나 후 야오방이 조직부장을 맡은 뒤 『이론동태』를 책임지고 있던 우 장의 판단은 달랐다. 침묵하면 굴복하는 것으로 진리 검증 기준으로서의 실천 논의가 요절할 수밖에 없을 것이라고 생각했다(吳江 1995, 39면). 논쟁은 양개범시 측에서 유발한 것으로, 문혁문제를 해결하기 위해서는 논쟁을 지속할 수밖에 없었다(沈寶祥 1997, 134~36면). 그렇기 때문에 우 장은 다시 글을 써서 대응하기로 한다. 하지만 후 야오방의 부담을 덜어주기 위해, 쑨 창장의 도움만을 받고 『이론동태』 편집조 다른 누구의 도움도 받지 않은 상태에서 「맑스주의의 가장 기본적 원칙」이라는 글을 작성했다(吳江 1995, 39면). 초고를 작성한 다음 우 장은 그 글을 후 야오방에게 보냈지만 3개월 후 다시 생각하자는 대답을 들었을 뿐이며, 원고를 완성한 후에는 그것을 다시 후 야오방에게 보내지 않았다(吳江 1995, 39면). 물론 그 글을 왕 둥싱의 관할하에 있는 『인민일보』나 『광명일보』에 발표하는 것도 불가능

---

25) 덩 샤오핑의 연설은 진리 검증 기준으로서의 실천을 제기했던 세력에 상당한 힘이 되었으며, 이후 『해방군보』에 게재되어 토론을 재개·확산시키는 계기가 되는 「맑스주의의 가장 기본적 원칙(馬克思主義的一個最基本的原則)」이라는 글의 내용에도 큰 영향을 미친다(沈寶祥 1997, 122~26면). 그러나 이것이 덩 샤오핑이 진리표준토론에 직접 개입했다는 것을 말하는 것은 아니다. 또한 덩 샤오핑이 왕 둥싱과 후 야오방 사이에 개입하려고 했다는 것을 의미하지도 않으며, 오히려 덩 샤오핑이 강조한 실사구시를 후 지웨이가 이용한 것이었다고 본 쇤할스의 견해가 타당하다(Schoenhals 1991, 264면). 후 지웨이는 그러한 보도 때문에 왕 둥싱으로부터 6월 15일의 중앙선전부와 중앙 직속 언론단위 책임자 회의에서 심하게 비판받는다. 비판 내용은 沈寶祥(1997, 117면) 참조.
26) 우 장에 의하면, 6월 20일 후 차오무가 야오방의 집을 방문하여 즉각 논쟁을 중단하고 『이론동태』에도 논쟁이 될 글을 게재하지 말라고 했다. 후 차오무는 진리표준토론에 대한 이견이 당중앙을 분열시킬 수 있다고 생각했기 때문이다. 후 야오방은 이 말을 들은 뒤에 우 장과 롼 밍(阮銘)을 불러 냉각기를 가지려고 한다고 말했지만 우 장이 동의하지 않았다(沈寶祥 1997, 133면).

했다. 그래서 생각한 것이 『해방군보』의 도움을 받는 것이었다.

우 장은 평소 알고 지내던 『해방군보』 부편집장 야오 위안팡(姚遠方)에게 원고를 보냈는데, 그와 편집장 화 난(華楠)은 글의 관점과 그것을 『해방군보』에 발표하는 것에 동의를 표시했다. 그런데 그 글의 『해방군보』 게재 과정에서 당시 중앙군사위원회 비서장이었던 뤄 루이칭이 중요한 역할을 했다. 그는 마오 쩌둥 『실천론』의 사상을 더 많이 소개하고 덩 샤오핑의 6월 2일 연설 내용을 인용하여 글을 보완하도록 지시했으며 후 야오방과도 논의했다(沈寶祥 1997, 139~41면; 吳江 1995, 40면). 그 글은 이후 다시 한두 차례의 수정을 거쳐 우 장의 요구에 따라 『해방군보』 특약평론원 명의로 6월 24일 『해방군보』에 게재되었다.

「맑스주의의 가장 기본적 원칙」은 ① 린 뱌오, 4인방 집단의 이론과 실천 관계에 대한 전도가 있었다, ② 이론이 실천을 지도하는 과정은 동시에 실천이 이론을 검증, 보완, 수정하고 풍부하게 발전시키는 과정이다, ③ 불가지론, 회의론 등의 철학적 견해를 반박하는 가장 강력한 수단은 실천이다의 세 부분으로 구성되어 있다(『解放軍報』 特約評論員 1979, 23~47면). 형식적으로는 엥겔스, 레닌, 마오 쩌둥 및 덩 샤오핑의 6월 2일 연설 등을 광범위하게 인용하면서 4인방과 린 뱌오 비판을 직접적으로 내세운 것이었다. 그러나 왕 둥싱에 의해 금지된 진리 검증 기준으로서의 실천에 대한 논의를 전면에 내세웠다는 점에서 결국 공개적으로 양개범시를 비판한 것이었다고 할 수 있다.

그런데 뤄 루이칭과 후 야오방 모두 그 글을 『해방군보』에 발표하는 데는 동의했지만, 그것이 당시 상황에서는 모험이었기 때문에 조심스러울 수밖에 없었다. 뤄 루이칭은 글의 수정을 지시했지만, 구두로만 지시하고 원고에 자신의 필적을 남기지 않았으며 완성된 원고에도 자신의 이름에 체크 표시만 하여 동의를 표하고 아무런 평도 달지 않았다(吳江 1995, 40면; 沈寶祥 1997, 141면). 후 야오방도 전군정치공작회의에 대한 내용이 많기 때문에 『이론동태』에 먼저 게재하지 않고 『해방군보』에 발표하는 데 동의하면서, '깃발을 부러뜨린다(砍旗)'와 관련된 부분을 삭제하고 웨이 궈칭과 뤄 루이칭에게 다시 보이라는 구두 지시를 내렸다(沈寶祥 1997, 141면).[27] 뤄 루이칭은 글 발표 후 신병 치료를 위해 출국하기에 앞서 글이 비판을 받게 되면 자신이 매를 맞겠다는 의견을 밝혔다(吳江 1995, 40면).[28]

후 야오방은 자신이 직접 관할하는 『이론동태』에 게재하지 않음으로써 비판의 핵심에서 벗어나고자 했으며, '깃발을 부러뜨린다'는 표현을 삭제함으로써 왕 둥싱과의 직접적 대립을 완화하려 했다. 뤄 루이칭도 직접적인 증거를 남기지 않음으로써 있을 수 있는 비판에 대비했다. 이는 문혁을 비롯한 많은 정치투쟁을 경험하면서 얻은 '지혜'였다고 할 수 있다. 이러한 사실은 당시 권력의 핵심이 수혜자 집단, 즉 범시파였음을 단적으로 보여주는 것임과 동시에 이후 상황이 불확실했다는 것을 말한다. 그렇기 때문에 『해방군보』에 글이 발표된 뒤 후 차오무는 그날로 후 야오방의 집으로 찾아가, 그 글이 심각한 결과를 초래할 수 있는 내부 논쟁의 공개라면서 유감을 표시했다(吳江 1995, 41면). 문혁 초기에 비판을 받았을 뿐만 아니라 1975년 말 이른바 '우경번안풍에 대한 반격' 이후 덩 샤오핑의 국무원 정치연구실 책임자로 비판받았던 서생 후 차오무로서는 그러한 비판의 재개를 두려워했고, 그렇기 때문에 자신의 정치적 입장을 분명히 한 것이라고 볼 수 있다. 우 렁시도 후 지웨이에게 이 글로 『광명일보』 특약평론원의 글에 대한 자신의 판단이 옳았다는 것을 더욱 분명히 알게 되었다고 했다. 이

---

27) '깃발을 부러뜨린다'는 것은 진리 검증 기준으로서의 실천에 대한 글이 양개범시라는 당의 깃발을 부러뜨린다는 것으로, 범시파가 진리 검증 기준으로서의 실천 주장을 비판하기 위해 사용한 말이다. 이 부분을 삭제한 것은 결국 범시파와의 직접적 대립성을 가능한 한 완화하려고 시도하였다는 것을 의미한다.
28) 뤄 루이칭은 문혁시기 비판투쟁 중 다친 골절을 치료하기 위해 서독으로 출국하지만, 수술 후 8월 3일 사망한다(總參謀部『羅瑞卿傳』編寫組 1996, 613~19면).

에 대해 후 지웨이가 글로 비판하라고 하자, 우 렁시는 이것은 정치문제로 근본적으로 이러한 문제를 제기하지 않았어야 하며, 이런 문제를 토론해서도 안 된다고 대답했다(沈寶祥 1997, 147면).

그런데 두번째 글의 발표 후, 왕 둥싱, 장 핑화 등의 저지에도 불구하고 내부 논쟁이 전면적으로 공개되고 전국의 지방과 군대로 논쟁이 확산되어 갔다. 우 장은 논쟁이 그렇게 확산된 이유가 그 글이 덩 샤오핑의 6월 2일 연설과 직접 관계되어 있었기 때문이라고 판단한다(吳江 1995, 41면). 그의 말대로 "그러한 시기에는 정치인물들의 머리가 아주 예민해지기 때문"일 것이다(吳江 1995, 41면). 글에 덩 샤오핑의 연설이 포함된 것은, 논쟁이 당중앙의 균열과 관련된 것임을 암시한다고 여겨졌을 것이다. 마오 쩌둥과 화 궈펑의 깃발 아래 당의 균열이 봉합되어 있지만, 당이 서로 다른 배경과 이해관계로 잠재적 대립 가능성을 가진 세력으로 구성되어 있다는 것은 누구에게나 명백한 사실이었다. 그러한 상황에서 최고권력층인 당중앙의 균열로 보이는 현상은 한편으로는 정치적 선택에 대한 강요였으며, 다른 한편으로는 중앙의 공식 방침에 이견을 가진 피해자 세력에게 자신의 견해를 표시할 수 있는 기회를 제공한 것이었다. 이 강요된 선택과 기회로 인해 왕 둥싱과 장 핑화의 제지에도 불구하고 논쟁은 급속하게 확산되었다.

2) 진리표준토론의 확산과 반문혁연합

6월 24일 『해방군보』 특약평론원의 글은 우 렁시의 비판에 대한 정면 대응이자, 왕 둥싱의 금지에 대한 도전이었다. 그 글은 마오 쩌둥을 교조주의적으로 해석하는 것을 직접적으로 반대함으로써 양개범시와의 대립성을 분명히했다. 화 주석의 말을 자신의 주장을 정당화하기 위한 근거로만 이용했을 뿐 '화 주석 중심'을 강조하지도 않았다. 오히려 '덩 샤오핑 동지'의 연설을 길게 인용함으로써 마오 쩌둥 사상 해석에 있어 덩 샤오핑의 권위를 강조하는 듯한 인상을 주었다. 그렇기 때문에 『해방군보』에 발표된 특약평론원의 글은 왕 둥싱을 위시한 당의 이념 담당 최고권력층에 의해 억압되었던 진리표준토론의 공개화와 더불어 화 궈펑 체제 균열의 촉발점이 되었다.

그러나 『해방군보』 특약평론원의 글이 왕 둥싱을 위시한 진리 검증 기준으로서의 실천 주장을 억압하는 세력에 대한 유일한 대응이었던 것은 아니다. 왕 둥싱의 비판이 있은 바로 다음날인 6월 16일에 『인민일보』 이론부의 요청으로 중국사회과학원 철학연구소 싱 번쓰(邢賁思)에 의해 이미 작성되어 있던 「진리의 기준에 관한 문제(關于眞理的標準問題)」가 『인민일보』에 발표되고, 18일에는 『광명일보』와 『해방군보』에 전재되었다(沈寶祥 1997, 154~55면). 또한 중국사회과학원 『철학연구』 편집부에서는 베이징의 철학 관계 연구자들과 실무자들을 초청하여 좌담회를 열었다(沈寶祥 1997, 164면). 그것은 당 최고권력층의 억압에도 불구하고 당과 국가의 이데올로기 기구들인 언론과 이론 부문이 계속적으로 저항했다는 것을 말한다. 토론 자체가 금지된 것은 아니었고, 싱 번쓰의 글도 대립성은 약했지만, 글의 발표와 토론은 왕 둥싱의 지시를 받아들이지 않는다는 것을 의미했다.[29]

이러한 상황에서 6월 24일 『해방군보』 특약평론원 글의 발표는 억압되었던 토론의 공식적 재개를 의미했다. 더욱 중요한 것은 이 과정에 덩 샤오핑이 직접 개입함으로써 당 최고권력층의 공식적 균열이 이루어지고, 뒤이어 지방과 군 지도자들이 직접 개입함으로써 정치세력의 분화와 세력관계의 변화가 공식화되었다는 사실이다. 그런데 이 시기에도 초기에는 언론과 이론계가 중심적 역할을 했다.

『인민일보』와 『광명일보』는 7월 7일, 『철학연구』 편집부의 6월 좌담회

---

29) 싱 번쓰의 글은 진리와 진리의 기준이라는 이론 논의에 더 가까웠으며, "화 주석을 중심으로 하는 당중앙"을 강조했다는 점에서 대립성은 약했다.

토론상황을 보도하여 진리표준토론에 대한 주의를 환기했으며, 중국사회과학원 철학연구소와 『철학연구』 편집부는 7월 17일부터 24일까지 전국적인 토론회를 개최했다. 이 토론회에는 각 지방 성·시·자치구의 당교, 철학연구 단위, 각급 대학의 철학이론 담당자와 실무자들이 초청되었으며, 당중앙과 국가기관, 해방군, 언론출판 단위 등에서 모두 160여명이 참가했다(沈寶祥 1997, 165~70면). 이 회의에서 덩 리췬, 저우 양(周揚) 등이 진리표준토론 비판에 대한 첨예한 반비판을 했으며, 더욱 중요하게는 지방과 군의 이론 실무자들이 참여함으로써 이 회의를 통해 토론이 지방으로 확산될 수 있는 조건이 마련되었다. 이 회의도 7월 30일 『인민일보』와 『광명일보』에 보도되었다. 그외에도 사회과학원 경제연구소와 『경제연구(經濟硏究)』 편집부가 개최한 좌담회, 중국과학원 이론조와 자연변증법 연구회가 연합으로 개최한 토론회가 있었는데 모두 앞의 두 신문에 보도되었다(沈寶祥 1997, 171~72면).

이론 담당자를 중심으로 토론이 확대되고 언론계에서 그것을 선전하는 상황에서 7월 21일 덩 샤오핑은 선전부장 장 핑화를 만나 토론 금지령을 내리지 말도록 지시한다. 아울러 다음날 후 야오방을 불러 다음과 같은 몇 가지 담화를 나눈다.

첫째, 『이론동태』를 높이 평가하며, [진리표준토론에 대한] 글이 맑스주의적 [성질의 것]으로 문제가 없지만, 양개범시로 인해서 논쟁이 벌어진 것이므로 논쟁은 불가피하다. 둘째, 정치국의 업무 분담 [조정]이 있었는데, 자신[덩 샤오핑]과 예 젠잉이 화 주석과 협조하여 전체적인 책임을 지기로 했다. 셋째, "완전하고 정확한"이라는 개념은 양개범시 때문에 필요하며, 집단적 영수를 한 개인으로 부르면 안 된다. 넷째, 4인방 비판은 린 뱌오 비판과 함께해야 하며, 1974년 이후만으로 비판을 제한할 필요가 없다. 대상은 축소해야 하지만 그것과 1974년 이후만으로 제한하는 것은 다른 문제이며,

10·11차 노선투쟁을 함께 결합하여 [비판해]야 한다.(沈寶祥 1997, 127~29면)

이것은 결국 덩 샤오핑이 진리표준토론에 전면적 지지를 표시하고 문혁 비판의 확대를 요구한 것임과 더불어, 덩 샤오핑의 권한이 강화되었음을 밝힌 것이었다. 정치국에서 덩 샤오핑의 강화된 권한과 덩 샤오핑의 진리표준토론에 대한 지지는 후 야오방이 양개범시에 더 과감하게 도전할 수 있는 조건이 되었다. 앞에서 언급한 9월 전국신방공작회의에서 후 야오방이 직접적으로 양개범시에 대항하여 평반의 원칙으로 양개불관을 제기할 수 있었던 것도 그러한 배경이 있었기 때문에 가능했다.

이 시기에는 진리표준토론이 지방에서도 직접적으로 제기되기 시작한다. 이미 6월부터 지방신문에도 진리의 검증 기준으로서 실천에 대한 독자적인 글이 출현하기 시작했고(沈寶祥 1997, 174면), 지방 성 당위원회도 논쟁에 본격적으로 개입하기 시작하는데 그것은 양 이천(楊易辰)이 제1서기로 있던 헤이룽장성(黑龍江省) 상무위원회 확대회의의 토론에서 비롯된다. 헤이룽장성의 진리표준토론 상황은 지방의 사례로는 최초로 8월 4일『인민일보』에 보도되는데, 그것은 7월 22일 신화사의『내부참고』에 수록되어 고급 간부들은 이미 열람한 것이었다(沈寶祥 1997, 218면). 양 이천은 실천이 진리 검증의 유일한 표준이라는 원칙에 의해 문혁 전 헤이룽장성위원회를 수정주의라고 했던 문혁시기의 평가는 잘못된 것이며, 그들은 혁명적이고 올바른 지도를 행했다고 주장했다. 그것은 바로 문혁과 마오 쩌둥의 과오를 주장하는 것이었다(沈寶祥 1997, 218, 225면).[30]

헤이룽장성에 이어서 각 지방의 진리표준토론에 관한 소식이『인민일

---

30) 헤이룽장성의 회의는 7월 4일 개최된 것이며, 문혁 전 당위원회에 대한 평가는 이미 6월 초에 성 당위원회(省黨委員會)에서 결론을 내린 것이었다(楊易辰 1996, 272~81면). 이것은 곧 진리표준토론과 문혁 부정이 밀접하게 관련되어 있다는 것을 단적으로 보여주는 증거다.

보』에 게재되기 시작했다. 8월에는 헤이룽쟝에 이어 신쟝 등 두 곳, 9월 푸젠, 광둥, 저쟝(浙江), 쟝시 등 네 곳, 10월 허베이, 칭하이, 네이멍구(內蒙古), 닝샤, 쓰촨, 후베이, 톈진(天津), 쟝쑤(江蘇), 광시, 구이저우(貴州) 등 열 곳, 11월 산둥(山東), 상하이, 간쑤, 지린(吉林), 윈난(雲南), 티베트(시짱西藏), 허난 등 일곱 곳, 그리고 12월 산시(陝西), 후난 등 두 곳으로, 모두 25개 지역의 제1서기 혹은 주요 책임자가 진리표준토론에 동의하는 발언을 했다. 그리고 랴오닝성의 경우 진리표준토론에 동의하는 제2서기 런 중이(任仲夷)의 글이 9월 20일 발표되었기 때문에, 당시의 29개 성·시·자치구 중 모두 26개의 주요 책임자들이 진리표준토론에 동의를 표시한 것이 된다. 의견 표시를 하지 않은 성·시는 우 더의 베이징과 완 리의 안후이, 그리고 산시(山西)였다. 우 더는 톈안먼 사건 진압의 책임자였기 때문에 당연한 것이었다. 그런데 농촌개혁을 최초로 시작하게 했던 완 리는 "구두로 표현하는 것은 형식이고 중요한 것은 실제 행동이며 농촌경제 정책을 실시하는 것이 진리표준토론에 대한 태도이다"라고 한 데서도 알 수 있는 바와 같이 진리 검증 기준으로서의 실천에 동의하는 입장이었다(沈寶祥 1997, 228~42면).

이어서 10월부터는 군대에서도 진리표준토론에 대한 동의 의견이 표명된다. 10월에 선양군구, 푸저우군구, 베이징군구, 난징군구, 쿤밍군구, 광저우군구, 란저우군구, 우한군구, 국방과학위원회, 제2포병 등이, 11월에는 공정병(工程兵), 청두군구(成都軍區), 장갑병(裝甲兵), 신쟝군구, 총후근부(總后勤部), 철도병(鐵道兵), 지난군구(濟南軍區), 포병(砲兵) 등에서 사령관 또는 정치위원을 포함하는 주요 지휘관들이 진리표준토론에 지지를 표명한다. 이것은 당시의 11개 지방군구 모두와 8개 병종부대 중 5개 부대 등 군부의 대부분이 지지를 표명했다는 것을 말한다(沈寶祥 1997, 248~51면). 중앙군사위 직속 기구인 3부(총참모부, 총정치부, 총후근부) 중에서는 총후근부만이 과정에서 지지 표명을 했지만, 총참모장은 덩 샤오핑이었고 총정치부

주임은 『해방군보』 특약평론원의 글 발표과정에 이미 개입했던 웨이 궈칭이었다는 것을 감안하면, 인민해방군 중앙지휘계통 모두와 군부의 절대다수가 지지를 표명한 것이라고 할 수 있다.

이와 같이 진리표준토론을 매개로 하여 이론계를 필두로 당·정·군과 지방을 포괄하는 광범한 정치·사회적 대립이 표출되었다. 그러한 대립은 직접적으로는 양개범시와 '진리 검증 기준으로서 실천'을 둘러싼 것이었지만, 이는 문혁에 대한 평가와 평반을 둘러싼 대립에서 연유한 것이었기에 결국 문혁 지지와 반대 입장의 대립이었다고 할 수 있다. 이러한 대립 구도는 진리표준토론이 이론논쟁의 외피를 썼지만 근본적으로 정치논쟁이었다는 사실과 밀접하게 관련된다. 진리표준토론 논쟁은 양개범시에 대립하는 것으로, 그것의 정치문제화는 우 렁시에 의한 정치적 성격 규정에서 비롯되었다는 것은 이미 지적한 바 있다. 양개범시에 대립하는 정치논쟁으로서 진리 검증 기준으로서의 실천은 그것을 주창한 화 궈펑 체제의 주류에 대한 반대이자 동시에 문혁을 (마오 쩌둥의 교의가 아니라) 문혁시기의 실천 그 자체로 평가하자는 것이었다. 그런 점에서 진리 검증 기준으로서의 실천에서 '실천'은 문혁을 의미했다.

그런데 바로 그러한 정치적 대립성은 진리표준토론이라는 이론적 외양을 가진 논쟁이 억압받은 요인이기도 했지만 동시에 토론이 이론계에 한정되지 않고 당·정·군으로 확산될 수 있었던 요인이기도 했다. 다시 말해서 논쟁의 정치문제화를 통해 문혁을 둘러싼 문혁 수혜자 집단과 문혁 피해자 집단 간의 잠재적 대립이 표출될 수 있었다. 동시에 이렇게 정치적 대립이 표출되고 심화됨에 따라 양자택일적 선택을 강요받게 된 여러 정치세력들이 진리표준토론을 매개로 문혁 지지자 집단과 반대자 집단으로 양극화되었다. 그러한 양극화 과정에서 진리 검증 기준으로서의 실천이라는 입장이 당·정·군과 지방 지도자들 다수의 지지를 획득하게 되는데, 이는 대체로 다음의 세가지 요인 때문이었다.

첫째, 지방의 광범한 반문혁 정서이다. 지방의 진리표준토론의 서막을 열었던 양 이천의 경우처럼 문혁과 양개범시에 불만을 가진 지방 지도자들이 다수 존재했다. 이들은 대부분 문혁시기 비판받은 적이 있거나 숙청되었다가 린 뱌오 사건 이후 평반된 혁명간부 출신이었다. 뿐만 아니라 4인방 체포 이후 1977년 8월의 11차 당대회까지 42명의 10대 중앙(후보)위원들이 체포 또는 직무 박탈이나 당적 제명 처분을 받았으며, 지방의 경우도 1978년 8월까지 약 1/3에 해당하는 9명의 서기가 직위를 박탈당했는데 그들을 대신한 것이 대부분 문혁시기 숙청되거나 비판받고 강등된 피해자 출신이었다. 이들은 마오 쩌둥에 대한 충성과 당의 원칙으로 인해 문혁과 양개범시에 대해 공개적인 비판과 부정을 할 수는 없었지만, 기회가 주어진다면 언제든지 비판 의견을 개진할 의사를 가진 집단이었다. 이들에게 진리표준토론은 자신들의 주장을 표출할 수 있는 기회를 제공하였다.

둘째, 혁명시기와 건국 이후 업무관계에 의해 형성된 '관시(關係)'의 작용이다. 덩 샤오핑은 대장정 이전의 초기 혁명에 참가했을 뿐만 아니라 항일전쟁 시기 타이항산(太行山) 근거지 정치위원, 해방전쟁 시기 제2야전군 정치위원, 중공중앙 서남국(西南局) 제1서기를 거쳐 1956년에는 당 총서기로 당의 일상 업무를 총괄하는 등 화려한 경력을 갖고 있었다. 그러한 과정에서 맺은 인적 관계는, 마오 쩌둥의 심복이기는 했지만 중앙경위국(中央警衛局) 국장과 중앙판공청 주임 등 제한된 경력을 가진 왕 둥싱, 문혁 중반까지 후난성 서기에 불과했던 화 궈펑과는 비교할 수 없는 광범한 것이었다. 그러한 관계망이 왕 둥싱과 덩 샤오핑의 직접적인 대립상황에서 대다수의 간부들이 덩 샤오핑을 지지한 요인이었다.

셋째, 정치적 상황과 세력관계의 변화에 따른 선택이 또다른 요인이었다. 중국공산당 내의 정치적 선택에서는 상황에 따라 자신의 뜻과 다른 선택을 하는 경우가 많다.[31] 왕 둥싱의 금지령과 덩 샤오핑의 찬성이라는 대립상황은 정치적 선택과 줄서기를 강요하는 것이었다고 할 수 있다. 그러한 상황에서 자신의 선호와는 상관없이 대세를 따라서 살아남기 위해 동의를 표시한 경우도 적지 않았을 것이다. 동의를 표시하지 않는 것은 결국 왕 둥싱의 지시에 따르는 것이 되어 양개범시 지지로 비판을 받을 수 있었기 때문이다.[32] 범시파는 『인민일보』와 신화사에서 성 당위원회에 의견을 표시하도록 강요했다고 주장했다. 그것에 대해 선 바오샹은 『인민일보』와 신화사에서 그런 일은 없었으며, 강요가 있었다면 전국적인 '역사 바로잡기'의 상황 발전이 그렇게 하도록 한 것이었다고 주장한다(沈寶祥 1997, 241면). 그런데 선 바오샹이 주장하는 바와 같은 상황은 바로 정치정세에 의해 조성된 것이며, 그러한 정세는 세력관계의 변화와 더불어 신화사, 『인민일보』, 『광명일보』에 보도되는 상황이 중요한 작용을 했다는 점에서, '강요된 선택상황'은 중요한 요소였다고 할 수 있다.

이렇듯 진리표준토론의 정치화는 양개범시 반대와 문혁에 대한 부정을 표출시켰을 뿐만 아니라 모든 행위자들에게 양자택일적 선택을 강요하게 되었다. 이러한 강제된 선택상황은 한편으로는 두 세력과 동시에 우호적 관계를 맺고 있던 문혁 생존자 세력이 양자택일을 할 수밖에 없도록 만들었으며, 다른 한편으로는 진리표준토론을 통한 정치세력 분화과정에서

---

31) 중국에서는 이를 '위심(違心)'이라고 표현하는데, 덩 샤오핑은 저우 언라이가 문혁시기 많은 '생각과는 다른(違心)' 말을 했다고 했다(鄧小平 1994b, 348면). 심지어는 마오 쩌둥조차도 자신의 뜻과 다르게 동의하였다고 했다(毛澤東 1998, 71~75면). 이것은 중국에서 정치적 상황과 필요에 따라 최고지도자도 자신의 뜻과는 다른 의사 표명을 해야 할 때가 있다는 것을 의미한다.
32) 화 궈펑도 토론을 지지하지 않았다고 비판받는다. 왕 둥싱은 6월 15일 중앙 선전단위 책임자들에게 한 연설에서 자신과 화 궈펑이 같은 입장이라고 했고, 화 궈펑도 12월 13일 중앙공작회의 폐막식에서 정치국 상무위원들이 진리표준토론에 대해 자신에게 이야기했다고 말했다. 선 바오샹은, 그러한 사실은 화 궈펑이 상황을 알고 있었다는 것을 말하는데 그럼에도 불구하고 화 궈펑이 토론에 대한 아무런 지지 의견을 표시하지 않았다고 비판한다(沈寶祥 1997, 121면). 그렇지만 최근에는 화 궈펑이 이 토론에 대해 관용적이었다고 평가하는 논의도 존재한다(盛平 2007, 179면).

진리 검증 기준으로서의 실천에 대한 지지를 이론적 측면에서의 진리 검증 기준으로서의 실천에 대한 지지와 구분되게 했다. 결국 진리표준토론을 지지한 '실천파'는 진리 검증 기준으로서의 실천 자체가 아니라 반문혁과 평반을 둘러싼 정치적 대립의 측면에서 진리 검증 기준으로서의 실천에 대한 지지자였다고 할 수 있다. 그런 점에서 '실천파'라는 명칭은 양개범시를 지지한 범시파와 대비해 진리 검증 기준으로서의 실천을 지지했다는 의미에서는 타당한 명명이지만 그들의 성격을 표현하지는 못한다. 진리 검증 기준으로서의 실천 지지자들은 실천파가 아니라 반문혁 세력이라고 하는 것이 좀더 타당하다. 이는 진리 검증 기준으로서의 실천 지지자들이 11기 3중전회 이후 이른바 4항 기본원칙(四項基本原則)을 둘러싸고 다양한 분화를 보이는 것에서도 증명된다.[33] 그러한 점에서 실천파는 이론적 성향에 대한 표현이 아니라 정치적 입장을 표현하는 것이었으며 그것이 대표하는 것은 반문혁 평반이었다.

반문혁 평반을 요구하는 진리 검증 기준으로서의 실천에 대한 지방과 군부 지도자들의 지지 표명은 왕 둥싱의 반대와 그에 대항한 덩 샤오핑의 지지 표명 이후에 확산되었다는 점에서 중요하다. 중앙 최고권력 내부의 균열과 대립이 확인된 상황에서 중국공산당 권력의 중심인 중앙위원회의 다수를 점하는 지방과 군의 주요 지도자들의 의사 표명은 권력관계에서 분명한 선택을 의미하는 것이었기 때문이다. 양개범시에 대한 반대로서 진리 검증 기준으로서의 실천 지지는 왕 둥싱, 화 궈펑으로 이어지는 범시파 혹은 수혜자 집단에 대한 반대와 덩 샤오핑 지지를 표시한 것이었다. 이렇게 해서 화 궈펑 중심의 삼분체제에서 수혜자 집단의 입지는 점점 약화되어갔다. 그 결과 진리표준토론을 통해 11월에서 12월까지 개최된 중앙

---

33) 4항 기본원칙에 대해서는 5장에서 주로 다룬다. 5장의 주1 참조. 자세한 내용은 鄧小平(1994b, 154~84면) 참조.

공작회의와 11기 3중전회에서의 권력 중심의 변화로 귀결되는 정치세력의 재편이 이루어졌다.

진리표준토론은 중국공산당의 권력관계가 최고권력층 핵심 몇몇에 의해 결정된 것이 아니라 '최고엘리트 일반'의 수준에서 결정되었다는 점에서 중요한 의미가 있다. 갈등이 핵심 최고엘리트에 의해 봉합된 것이 아니라, 핵심 최고엘리트 수준에서 노출된 균열이 중앙위원 수준의 토론과 선택을 거쳐 핵심 최고엘리트의 권력이전을 통해 해결되었다. 중앙위원회의 권력관계에서의 실제 역할에 대해서는 잘 알려지지 않고 있으며, 진리표준토론도 그와 유사한 다른 사례를 찾기는 어려운 '특수'이기는 하지만, 그것이 중국공산당 최고권력층 내부 권력관계의 한 측면을 드러냈다는 것은 분명하다. 마오 쩌둥 시대는 명백한 주석 1인 우위 체제였으며, 일반적으로 중국공산당의 조직원리인 '민주집중'에서 위로부터의 지배를 의미하는 '집중'이 주도적으로 관철된 것은 사실이지만, 그 사이에는 세력관계의 미묘한 상호작용이 있는 것이 분명하다. 진리표준토론은 그 전형은 아니더라도 그러한 측면을 드러낸 것이라고 할 수 있다.

II. 반문혁연합의 승리와 한계

1. 중앙공작회의와 11기 3중전회

개혁개방이 결정된 11기 3중전회는 중국 사회주의의 역사적 전환점으로 평가받는다. 1978년 12월 18일부터 22일까지 5일간 개최된 이 회의가 중요한 의미를 가질 수 있었던 것은, 이 회의가 11월 10일부터 12월 15일까지 36일간 진행된 중앙공작회의와 직접적으로 연관되어 있었기 때문이다. 중앙위원회 회의인 11기 3중전회는 사실상 중앙공작회의에서 결정된 사항을 추인하고 공식화한 회의였다. 그렇기 때문에 11기 3중전회는 직전의 중앙공작회의와 불가분의 관계에 있다.

중앙공작회의와 11기 3중전회는 역사적 전환점으로서의 그 중요성에도 불구하고, 보겔(Ezra F. Vogel)이 지적하는 바와 같이 역사적 전환점 그 자체는 별로 알려지지 않았다(Vogel 2004, 9면). "11기 3중전회 공보(원명은 中國共産黨第十一屆中央委員會第三次全體會議公報)"와 이후 정치과정을 통해 드러난 정책과 인사 변화를 통해 추론할 수 있는 내용을 제외하면, 회의 경과와 의제 등은 잘 알려지지 않았다. "11기 3중전회 공보"와 중앙공작회의에서 평반에 대한 천 윈의 발언, 예 젠잉과 덩 샤오핑의 폐막 연설, 후 차오무가 1979년 1월 6월 중국사회과학원에서 행한 보고 등을 제외하고는 공식적으로 알려진 자료가 많지 않았기 때문이다.[34] 하지만 '개혁개방 20주년'인 1998년을 전후하여 몇가지 중요한 회고록이 출판되었으며,[35] 최근에는 비공개 내부 자료 등을 이용한 중국에서의 연구와 연보·전기 등 당시의 상황을 이해할 수 있는 자료가 발표되고 있다.[36] 다만 중국에는 민감한 정치적 문제에 대한 연구의 제약이 존재하기 때문에 회고록에서 밝히는 부분적인 사실을 제외하고는 기존의 공식화된 정치적 판단에서 벗어나지 않는 기술적 연구가 주류이다. 또한 중국 외부에서는 자료 문제로 개설적인 사

---

[34] 이 자료들은 모두 中共中央文獻硏究室(1982b)에 실려 있다. 이후 1996년에 출판된 『예 젠잉 선집』에 예 젠잉의 폐막식 연설이 수록되었으며, 1995년 출판된 『천 윈 문선(陳雲文選)』 3권에 12월 10일 동북조(東北組)에서 경제문제에 대해 발언한 내용이 수록되었다. 후 차오무의 보고는 1993년 출판된 『후 차오무 문집』에 실려 있다. 연구서들도 부분적으로 새로운 자료를 제공하고 있지만 이 문건들의 수준을 넘어서는 내용은 극히 일부분에 불과하다.

[35] 于光遠(1998a); 于光遠·王恩茂 等(1998); 朱佳木(1998) 등이 대표적이며, 『백년조(百年潮)』 『염황춘추(炎黃春秋)』 『당적문헌(黨的文獻)』 등의 중공당사 관련 잡지에도 많은 회고록이 발표되었다.

[36] 蕭冬連(2004; 2006; 2008); 李正華(2002); 程中原·王玉祥·李正華(1998); 張樹軍·高建民(2001); 中央黨史硏究室第三硏究部(2005) 등과 『천 윈 연보』 『천 윈 전기』 『덩 샤오핑 연보』 등.

실에 대한 제한적인 소개 외에 분석적인 연구는 거의 없는 편이라고 할 수 있다.[37]

여기서는 우선, 최근에 발간된 자료와 회고록을 이용하여 지금까지 잘 알려지지 않았던 11기 3중전회의 의제와 회의 경과 및 결정을 포함하는 구체적 내용을 재구성해보려 한다. 이어서 11기 3중전회에서 발생한 변화와 그 원인을 살펴보고, 그러한 변화가 개혁과 개혁체제 형성과는 어떤 상관관계를 지녔는지, 그러한 변화가 개혁에 어떤 의의를 갖는지를 살펴봄으로써 11기 3중전회의 의의를 재평가해보고자 한다.

1) 중앙공작회의와 11기 3중전회의 개최와 참석자
① 중앙공작회의와 11기 3중전회 개최 결정과 의제

11기 3중전회의 의의를 이해하기 위해서는 우선 회의 개최 결정과 의제의 확정과정에 대해 이해해야 한다. 일반적으로는 11기 3중전회가 사실상 중앙공작회의를 포함하는 것으로 이해된다. 그러나 그것이 중앙공작회의와 당중앙위원회의 일반적인 상관관계는 아니며 11기 3중전회와 중앙공작회의가 서로 연관된 회의로 계획되었던 것도 아니다. 중앙공작회의와 11기 3중전회는 원래는 독립적인 의제와 일정을 갖는 서로 무관한 회의로 계획되었지만, 중앙공작회의 과정에서 제기된 의제 외의 문제 제기에 의해 중앙공작회의의 의제가 변화되었다. 그에 따라 중앙공작회의에서 결정된 의제들을 공식화하기 위해 그 직후 개최하기로 되어 있던 중앙위원회에 원래의 의제와 더불어 새로운 의제가 포함됨으로써 두 회의가 불가분의 관계를 가지게 된 것이다.

그런데 여기서 주목할 것은 개혁개방이 중앙공작회의를 포함한 11기 3

---

[37] 중국 외부의 연구에서도 11기 3중전회를 개혁개방의 기점으로 잡고 있지만, 11기 3중전회 자체에 대한 연구는 거의 없으며 정치사 연구(Harding 1987; Baum 1994; Meisner 1996 등)나 경제사 연구(Naughton 1995) 등에서 기술되고 있을 뿐이다.

중전회의 중심 의제가 아니었다는 사실이다. 그렇다면 11기 3중전회는 왜 개혁개방으로의 전환점으로 받아들여지는가? 그것을 이해하기 위해서는 중앙공작회의와 11기 3중전회에서 도대체 무엇이 논의되었으며 그것과 개혁개방이 어떤 관련이 있는지를 규명해야 한다.

중앙공작회의와 11기 3중전회 모두 회의 개최의 자세한 결정과정에 대해서는 잘 알려져 있지 않지만, 관계자들의 증언에 의하면 비슷한 시기 혹은 동시에 결정되었던 것으로 보인다. 중앙공작회의는 정치국의 동의를 거쳐 10월 말경 회의 개최가 결정되어 10월 말 또는 11월 초에 참석자들에게 통보되었으며, 원래의 회기는 20여일로 예정되었다(于光遠 1998a, 3면; 朱佳木 1998, 47면). 이에 비해 11기 3중전회는 12월 7일부터 3일간 개최하기로 예정되었다(朱佳木 1998, 47, 57면). 두 회의는 비록 연속하여 개최하기로 되어 있었지만, 그 성격뿐만 아니라 의제도 완전히 다른 독립적인 회의로 준비되었다.

미리 결정된 중앙공작회의의 의제는 11월 10일 화 궈펑이 개막사에서 밝힌 바와 같이 경제문제에 대한 세가지 공식 의제와 한가지 토론 과제로 구성되었다(于光遠 1998a, 25면).[38] 첫번째 의제는 농업을 기초로 하는 방침의 관철과 농업생산 제고문제였다. 그것을 위해 "농업 발전속도 가속화를 위한 결정(關于加快農業發展速度的決定)"과 "농촌 인민공사 공작조례〈시행초안〉(農村人民公社工作條例〈試行草案〉)" 등 두가지 문건이 준비되었다. 두번째 의제는 1979년과 1980년의 경제계획에 대한 것으로 별도의 문건이 준비되어 있었다. 세번째 의제는 리 셴녠이 국무원 이론회의(國務院務虛會議)에서 한 연설에 대한 토론이었다.[39] 그리고 화 궈펑은 이 세가지 의제를 토

---

38) 공식 의제는 미리 결정되어 토론 문건이 준비된 것을 의미하며, 당 사업 중심의 이전 문제는 사전 준비 없이 자유토론 의제로 주어졌기 때문에 회의 의제와는 별도의 토론 과제로 제기되었다.
39) 국무원 이론회의는 1978년 7월 6일부터 9월 9일까지 베이징에서 개최된 회의로 사회

론하기 전에 우선 1979년 1월부터 사회주의 현대화 건설로 당의 전국 사업 중심을 전환하는 문제를 토론하도록 정치국에서 결정했다고 밝혔다(朱佳木 1998, 8면). 이에 비해 11기 3중전회는 중앙기율검사위원회(中央紀律檢查委員會)의 신설과 그 인선이라는 당의 조직기구 개편을 위한 회의로 계획되었다(朱佳木 1998, 47, 57면).

그러나 회의 개최 후 당 사업 중심 전환에 대한 토론과정에서 천 원이 문혁시기의 여러 문제들을 제기함으로써, 회의의 중심 의제가 문혁시기의 역사문제로 전환되었다. 문혁시기의 문제들에 대한 논의는 그와 관련해서 벌어졌던 진리표준토론 문제 등을 의제화했으며, 그에 따라 이른바 문혁시기의 원가착안에 대한 평반, 문혁시기 인물들에 대한 재평가, 문혁과 마오 쩌둥에 대한 평가문제 및 그와 관련된 지도부의 책임과 인선 문제 등이 의제가 되었다. 이러한 중앙공작회의의 의제 전환은 중앙위원회의 결정을 필요로 하는 인사문제를 포함하는 것이었기 때문에 중앙위원회의 의제 조정이 필요했다. 그에 따라 중앙위원회의 의제를 조정하였을 뿐만 아니라 중앙공작회의에서 독자적인 회의 문건을 작성하지 않고 중앙위원회에서 중앙공작회의를 종합해 결론짓도록 함으로써 서로 다른 성격과 내용의 두 회의가 하나의 회의로 통합되었다.[40]

중앙위원회는 중공의 최고 의결기관으로, 일반적으로 사전에 논의된 것에 대해 부분적인 수정을 거쳐 합법적 권위를 부여하는 기능을 한다는 점에서 11기 3중전회의 실제 내용은 중앙공작회의에서 논의된 것이라고 할

주의 현대화 건설의 속도문제에 대한 논의였다. 회의에서는 외자 이용과 외국 선진기술과 설비 도입을 강조하였으며, 경제관리 체제의 개혁문제와 관련하여 경제수단과 경제조직의 충분한 역할 발휘와 전문화, 기업의 자주권 확대 실시 등을 논의했다(李先念 1992, 381면).

40) 이는 화 궈펑이 중앙공작회의 폐막 연설에서 "중앙공작회의와 3중전회의 회의 내용을 함께 전달하는 것이 중앙정치국의 의견이며, 구체적인 방법은 3중전회를 마칠 때 정한다"라고 한 데에서도 증명된다(于光遠 1998a, 253면).

수 있다. 그런데 중앙공작회의에서는 회의과정에서 새롭게 제기된 의제를 중심으로 원래의 의제가 같이 논의되었으며, 이어서 개최된 중앙위원회에서는 중앙공작회의 논의 결과와 더불어 원래 의제에 대한 처리가 이루어졌다. 이것은 중앙공작회의와 11기 3중전회에서 광범위한 서로 다른 의제가 논의되고 처리되었다는 것을 의미하며, 우리가 알고 있는 역사적 전환점으로서의 11기 3중전회는 바로 그러한 다양하고 광범위한 의제들에 대한 결정의 총합이라고 할 수 있다.

② 중앙공작회의와 11기 3중전회의 참석자

중앙위원회의 회의 참석자 범위는 발언권과 의결권을 갖는 중앙위원과 발언권만을 갖는 후보위원으로 정해져 있다. 하지만 11기 3중전회 참석자는 통상적인 중앙위원회와 두가지 점에서 차이가 있었다. 첫째, 중앙위원과 후보위원 중 6명의 사망자를 제외하고도 문혁시기 정치적 문제가 있었던 25명이 출석 통보를 받지 못했다는 사실이다. 즉 11차 당대회에서 선출된 333명의 중앙위원과 후보위원 중 모두 302명만 출석을 통보받았다.[41] 둘째, 11기 3중전회에서 중앙위원으로 충원되는 9명이 참석자 명단에 포함되어 있었다.[42] 이때 실제 회의 참석자는 병가 등으로 인해 중앙위원 169

---

41) 6명의 사망자는 뤄 루이칭, 궈 모뤄(郭沫若), 펑 샤오후이(彭紹輝), 왕 정(王諍), 린 리밍(林李明), 셰 정룽(謝正榮)이며, 11기 3중전회 참석이 불허된 25명은 허베이의 왕 귀판(王國藩), 헤이룽장의 위 홍량(于洪亮), 푸젠의 장 자인(江札銀), 허난의 껑 치창(耿起昌), 두 쉐란(杜學然), 두 신(杜昕), 산시(陝西)의 우 구이셴, 랴오닝의 웨이 펑잉(尉鳳英), 지린의 펑 잔우(馮占武), 윈난의 치린왕단(七林旺丹), 신장(新疆)의 자나부얼(賈那布爾), 해방군의 류 싱위안(劉興安), 쿵 스취안(孔石泉), 런 쓰중(任思忠), 류 광타오(劉光濤), 황 룽하이(黃榮海), 장 셰위안(江燮元), 천 셴루이(陳先瑞), 우 중(吳忠), 장 지후이(張積慧), 중앙직속기관의 차오 이이우(曹軼歐) 등과 류 젠쉰(劉建勛), 궈 위펑, 셰 쉐궁(解學恭), 중 푸샹(鐘夫翔) 등이다(于光遠 1998a, 291~92면).
42) 11기 3중전회에서 중앙위원으로 충원되는 9명은 쑹 런충, 황 커청(黃克誠), 후 차오무, 황 훠칭(黃火靑), 한 광(韓光), 저우 후이(周惠), 왕 런중(王任重), 시 중쉰(習仲勳), 천 자

명과 후보위원 112명 등 281명이었다(中共中央文獻硏究室 1982a, 1면).

하지만 중앙공작회의는 그것의 성격, 회의 참석자의 범위에 대한 명확한 규정이 없다. 회의 참석자는 대체로 회의의 의제와 성격에 따라 정해지며, 직접적인 실무자들도 참석한다는 점에서 중앙위원회와 차이가 있다. 중앙공작회의는 1959년에서 1991년 9월까지 18차례 '중앙공작회의'라는 명칭으로 개최되었다. 그외에도 회의가 개최된 장소의 이름을 딴 '항저우(杭州)공작회의' '톈진공작회의' 등 중공중앙의 공작회의를 합치면 그 수는 더욱 많다.[43] 이들 중앙공작회의는 일반적으로 포괄적인 내용을 다루며, 참석자도 특정 계통(즉 조조條條)에 한정하지 않았다는 점에서 재정·조직·선전·교육 공작회 등 특정 업무영역의 회의와는 구분된다. 이 회의는 반드시 전국적인 규모로 개최되는 것도, 정치국 위원 이상의 중앙 지도자들이 모두 참석하는 것도 아니었으며, 참석 범위는 회의의 성격이나 경우에 따라 모두 제각각이었다. 하지만 어느 경우든 관련 부문 실무자를 포함하는 참석자들이 비교적 장기간 깊이있는 토론을 한다는 점에 그 특징이 있었다.[44]

중앙공작회의는 의제에 따라 참석자의 범위가 결정되기 때문에 참석자 구성은 회의의 성격을 보여주는 하나의 지표가 된다. 회의 개최 결정과정과 마찬가지로 참석자 결정 기준 등에 대한 완전한 자료는 여전히 접근이 불가능하지만, 회의 참석자에 대해서는 위 광위안이 비교적 상세한 자료를 제공하고 있다. 위 광위안은 회의 참석자의 대체적인 구성과 자신이 속

이다오(陳再道) 등이다. 그외 위 광위안, 후 지웨이, 양 시광(楊西光), 쩡 타오 등은 업무상 필요에 의해 비공식적으로 회의에 참가했다(于光遠 1998a, 292면). 그런데 중앙위원은 당대회에서 선출하도록 되어 있다는 점에서 11기 3중전회에서 9명을 새로 충원하고 12차 당대회에서 추인받도록 한 것은 당장의 규정에는 없는 편법이었다.
43) 중앙공작회의 등 중국공산당의 역대 회의는 姜華宣·張尉萍·肖甡(2001) 참조.
44) 2, 3일 이내의 짧은 기간 동안 개최된 중앙공작회의도 있지만, 대부분의 회의는 10일 이상 동안 개최되었다. 姜華宣·張尉萍·肖甡(2001)에 소개된 중앙공작회의들 참조.

했던 '분조(分組, 토론소조)'인 서북조의 구성원 명단을 밝혔다. 자료에 따르면 명단상의 참석 인원은 모두 219명이었다. 하지만 지병 등의 원인으로 실제 참석자는 명단보다는 약간 적었는데, 분조 명단에는 211명이 있었으며 이들과 상무위원 5명을 포함하면 모두 216명이 참석한 것이 되지만 실제로는 그보다 약간 적었다(于光遠 1998a, 21~24면).

회의 참석자들은 정치국 상무위원과 정치국 위원 전원을 포함하여 주요 국가기관의 책임자 전부와 군과 지방의 지도자 등 최고지도자들과 실무 책임자들을 포괄하였다. 그중 11차 당대회에서 선출된 중앙위원과 후보위원이 137명으로 63%를 점했으며, 이는 전체 11기 중앙위원과 후보위원 333명의 42%였다(于光遠 1998a, 24면).[45] 11기 중앙위원이 아닌 사람은 82명으로 37%였는데, 이들은 지방과 군대 및 중앙기관에서 주요 직무를 담당하고 있던 원로당원으로 그중에는 1956년 8차 당대회에서 선출된 중앙위원과 후보위원이 상당수 있었다. 회의 참석자들 중 이들 8기 중앙위원과 후보위원은 29.6%를 차지했다(于光遠 1998a, 21~24면). 비중앙위원 참석자들은 지방과 지방군구의 2인자들 및 중앙기관의 1인자 중 중앙위원이 아닌 사람이었다. 이런 사실은 이번의 중앙공작회의가 실무회의였을 뿐만 아니라 참석자들이 실질적인 결정권을 가졌다는 것을 의미한다.

회의 참석자 중에는 양개범시를 주장한 인물과 문혁시기 불만을 샀던 인물들도 포함되어 있었지만, 문혁에 대한 직접적 또는 잠재적 반대자라고 할 수 있는 문혁 피해자가 다수를 차지했다(于光遠 1998a, 23면). 화 궈펑 체제는 4인방 체포 후 10기 중앙위원 가운데에서 4인방 세력을 체포하거나 당적 제명을 통해 배제하였고, 11기 중앙위원회의 선출과정에서도 급진파를 배제했으며, 11기 중앙위원회에 남아 있던 급진파들도 상당수가

---

45) 11기 중앙위원과 후보위원 중 사망자 6명과 문혁과 관련하여 정치적 처분을 받은 25명이 11기 3중전회 참석이 불허되었기 때문에, 중앙공작회의 참석자는 유자격 중앙위원과 후보위원의 45%였다(于光遠·王恩茂 등 1998, 177면).

반4인방운동 과정에서 정치적 처분을 받았다.

이렇듯 화 궈펑 체제에서는 문혁 피해자 내지 문혁 반대세력이 다수를 차지하였으며 이들은 진리표준토론을 통해 범시파와의 정치적 대립이 표출되면서 하나의 정치세력으로 재구성되어 있었다. 1978년의 중앙공작회의는 바로 그러한 정치적 대립이 명시화된 상황에서 개최된 것이었다. 그러한 상황은 실질적인 결정권을 가진 최고권력층이 참여해 깊이있는 토론을 진행하는 중앙공작회의에서 예기치 못한 결과를 초래한 조건이 되었다.

더욱 중요한 것은 전체 당을 포괄하며 전국적으로 전개된 격렬한 이론논쟁이자 정치투쟁이었던 진리표준토론에서 덩 샤오핑을 중심으로 하는 반문혁 세력의 우위가 대체적으로 확인된 시점에 중앙공작회의가 개최되었다는 점이다. 앞에서 살펴본 바와 같이 1978년 10월 말까지 최소한 절반 이상의 지방과 군부에서 진리표준토론에 대한 지지를 표명하였으며, 이는 덩 샤오핑과 반문혁 세력이 정치적 주도권을 확보했음을 의미한다. 그러므로 중앙공작회의의 의제가 진리표준토론과 직접적 관련은 없었을지라도 진리표준토론을 통한 정치세력의 재배치는 회의에 어떤 방식으로든 영향을 미칠 수밖에 없었다.

2) 중앙공작회의와 11기 3중전회의 결정

36일간 개최된 중앙공작회의에서는 회의과정에서 제기된 새로운 의제, 즉 문혁시기를 중심으로 하는 역사문제를 둘러싼 다양한 문제들에 대한 논의와 원래의 의제였던 경제문제에 대한 논의 등 크게 두가지 범주의 의제들에 대한 논의가 이루어졌다. 그런데 역사문제는 그와 관련된 책임문제와 관련하여 최고위층의 인사문제를 포함할 수밖에 없었다. 뒤이어 개최된 11기 3중전회에서는 그러한 논의 결과를 당의 권위적 결정으로 공식 추인하고 원래 의제인 중앙기율검사위원회 신설과 인선 등을 결정하였다.

① 역사문제에 대한 논의와 결정

중앙공작회의 개최 이틀 후인 11월 12일 천 윈의 문제제기 이후 문혁문제가 회의의 중심 의제가 되었다. 천 윈은 보 이보, 타오 주(陶鑄), 펑 더화이 등 문혁 혹은 그 이전 시기에 숙청된 간부들의 문제 해결, 톈안먼 사건 문제, 그리고 문혁시기 캉 성 문제 비판 등의 문제를 제기했다. 이러한 천 윈의 문제제기에 따라 이후 회의의 중심 의제가 문혁문제로 전환되었다.

문혁이 남긴 문제를 해결하는 것은 무엇보다도 절박한 정치적 과제였다. 문혁 종결 이후 문혁시기 발생한 정치·사회적 균열과 피해자 문제의 해결이 절박한 과제로 대두했지만, 마오 쩌둥의 지명을 그 정당성의 원천으로 삼는 화 궈펑 체제는 태생적 한계로 인해 문혁의 부정과 마오 쩌둥 비판을 초래할 수 있는 문혁문제 해결에 소극적이었다. 그러나 1978년 중반 이후 진행된 진리표준토론을 통해 그러한 화 궈펑 체제의 문제점에 대한 광범위한 인식의 공유가 이루어졌고, 그러한 상황에서 당의 최고 원로의 한 사람인 천 윈의 문제제기는 문혁문제를 본격적으로 논의할 수 있는 조건이 되었다.

천 윈의 문제제기 이후 문혁문제에 대한 논의는 1976년 톈안먼 사건문제부터 시작되었다. 톈안먼 사건은 1977년 초부터 재평가 문제가 제기된, 화 궈펑 체제의 정치적 논쟁의 핵심 가운데 하나로 마오 쩌둥의 권위를 절대화하는 원리인 양개범시의 견지 여부를 가늠할 수 있는 지표였다. 톈안먼 사건의 평반은 중앙공작회의가 막 시작된 11월 15일 『북경일보(北京日報)』와 다음날 『인민일보』『광명일보』에서 톈안먼 사건 평반을 보도함으로써 기정사실화되었다(于光遠 1998c). 11월 18일 화 궈펑도 톈안먼 사건 당시의 시문집인 『톈안먼시초(天安門詩抄)』의 제목을 자필로 적어줌으로써(于光遠 1998c) 그에 대한 동의를 표시했다. 이러한 사실은 화 궈펑 체제의 이론적 기초였던 양개범시의 부정을 상징하는 것으로, 문혁시기의 문제 해결에 대한 장애가 제거되었음을 의미했다.

이어서 화 궈평은 회의에서 진행된 논의를 종합해 정치국 상무위원회 (또는 정치국)의 논의를 거쳐[46] 11월 25일 톈안먼 사건 평반, 1975년 말부터 1976년까지 덩 샤오핑을 비판한 '우경번안풍에 대한 반격'에 대한 잘못 인정, 2월 역류에 대한 완전한 평반, 61인 사건에 대한 평반, 펑 더화이·타오 주 문제 재평가, 양 상쿤 평반, 캉 성·셰 푸즈 문제에 대한 조사 및 기타 지방 범위의 사건에 대한 타당한 처리 등을 선언한다(于光遠 1998a, 105~6면). 같은 날 화 궈평 등 5명의 정치국 상무위원은 베이징시당 서기와 공청단 서기 등으로부터 톈안먼 사건 평반에 대한 대중들의 반응에 관한 보고를 듣고 그 자리에서 진리표준토론에 대해 긍정적으로 평가한다(于光遠 1998a, 102~4면).

11월 25일 이후의 회의는 문혁시기 사건들에 대한 평반과, 진리표준토론의 전개를 저지하고 양개범시를 견지하는 범시파들에 대한 비판과 책임 문제에 대한 논의로 전환된다. 그런데 범시파는 문혁 이후 형성된 화 궈평 체제의 핵심적 두 축의 하나로, 문혁시기 승진한 문혁 수혜자 세력을 중심으로 하는 정치세력이었다. 양개범시를 주창하고 평반을 저지한 것과 관련하여, 중공중앙 부주석이자 정치국 상무위원이며 중앙판공청 주임을 겸직하고 당의 이론과 선전을 관장하던 왕 둥싱을 직접 거명한 비판이 이루어졌다(于光遠 1998a, 115~18면). 그리고 정치국 위원이자 1976년 톈안먼 사건 당시 베이징시 서기였던 우 더는 톈안먼 사건과 관련한 상황 설명과 자아비판을 해야만 했다(于光遠 1998a, 126~28면). 또한 진리표준토론을 직접적으로 저지했던 범시파 이론가인 중앙판공청 부주임 겸 마오 쩌둥 저작출판편집위원회 부주임 리 신, 마오 쩌둥 저작출판편집위원회 부주임 우 렁

---

[46] 위 광위안은 화 궈평의 선언이 정치국 상무위원회의 동의를 거쳤을 것이라고 보지만 (于光遠 1998a, 105~6면), 주 자무(朱佳木)는 19일 화 궈평의 후베이성위원회 책임자와의 대화 내용을 근거로 14일 덩 샤오핑 귀국 후 정치국 상무위원회의에 뒤이어 정치국 회의를 개최했을 것이라고 본다(朱佳木 1998, 53면).

시와 후 성,『홍기』편집장 슝 푸, 중앙판공청 부주임이자 중앙경위국 부국장 장 야오츠 등도 비판을 받았다(于光遠 1998a, 137면).

이러한 비판과 자아비판은 그들의 책임문제와 인책 및 그에 따른 지도부 재구성 등 인사문제와 이와 관련된 기구 개편문제를 의제화했다. 우선, 양개범시를 지도사상으로 했던 왕 둥싱을 중심으로 하는 지도부에 대한 인책과 더불어 범시파들이 맡고 있던 직무에 대한 조정문제가 제기되었다. 그러한 논의에는 부주석, 정치국 상무위원, 정치국 위원, 중앙위원 등은 충원문제에 대한 논의가 포함되었다. 그런데 이 당시 중국의 정치변동이 국제적으로 주목받고 있었기 때문에 대외적으로 권력투쟁을 하고 있다는 인상을 주지 않기 위해, "직무를 수행하지 않고 회의에 참석하지 않을 수 있지만"(즉 사실상 그러한 권한을 박탈하지만) "충원만 하고 제명은 하지 않는다(只進不出)"라는 의견이 덩 샤오핑에 의해 제기되고, 그에 따라 공식적인 직위 박탈은 논의되지 않았다(于光遠 1998a, 181면; 朱佳木 1998, 57~58면). 그러나 왕 둥싱 등 범시파들이 장악하고 있던 문혁시기 원가착안의 산실 중앙전안조와 중앙경위국, 마오 쩌둥 저작편집위원회 판공실 등의 기구 조정문제가 광범위하게 논의되었다(于光遠 1998a, 181~91면).

그 결과 중공 고위층의 인사 조정과 부분적인 기구 개편이 있었다. 인사 조정을 통해 주로 문혁 피해자 원로간부들의 복귀가 이루어진 반면 범시파들은 사실상 실권을 상실하였다. 천 윈이 정치국 위원과 정치국 상무위원 및 부주석으로 선출되었으며, 덩 잉차오, 후 야오방, 왕 전은 중앙정치국 위원으로 선출되었다. 또 문혁 피해자 원로간부 9명을 중앙위원으로 충원하여 중국공산당 제12차 당대회에서 추인받도록 하였다. 범시파 지도자들은 명의상 최고지도자의 직위를 유지하기는 했지만 실권을 박탈당했을 뿐만 아니라 그들이 겸직하거나 장악하고 있던 실무에 대한 권한도 박탈당했다. 왕 둥싱은 중앙판공청 주임, 중앙경위국 국장, 8341부대 정치위원 및 당위원회 서기, 마오 쩌둥 저작편집위원회 판공실 주임 등 일체의 직무를 박탈당하고 당 부주석과 정치국 상무위원직만 유지했다. 중앙선전부장은 장 핑화에서 후 야오방으로 교체되었고, 야오 이린이 중앙판공청 주임으로, 후 차오무가 마오 쩌둥 저작편집위원회 판공실 주임으로 임명되었다. 당중앙의 일상업무를 책임지는 비서장(秘書長)을 신설하고 후 야오방을 비서장에 임명했다. 이러한 사실은 범시파들이 명의상 지도직위를 유지했지만 실무 영역에서 실권을 상실했을 뿐만 아니라 그것이 문혁 피해자들에게 이양되었음을 의미한다.

　이 과정에서 중요한 정치적 의미를 가지는 조직기구 개편이 이루어지는데, 중앙전안조의 해체와 전안자료의 조직부 이관이 그것이다. 앞서 살펴보았듯이 범시파는 자신들이 장악하고 있던 전안자료의 이관을 거부한 바 있다. 그러나 12월 19일 중앙전안조의 완전한 해체와 전안자료의 조직부 이관이 결정되면서 범시파는 간부들에 대한 통제력을 가질 수 있는 수단을 상실하게 된다.

　이와 더불어 중요한 것이 사상해방의 결정이었다. 사상해방은 덩 샤오핑에 의해 공식화되었지만, 역사문제 해결의 전제로서 양개범시의 부정과 그것을 위한 진리표준토론의 결과였다. 중앙공작회의에서는 진리표준토론을 긍정적으로 평가하고 양개범시를 폐기하였으며, 그것을 대신하여 덩 샤오핑은 사상해방과 실사구시를 주창하였다(鄧小平 1994b, 140~53면). 그러한 사상해방은 당 이념의 전환을 말하는 것임과 더불어 덩 샤오핑이 사상문제에 관한 주도권을 장악했음을 의미한다.

　② 경제문제에 대한 논의와 당 사업 중심의 전환 결정
　경제문제는 중앙공작회의의 원래 의제였으며 그 전제로서 당 사업 중심의 전환문제가 논의되었다. 그런데 경제문제와 당 사업 중심 전환문제에 있어서는, 농업문제 문건에 대한 이견과 불만을 제외하고는 이견도 크지 않았고 관심도 많지 않았다(于光遠 1998a, 60면). 1979~80년 경제계획 문제는 지방과 각 부문에서 자료를 준비해 와서 토론했지만, 제5기 전국인대 제1차 회의에서 이미 확정된 방침에 기초한 것이었기 때문에 실무상의 논의에 지나지 않았다(于光遠 1998a, 65면). 또한 덩 샤오핑이 11월 27일 체제와 커다란 정책에 관련된 부분을 논의하고 구체적인 부문에 대해서는 논의할 필요가 없다고 했기 때문에, 그 문제는 더 많은 논의가 필요하지 않은 부분으로 인식되었다(朱佳木 1998, 57면). 뿐만 아니라 국무원 이론회의에서의 논의는 경제개혁과 관련된 중요한 내용을 포함하고 있었음에도 불구하고, '개혁개방이 결정된' 회의에서 그다지 관심을 끌지 못했다(于光遠 1998a, 72면).

"11기 3중전회 공보"에 의하면, 경제문제에 있어서는 원래 준비되었던 농업문제에 대한 두개의 문건과 1979년과 1980년 경제계획이 통과되었다. 농업문제 문건에 대한 이견과 불만이 있었다고는 하지만, 농촌개혁의 핵심인 호별영농제가 여전히 명시적으로 금지된 것으로 보아 구체적인 개혁의 내용과 관련된 논의가 이루어지지 않았던 것은 확실하다. 개혁의 핵심적 방향인 시장화 문제가 논의되지 않은 것은 말할 나위도 없다.

그러나 경제정책과 관련한 진전이 전혀 없었던 것은 아니다. "11기 3중전회 공보"에 의하면, 1979년 하곡(夏穀) 수매가격을 20% 인상하고, 자류지와 가정부업, 농촌시장을 사회주의의 보완 부문으로 인정하는 등 농업정책의 중요한 변화가 있었다. 또한 과도하게 집중된 권력의 하방, 지방과 기업의 경영관리자주권 확대, 정부기구 간소화, 당·정부·기업 분리 등의 경제관리체제 개혁과 평등하고 호혜적인 대외 경제합작 등 경제체제 개혁과 관련된 중요한 원칙이 표명되었다. 이것은 '권한 하방과 이윤 양도(放權讓利)'라는 초기 개혁과 개방의 구체적 내용과 관련하여 중요한 의미를 갖지만 그것만으로 개혁개방이 결정되었다고 하기는 미흡하다.[47] 뿐만 아

---

[47] 마이스너도 3중전회에서 장기적인 경제개혁에 대한 시사는 거의 없었다고 보며

니라 그러한 내용은 공보 작성과정에서 작성자에 의해 포함된 것으로 회의에서는 논의되지 않았다(于光遠 1998a, 71~72면)는 데서 알 수 있듯 회의에서 별로 주목을 받지도 못했으며 중요한 것으로 인식되지도 못했다.

그와 더불어 11기 3중전회에서는 사회주의 현대화 건설로의 당 사업 중심의 전환이 선언되었다. 이것은 이미 지적한 바와 같이 정치국에서 합의되어 화 궈펑에 의해 제기된 의제였다.[48] "건국 이래 역사문제 결의"에 따르면 이 선언은, 20년 가까이 지속된 '계급투쟁 중심'이라는 구호의 과감한 포기와 개혁개방의 선언으로 이해된다(中共中央文獻研究室 1985, 41~42면).

이전에 당과 정부의 문건에 관용적으로 등장하던 계급투쟁 중심이라는 구호가 "11기 3중전회 공보"에서는 더이상 등장하지 않았다. 그런 점에서 계급투쟁 중심이 '과감하게' 포기되었다고 할 수 있다. 하지만 구호는 과감하게 포기되었을지라도 계급투쟁 자체는 여전히 포기되지 않았을 뿐만 아니라 그것이 당 사업 중심의 전환과 직접 연관된 것도 아니었다.[49] 공보에서는 "이제 전국 범위에서 린 뱌오, 4인방을 폭로·비판하는 군중운동이 기본적으로 성과를 거두고 완성되었기 때문에, (…) 전체 당 사업 중심 전환의 조건이 구비되었다. 그렇기 때문에 화 궈펑 동지가 중앙정치국을 대

(Meisner 1996, 102면). 노턴(Barry Naughton)도 회의 자체에서는 중요한 결정이나 개혁이 없었다고 본다(Naughton 1995, 74면).

48) 화 궈펑이 당 사업 중심 전환을 처음으로 제기했다는 의미는 아니다. 후 야오방은 1980년 11월 19일 정치국 회의의 발언에서 당 사업 중심의 전환을 덩 샤오핑이 1978년 9월 동북에서 제기했다고 밝혔다(胡耀邦 1982, 745면). 누가 그 문제를 처음 제기했는가와 상관없이 화 궈펑이 의제로 제기했다는 것은 그 자신도 그에 동의했다는 것을 뜻한다. 그것은 경제건설이 화 궈펑 체제와 화 궈펑 자신의 정책 방향과도 정확히 일치하는 것이었기 때문이다.

49) "11기 3중전회 공보"는 마오 쩌둥의 표현을 빌려 "대규모 폭풍우식의 군중 계급투쟁은 기본적으로 종결되었지만, 사회주의 현대화 건설을 파괴하려는 극소수 반혁명분자와 형사범죄가 존재하기 때문에 그들에 대한 계급투쟁은 조금도 느슨히 해서는 안 된다"라고 함으로써 여전히 계급투쟁을 강조하고 있다(中共中央文獻研究室 1982a, 4면).

표하여 제기한 결정에 일치 동의하여, (…) 전국적 범위에서 린 뱌오, 4인방을 폭로·비판하는 대규모 군중운동을 즉시 과감하게 끝내고, 전체 당의 사업 중심과 전국 인민의 관심을 사회주의 현대화 건설로 전환한다"라고 논하고 있다(中共中央文獻硏究室 1982a, 3~4면). 당 사업 중심을 계급투쟁 중심에서 사회주의 현대화 건설로 전환한다는 것이 아니라 1976년 이후 전국적 범위에서 실시되던 린 뱌오와 4인방에 대한 폭로·비판투쟁에서 사회주의 현대화 건설로 전환한다는 것이다.

그렇지만 계급투쟁 중심의 포기와 당 사업 중심의 전환이 무관하다거나 사회주의 현대화 건설로의 당 사업 중심 전환이 무의미하다는 것은 아니다. 당 사업 중심의 전환이 직접적으로는 린 뱌오와 4인방 폭로·비판투쟁에서 사회주의 현대화 건설로 전환하는 것일지라도, 기존의 계급투쟁 중심이라는 구호가 결국 당 사업 중심이 계급투쟁임을 의미하는 것이었다는 점에서 결국 계급투쟁에서 경제건설로의 전환이라고 볼 수 있기 때문이다. 이는 계급투쟁을 견지한다는 한계에도 불구하고 계급투쟁의 정치적 의미를 축소했을 뿐만 아니라 경제문제를 중심적 정치과제로 삼았다는 점에서 중요한 진전이라고 할 수 있다. 그런 점에서 당 사업 중심 전환은 장기적인 정책적 의미를 가진다. 그러나 그것이 개혁개방의 선언은 아니었다.

③ 중앙기율검사위원회의 신설과 인선 결정 및 기타

11기 3중전회에서는 또한 원래의 의제에 따라 중앙기율검사위원회의 신설과 인선이 이루어졌다. 중앙기율검사위원회 설치는 1977년 중공 11차 당대회에서 통과된 당장에 따른 것으로 사전에 합의된 의제였다(中共中央組織部 外 2000(7卷), 181면). 회의에서는 천 윈을 제1서기, 저우 언라이의 미망인 덩 잉차오를 제2서기, 후 야오방을 제3서기, 황 커청을 상무서기, 왕 허서우(王鶴壽) 등을 부서기로 임명했다. 중앙기율검사위원회는 이후 문혁이 남긴 문제를 처리하는 데 중요한 역할을 했다. 그와 관련하여 11기 3중전회에서 이루어진 문혁 피해자를 중심으로 한 중앙기율검사위원회의 인선이 중요한 의미를 갖는다. 그런데 중앙기율검사위원회가 그렇게 구성된 것은 중앙공작회의 이후의 상황 변화와 관련이 있는 것으로 보인다.

그외에 11기 3중전회에서는 화 궈펑의 제안에 따라 개인에 대한 선전을 줄일 것을 결정하였다. 당내 호칭을 더이상 '주석' 등 관직명으로 부르지 않고 '동지'로 통일하며, 어떤 지도자 개인의 주장도 '지시'라고 부르지 않는다는 것이 그것이다(中共中央文獻硏究室 1982a, 12면). 이는 문혁이 비정상적인 개인 숭배에 그 원인이 있었다는 판단에서 기인한 것이었지만 화 궈펑의 권위와 위신을 약화하는 결과를 초래했다.

3) 중앙공작회의와 11기 3중전회의 의의와 한계

11기 3중전회에서 많은 중요한 정치적 결정과 변화가 있었다. 그러나 그 어떤 결정과 변화도 명시적인 개혁개방 선언과 개혁체제 형성을 보여주지는 못한다. 그럼에도 불구하고 11기 3중전회가 과거와는 단절되는 개혁이 시작되는 전환점으로 인정되는 것은 덩 샤오핑의 권력 주도권 장악과 화 궈펑과는 명확하게 구분되는 정책적 전환이 있었다는 관점에서 기인한다. 그러한 관점에 따르면, 화 궈펑을 대체하여 덩 샤오핑이 최고지도자가 됨으로써 더 유연하고 실용적인 정책을 실행할 수 있는 가능성이 열렸으며, 더욱 중요하게는 천 윈이 경제정책을 장악함으로써 경제정책의 전환이 시작될 수 있었다(Naughton 1995, 74면).

그러한 주장은 화 궈펑은 복고파인 데 비해 덩 샤오핑과 천 윈은 차이가 있기는 하지만 기본적으로 개혁파라는 관점(Harding 1987, 43~48면)을 전제한다. 그러한 전제 위에 11기 3중전회에서 덩 샤오핑을 중심으로 하는 개혁파가 권력을 장악하여 개혁체제가 형성되었으며, 그것을 기초로 개혁이 이루어졌다고 본다. 그러나 화 궈펑은 권력기반의 약화에도 불구하고 여전히 실권을 유지하였으며, 화 궈펑과 덩 샤오핑 및 천 윈 사이의 정책의 차이도 그렇게 명료하게 구분할 수 없다.⁵⁰⁾ 그렇다면 11기 3중전회에서 이루어진 정치적 변화를 어떻게 평가할 수 있으며 그것이 개혁체제의 형성, 개혁개방의 결정과 어떤 관계를 가지는가?

① 중앙공작회의·11기 3중전회와 개혁체제 형성문제

11기 3중전회에서는 중요한 권력구조의 변화가 있었다. 이에 대해 중국에서는 공식적으로 덩 샤오핑이 당중앙의 지도 핵심이 되었다고 보며(中共黨史硏究室 1992, 476면), 중국 외부에서도 덩 샤오핑이 완전하지는 않을지라도 결정적인 승리를 거두었다거나(Meisner 1996, 97면) 최고지도자가 되었다고 본다(Naughton 1995, 74면). 덩 샤오핑이 개혁개방의 총설계사로 일컬어지는 만큼 덩 샤오핑을 중심으로 하는 권력구조 재편은 곧 개혁체제의 형성으로 이해될 수 있다. 그러나 11기 3중전회에서 형성된 개혁체제는 불완전할 뿐만 아니라 모호한 것이었다.

11기 3중전회에서 덩 샤오핑이 당의 사상적 주도권을 확보하고 권력구조 개편에 대한 발언권을 행사하였다는 점에서 권력의 주도권을 장악했다는 데 대해서는 의심의 여지가 없다.⁵¹⁾ 그러나 권위와 권력기반의 약화에도 불구하고 화 궈펑이 여전히 건재하였다는 점에서 그러한 주도권은 제한적이었다. 화 궈펑이 실질적으로 권력을 상실하기까지는 11기 3중전회 이후 거의 2년이란 시간이 필요했다.⁵²⁾ 그것은 화 궈펑과 덩 샤오핑의 정

---

50) 중앙선전부 이론국 부국장을 역임했으며 1979년 정치논쟁의 중요한 참여자의 한 사람인 리 훙린(李洪林)도 화 궈펑이 1979년 초에 결코 세력을 잃지 않았다고 말한다(李洪林 1999, 257면).
51) 덩 샤오핑은 실사구시를 제기하여 사상적 주도권을 장악했을 뿐만 아니라 11기 3중전회에서의 인사 교체와 관련하여 새로운 인원을 "충원만 하고 제명은 하지 않는다" 등의 가이드라인을 제시한다(于光遠 1998a, 181면; 朱佳木 1998, 57~58면).
52) 화 궈펑의 공식적인 실각이 이루어지는 것은 1981년 6월의 11기 6중전회이지만, 내부적으로는 1980년 11월부터 12월에 걸쳐 아홉 차례 개최된 정치국 회의에서 결정되었다

책적 차이가 그렇게 현저하지 않았다는 데에도 원인이 있지만, 화 궈펑이 여전히 강력한 권력기반을 가지고 있었다는 것이 주요한 원인이었다. 화 궈펑의 권력은 마오 쩌둥의 지명과 4인방 체포로 부여된 것이며, 그로 인해 범시파 외에도 예 젠잉, 리 셴녠 등 문혁시기 '생존자'들의 지지를 받았을 뿐만 아니라 높은 대중적 위신을 유지하고 있었다.

11기 3중전회에서 사실상의 범시파 실각은 화 궈펑 권력기반의 취약화를 초래했지만 문혁 생존자 그룹의 건재와 지지는 화 궈펑이 여전히 최고 지도자로서의 권위를 유지하게 했다. 그들의 지지는, 마오 쩌둥에 대한 그들의 충성과 마오 쩌둥의 위탁에서 비롯되었다는 점에서 마오 쩌둥에 대한 재평가가 이루어지기 전까지는 공고한 것이었다. 화 궈펑에 대한 자신의 충성이 제갈량이 후주(後主)에게 충성한 것과 같은 봉건사상으로 인한 것이었다는 예 젠잉의 자아비판(范碩 1995, 265~66면)은 그들의 화 궈펑에 대한 지지를 반증한다고 할 수 있다.

화 궈펑의 대중적 위신을 계량할 수 있는 방법은 없지만, 그것이 비교적 높았음을 보여주는 사례가 존재한다. 화 궈펑이 실각했을 때 "그는 호인이다"라는 일반 인민들의 반응이 하나라면(楊繼繩 2004, 169면), 1980년 중반 방일 후 귀국길의 환영 인파가 다른 한 사례라고 할 수 있다.[53] 그런데 화 궈펑의 그러한 대중적 위신과 지지는 마오 쩌둥이 지명한 후계자로서의 권위에 기인한 바도 크지만 그의 정책이나 스타일과도 일정한 연관성을 가진다. 11기 3중전회에서 양개범시가 폐기되고 권력기반이 약화되기는 했

(中共中央文獻硏究室 1982b, 787면).
53) "11기 3중전회 공보"와 1980년 2월의 11기 5중전회에서 통과된 "당내 정치생활에 관한 몇가지 준칙(關于黨內政治生活的若干準則)"에서 개인에 대한 선전을 하지 말도록 지시했지만, 화 궈펑의 방일 후 귀국길에 상하이에서는 환영하는 군중이 밀려들어 통제하지 못하는 상황이 발생했다. 난징에서는 그러한 상황이 발생하는 것을 막기 위해 대중이 연도 환영을 하게 하였다가 성 제1서기가 개인에 대한 선전을 적게 하도록 한 중앙의 지시를 어겼다는 비판을 받기도 했다(許家屯 1998, 64~67면).

지만, 이렇듯 화 궈펑은 여전히 당 내부와 대중 사이에 견고한 지지기반을 가지고 있었다. 그렇기 때문에 11기 3중전회에서 개혁체제가 형성되기 시작했음에도 그것이 완전히 화 궈펑을 대체하기 위해서는 여전히 먼 길을 우회해야 했다.

다른 한편, 11기 3중전회 이후 형성되기 시작한 새로운 체제의 성격도 모호했다. 결과적으로 개혁을 주도했다는 점에서 개혁체제라고 할 수 있을지라도 그러한 개혁체제가 개혁을 의제로 구성된 것도, 개혁파들로 구성된 것도 아니었기 때문이다. 이미 살펴본 바와 같이 11기 3중전회에서 정치세력 변동을 초래한 의제는 문혁문제였다. 문혁이 개혁의 역설적인 전제로 받아들여지지만, 문혁문제 해결이 개혁파 등장의 필요충분조건이 될 수는 없었다. 문혁 희생자들이 반드시 개혁파여야 할 필연성은 없었기 때문이다.

문혁문제의 해결을 통해, 11기 3중전회 이후 문혁 피해자로 재야에 있던 기존의 당권파들이 복귀하여 실권을 장악해갔다. 그런데 그들은 개혁파가 아니라 전통체제의 옹호자들이었다(李洪林 1999, 265~66면). 그 결과 11기 3중전회 이후 형성되는 개혁체제는 개혁파로 구성된 것이 아니라 "덩샤오핑을 중심으로 하는 시장지향적 대안과 천 윈을 중심으로 하는 계획경제 위주와 시장 조절을 보완으로 하는 수정된 50년대 모델로의 회귀를 주장하는 대안"(楊繼繩 2004, 12~18, 171면)을 갖는 세력으로 구성된다.[54] 다시 말해서 11기 3중전회 이후 형성되는 '개혁체제'는 개혁파와 복고파의 연합체제였으며, 일련의 개혁체제 형성과정이 "개혁파와 복고파의 투쟁"(Harding 1987, 57~66면)이었던 것은 결코 아니다.

문혁 수혜자이며 마오 쩌둥 충성파인 범시파가 복고적 성향을 가질 개

---

54) 하딩(Harry Harding)은 이들 두 세력을 급진개혁파와 온건개혁파로 구분한다(Harding 1987, 78~83면). 그러나 1950~60년대 대안으로의 회귀라는 점에서 온건개혁파를 복고파로 보는 것이 타당하다.

연성은 있지만, 개방과 성장과 관련된 화 궈펑의 경제정책은 몇몇 문제에도 불구하고 결코 복고적이지 않았으며 덩 샤오핑도 동의한 것이었다. 경제정책에 관해서는 화 궈펑과 덩 샤오핑의 차이보다 덩 샤오핑과 천 윈의 차이가 훨씬 컸다.[55] 그것은 11기 3중전회와 이후 일련의 개혁체제 형성이 개혁문제를 의제로 한 것이 아니었을 뿐만 아니라 화 궈펑을 복고파로 규정하는 것은 지나친 단순화라는 것을 의미한다. 화 궈펑은 문혁을 옹호했다는 점에서는 보수적이었지만, 개방의 적극적인 지지자였다는 점에서는 결코 복고적이 아니었다.

중국의 개혁은 덩 샤오핑이 화 궈펑을 대체하였기 때문에 가능했던 것이 아니며, 화 궈펑이 건재한 상황에서 시작되었다. 11기 3중전회를 기점으로 화 궈펑 위상의 약화에 수반하여 개혁개방이 시작되었다고 여겨지기 때문에 덩 샤오핑의 주도권 장악과 개혁개방의 인과관계가 전제된다. 그러나 개혁개방은 화 궈펑과 그의 정책과는 단절과 동시에 연속성을 가지며 11기 3중전회는 "화 궈펑과 그의 경제정책을 좌초시킨 것"(Crane 1990, 28면)이 아니라 지속과 단절의 이중적 계기를 가진다. 11기 3중전회는 복고파에 대해 개혁파가 승리를 거둔 것이 아니라 "개혁파와 보수파가 하나"(Crane 1990, 28면)가 되어 범시파에 대해 결정적인 승리를 거둔 것이다. 다시 말해서, 문혁과 문혁시기 희생자들에 대한 평반을 중심으로 형성된 개혁파와 보수파의 반문혁연합이 문혁 옹호세력인 범시파에 대해 승리를 거둔 것이라고 할 수 있다. 그렇지만 화 궈펑 체제 자체에 대한 그러한 승리

---

55) 화 궈펑은 개방이나 경제특구 건설에 적극적이었다. 1979년 화 궈펑의 경제정책이 비판받은 후 1980년 6차 5개년계획(1981~85)을 논의하는 자리에서 자오 쯔양과 중앙재정경제소조는 천 윈의 안정발전 노선에 따라 연 4.5% 성장을 주장했지만, 덩 샤오핑과 후 야오방은 20년간 '4배 성장(翻兩番)'을 하기 위해서는 7% 이상의 성장이 필요하다고 주장한다(鄭仲兵 2005, 496면). 후자의 주장은 화 궈펑 시기 10년 계획의 공농업 8.7% 성장계획(劉國光 2006, 384면)에 가깝다. 그런데 그 시기 실제 GDP성장률은 연평균 10.7%였다.

의 영향은 제한적이었다.

이처럼 11기 3중전회에서는 불완전한 권력 교체가 이루어졌을 뿐만 아니라 거기서 비롯되는 새로운 체제도 성격이 모호했다. 문혁문제 해결을 통해 등장한 새로운 체제인 반문혁연합은 개혁파만이 아니라 문혁 피해자였던 전통체제 옹호자들과의 연합체제로 구성된, 그다지 개혁적이지 않은 개혁체제였다. 이러한 이원적이고 모호한 개혁체제의 구성이 시장과 계획 사이의 파동을 반복하면서 점진적으로 진행되는 이후 개혁과정의 성격을 규정하게 된다.

② 중앙공작회의·11기 3중전회와 개혁개방

11기 3중전회에서는 경제정책에서 개혁개방과 관련된 전향적 정책이 없었을 뿐만 아니라 권력구조의 변동도 획기적인 경제정책의 변화를 초래하지 않았다. 그러나 그것이 11기 3중전회가 전환점으로서의 의의를 지니지 않는다는 것을 의미하지는 않는다. 11기 3중전회에서는 개혁개방의 기초가 되는 중요한 정치적·사상적 전환이 있었기 때문이다. 하지만 그러한 전환은 개혁개방 과정에서 중요하지만 하나의 계기일 뿐이며 이전과 단절적인 의미에서의 전환은 아니었다. 다시 말해서, 중국의 개혁개방은 화 궈펑 시기에 이루어진 정책 전환과 연속선상에 있었으며, 11기 3중전회는 그것이 좀더 근본적인 의미를 가질 수 있도록 새로운 층위에서의 전환을 이뤄냈다고 할 수 있다. 즉 11기 3중전회에서의 전환은 단절적인 것이 아니라 연속과 단절의 이중적 계기를 가진다.

중국의 개혁개방은 단절적 전환과정이 아니라 화 궈펑 이후 일련의 정책적 선택과 전환의 과정이 누적된 결과였기에 경제정책에 관한 한 11기 3중전회에서 결정의 전환점으로서의 의의를 발견하기는 쉽지 않다. 경제문제에 관한 11기 3중전회의 결정은 1978년 2월 제5기 전국인대 1차 회의의 화 궈펑의 정치보고(華國鋒 1978b)나 1979년 6월 제5기 전국인대 2차 회의의 화 궈펑의 정부공작보고(華國鋒 1979)에 비해 그렇게 획기적이지 않다. 화 궈펑은 1978년 보고에서 저우 언라이가 1964년 제기했지만 문혁으로 실행되지 못했던 4개 현대화와 사회주의 현대화 건설을 제기했으며, 1979년 보고에서는 전면적 개혁을 명시적으로 제기했다. 그런데 그러한 관점은 화 궈펑이 집권 초기부터 제기한 화 궈펑 체제의 일관적 정책이었다는 점에서 당 사업 중심 전환을 포함한 11기 3중전회의 경제정책은 화 궈펑 체제의 정책과 연속선상에 있었다.[56]

대외개방과 관련해서는 개혁개방의 중요한 지표의 하나로 여겨지는 외자의 직접투자 허용이 그 시기에 대외적으로 선포되었다는 것을 제외하면 별다른 변화가 없었다.[57] 그러한 결정도 개방의 점진적이고 연속적인 확대과정의 하나의 계기일 뿐이었다. 대외개방과 관련해 중요한 의미를 지니는 고위 경제사절단의 서방세계 방문은 1978년 4월부터 시작되었는데, 이는 이 시기에 이미 개방에 대한 고려가 있었다는 것을 의미한다.[58] 이와 관련하여 화 궈펑은 전직 고위관료와의 대화에서 1978년 초에 이미 중공 중앙은 경제건설 중심의 방침을 확정하였으며, 서유럽과 일본 방문단 파견은 자신이 제기하고 중앙에서 동의하여 결정했다고 밝히고 있다(張根生 2004, 5면).[59] 화 궈펑 시기의 경제정책에 대한 '양약진(洋躍進)'이라는 비판

---

56) 화 궈펑은 1976년 12월 이미 "혁명은 생산력 해방이다"라고 주장하고, 4개 현대화를 다시 제기한다(華國鋒 1978a, 44~47면).
57) 대외무역부장 리 창(李强)이 1978년 12월 15일 홍콩에서 외자 이용에 있어 정부간 차관 금지와 외국자본의 직접투자 금지라는 두가지 금기의 폐지를 선포하였다(劉國光 2006, 436~37면).
58) 1978년 고위 경제사절단과 시찰단의 서유럽과 일본 및 홍콩과 마카오, 동남아시아 등 서방 자본주의세계에 대한 대대적인 방문이 이루어졌다. 부총리와 전국인대 부위원장급 이상의 고위관료 13명이 21차례에 걸쳐 서유럽, 일본, 미국 등을 방문하기도 했다(董濱·高小林, 2000, 17면).
59) 장 건성(張根生)은 광둥성 서기와 농업부 부부장 등을 역임했으며, 1978년 5~6월 당시 국무원 부총리 구 무가 이끄는 서유럽 5개국 방문단의 일원으로 참가했다.

이 오히려 그러한 개방을 반증하는 것이다. 그런 점에서도 개방과 당 사업 중심의 전환이 최고위층 내부에서 1978년 초에 결정되었다는 주장이 설득력을 가진다. 그렇다면 11기 3중전회에서 당 사업 중심의 전환과 관련한 논란이 없었던 이유도 자명해진다. 11기 3중전회의 결정은 이미 고위층 내부에서 동의한 것을 당의 최고 의사결정기구인 중앙위원회가 권위적 결정을 통해 공식화한 데 그 의미가 있었던 것이다.

화 궈펑의 경제정책에 대한 비판이 11기 3중전회가 아니라 1979년 4월의 중앙공작회의에서 비로소 시작된다는 사실도 11기 3중전회가 경제개혁에서 그렇게 획기적이지 않았다는 것을 보여준다. 더구나 화 궈펑의 경제정책에 대한 비판의 핵심은 경제요소간의 불균형과 높은 지표 및 과도한 외자 도입이었지 계획경제에 대한 것은 아니었다. 이와 비교해 1979년과 1980년 천 윈의 조정정책은 경제의 균형을 회복함으로써 이후 개혁을 위한 전제가 되었지만, 이는 부분적으로 시장의 보완적 작용을 인정했음에도 근본적으로 안정지향적이며 계획중심적인 것이었다. 그런 점에서 천 윈의 조정정책은 개혁을 향한 의도하지 않은 보수주의적 우회로라고 할 수 있을지언정 개혁은 아니었다.

게다가 양약진으로 비판받는 화 궈펑의 경제정책은 화 궈펑만이 아니라 개혁파 주류들도 동의한 것이었다. 양약진으로 비판받은 서구 기술·자본의 대대적인 도입과 고속성장에 대해 화 궈펑뿐만 아니라 덩 샤오핑, 리 셴녠, 구 무 등도 적극적으로 지지했다. 주요 지도자 중에서 그러한 건설방식에 유보적 입장을 가졌던 이는 천 윈뿐이었다(蕭冬連 2004, 4~10면). 그런 점에서 양약진에 대한 비판은 1976년 이후 경제정책 문제에 대해 화 궈펑을 희생양으로 삼은 것이자 화 궈펑을 비판하기 위한 정치적 과장이었다고 할 수 있다.[60]

---

60) 중국공산당의 핵심 이데올로그의 한명인 궁 위즈(龔育之)는 『공산당사(共産黨史)』 중

조정정책 이후 개혁파들은 화 궈펑의 정책과 유사한 높은 지표를 제기하고 지속적인 개방을 추진함으로써 개혁개방을 수행한다. 그것은 개혁파들이 화 궈펑의 정책에 동의했을 뿐만 아니라 유사한 정책적 선호를 가지고 있었다는 것을 의미한다. 그런 점에서도 개혁은 화 궈펑의 정책과 단절과 동시에 연속성을 지녔다고 할 수 있다.

하지만 이것이 개혁과 관련하여 11기 3중전회가 전환점으로서 의의를 가지지 않는다는 것을 말하지는 않는다. 경제적인 측면에서 개혁개방과 관련된 획기적인 변화는 없었지만, 정치와 사상의 측면에서는 중대한 변화가 있었기 때문이다. 문혁시기의 중요한 사건들에 대한 평반이 정치에서의 중대 변화라면 사상해방이라고 불리는 양개범시의 폐기와 실사구시 확립은 사상에서의 중대 변화라고 할 수 있다. 중국에서는 부분적인 지도부 교체를 포함하는 그러한 변화를 사상노선, 정치노선 및 조직노선을 새롭게 확립한 것으로 보며, 그것으로 인해 점진적으로 역사문제와 새로운 문제를 해결하고 건설과 개혁을 진행할 수 있었다고 평가한다(中共中央文獻研究室 1985, 42면).

문혁문제의 해결은 그 자체가 개혁과 직접적인 상관성을 가지는 것은 아니지만 문혁으로 인한 정치·사회적 균열을 해결하고 안정을 회복했다는 점에서 개혁을 위한 정치·사회적 전제를 마련했다고 할 수 있다. 11기 3중전회로부터 시작된 문혁문제 해결은 문혁 과정에서의 극단적 대립으로 인한 정치·사회적 갈등과 균열을 해결했다. 뿐만 아니라 그 과정에서 평반과 개정을 통해, 1950년 중반 사회주의 개조시기에 이루어진 계급 분류에 의한 사회적 낙인을 제거함으로써 소상공업 자본가, 지주, 부농 등 사회주

권 편찬 의견에서 양약진이라는 비판이 잘못된 것이라고 지적한다(龔育之 1999, 499면). 2011년 출간된 『중국공산당역사(中國共産黨歷史)』 2권에서는 "새로운 '약진'계획"으로 경제계획을 비판하지만 양약진이라는 비판은 등장하지 않는다(中共中央黨史研究室 2011, 999면).

의의 '불가촉민'을 해방했는데, 그것은 잠재적인 다양한 경제행위자들을 자유화했다는 점에서 개혁의 전제였다고 할 수 있다.

더욱 중요한 것이 실사구시와 사상해방이다. 실사구시와 사상해방은 이듬해 3월 말 그것을 제기한 덩 샤오핑 자신이 '4항 기본원칙'을 제기함으로써 그 범위가 제한되기는 했지만, 개혁이 필연적으로 초래할 전통이론과의 모순을 해결하기 위한 전제였다는 점에서 개혁의 전제였다(李洪林 1999, 245면). 사상해방은 초기에는 경제적 측면보다는 오히려 정치·사회적으로 해석되어, 사회적으로 다양한 급진적 자유화 요구가 제기되었고 심지어 당 내부에서조차 급진적인 정치적 주장이 제기되었다. 예상을 뛰어넘는 그러한 정치적·사상적 자유화와 비판을 제어하기 위해 덩 샤오핑은 4항 기본원칙을 제기했다. 그런데 4항 기본원칙은 정치적·사상적 측면에서는 사상해방을 제어하는 수단으로 작용했지만, 경제적 측면에서는 사상해방이 현실의 변화와 모순되는 전통이론을 폐기하는 유효한 수단이 되었다. 그런 점에서 사상해방은 경제개혁의 전제였다고 할 수 있다.

11기 3중전회는 경제개혁 자체를 결정한 것이 아닐 뿐만 아니라 경제정책에서는 전환점으로서의 의미를 갖기보다 화 궈펑 체제에서 이루어진 일련의 정책 변화와 연속선상에 있었다. 경제건설로의 당 사업 중심의 전환도 그러한 정책 변화를 당의 권위적 결정으로 공식화했다는 점에서만 일정한 의미를 가진다고 할 수 있다. 그러나 그러한 경제건설 중심 노선은 11기 3중전회에서 선언된 사상해방과 정치·사회적 갈등 해소의 전제 위에서 개혁개방으로 나아갈 개연성을 가질 수 있었다. 그런 점에서 11기 3중전회는 개혁을 결정하지는 않았지만 연속적 과정이 비약할 수 있는 개혁의 정치적·사상적 기초를 확립했다는 의의를 가진다고 할 수 있다.

2. 반문혁연합의 한계와 남겨진 과제

11기 3중전회는 사상해방을 선언하고 이후 개혁을 주도한 세력에게로 권력의 주도권을 이전했다는 점에서 개혁을 위한 중요한 출발이었다. 양개범시 부정과 평반을 통한 그러한 승리는 문혁으로 인한 정치·사회적 균열을 해결하고 마오 쩌둥 모델의 부정을 통한 새로운 발전모델을 모색할 수 있는 단초를 열었기 때문이다. 하지만 개혁정책이 논의되거나 제기되지 않은 것은 물론이거니와 권력이전조차도 불완전한 것이었다. 범시파가 여전히 최고지도부에 머물러 있었고 화 궈펑의 경우도 공식적 지위에는 아무런 변화가 없었기 때문이다.

이러한 사실은 개혁을 위해서는 여전히 많은 과제가 남겨져 있다는 것을 의미했다. 또한 문혁으로 인한 정치·사회적 균열을 해결하기 위한 평반도 문혁시기 누적된 '억울한 사건들'에 비하면 시작에 불과했다고 할 수 있다. 더구나 평반이 초래할 수 있는 문혁 부정과 마오 쩌둥 비판은 한층 민감한 문제를 불러올 수 있다는 점에서 대안 모색뿐만 아니라 과거문제 해결도 쉽지 않았다. 마오 쩌둥 비판은 국가의 정체성과 당의 정통성 같은 민감한 문제와 관련되어 있었고, 반문혁연합 내부에서도 입장 차이를 가지는 문제였기 때문이다.

그렇기 때문에 중앙공작회의와 11기 3중전회에서 반문혁연합이 승리했음에도 불구하고 여전히 많은 미해결 과제들이 남아 있었고 새로운 문제들도 제기되었다. 그런 점에서 11기 3중전회는 문혁문제 해결과 개혁의 완결점이 아니라 그것으로의 전환점일 뿐이었다. 다시 말해서, 평반 이후 더이상 회피할 수 없게 된 문혁 부정과 마오 쩌둥 재평가 문제 및 남은 문제들이 착종되어 문혁문제 해결은 더욱 복잡한 상황에 봉착하였다.

1) 문혁문제의 복잡성과 반문혁연합의 한계

11기 3중전회에서 진리표준토론을 통해 형성된 반문혁연합은 문혁 수혜자 중심의 범시파에 대한 정치적 승리를 거두었다. 반문혁 정서가 진리표준토론을 통해 광범위한 정치세력을 양개범시의 부정과 평반에 대한 요구로 집결시킨 데 비해, 문혁 수혜자를 중심으로 하는 범시파는 마오 쩌둥 계승자로서의 정통성을 제외하면 정치적으로 취약했기 때문이었다.

문혁 피해자에 대한 평반과 양개범시에 대한 부정은 사실상의 문혁 부정이었다. 하지만 반문혁연합은 직접적인 문혁 부정에는 아주 조심스러웠다. 그렇기 때문에 "11기 3중전회 공보"에서 문혁에 대해 "마오 쩌둥 동지가 그러한 대혁명을 일으킨 것은 주요하게는 소련이 수정주의로 변한 것을 거울삼아 수정주의에 반대하고, 그것을 방지하기 위한 것이었다. 실제 과정에서 발생한 결점과 잘못을 적당한 시점에서 종합하여 정리·평가해야 하지만, (…) 그것을 서둘러서는 안 된다"라고 평가했던 것이다(中共中央文獻研究室 1982a, 12면). 문혁이 의도는 좋았지만 그 과정과 결과, 즉 실천에서 오류가 있었으며 그러한 오류조차도 조심스럽게 평가되어야 한다는 것이었다.

그것은 무엇보다도 우선 문혁 부정이 초래할 수 있는 영향의 복잡성에서 기인한 것이었다. 정치·사회적 균열을 비롯한 문혁이 남긴 문제를 해결하기 위해서는 문혁 부정을 전제해야 하지만, 문혁 부정은 그것을 일으킨 마오 쩌둥에 대한 평가와 직결되는 문제였기 때문이다.

양개범시라는 마오 쩌둥의 권위를 절대화하는 이론의 부정에도 불구하고, 마오 쩌둥의 절대적 권위 자체가 부정된 것은 아니었기 때문에 마오 쩌둥에 대한 직접적 부정은 정치적으로 위험한 선택이었다. 직접적인 마오 쩌둥 비판을 포함하는 문혁에 대한 전면 부정은 정치적 반발을 초래할 수 있었다. 마오 쩌둥의 권위가 절대적일 뿐만 아니라 문혁 피해자조차 마오 쩌둥 비판에는 유보적인 상황에서 그러한 반발은 강력할 수밖에 없었다. 문혁 피해자 평반에 대한 광범위한 요구에도 불구하고 류 샤오치 평반에 대한 반발이 그것을 단적으로 보여준다. 마오 쩌둥에 대한 직접적 비판이 아니었음에도 불구하고 류 샤오치 평반은 마오 쩌둥 평가에 직접적으로 영향을 미칠 수밖에 없다는 이유에서 용납되기 어려웠다. 11기 3중전회 이후 1년여의 준비를 거쳐 진행된 류 샤오치 평반에 대한 반발이 그러했다면 직접적인 마오 쩌둥 비판이 초래할 반발은 짐작하고도 남음이 있다.

다른 한편 중화인민공화국이 그의 사상에 의해 지도되는 중국공산당의 혁명으로 건설되었다는 점에서, 마오 쩌둥에 대한 직접적 비판은 국가 정체성과 공산당 통치의 정당성에 대한 회의를 초래할 수 있었다. 마오 쩌둥이 과오를 범했고 마오 쩌둥 사상이 오류였다면 그것의 이름으로 이루어진 혁명과 그 결과 수립된 국가의 정당성과 정통성에 대한 의문도 당연한 귀결이었기 때문이다. 그런 점에서 직접적 마오 쩌둥 비판을 초래할 문혁에 대한 전면 부정은 공산당 권력에 대한 부정으로 이어질 수 있었다.

이러한 이유로 문혁에 대한 전면적 부정은 쉽게 받아들일 수 없는 것이었다. 하지만 문혁으로 인한 정치·사회적 균열과 경제적 후진성은 공산당과 국가의 균열을 초래하였을 뿐만 아니라 그 효능성에 의문을 제기할 수밖에 없게 했다. 공산당과 국가의 균열과 그 효능성에 대한 회의는 통합과 정당성의 위기를 초래할 수 있었으며, 그러한 위기는 공산당을 대체할 대안에 대한 요구가 나타날 수 있다는 것을 의미했다. 그렇기 때문에 문혁 부정을 전제하는 문혁문제 해결은 피할 수 없는 것이었으며, 중국공산당은 사실상의 문혁 부정인 문혁 피해자 평반을 통해 그러한 작업을 진행하였던 것이다. 그리고 11기 3중전회에서의 대대적인 평반은 문혁에 대한 직접적 평가를 더이상 피할 수 없는 의제로 만들었다.

이처럼 문제의 해결을 위해서는 문혁을 부정하지 않을 수 없었지만, 직접적이고 즉각적인 부정은 정치적으로 위험할 뿐만 아니라 국가와 당의 존망의 문제를 일으킬 수 있었다. 이것은 중국공산당이 문혁이 남긴 문제를 해결하더라도 위기에 봉착할 수밖에 없으며, 문혁문제를 해결하지 못해도 위기에 봉착할 수밖에 없는 딜레마에 처해 있었다는 것을 의미했다.

그러한 상황은 양개범시 부정과 평반을 중심으로 진리표준토론을 통해 형성된 반문혁연합의 취약성과 한계를 노정했다. 반문혁연합은 광범위한 반문혁 정서와 평반 요구 및 문혁시기 출세한 범시파에 대한 반발 등을 배경으로 진리표준토론 과정에서의 세력 균형 변화 등이 결합되어 형성되었다. 반문혁연합은 진리표준토론을 주도한 학계와 당의 이론 담당 지식인, 중앙과 지방의 간부, 군부를 포괄했으며, 문혁 피해자와 문혁 생존자 원로 간부들을 포함하였다. 또한 반급진파연합에서 반문혁연합으로의 공산당 주류의 전화는 1976년 톈안먼 사건을 통해 표출된 반문혁 경향을 지닌 대중 또는 대중운동의 이해와도 일치하는 것이었다.

이들 집단은 문혁 피해자와 생존자 할 것 없이 문혁시기 직접적인 피해 또는 비판을 받은 경험이 있었다는 점에서 반문혁 정서를 지녔으며, 양개범시에 대한 반대와 문혁 피해자 일반에 대한 평반에 동의했다. 하지만 이들 집단은 문혁에 대한 평가와 이해 및 이념에 있어서 미묘한 혹은 커다란 차이를 가지는 집단을 포괄하고 있었다. 당 외부의 대중운동, 지식인과 당 내부의 일부 이론가와 지식인을 중심으로 하는 집단은 문혁에 대한 전면 부정과 마오 쩌둥에 대한 전면적인 비판 입장을 견지했다. 그에 비해 특히 문혁 생존자 원로간부를 중심으로 하는 집단은 마오 쩌둥에 대한 비판과 마오 쩌둥 평가에 부정적 영향을 미치는 것에 반대하였다. 또한 문혁 피해자와 생존자 집단 사이에도 문혁 경험의 차이만큼 반문혁 정서에서 미묘한 차이가 있었는데, 그러한 차이는 마오 쩌둥 평가문제와 관련하여 더욱 심화되었다. 문혁 피해자 입장에서는 평반이 필수불가결했지만, 문혁 생존자의 입장에서는 마오 쩌둥 평가에 영향을 미치는 않는 한에서만 평반을 받아들일 수 있었다는 점에서 그들의 반문혁은 유보적인 것이었다.

그러한 차이는 양개범시 부정과 평반 요구에 한정되는 한 무시될 수 있었다. 하지만 11기 3중전회에서 양개범시의 부정과 대대적인 평반이 이루어짐으로써 문혁과 마오 쩌둥에 대한 재평가가 본격적으로 의제화되자 그들 사이의 차이가 표출될 수밖에 없었다. 그것은 반문혁연합이 문혁이 남긴 문제를 해결하는 데 한계가 있었을 뿐만 아니라 그것을 둘러싸고 내적 분화를 일으킬 수밖에 없었다는 것을 의미한다. 그런데 마오 쩌둥에 대한 재평가는 국가와 당의 정체성 및 정당성 문제와 직결되기 때문에, 그러한 분화는 좀더 복잡한 방식으로 진행될 수밖에 없었다. 더구나 범시파의 잔존은 그러한 분화와 정치연합의 양상을 더욱 복잡하게 했다. 이제 문혁문제 해결을 위해서는 정치연합의 재조정을 포함하는 우회로가 필요했다.

2) 남겨진 과제

11기 3중전회에서 대대적인 평반을 결정함으로써 정치세력의 분화와 재편을 초래한 문혁과 마오 쩌둥 재평가가 불가피해졌지만, 여전히 많은 문제들이 미결인 채로 남아 있었다. 문혁 이후의 주요한 정치적 과제로 문혁으로 인한 정치·사회적 균열의 해소와 파산한 마오 쩌둥 방식을 대신할 새로운 발전모델의 모색을 들 수 있는데, 11기 3중전회에서는 후자가 미결이었던 것은 물론이거니와 전자를 위한 평반조차도 시작에 불과했다. 그리고 그 과정에서 발생한 11기 3중전회의 가장 중요한 결과인 사상해방과 권력이전도 제한적이고 불완전한 것이었다. 그러한 문제들은 문혁 및 마오 쩌둥 평가문제와 착종되어 11기 3중전회 이후의 정치의제 목록을 구성하였다.

첫째, 권력이전의 문제이다. 11기 3중전회에서 반문혁연합의 결정적인 승리에도 불구하고 범시파의 완전한 실각은 이루어지지 않았다. 친문혁 세력이 어떤 형태로든 권력을 유지했다는 사실은 문혁이 남긴 문제가 미결일 뿐만 아니라 그것의 해결에 장애가 존재한다는 것을 의미했다. 그런데 범시파가 11기 3중전회 이후에도 최고지도부에 잔류할 수 있었던 것은 다음 몇가지 요인과 관련된다.

우선, 앞에서 지적한 바와 같이 덩 샤오핑의 정치적 고려가 중요한 요인이었다. 덩 샤오핑은 대내외적으로 권력투쟁이 벌어지고 있다는 인상을 주지 않기 위해 범시파의 실각에 반대했다. 왕 둥싱의 사직 청원에도 불구하고 그것이 받아들여지지 않았던 것에서, 그러한 정치적 고려가 범시파의 직위 유지에 중요한 작용을 했다는 것을 알 수 있다.[61] 문혁과 '궁중 쿠데타'를 통한 4인방 체포를 겪은 중국으로서는 마오 쩌둥 사후 계승문제가 안정적으로 마무리되고 지도부가 단결되어 있다는 것을 대내외적으로 과시할 필요가 있었다. 하지만 극적인 권력투쟁이 재연되었다는 인상을 피하고자 한 것이 범시파가 최고지도부에 잔류할 수 있었던 유일한 이유는 아니다.

범시파가 지도직위를 유지할 수 있었던 더욱 중요한 원인은 양개범시의 부정에도 불구하고 여전히 직접적인 비판에는 조심스러울 수밖에 없었던 마오 쩌둥의 절대적 권위와 그와 관련된 권력관계에 있었다. 양개범시의 부정이 이론적으로는 마오 쩌둥에 대한 비판 가능성을 열었고, 평반이 마오 쩌둥의 실천에 대한 현실적 부정이었을지라도, 양개범시의 부정조차도 마오 쩌둥 자신의 권위를 빌려와야 할 만큼 마오 쩌둥은 여전히 권위의 중심이었다. 그러한 상황에서 마오 쩌둥에 대한 재평가 없이 마오 쩌둥이 정한 후계체제를 갑자기 전면적으로 부정하는 것은 정치적으로 위험한 것이었다.

다른 한편 화 궈펑은 초기에는 양개범시를 주창했지만 이후에는 중대한 과오가 없었다. 또한 화 궈펑은 당면한 정치적 과제인 경제건설에도 적극적이었고, 평반문제에 있어서도 개방적이었다. 뿐만 아니라 중앙공작회의와 11기 3중전회가 순조롭게 진행될 수 있었던 데는 화 궈펑의 문혁 피해자 입장과 평반에 대한 적극적 수용이 중요한 작용을 했다(于光遠 1998a, 250~1면). 화 궈펑은 부분적인 과오에도 불구하고 실각해야 할 중요한 과오가 없었으며, 반문혁연합과 적대적 대립관계에 있지도 않았다. 화 궈펑의

---

[61] 왕 둥싱은 서면 자아비판에서 자신의 모든 직무에 대한 면직을 요청했다(于光遠 1998a, 249면).

그러한 입장은 11기 3중전회가 범시파의 패배이면서도 현실적 세력관계에 기초한 정치적 타협의 요소를 포함하고 있었다는 것을 말한다. 그러한 타협의 일면이 문혁 피해자의 입장에 대한 화 궈펑의 수용이었다면, 양개범시의 부정에도 불구하고 여전히 조심스러웠던 마오 쩌둥에 대한 평가는 다른 한 면이었다.

그리고 그러한 마오 쩌둥에 대한 조심스러운 평가는 마오 쩌둥의 대중적 권위뿐만 아니라, 문혁시기에 비판받기는 했지만 스스로 '마오 쩌둥의 학생'으로서 혁명을 함께했던 문혁 피해자 자신들의 모순적인 심리와도 연관되어 있었다. 가해자인 동시에 '동지'이자 '스승'이기도 한 마오 쩌둥에 대한 재평가는 피할 수 없는 것이기는 했지만 쉽게 결론내릴 수 있는 문제도 아니었다. 더구나 그것은 마오 쩌둥 사상의 이름으로 자신들이 직접 수행한 중국혁명과 그 결과 탄생한 중화인민공화국이라는 국가 자체의 정체성, 정당성과도 직접적으로 관련되어 있었기 때문에 더욱 어려운 문제일 수밖에 없었다. 이러한 상황은 화 궈펑으로 하여금 약화되기는 했지만 형식적이지만은 않은 권력자원을 유지하게 했다.

둘째, 사상해방의 문제이다. 양개범시의 폐기 및 실사구시와 '진리의 검증 기준으로서 실천'의 재확립을 통한 사상해방은 11기 3중전회의 가장 중요한 성과이자, 이후 개혁을 위한 중요한 이론적 기초였다. 덩 샤오핑이 주장하는 바와 같이, 사상해방이 과거문제와 새로운 문제 해결 및 생산력 발전에 조응하지 않는 생산관계와 상부구조를 개혁하기 위한 전제였기 때문이다(鄧小平 1994b, 141면). 사상해방은 직접적으로는 양개범시를 반대하는 진리표준토론을 통해 이루어졌다. 덩 샤오핑은 해방되어야 할 사상의 문제로 린 뱌오, 4인방에 의한 사상적 속박만을 명시했으나, 단지 정치사상의 영역뿐만 아니라 권력의 과도한 집중과 관료주의 문제를 해결하기 위한 민주와 법제, 역사문제의 처리, 그리고 시비의 불명확, 현상유지, 무사안일 등과 같은 간부들의 태도문제 해결에 이르는 일반적 원리 또는 방법으로서 그것을 주장했다(鄧小平 1994b, 140~53면).

그러나 양개범시에 대한 부정에도 불구하고 마오 쩌둥은 여전히 절대적 권위를 유지하였으며 그 이름의 사상이 통치하는 중국공산당과 중국에서의 사상해방은 제한을 받지 않을 수 없었다. 문혁시기 모든 일이 마오 쩌둥의 이름으로 행해졌다는 점에서 문혁문제 해결에는 마오 쩌둥 비판이 필연적일 수밖에 없었으며 그런 점에서 정치사상으로서의 사상해방은 여전히 제약을 안고 있었다.

다른 한편 사상해방은 실사구시와 진리검증의 기준으로서의 실천에 대한 주장과 더불어, 문혁시기 교조화된 이념과 경직된 원리에 의한 사유와 행위의 속박으로부터의 자유를 의미하는 것이었다. 사상해방은 양개범시와 교조 및 경직된 원리에 대한 대항명제이자 그것을 극복하는 방법이었다. 그러한 방법으로서의 사상해방은 그 내용과 범위에 대한 제약을 거부한다는 점에서, 사상을 중심으로 형성된 사회주의체제가 수용할 수 있는 범위를 넘어설 개연성을 내포하고 있었다. 뿐만 아니라 반문혁연합이 양개범시에 반대하는 다양한 경향성을 가진 집단을 포괄하고 있었다는 점에서 그러한 가능성은 현실적인 정치적 분화로 나타날 수 있었다. 그것은 사상해방의 내용과 범위에 대한 합의의 필요성과 더불어 그것을 둘러싼 새로운 대립과 분열의 가능성을 의미하는 것이었다.

셋째, 평반과 관련된 문제이다. 평반에는 획기적인 진전이 있었지만 두가지 점에서 여전히 한계가 있었다. 양적인 문제에서 연유하는 절차상의 문제가 하나라면, 11기 3중전회 이후에도 여전히 잔존한 정치적 원인에 의한 장애가 다른 하나였다.

이미 지적한 바와 같이 문혁 피해자는 1억명이 넘었으며 사회 최하층에서 최고지도자까지, 각 계통과 지방 및 군대에 이르는 각계각층의 다양한 개인과 조직 및 집단을 포함했다. 그리고 가해자도 단지 4인방과 급진파뿐만 아니라 피해자와 밀접한 관계에 있던, 진리표준토론을 열렬히 지지한 군부의 실력자인 경우도 있었다.[62] 그렇기 때문에 평반을 위해서는 다양한 계통과 층위에서 방대한 재조사와 재심리가 필요했는데, 11기 3중전회는 그것을 위한 선언일 뿐이었다. 물론 그러한 작업이 단지 시간문제였을지라도 그렇게 방대한 작업을 한다는 것은 결코 쉬운 일이 아니었다.[63]

정치적 원인으로 인한 장애는 마오 쩌둥 평가문제가 하나라면, 평반에 반대하는 각급 간부들의 저항이 다른 하나였다. 11기 3중전회에서 마오 쩌둥이 직접 결정한 중요 사건에 대한 평반이 이루어졌지만, 이후 '공화국 최대의 억울한 사건'으로 명명된 류 샤오치 사건에 대한 평반은 여전히 논쟁과 정치투쟁의 대상이었다. 문혁의 '최대 성과'로 일컬어졌던 류 샤오치 사건을 평반하는 것이 마오 쩌둥 평가에 미칠 영향은 다른 사건들과는 비교할 수 없는 것이었기 때문이다. 다른 한편 평반의 실무 과정에서 지방간부들의 저항도 만만치 않았다. 지방에서는 문혁 수혜자들이 여전히 강한 세력으로 남아 있었다는 것이 한가지 이유라면, 문혁시기의 대립관계에 의해 형성된 평반에 대한 복잡한 이해관계가 다른 하나의 원인이라고 할 수 있다.[64]

마지막으로, 경제정책과 새로운 경제건설 모델로서 개혁의 방향 및 내용과 관련된 문제이다. 이미 언급한 바와 같이 화 궈펑 체제는 경제건설에

---

62) 1983년 평반된 이른바 '반공구국단(反共救國團)' 사건은 광시에서 10만명 가까운 조반파인 '광시 4·22혁명 행동지휘부(廣西四二二革命行動指揮部, 약칭 4·22파)'가 피살된 사건이다. 이는 덩 샤오핑과 밀접한 관계에 있던 웨이 궈칭에게 주요한 책임이 있었다 (徐勇 2002, 227~55면).

63) 1982년 9월의 12차 당대회 개최 전까지 문혁시기 문제에 대한 평반이 완료되고, 이전 시기의 문제들에 대한 평반은 본격적인 작업이 시작된 지 10년이나 경과한 1987년 13차 당대회 개최 전에야 완료되었다(中共中央組織部 1999, 172~257면).

64) 허베이성 융녠현(永年縣) 서기 장 위천(張玉臣)은 원가착안 평반을 거절하여 면직되었다(『人民日報』 1980. 7. 16). 그런데 지방현당위원회 서기의 면직이 편집자 설명과 더불어 『인민일보』 1면에 보도된 것은 그러한 예가 적지 않았다는 것을 보여준다고 할 수 있다.

적극적이었고 중앙공작회의도 원래 경제건설을 위해 개최된 회의였다. 하지만 경제관리 체제를 포함하는 경제개혁의 필요에 대한 인식에도 불구하고, 중국 개혁의 출발이자 농촌 개혁의 핵심인 호별영농제를 명시적으로 금지[65]한 데서 알 수 있는 바와 같이 경제개혁과 개방의 구체적인 방안은 여전히 마련되지 않았다.

문혁 이후 경제문제에 대한 중국 지도부의 인식은 대체로 통일되어 있었다. 무엇보다도 우선 경제논리에 대한 정치논리의 지배문제에 대한 인식을 공유하고 있었으며, 경제관리 체제와 경제적 대외관계 변화의 필요성도 공감하고 있었다. 하지만 그것은 일반적인 원리 혹은 추상적 이론 수준에서의 동의와 공감이었으며, 구체적인 문제와 변화의 방향에 대한 인식에는 여전히 한계가 있었다. 이는 경제건설을 위한 새로운 모델의 모색을 위해서는 좀더 구체적이고 심화된 인식과 논의가 필요하다는 것을 의미했다.

---

[65] 11기 3중전회에서 통과된 "농촌 인민공사 공작조례〈시행초안〉" 제35조에 "(…) 호별영농제와 경지를 나누어서 개별적으로 경작하는 것을 불허한다(不許包産到戶, 不許分田單幹)"라고 분명하게 규정하고 있다(中共中央文獻硏究室 1982b, 42~60면).

덩 샤오핑 체제의 완성

I. 덩 샤오핑 체제의 성립

1. 반문혁연합의 재편: 급진개혁의 배제

진리표준토론을 통해 형성된 반문혁연합은 문혁 피해자를 중심으로 당과 정부의 원로간부들과 군부, 지식인 등을 포괄하는 광범한 세력이었다. 이들은 1978년 중앙공작회의와 11기 3중전회를 통해 권력의 주도권을 장악했다. 그런데 이들 반문혁연합은 반문혁과 반범시파라는 통일된 입장을 가지고 있었지만 서로 다른 지향과 배경 및 이해관계를 가진 다양한 집단으로 구성되었다. 중앙공작회의와 11기 3중전회에서 문혁에 대한 부정이 시작되고 범시파 집단에 대한 결정적 승리가 확인되어 공통의 목적이 달성되자, 이들 집단 사이에서는 서로 다른 목소리가 나타나기 시작했다. 문혁과 범시파에 반대하지만 당의 안정과 단결 그리고 정통 사회주의를 견지하는 입장이 한편에 있었다면, 사상해방과 민주법제를 강조하는 입장이 다른 한편에 있었다. 문혁 생존자와 문혁의 피해자이기는 하지만 마오 쩌둥의 동료로서 혁명에 참가했던 원로간부 집단이 대체로 전자의 범주에 속했다면, 진리표준토론을 주도한 개혁적인 이론가집단은 후자에 속했다.

반문혁연합의 균열은 11기 3중전회 이후 당 내외에서 제기된 급진적 주장에 의해 촉발되었다. 그러한 급진적 주장은 당 내부에서는 진리표준토론을 주도했던 이론가집단들에 의해, 당 외부에서는 '시단(西單) 민주벽(民主牆)'으로 상징되는 대중운동에 의해 제기되었다. 이는 중앙공작회의와 11기 3중전회에서의 승리와 그 과정에서 제기된 사상해방이 이들 집단에 좀더 근본적인 요구를 표명할 수 있는 기회를 제공했기 때문에 가능했다. 당내 이론가집단들의 이러한 요구와 주장은 11기 3중전회 직후인 1979년 1월 시작된 이론공작회의를 통해 표출되었으며, 대중운동에 의해 조금 이른 시기에 시작된 시단 민주벽도 비슷한 시기에 절정에 달했다. 이들의 주장은 마오 쩌둥의 문혁 책임에 대한 더 직접적인 비판뿐만 아니라 정치체제와 덩 샤오핑에 대한 비판까지 포함했다. 다시 말해, 역사문제와 그것을 둘러싼 현실권력 문제만이 아니라 정치체제의 정당성에 대한 의문을 포함했으며, 그 때문에 반문혁연합의 균열과 새로운 대립의 계기가 되었다. 반문혁연합 내부의 이러한 갈등은 여전히 사회적으로 강한 세력으로 남아 있던 급진파 문혁세력에 정치적·이론적 공간을 제공하는 것이었기 때문에 더욱 복잡한 갈등을 초래하였다. 이로써 반문혁, 그리고 일체의 금기 설정을 부정한 사상해방은 무제한의 자유가 아니라 그 허용 가능 범위를 규정함으로써 자기정체성을 재확인할 것을 요구받았다.

그 결과 급진적 요구와 주장을 제약하는 '4항 기본원칙'이라는 지침이 설정되었다.[1] 그것은 문혁 부정과 사상해방에 의해 부여된 무제약적 변화의 가능성을 4항 기본원칙의 범위 내로 제한하는 것이었다. 그렇기 때문에

---

1) 덩 샤오핑이 1979년 3월 30일 이론공작회의 연설에서 발표한 것으로 첫째, 사회주의의 길을 반드시 견지하고, 둘째, 무산계급독재를 반드시 견지하고, 셋째, 공산당의 지도원칙을 반드시 견지하고, 넷째, 맑스-레닌주의와 마오 쩌둥 사상을 반드시 견지해야 한다는 것이다. 자세한 내용은 鄧小平(1994b, 158~84면) 참조.

탕 추는 이후에 이루어진 개혁이 사상해방을 했지만 4항 기본원칙에 의해 제약되는 온건한 변화를 추구했다는 의미에서 '중간 경로'(middle course)를 걸었다고 주장한다(Tsou 1986, 251~58; 291~302면). 그러한 중간 경로는 반문혁연합 정치세력 내부의 세력관계를 직접적으로 반영한 것으로, 개혁을 지향하면서도 정치적으로 허용될 수 있는 개혁과 변화의 범위에 대한 한계를 설정한 것이기도 했다. 급진개혁파 이론가들은 그것을 보수파의 반격에 의한, 중앙공작회의와 11기 3중전회의 성과에 대한 역전이라고 평가한다.

1) 이론공작회의와 개혁의 한계

이론공작회의는 진리표준토론에 연속하는 것으로, 중앙공작회의와 11기 3중전회에서 제기된 마오 쩌둥의 과오와 문혁의 문제를 이론적으로 정리하기 위해 1979년 1월 18일부터 4월 3일까지 개최되었다. 원래는 중앙공작회의와 11기 3중전회의 연장선상에서 사상해방 회의로 계획되었으나, 회의 도중에 발생한 대내외적인 상황 변화에 따라 덩 샤오핑이 4항 기본원칙을 발표하고 회의도 원래 계획과는 달리 갑작스럽게 종결되는 등 굴절을 겪었다.

이론공작회의에 대해서는 우 장, 리 훙린 등 개혁파 이론가들의 회고록과 개혁개방 과정에 대한 연구서 등에 비교적 자세하게 소개되어 있다.[2] 또한 최근에는 중앙선전부에서 회의 진행 관련 실무를 맡았던 쉬 바오자(許保家)가 회의 과정과 내용을 상세하게 소개한 회고록도 출간되었다(許保家 2010). 그러나 회의의 시작과 종결을 제외한 정확한 일정조차도 논자에 따라 서로 다를 정도로 아직은 연구와 자료가 불충분하다.

---

2) 吳江(1995, 58~85면); 李洪林(1999, 263~67면); 王洪模 等(1989, 135~51면); 湯應武(1998, 150~55면); 程中原·王玉祥·李正華(1998, 273~365면); 蘇紹智(1996, 79~117면); 沈寶祥(1998, 685~751면).

이 회의는 진리표준토론 과정인 1978년 10월 예 젠잉이 이론문제에 대해 심화된 논의의 필요성을 제기하고, 화 궈펑이 동의하여 개최가 결정되었다.³⁾ 회의는 크게 두 단계로 나뉜다. 1단계는 중공중앙 선전부와 사회과학원 명의로 베이징과 중앙의 이론·선전 부문에서 160여명, 각 지방에서 1명의 연락원을 파견하여 진행된 회의였다. 2단계 회의는 중공중앙 명의로 개최되어 지방간부들을 포함해 500명 정도가 참가하였다(吳江 1995, 58~85면; 姜華宣 等 2001, 373~74면). 그리고 베이징과 중앙의 이론회의가 진행되는 동안 산둥, 상하이, 푸젠, 광둥, 랴오닝, 후난, 장쑤, 칭하이, 윈난, 구이저우 등지에서도 같은 회의가 개최되었다(程中原 等 1998, 292면).

그런데 회의의 의사일정에 대해서는 회고록 또는 연구자들 사이에 이견이 존재한다. 여러 논의와 자료를 종합할 때, 1단계 회의는 1월 18일 시작되어 2월 16일에 마쳤다. 2단계 회의는 2월 말 재개하기로 했다가 베트남전과 시단 민주벽 등의 문제로 인한 논란으로 미루어져 3월 25일 재개하는 것으로 통보되었지만 실제로는 28일에 시작되어 4월 3일 마친 것으로 보인다(許保家 2010, 278면; 蕭冬連 2008, 15~82면; 李洪林 1999, 257면; 程中原 等 1998, 292면).

1단계 회의는 1월 18일 개막사라고 할 수 있는 후 야오방의 "들어가는 말(理論工作務虛會議引言)"로 시작되며, 1월 19일부터는 각각 33~34명으로 구성된 5개 소조회의를 통해 진행되었다. 후 야오방의 "들어가는 말"에 의하면, 중앙에서 소집하는 2단계 회의는 전체회의 방식으로 진행하며 당 주석과 부주석의 연설을 듣는 것이 원래의 계획이었다. 그러나 3월 30일 덩

---

3) 화 궈펑은 중앙공작회의 폐막사에서 "이번 중앙공작회의는 의제가 많고 시간도 제한되어 있었기 때문에, 그 방면[즉 이론문제]에 많은 시간을 할애하여 해결할 수 없었다. 중앙정치국은 예 젠잉 원수의 제안에 따라 11기 3중전회 후 '이론회의'를 개최하여 그 문제를 더 잘 해결하는 것이 좋다는 의견이었다"라고 보고하여 이론 회의 개최에 동의한다(阮銘 1992, 59면 재인용).

샤오핑 연설 외에 화 귀펑의 연설은 취소되었으며, 회의도 1단계 회의의 5개조와 군대의 3개조, 지방(화베이·둥베이·시베이·화둥·중난·시난)의 6개조를 합쳐 모두 14개조의 소조회의로 진행되었다(程中原 等 1998, 342면). 1단계 회의에서는 262회의「소조 소식지(小組簡報)」와 종합 4회를 합쳐 모두 266회(실제는 264회)의 소식지가 발행되었으며, 2단계 회의에서도 모두 75회의 소식지가 발행되었다(程中原 等 1998, 292, 343면).

이미 지적한 바와 같이 이론공작회의는 중앙공작회의와 11기 3중전회에서 매듭짓지 못한 이론문제에 대한 논의를 위해 소집되어, 진리표준토론과 중앙공작회의 및 11기 3중전회의 연속선상에서 진행된 회의였다. 이러한 사실은 진리표준토론을 주도했으며 11기 3중전회 이후 중공중앙 선전부장에 새로 임명된 후 야오방이 회의를 주도했다는 사실에서도 잘 나타난다. 그러한 목적하에서 첫째, 사상노선 문제, 둘째, 무산계급독재하의 계속혁명 이론, 사회주의 시기의 계급과 계급투쟁, 사회주의 민주, 경제이론과 실제 등의 이론문제, 셋째, 마오 쩌둥과 마오 쩌둥 사상에 대한 평가 문제, 넷째, 이론공작의 경험과 교훈에 대한 종합 정리 등이 논의되었다(程中原 等 1998, 292~334면).

사상노선에 대한 논의는 주로 양개범시 및 진리표준토론과 관련한 왕 둥싱과 리 신 및 범시파의 책임문제에 대한 비판을 중심으로 진행되었다. 소조회의 첫날인 1월 19일 진리표준토론과 톈안먼 사건 평반과정에서 중요한 역할을 했던 양 시광, 쩡 타오, 화 난, 왕 후이더(王惠德), 위 광위안, 후 지웨이 등 6명이 잘 준비된 "진리표준토론의 정황(關于眞理標準討論的情況)"이라는 연합 발언을 한다.[4] 그 발언이 사상노선의 분열과 평반 방해 문제에 대한 왕 둥싱, 리 신의 책임문제 비판의 대표적인 예이다. 그외에도 왕 둥싱과 리 신 및 『홍기』편집부에 대한 많은 비판이 이루어졌다.

---

4) 발언의 전문이 胡積偉(1997, 33~67면)에 수록되어 있다.

'무산계급독재하의 계속혁명 이론'이나 사회주의 시기의 계급과 계급투쟁 문제 등은 문혁 또는 이른바 좌경노선과 관련된 것이었다. 무산계급독재하의 계속혁명에 대해서는 다수가 폐기를 주장했지만, 그 이론을 유지해야 한다는 견해도 있었기 때문에 격렬한 논쟁이 벌어졌다. 사회주의 사회의 계급투쟁 문제에 대해서도 사회주의 개조 이후에도 계급투쟁이 지속된다는 주장과 그것이 완화 또는 소멸된다는 주장 사이에 논쟁이 극심했다(程中原 等 1998, 303~10면). 이러한 사실은 11기 3중전회에서 '계급투쟁 중심'을 더이상 제기하지는 않았지만 계급투쟁을 결코 폐기한 것은 아니라는 것을 보여주는 예라고 할 수 있다. 민주와 법제 문제와 관련하여, 옌 자치(嚴家其)는 종신제 문제를 비판했으며 리 훙린은 민주선거 제도의 필요성을 주장하였다(程中原 等 1998, 310~25면; 李洪林 1999, 248~54면).

마오 쩌둥과 마오 쩌둥 사상의 문제와 관련해서는 마오 쩌둥의 이른바 좌경 오류의 기점을 1957년으로 보아야 한다는 관점이 제기되었다. 왕 뤄수이(王若水)는 마오 쩌둥 사상의 과오가 캉 성이나 4인방이 아니라 마오 쩌둥 자신의 책임이라고 지적했다. 또한 마오 쩌둥, 화 궈펑 등에 대한 개인숭배 문제도 제기되었다. "11기 3중전회 공보"에서 평가를 서두르지 말아야 한다고 했던 문혁에 대해서도 직접적이고 전면적인 부정 의견이 제기되었다. 문혁의 이론적 기초인 '무산계급독재하의 계속혁명 이론'에 대한 비판은 문혁과 마오 쩌둥뿐만 아니라 그것에 대해 긍정적으로 평가했던 중공 11차 당대회의 권위에 대한 비판이자 화 궈펑에 대한 도전이었다고 할 수 있다(吳江 1995, 69~79면; 李洪林 1999, 248~54면; 程中原 等 1998, 325~31면).

이러한 논의들은 원칙적인 선에서는 중앙공작회의와 11기 3중전회에서 제기된 것에 기초하고 있었지만, 마오 쩌둥과 문혁문제 등 정치적으로 민감한 문제에 있어 한층 직접적이고 이론적으로 심화된 논의였다. 그러나 이러한 논의는 정통 사회주의 혹은 보수적인 입장을 지녔던 원로간부들의 입장과는 차이가 있었다. 그러한 차이는 반문혁과 반범시파의 관점에서는 무시될 수 있었지만, 비판과 변화의 방향과 범위와 관련해서는 중요한 의미를 가진다. 그러한 차이는 전환의 방향과 변화의 범위와 관련된 것으로, 직접적으로는 역사 해석과 11기 3중전회에 대한 해석에서 강조점의 차이로 나타났다. 보수적인 원로간부들의 견해는 이후 개혁시기 대표적인 보수파 이데올로그로 불리는 후 차오무의 논의에서 잘 나타난다.

후 차오무는 마오 쩌둥의 오랜 비서로서 마오 쩌둥 명의의 문건과 연설문 작성업무를 직접 맡는 등 마오 쩌둥과 밀접한 관계에 있었던 인물이다. 또한 1975년 덩 샤오핑이 만든 국무원 정치연구실 책임자를 맡기도 해 덩 샤오핑과도 가까웠다. 당시에는 사회과학원 원장이었으며, 왕 둥싱에 이어 11기 3중전회 뒤 마오 쩌둥 저작편집출판위원회 판공실 주임에 임명된 것에서도 알 수 있듯 당 핵심 이데올로그의 한 사람이었다. 후 차오무의 관점은 1979년 1월 6일 중국사회과학원 전체회의에서 행한 11기 3중전회 보고와 다음날 중공중앙 선전부 회의에서의 연설에 잘 나타나 있다(胡喬木 1993, 93~116면).

후 차오무는 사회과학원 전체회의 보고에서 마오 쩌둥의 과오는 인정하지만 주요한 이론적 문제는 마오 쩌둥 자신이 아니라 모두 린 뱌오와 4인방의 왜곡으로 인한 것이었다고 주장했다. 또한 경제건설의 전제로서 정치적 안정과 단결을 강조하고, 경제발전과 객관적 경제법칙이 중요하지만 이는 사회주의의 원칙을 전제로 해야 한다는 것을 강조했다. 그러한 관점은 다음날 선전부에서 행한 계급투쟁에 관한 연설에서 더욱 잘 드러난다. 후 차오무는 "사회주의에서 계급투쟁이 시종 존재한다"라는 문혁시기의 구호는 캉 성이 '시종'이라는 단어를 첨가하여 잘못된 것이며, '계급투쟁 중심'도 어떤 범위 내에서 말하느냐에 따라 그 의미가 있을 수 있다고 함으로써 사실상 사회주의 내에서의 계급투쟁과 '계급투쟁 중심론'을 인정했다(胡喬木 1993, 433~37면).

후 차오무의 그러한 주장은 결국 마오 쩌둥에 대한 비판이 불가피하다면 그것을 이론적으로 정치적으로 최소화하려 한 것이었다. 그러한 후 차오무의 입장은 실천파 이데올로그의 그것과는 대립했지만, 공산당 내부 원로간부 세력으로부터는 광범한 지지를 받았다. 이렇듯 이론공작회의에서 이론문제에 대한 논쟁은 범시파와의 논쟁의 연속이었으며, 마오 쩌둥 문제와 관련해서는 더 복잡하게 착종되어 진행되었다. 그러한 상황은 중국정치에서 이론논쟁의 특성 및 11기 3중전회의 정치세력 재배치의 성격과 관련되면서 더욱 복잡해졌다.

이 시기를 정점으로 하는 중국정치에서의 이론논쟁과 숙청은 이분법적이고 영합(zero-sum)적 성격을 갖는 것으로 보인다. 사상논쟁에서 시작하는 정치운동과 그 결과로서 정치적 숙청의 반복은 그것을 확증한다. 하지만 이론논쟁과 정치적 성격 규정의 이분법적 성격에도 불구하고, 중국에서의 처벌과 숙청은 스딸린의 그것과는 많은 차이를 보인다. 중국에서 당 내부 논쟁은 이론적인 대립성에도 불구하고 비판, 자아비판을 통해 과오를 인정하고 실각 또는 강등을 당했을 뿐 패배자들이 정치적 이유로 처형되지는 않았다. 극히 예외적인 경우를 제외한 그들 대부분은 일정 기간 경과 후 반성을 통한 개조 또는 과도한 비판을 이유로 평반되었다.[5] 이러한 사실은 중국의 정치과정에서 이론논쟁이, 그 적대적 외형에도 불구하고 직접적으로 혹은 장기적 과정으로서 (권력을 매개로 한 것이기는 하지만) 합의와 타협의 요소를 포함하고 있었다는 것을 의미한다.

중국정치의 이러한 특징은 11기 3중전회의 결과에도 그대로 반영된다. 범시파는 과오를 인정하기는 했지만 즉각적으로 실각한 것은 아니었다. 뿐만 아니라 더이상 양개범시를 언급하지 않는 방식으로 그것을 부정했

---

5) 루산회의 이후 반당, 반혁명, 계급의 적으로 낙인찍힌 펑 더화이의 경우도 문혁 전야인 1965년 3선 건설 부사령관으로 쓰촨으로 보내지는 등 부분적인 복귀가 이루어졌다. 그러나 가오 강처럼 자살한 경우는 자살로 당의 결정에 저항했다는 이유로 평반하지 않았다. 다만 문혁시기의 자살 사건에 대해서는 예외로 한다.

지만, 명시적이고 직접적으로 양개범시를 부정하지도 않았다. 즉 범시파는 자아비판을 통해 이론적 입장을 철회하고 현실적인 직위를 상실함으로써 권위와 권력을 상당한 정도로 상실했지만, 여전히 일정한 지위와 역할을 유지하였다. 이렇게 된 데에는 이론적 문제가 완전히 해결되지 못한 것이 한가지 원인이었다. 또한 그들의 문제가 당의 이론·방침·노선에 반대한 것이 아니라 당의 잘못된 노선을 수립하고 집행한 것에 해당했기 때문에 그 비판과 처분의 정도가 책임의 정도에 따라 차이가 있었던 점도 원인이었다. 그에 따라 문혁 수혜자 집단에 속하지 않았던 범시파 이데올로그들의 경우 중앙공작회의와 11기 3중전회의 범시파 비판과 그들의 자아비판에도 불구하고 대체로 현직을 유지하였다.[6]

그것이 그대로 반영된 것이 이론공작회의 지도소조의 구성이었다. 이론공작회의 지도소조는 후 야오방, 후 차오무, 황 전(黃鎭), 주 무즈(朱穆之), 후 지웨이, 위 광위안, 저우 양, 퉁 다린(童大林), 우 렁시, 우 장, 후 성 등 11명으로 구성되었다(吳江 1995, 60면). 이들 중에는 진리표준토론에서 중요한 역할을 한 후 야오방, 후 지웨이, 우 장과 위 광위안 등 실천파 이론가들이 다수를 차지했다. 그렇지만 우 렁시와 후 성 등은 대표적인 범시파 이데올로그였다. 이러한 사실은 우 장의 주장대로 "각 방면의 서로 다른 관점을 가진 사람들을 포괄함으로써 민주 토론의 정신을 체현한 것"이기도 했지만(吳江 1995, 60면), 다른 한편으로는 당시의 이념적 지형 또는 정치세력관계가 그렇게 단순한 것이 아니었음을 보여준다.

그러한 상황에서 마오 쩌둥 평가와 직결되는 이론적 논의는 이론공작회

---

6) 쑤 사오즈(蘇紹智)는 범시파 이데올로그 중 리 신만이 유일한 속죄양이었다고 주장한다(蘇紹智 1996, 31면). 범시파 이데올로그에는 앞서 지적한 우 렁시, 슝 푸, 후 성 외에도 정 비젠(鄭必堅) 등이 있었다. 우 렁시는 문헌연구실 부주임, 후 성은 당사연구실 부주임과 주임, 슝 푸는 『홍기』 편집장 등을 역임하며, 정 비젠은 이후 중앙당교 상무부교장(常務副校長)을 역임한다.

의의 논쟁을 더욱 복잡하게 만들었다. 11기 3중전회 이후의 반좌 또는 반범시파 문제와 마오 쩌둥에 대한 급진적 비판과 옹호라는 두가지 대립선의 착종이 그것이다. 이러한 상황에서 이론공작회의를 전후하여 보수적인 원로간부들이 마오 쩌둥에 대한 급진적 비판과 급진적인 변화의 조류에 대한 반비판을 선택하게 되는 계기가 주어졌다. 반문혁과 반범시파 문제에서 반문혁연합과 일치된 견해를 가졌을 뿐만 아니라 일정한 작용을 했던 대중운동에서 급진적 주장이 등장한 것이다.

원로간부 집단은 이에 대해 과도한 사상해방과 민주가 사상과 사회질서의 혼란을 초래했다고 비판하였다(李洪林 1999, 256면). 더구나 서방 언론들이 11기 3중전회 후의 일련의 논의를, 흐루시초프의 스딸린 비판과 마찬가지로 중국에서도 마오 쩌둥 비판과 비(非)마오쩌둥화가 출현한 것으로 보도하자, 원로간부들의 그러한 비판은 더욱 힘을 얻었다.

결국 금기를 부정한 사상해방의 허용 범위를 규정해야 한다는 요구가 강력해졌다. 그에 따라 덩 샤오핑은 3월 30일 "4항 기본원칙을 견지해야 한다(堅持四項基本原則)"라는 연설을 발표하여 사상해방과 변화의 범위를 규정하고 원칙을 제시했다. 덩 샤오핑은 비록 잘못된 마오 쩌둥 사상은 옹호하지 않고 정확한 마오 쩌둥 사상만을 옹호한다고 주장했지만, 4항 기본원칙의 중심은 11기 3중전회 이후 발생한 이른바 '우경적 경향', 즉 급진적 개혁론에 대한 반대였다(李洪林 1999, 259).[7]

덩 샤오핑의 연설은 이론공작회의의 의제를 4항 기본원칙에 대한 논의로 전환했다. 여기에는 양개범시 반대와 4항 기본원칙 반대를 구분하고,

---

7) 왕 훙무(王洪模)도 그것이 우경적 간섭을 배제한 것이라고 주장한다(王洪模 等 1989, 147~51면). 후 지웨이는 그것이 문혁시기 린 뱌오의 이른바 '네개의 절대로 잊지 말아야 할 것(四個念念不忘)'의 변형으로 마오 쩌둥 극좌노선의 한계를 뛰어넘었던 11기 3중전회의 성과를 역전시키고 마오 쩌둥 사상의 지위를 재생시킨 '네개의 몽둥이(四個棍子)'였다고 주장한다(胡積偉 1997, 88~94면).

사상·이론공작의 과오와 4항 기본원칙에 대한 반대를 구분해야 한다는 논의가 포함되어 있었다(吳江 1995, 83면). 그렇지만 기본적으로 4항 기본원칙은 개혁의 범위와 논의에 대한 제한이었다고 할 수 있다.

덩 샤오핑의 그러한 입장 표명은 당시의 정치세력 관계를 반영한 것으로, 진리표준토론 이후 진행되던 일종의 사상과 정치적 자유에 대한 방임(放)에서 통제(收)로의 전환이었다고 할 수 있다(李洪林 1999, 257~58면; Baum 1994, 6면). 방임에서 통제로의 전환은 4인방과 문혁 및 범시파 비판을 주도한 11기 3중전회까지의 '좌경' 사조에 대한 비판에서 새롭게 등장한 급진적 변화를 추구하는 '우경' 사조에 대한 비판으로 그 중심이 전환되었다는 것을 의미한다. 그러한 상황에서 사상해방 회의로서 이론공작회의를 지속하는 것은 무의미한 것이었으므로 후 야오방은 4월 3일 회의의 폐막을 선언한다(吳江 1995, 84~85면).

무제약적이던 사상해방의 한계를 설정하여 개혁 또는 변화의 한계와 이론적 범위를 규정한 4항 기본원칙은 진리표준토론과 11기 3중전회 이후 제기된 급진적 변화를 배제하는 것이라고 할 수 있다. 그것은 진리표준토론 이후 형성된 반문혁과 반범시파연합이 이론적 수준에서 파열했을 뿐만 아니라 급진적 대안을 가진 당 내부의 이론가와 지식인 집단이 패배하였음을 의미했다. 이러한 급진적 대안의 패배는 이후 중국 개혁과정의 성격과 개혁의 범위와 한계를 규정한 요소였다.

급진적 개혁론자들은 진리표준토론과 11기 3중전회까지의 전환과정에서 선도적 역할을 했다. 또한 그들은 중국의 변화 방향을 제시하고 현실문제를 반영하였다는 점에서 '제한된' 개혁과정에서 일정한 역할을 하였다. 그러나 그들은 지속적으로 '제한'을 저촉했으며, 이후 영화 대본 「고련(苦戀)」에 대한 비판이나 인도주의를 둘러싼 논쟁 등 이른바 반자유화를 통해 정치적으로 배제되어갔다. 이들의 배제는 한편으로는 공산당의 사상적·정치적 정체성을 유지하는 데 유용하였지만, 다른 한편으로는 개혁으로 인한 새로운 요구와 변화를 수용할 수 있는 범위를 제한했다는 점에서 1989년 톈안먼 사건으로의 길을 연 것이라고 할 수 있다. 그런 점에서 톈안먼 사건이 개혁파의 대표적 인물이었던 후 야오방의 사망과 직접적으로 관련되는 것은 우연이 아니라고 할 수 있다.

그런데 사상해방과 4항 기본원칙에 의해 규정된 개혁의 범위와 한계는 두가지 점에서 모호하고 가변적이었다. 이는 우선 사상해방과 4항 기본원칙이 상호모순적이었다는 것과 관련된다. 사상해방은 사상에 대한 제약을 부정한다는 점에서 4항 기본원칙에 의한 제약과는 모순되는 것이었다. 그러한 모순적 가치의 동시적 추구는 이론에서나 실제 적용에서 강조점에 따라 제약과 범위가 유동적이게 할 수밖에 없었다. 다음으로는, 두가지 상호모순적 가치의 상호규정성과 관련된다. 4항 기본원칙이 사상해방을 규정했지만, 동시에 4항 기본원칙은 사상해방의 대상이었다. 그것은 4항 기본원칙을 구성하는 원칙들의 개념적 내포의 변화를 통해 현실화되었다.

그에 따라 변화와 개혁의 범위는 계기적으로 확대와 축소를 반복하였다. 그렇지만 장기적으로 개혁에 따른 현실 변화의 누적으로 인해 현실의 변화와 필요가 기존의 개념 범주에 의한 제약의 범위를 뛰어넘음으로써 개념 범주를 수정하는 사상해방을 이루어 개혁과 변화의 범위를 비약적으로 확대했다. 그러한 변화는 사상해방과 4항 기본원칙이 가진 규정의 모호성, 가변성과 더불어 개혁이 전제한 실사구시 또는 실용주의적 태도로 인한 것이었다고 할 수 있다.

2) 대중운동의 배제

중국의 정치과정에서 대중운동은 중요한 구성 부분이다. 그러나 중화인민공화국 시기에 한정한다면, 그것은 위로부터의 결정을 실행하기 위한 수단에 지나지 않았다. 아래로부터의 행위가 정책의 변화에 영향을 미쳤을지라도, 그러한 변화는 대중운동에 대한 대응으로서 위로부터의 선택의 변화를 의미하는 것이지 아래로부터의 의지가 관철되었다는 것을 의미하는 것은 아니다. 마오 쩌둥 사후 정치적 전환과정에서도 대중운동이 중요한 역할을 한 것은 분명하지만 그 작용에 대한 정확한 평가는 쉽지 않다.

일반적으로 서구의 연구는 이 시기 시단 민주벽을 중심으로 한 대중운동 또는 아래로부터의 '민주화운동'을 매우 중요하게 평가한다. 한편으로 그러한 관점은 공산주의 혹은 권위주의체제의 민주화 이행과정에서 일반적으로 아래로부터의 대중운동이 그랬던 것처럼, 중국의 변화과정에서도 그것이 중요한 역할을 할 것이라는 이론적 유추와 관련된다. 다른 한편으로는 1989년 톈안먼 사건을 초래한 민주화운동의 뿌리가 실제로 거기에 있었기 때문이기도 하다.[8] 중국에서의 연구는 시단 민주벽에 대해 부정적 측면을 강조하고, 대중운동으로서의 역할도 의도적으로 평가절하한다. 그러나 그 의의를 전적으로 부정할 수만은 없었다. 1977년 1월 8일 톈안먼 광장에 톈안먼 사건 평반과 덩 샤오핑의 복권을 요구한 표어를 쓴 리 둥민 사건을 인민 요구의 표현으로 평가한 것은 아래로부터의 대중운동의 중요성을 인정한 증거라고 할 수 있다(王洪模 等 1989, 42면; 湯應武 1998, 36면).

그러나 민주화운동 또는 대중운동이 마오 쩌둥 사후의 정치적 변화를 규정한 요소였다고 할 수는 없다. 민주화운동과 대중운동이 대중적 정서를 반영하는 것으로 정치적 변화의 조건과 배경이 되었던 것은 사실이지만 그것이 직접적으로 정치적 영향을 행사할 수 있는 기제는 없었고, 그만큼 강력하지도 않았다. 그렇기 때문에 이 시기 민주화운동과 대중운동은,

---

[8] 시단 민주벽을 비롯한 이 시기의 이른바 '민주화운동'에 대한 서구의 연구는 중국 민주주의에 대한 Nathan(1986)의 연구를 제외한다면 주로 1989년 톈안먼 사건 이후 중요한 연구 주제가 되며, 그것을 덩 샤오핑 체제로의 전환과정에서 중요한 작용을 하는 '개혁파연합'의 중요한 일원으로 평가한다는 특징이 있다(Meisner 1996, 104~36면; Baum 1994, 69~79면). 덩 샤오핑 체제로의 전환과정에서 민주화운동이 중요한 역할을 했다는 평가는 롼 밍의 주장을 받아들인 것이다(阮銘 1992, 41~55면).

오히려 그것이 당내 정치세력의 역관계와 목표에 따라 선택적으로 수용 또는 배제되는 과정에서 그 역할이 규정되었다. 그런 점에서 민주화운동 또는 대중운동은 이 시기 정치 변화과정에서는 부차적인 요소였다.

하지만 장기적인 정치적 변화와 관련해서는 중요한 함의를 지닌다. 그것에 대한 수용과 배제의 과정이 개혁의 범위를 규정했다는 점에서, 정치적 변화의 경로와 방식에 있어 규정적 의미를 지니기 때문이다. 대중운동 또는 민주화운동은 크게 두가지 방식으로 진행되었다. 시단 민주벽을 비롯한 대중의 자유로운 의사 표출이 한가지라면, 문혁시기의 문제 등에 대한 상방(上訪)과 시위를 포함한 대중의 청원운동이 다른 한가지이다.

① 시단 민주벽 사건

톈안먼광장 서쪽의 시단에 있는 '민주벽'은 1978~79년 대중들이 자신의 의사를 각종 자보(字報)를 통해 자유롭게 표출하는, 중국 민주화운동을 상징하는 장으로 등장했다. 시단 민주벽이 그러한 장이 된 것은 문혁기간 중 정간되었던 공청단 중앙위원회 발행『중국청년(中國靑年)』복간호의 배포가 1978년 9월 왕 둥싱에 의해 금지되자 그것을 시단의 벽에 붙임으로써 비롯된다. 그후 그곳에 붙는 대자보와 소자보가 늘어남에 따라 그곳은 일반인이 자유롭게 의사를 표출할 수 있는 장소가 되었다(李洪林 1999, 238면). 그런데 시단이 그러한 자유로운 공간이 될 수 있었던 것은 이전부터 있어온 대중들의 자발적인 대자보 부착과 덩 샤오핑 등 공산당 주요 지도자들의 동의에 기초한 것이었다.

대중의 자발적인 대자보는 1976년 톈안먼 사건 시기 톈안먼광장의 인민영웅기념탑에 저우 언라이에 대한 추모시를 붙임으로써 시작되었고, 이는 4인방 체포 이후 청명절에도 계속되었다. 처음 민주벽의 발상을 보여준 것은 청명절뿐만 아니라 수시로 의견을 개진하여 '백화제방 백가쟁명(百花齊放 百家爭鳴)'을 벌이자는 1978년 4월 6일 훠 화(霍華), 인 밍(尹明) 명의의 대자보였다. 그것이 『중국청년』 자보를 계기로 시단 민주벽으로 실현된 것이다(李洪林 1999, 237~38면). "시단 민주벽으로 표출된 민주운동과 당내 개혁역량의 결합은 이념을 장악하고 있던 범시파에 대항해 11기 3중전회에서 승리할 수 있었던 기초이자 덩 샤오핑 권력의 기초였다"(阮銘 1992, 47면)라는 롼 밍의 주장은 과장된 측면이 있다. 그럼에도 불구하고 시단 민주벽은 분명 반문혁과 반범시파 지향을 가졌다. 진리표준토론에 대한 지지와 원가착안에 대한 평반 요구 등은 덩 샤오핑과 후 야오방 지지를 의미하는 것이었기 때문이다(李洪林 1999, 239면). 그렇기 때문에 1978년 11월 26일 덩 샤오핑은 중국을 방문한 일본사회당 대표단과의 대화에서, 대자보는 정상적 현상이며 군중이 민주를 표출하고 대자보를 붙이는 것을 부정할 권리가 없다고 하였고, 이는 11월 28일 『인민일보』에 보도되었다(李洪林 1999, 243면).

대중의 자발성과 공산당 최상층 지도부의 공개적인 지지는 민주벽운동의 질적·양적 확산을 가져왔다. 민주벽 활동에 열성적이었던 청년들이 그것을 계기로 단체를 결성하고 『베이징의 봄(北京之春)』(왕 쥔타오 王軍濤), 『탐색(探索)』(웨이 징성 魏京生), 『4·5논단(四五論壇)』(쉬 원리 徐文立, 류 칭 劉靑) 등의 지하잡지를 발행하였다(李洪林 1999, 238면; 劉勝驥 1985). 또한 12월에는 민주벽운동이 베이징에서 상하이, 우한, 광저우 등 다른 대도시로 확산되었다(Baum 1994, 72면). 더구나 중앙공작회의에서 덩 샤오핑이 일체의 금기를 부정하는 사상해방과 민주를 주창함에 따라 민주벽에는 더욱 과감하고 급진적인 주장이 나타나게 되었다.

그러한 주장에는 출판과 언론의 자유, 마오 쩌둥 비판뿐만 아니라 미국 대통령에게 중국 인권에 대한 관심을 요청하는 '중국인권소조(中國人權小組)' 명의의 대자보를 비롯하여, 당의 지도에 대한 의문과 덩 샤오핑 비판 등이 포함되어 있었다. 1979년 3월 25일 붙인 웨이 징성의 "민주를 원하는가 새로운 독재를 원하는가(要民主還是新獨裁)"라는 대자보는 덩 샤오핑을 직접적으로 공격하고 공산당을 비판한 대표적인 예이다(李洪林 1999, 261면; 湯應武 1998, 155면). 이 자유로운 공간은 4인방 세력 또는 급진파들에게도 활동의 여지를 마련해주었다. 그들에 의해 장 칭의 복권을 요구하고 11기 3중전회를 전면적으로 공격하는 대자보도 등장했다(李洪林 1999, 255~56면; 吳江 1995, 78면).

이에 따라 덩 샤오핑이 당 내부의 범시파와 당 외부의 양극단의 급진파로부터 이중으로 압력을 받는 상황이 초래되었다. 그 결과 앞서 본 바와 같이, 사상과 정치적 자유에 대한 방임에서 통제로의 전환을 의미하는 4항 기본원칙이 덩 샤오핑에 의해 제기되었다. 이러한 조치는 민주벽 활동을 일시적으로 소강 상태에 빠뜨린다. 하지만 1979년 하반기에 접어들자 시단 민주벽에는 다시 4항 기본원칙을 직접적으로 공격하는 대자보가 등장하게 된다. 결국 11월 덩 샤오핑은 "대자보를 붙이는 자들에 대한 사상정치 공작과 소수 불순분자에 대한 공격"의 필요성을 제기하게 되고 그에 따라 베이징시 정부는 12월 6일 시단 벽에 대자보를 붙이는 행위를 전면 금지한다. 그리고 1980년 9월, 5기 전국인대 3차 회의에서 헌법에 규정된 이른바 '4대 자유', 즉 대명(大鳴), 대방(大放), 대자보(大字報), 대변론(大辯論)의 자유를 폐지함으로써 민주벽은 완전히 금지된다(王洪模 等 1989, 148~49면).[9]

② 대중청원운동

이러한 민주화운동에 대한 제한은 급진적 이견 표출에서 비롯된 것만은 아니었다. 11기 3중전회 이후 상방과 시위 등 행정 마비와 질서의 혼란을 초래한 대규모의 대중청원운동이 발생한 것도 하나의 중요한 원인이었다.

---

9) 1980년 9월 10일 5기 전국인대 3차 회의에서 헌법 45조를 수정하여 대명, 대방, 대변론, 대자보의 권리를 삭제한다.

그러한 상황은 당 내부의 이론적 전환에 대한 보수세력의 반발, 민주벽의 급진주의 등장과 더불어, 사상과 통제에 대한 방임에서 통제 강화로의 전환을 초래한 중요한 요소의 하나였다.

1977년 12월 후 야오방이 중공중앙 조직부장이 된 뒤 문혁시기 원가착안에 대한 상방이 급속하게 증가하였음은 이미 앞에서 밝힌 바 있다. 그러나 공식적인 절차가 너무 느렸기 때문에, 자신들의 억울한 사정을 시단이나 톈안먼광장 등에 소자보로 붙이거나, 청원서를 전달하기 위해 중난하이의 신화문(新華門) 앞에서 연좌시위를 벌이는 일도 발생했다.[10] 이러한 청원 대열에는 문혁 또는 그전에 하방당했다가 무단으로 도시로 돌아온 사람들이 있는가 하면, 실업과 주택 문제에 대한 불만을 표출하는 사람 등 다양한 성향의 사람과 문제들이 포함되어 있었다. 일부 지방에서는 인민들이 당과 정부기관으로 진입해 사무실을 점거하거나, 단식투쟁을 벌이고, 도로를 가로막기도 했다(湯應武 1998, 152면). 상하이, 저장, 산시(山西) 등지의 혼란상황이 이론공작회의 기간 중 보고되었고, 항저우, 시안(西安), 상하이 등지에서는 하방되었던 청년들이 귀성을 요구하는 시위를 벌였다(吳江 1995, 77면; Nathan 1986, 26면). 이러한 청원들 중의 대표적인 예가 베이징의 푸 위에화(傅月華) 사건과 상하이 하방 청년들의 '2·5사건'이다(蕭冬連 2008, 54면).

베이징의 실업 여공 푸 위에화는 농민 청원자들을 조직하여 1979년 1월 8일 인민영웅기념탑에 저우 언라이를 추모하기 위해 모인 수많은 청중 앞에서 '반기아(反飢餓)'와 폭압 중지를 요구했다. 1주일 후인 1월 14일에는 수백명의 굶주린 농민을 이끌고 반기아, 인권, 민주주의를 요구하면서 톈안먼광장에서 중난하이 신화문까지 가서 화 궈펑에게 청원 편지를 전달하

---

10) 더 자세한 상황에 대해서는 Baum(1994, 75~77면); Garside(1981, 236~39면); Nathan(1986, 26~30면); Dreyer(1980, 48~65면) 참조.

려 했다. 이 사건으로 1월 18일 푸 위에화는 중국 민주화운동 과정에서 최초로 체포되었다(Baum 1994, 76~77면).

상하이의 경우 문혁시기 약 100여만명의 지식청년들이 하방되었는데, 그중 70여만명이 신장, 네이멍구, 동북삼성(東北三省, 지린성·랴오닝성·헤이룽장성) 등의 변경을 비롯한 외성(外省)으로 하방되었다. 이들은 1978년 11월부터 상하이로 돌아와 시위를 벌이면서 도시로의 귀성을 청원했다. 이들은 1979년 설을 기해 집으로 돌아온 청년들과 함께 설 9일 후인 2월 5일 '행동위원회'의 지시하에 상하이 기차역과 철로를 점거하고, 상하이로 돌아오는 것을 허용해줄 것을 요구했다. 점거는 다음날 경찰에 의해 해산될 때까지 12시간 동안 계속되었다. 이들 하방 지식청년들의 귀성 요구는 상하이만이 아니라 난징, 난창(南昌), 톈진 등에서도 발생했다. 하지만 실업과 주택 문제 등 많은 문제에 봉착해 있던 도시에서는 이들의 귀성을 허용하기 어려웠다. 이에 대해 중공중앙과 국무원은 2월 17일 "전국의 안정과 단결을 한층 더 강화하기 위한 통지(中共中央·國務院關于進一步加强全國安定團結的通知)"를 발표하여 시위와 대자보 등을 제한하는 조치를 취한다(中共中央文獻硏究室 1982b, 103~7면; 劉小萌 1998, 765~70면).

이러한 사실은 11기 3중전회로 상징되는 방임이 역사적으로 누적되어 있던 각종 문제를 일시에 폭발시키는 계기가 되었다는 것을 의미한다. 그러한 문제들은 각종 원가착안에 대한 해결 요구를 비롯해 실업, 빈곤과 기아, 민주주의와 자유 등 광범한 영역에 걸친 것이었다. 그것은 문혁까지의 역사과정을 통해 그만큼 많은 문제가 누적되어 있었다는 것을 보여줌과 동시에, 그러한 문제에 대한 해결 가능성이 열렸다는 것을 의미했다. 그런데 그러한 문제들 중에는 실무적이거나 구조적인 문제로 인해 그 해결이 점진적이거나 장기적일 수밖에 없는 문제도 있었다. 또한 국가 정체성과 관련한 요구도 있었는데, 그것은 정치세력들 사이에서 새로운 대립을 초래할 수 있는 문제였다.

원가착안에 대한 대대적인 평반에도 불구하고, 중앙의 지도자들이 직접 개입했던 중요한 사건에 대한 평반 외에는 절차와 실무적인 문제 또는 이해 당사자들 사이의 입장 차이와 지방간부의 반발 등으로 인해 모두가 만족할 수 있는 신속한 해결은 어려웠다. 하방 지식청년의 귀성문제 또한 실업과 주택 문제 등 이미 내부적으로 많은 문제를 안고 있던 도시에서는 그것이 초래할 과중한 압력으로 인해 현실적으로 단기간에 해결되기가 불가능했다.[11] 빈곤, 실업 등의 문제도 그 해결 방향에 대해서 동의는 이뤄졌지만, 그 모든 문제의 폭발적인 분출을 사회적으로 감당하기는 힘든 상황이었다.

공산당 주류의 보수성에서 연원하건, 상황의 불가피함에서 비롯했건 간에 이론공작회의에 즈음하여 민주화운동을 포함한 대중운동에 대한 공산당의 정책은 방임에서 통제로 전환된다. 그러한 전환은 1976년 톈안먼 사건 이후 이루어진 공산당의 반문혁 세력과 대중운동의 협력이 파열되기 시작했음을 의미한다.

2. 평반과 화 궈펑 체제의 종언

11기 3중전회 이후의 급진적 변화 요구와 문제의 폭발은 부분적으로 반좌에서 반우로 정책기조 조정을 초래했다. 그러나 그것은 급진적 변화 요구에 대한 제약과 변화의 범위에 대한 규정이었지, 11기 3중전회에서 정한 정책의 근본적인 역전은 아니었다. 마오 쩌둥 사상의 견지를 밝힘으로써 마오 쩌둥과 마오 쩌둥 사상에 대한 비판의 범위를 제한하기는 했지만,

---

11) 1979년 6월 4일 중공중앙과 국무원의 "현재 일부 인원들의 복직과 귀성 취업 등의 요구 처리문제에 대한 통지(中共中央·國務院關于處理當前部分人員要求復職復工回城就業等問題的通知)"에서는 하방되어 농촌으로 보내진 사람들에게 대해 그들의 생활문제에 대한 구제 조치는 취하지만, 귀성은 대부분 허가하지 않는 것으로 결정했다(中共中央文獻硏究室 1982b, 183~86면).

마오 쩌둥과 마오 쩌둥 사상에 대한 비판을 필연적으로 초래할 11기 3중전회 이후 본격화된 평반작업은 지속적으로 진행되었기 때문이다. 그에 따라 특히 1979년과 1980년은 평반의 해라고 불려도 손색이 없을 정도로 문혁시기의 사건을 중심으로 한 각종 원가착안에 대한 대대적인 평반이 이루어졌다. 그 결과 생존 피해자들의 현직 복귀가 이루어졌고, 사망자에 대한 명예회복과 추도회가 줄을 이었다.

그러한 평반은 문혁시기 원가착안의 조성과 1976년 이후 평반에 대한 방해와 관련하여 범시파 집단의 책임을 물을 수밖에 없게 했다. 그에 따라 11기 3중전회 이후 취약해지기는 했지만 정치권력 내부에 잔류하면서 여전히 어느정도 실질적인 권력을 유지하고 있던 범시파의 실각이 불가피해졌다. 그런데 범시파 주류의 실각은 11기 3중전회로부터 1년여가 지나서야 이루어지며, 화 궈평의 경우는 그보다 1년의 시간이 더 필요했다. 그렇다면 평반의 진행과 문혁의 부정에도 불구하고 범시파의 실각은 왜 그렇게 지체되었으며, 다른 범시파와 화 궈평의 실각은 왜 그런 차이를 보이는가? 이에 답하기 위해서는 평반이 초래한 정치적 결과와 범시파의 실각이 이루어지는 류 샤오치 평반, 화 궈평의 실각이 이루어지는 "건국 이래 역사문제 결의" 작성과정의 정치적 대립과 논쟁을 살펴보아야 한다.

1) 11기 3중전회 이후의 평반

중앙공작회의와 11기 3중전회에서는 문혁에 대한 사실상의 부정을 의미하는, 중요 사건에 대한 평반이 이루어졌다. 그러한 평반은 문혁시기 누적된 원가착안에 비하면 시작에 불과했다. 11기 3중전회에서 평반에 대한 정치적 제약이 제거됨에 따라 1979년부터 대대적으로 평반이 이루어졌다. 그러한 평반은 전국적으로 사회 전영역에 걸쳐 진행되었다. 이미 재조사가 진행되고 있었지만 양개범시의 제약과 중앙전안조의 자료 미제출로 더 이상 진전될 수 없던 안건들이 해결되었는가 하면, 그동안 금기시되어 누구도 재론할 수 없었던 문제들에 대한 논의와 재조사도 이루어졌다.

이러한 평반과 간부정책을 실시하기 위해 전국적으로 각급 당조직에 영도소조와 전문 조사기구를 만들었는데, 그것에 종사한 인원이 많을 때는 60만명에 달했다. 또한 각 성·시·자치구에는 당위원회 책임자를 수장으로 조직, 기율 검사, 정법, 통전, 민정, 재정 등의 책임자가 참가하는 영도소조가 만들어졌으며 지구와 현에도 상응하는 영도기구가 만들어졌다(宋任窮 1996, 76면).

평반작업은 1987년 13차 당대회 개최 전야에 이르러서야 완료되었는데, 그중 문혁시기의 원가착안에 대한 평반은 대체로 1982년 말까지는 완료되었다(中共中央組織部 1999, 173면). 1978년 말부터 1983년 초까지 중공중앙 조직부장을 역임한 쏭 런충에 의하면, 1982년 말까지 문혁 중 조사받은 간부 230만명과 2만건에 가까운 집단적인 원가착안에 대한 재조사가 이루어졌으며, 1987년까지 반우경운동 중의 안건을 제외하고도 약 242만여건의 문혁 이전 사건들에 대한 재조사가 이루어졌다(宋任窮 1996, 67, 91면).

이처럼 평반은 광범위하고 대규모로 이루어졌으며, 정치·사회적으로 커다란 영향을 미쳤다. 평반의 대상에는 사람뿐만 아니라 당·정·군의 기구,[12] 정책과 문건,[13] 심지어는 소설[14] 등 문혁 또는 이전 시기의 잘못된 노

---

12) 문혁시기 중공중앙 선전부를 염왕전(閻王殿)으로, 문화부(文化部)를 구문화부(舊文化部)·제왕장상부(帝王將相部)·재자가인부(才子佳人部)·외국사인부(外國死人部)로, 총정치부(總政治部)를 총정염왕부(總政閻王部)로 비판한 것에 대한 평반 등이 대표적인 예이다.
13) 대외연락부(對外聯絡部)의 '삼화일소(三和一少)'와 '삼강일멸(三降一滅)' 평반과 1966년 2월의 "군대 문예 공작 좌담회 기요(部隊文藝工作座談會紀要)" 폐기, 1971년 "중앙 44호 문건"과 1974년 "중앙 5호 문건"의 폐기 등이 그것이다. 첫번째 평반은 문혁 직전 대외연락부의 대외정책에 대해, 제국주의, 수정주의, 반동과 화해하고 각국의 혁명운동에 대한 지원을 적게 한다는 이른바 '삼화일소'와 제국주의, 수정주의, 반동에 투항하고, 각국의 혁명운동을 소멸시키려 한다는 '삼강일멸'로 비판하였던 것을 평반한 것이다. 두번째는 앞의 좌담회에서 문예 부문에 대해 야심가, 음모가들이 독재를 행사하고

선이나 정책에 의해 비판당한 일체가 포함되어 있었다. 당과 정부기구 또는 정책과 문건 및 소설의 평반도 그와 관련되어 비판받거나 각종 처분을 받은 수많은 사람들의 평반과 명예회복을 수반했다.[15] 문혁시기에 발생한 사건도 있었고 그전에 발생한 사건도 있었으며, 문혁 이전에 발생한 사건이라도 문혁시기에 재조사를 받아 각종 날조된 혐의가 덧씌워진 경우[16]와 문혁시기에 새롭게 문제시된 경우가 있었다.[17]

개인에 대한 평반과 특정 사건과 관련된 집단에 대한 평반 또는 사회계층과 계급에 대한 평반도 있었다. 그리고 개인 명의로 된 경우에도 연좌된 자가 수만명에 이르는 경우도 있었다.[18] 류 샤오치, 펑 전 등 최고위층 지

있다고 제기된 이른바 흑선(黑線)독재론을 폐기한 것이다. 또한 앞의 두 문건을 통해 문혁 전 17년의 교육이 반동교육이었으며 수정주의 교육이 행해졌다고 비판되었는데, 문혁 전 17년은 자본가계급이 무산계급의 독재를 행한 '흑선독재'였으며, 지식분자 대다수는 기본적으로 자본주의적 세계관을 가진 자본주의적 지식분자라는 것이었다. 이것을 '양개고계(兩個估計)'라 일컫는데 세번째는 이것을 폐기한 것이다.

14) 산자촌(三家村) 사건과 소설 『류즈단(劉志丹)』 평반 등이 그 예이다.
15) 소설 『류즈단』은 이른바 시 중쉰(習仲勛) 반당집단 사건과 직결되며, 대외연락부의 삼화일소, 삼강일멸은 대외연락부장이었던 왕 자샹(王稼祥)과 직결되는 것 등이 그 예이다.
16) 과거 정치운동 과정에서 우파, 우경분자, 반혁명, 반당 등으로 몰린 경우 모두 문혁시기에 혹독한 대우를 받았다. 옌안정풍운동 시기 문제가 되었다가 평반된 각지의 지하당 사건 관련자들의 피해가 심각했는데, 네이멍구의 내인당(內人黨) 사건과 홍기당(紅旗黨) 등이 대표적인 경우이다.
17) 국민당에서 봉기하여 투항했던 자들은 정치운동과 특히 문혁시기에 거짓 투항하여 잠복하고 있다는 죄명을 뒤집어썼다. 1949년 11월 9일 중국의 두 민항기 회사 사람들이 사장 인솔하에 모두 12대의 비행기를 몰고 홍콩에서 귀순한 사건이 있었다. 그런데 이들도 정치운동과 문혁시기에 고육책(苦肉策), 대음모, 잠복한 특무 등의 혐의를 뒤집어썼으며 심지어 일부는 피살당하기도 했다.
18) 류 샤오치 사건이나 1968년 발생하여 관련 사망자만 1만 4천여명에 달했던 윈난의 자오 젠민(趙健民) 사건 등이 대표적인 예이다. 자오 젠민 사건은 캉 성이 윈난성 서기 자오 젠민을 국민당 특무라고 날조하여 발생한 사건이다. 자세한 내용은 丁龍嘉·聽雨 (1999) 참조.

도자들부터 최하층의 정치·사회적 '불가촉민'인 구사회 지배계급 지주, 자본가까지 사회 모든 계층이 그 대상에 포함되었다. 펑 전, 양 상쿤, 루 딩이(陸定一), 시 중쉰 등과 같이 생존해 있는 경우도 있었지만, 류 샤오치, 뤄 루이칭 등과 같이 이미 사망한 경우도 있었다. 여전히 투옥되어 있다가 11기 3중전회 전야에야 석방된 경우, 완전한 명예회복은 되지 않았지만 복직되어 정치활동을 하고 있는 경우, 단지 경미한 정치적 처분만을 받은 경우 등이 있었는데 모두 그에 합당한 명예회복 및 평반이 이루어졌다.

과오의 인정과 바로잡기를 통해 폐기 또는 비판받은 정책도 부활했다. 숙청되었거나 정치적 자유를 제한받았던 많은 간부들의 복귀와 명예회복이 이루어졌는데, 현직에 복귀한 평반 간부들은 중요한 정치적 작용을 하였다. 사망자들에 대해서는 추도회와 합당한 명예회복 조치가 취해졌다. 또한 평반은 '불가촉민'에게 인민 자격을 부여하여 정상적인 '공민'이 되게 했다. 이러한 '인민화'는 지체된 사회주의로의 이행 완성에 대한 선언인 동시에 건설을 위한 전제로서 균열을 해소하고 사회 통합을 이루는 과정이었다.

권력구조에 대한 평반의 직접적 영향은 11기 3중전회에서 원로간부 9명의 중앙위원 충원에서 잘 증명된다. 1979년 9월의 11기 4중전회에서도 왕 허서우, 류 란보(劉瀾波), 류 란타오(劉瀾濤), 안 쯔원, 리 창, 양 상쿤, 저우 양, 루 딩이, 훙 쉐즈(洪學智), 펑 전, 장 난샹(蔣南翔), 보 이보 등 12명이 중앙위원으로 새로 충원되었고, 그중 펑 전은 중앙정치국 위원으로 선출되었다.[19] 이들은 모두 중공 8차 당대회에서 선출된 중앙(후보)위원 출신의 평반 간부들이었다. 그중 양 상쿤과 펑 전은 이후 각각 국가주석과 전국인대 상무위원회 위원장을 역임한다. 또한 양 상쿤, 펑 전, 보 이보 등은 공식·비공식적으로 최고결정권을 행사한 핵심 원로에 포함되었던 것으로

---

19) 11기 4중전회에서 자오 쯔양도 정치국 위원으로 선출된다.

알려져 있다.[20] 이러한 사실은 이들의 평반이 권력구조에 미친 영향을 짐작하고도 남게 한다.

비록 10여년 만의 복귀이기는 했지만, 혁명원로인 이들의 평반은 범시파를 대체할 수 있는 강력한 세력이 등장했다는 것을 의미했다. 이들은 당의 안정을 보증할 수 있는 요소였다는 점에서 범시파를 퇴진시킬 수 있는 정치적 조건의 하나였다. 그런데 한편으로 이들의 평반이 범시파에 반드시 불리했던 것만은 아니다. 그것은 이론공작회의부터 발생한 반우경으로의 이론논쟁 지형 변화와 관련된다. 이들 평반된 원로간부는 혁명세대로서 정통주의자들에 속했다. 그렇기 때문에 이들의 복귀는 이념적 보수주의자들의 강화를 초래하였으며, 보수주의의 강화는 역설적으로 범시파에도 유리한 조건이 되었다.

그러나 평반에는 이념의 문제와 관계없이 책임의 문제가 포함되어 있었으며, 그것이 제기되는 것은 시간문제일 뿐이었다. 그리고 그것은 정치적으로 민감한 최후의 금기로 남아 있던 류 샤오치 평반문제와 더불어 공론화되었으며, "건국 이래 역사문제 결의"와 더불어 완결된다.

2) 류 샤오치 평반과 범시파 실각

사건의 성격과 피해자의 규모, 그리고 상징적인 면에서 류 샤오치 사건은 흔히 일컬어지는 바와 같이 '공화국 최대의 억울한 사건'이었다. 국가주석이자 옌안정풍운동 이후 사실상의 2인자였으며, 자타가 공인하는 마오 쩌둥의 후계자였던 류 샤오치는 1968년 10월 8기 확대 12중전회에서 "배신자(叛徒)이며 첩자(內奸)이자 노동자의 적(工賊)"으로 하루아침에 영원히 당적이 제명되고 숙청되었다. 류 샤오치 사건에 연좌된 원가착안만 2

---

20) 덩 샤오핑, 천 윈, 리 셴녠, 펑 전, 덩 잉차오, 양 상쿤, 보 이보, 왕 전 등 8명이 1989년 중공의 실질적인 최고결정권을 행사했던 '여덟 원로(八老)'로 알려져 있다(張良 2001, 587면).

만 2천여건에 달했으며, 2만 8천여명이 투옥되었다.[21] 공보에서는 "주자파이자 당내에 숨어 있던 '배신자, 간첩, 노동자의 적'인 류 샤오치의 진면목을 적발한 것은 마오 쩌둥 사상의 위대한 승리이자 문혁의 위대한 승리였다"라고 규정했다.

류 샤오치 사건의 뿌리는 가깝게는 마오 쩌둥과 류 샤오치의 대약진운동 평가에 대한 차이, 멀게는 혁명시기 그들의 기반 차이까지 소급될 수 있지만, 직접적으로는 마오 쩌둥의 1966년 8월 5일 대자보 "사령부를 포격하라(炮打司令部: 我的一張大字報)"에 있었다. 그 당시 마오 쩌둥이 류 샤오치 숙청을 의도하지는 않았으며, 숙청은 급진파 세력과의 대립과정에서 의도하지 않은 결과이자 문혁논리의 자기발전의 결과였다 하더라도, 2인자이자 후계자인 류 샤오치에 대한 비판은 바로 마오 쩌둥의 대자보로부터 비롯되었기 때문이다.[22] 뿐만 아니라 류 샤오치 숙청과정에 린 뱌오와 장 칭

---

21) 1980년 9월의 중화인민공화국 최고인민법원(最高人民法院)의 통계에 의한 것이다(中共中央文獻硏究室 1998b, 1073면).
22) 대약진운동 이후 마오 쩌둥과 류 샤오치의 논쟁과, 1965년 5월 마오 쩌둥이 중앙공작회의에서 한 '중앙에서 수정주의의 출현'에 대한 문제제기는 마오 쩌둥이 후계자로서 류 샤오치를 못마땅하게 여기기 시작했다는 것을 암시한다(陳明顯 1998, 417~33면). 하지만 마오 쩌둥은 1966년 류 샤오치와 덩 샤오핑에 대한 대자보와 구호를 통한 조반파의 공격에 대해 비판하였고(中共中央文獻硏究室 1998b, 1051면), 뿐만 아니라 장 칭조차 1966년 12월 18일 조반파를 접견한 자리에서 류 샤오치, 덩 샤오핑 문제는 당 내부의 문제이기 때문에 그들을 타도하자는 주장은 잘못된 것이라고 제지하였다. 그러나 장 칭의 그러한 태도는 불과 9일 후인 12월 27일 공개적인 류 샤오치 타도 주장으로 바뀐다(王年一 1996, 149~50면). 그것은 최소한 1966년 말까지는 류 샤오치의 숙청을 고려하지 않았다는 것을 의미한다. 이는 1967년 초 공산당 9차 당대회 개최 준비를 고려하면서 마오 쩌둥이 류 샤오치와 덩 샤오핑을 중앙위원으로 선출해야 한다고 밝힌 데서도 알 수 있다(中共中央文獻硏究室 1998b, 1055면). 하지만 그러한 마오 쩌둥의 생각은 1967년 3월이 되면 변화한다. 린 뱌오 등이 류 샤오치의 과거사 자료를 조사하여 보고한 것이 한 원인이었다면, 마오 쩌둥이 2월 역류를 류 샤오치의 대리인이 문혁에 저항한 것으로 판단했던 것이 다른 하나의 원인이었다(中共中央文獻硏究室 1998b, 1056면).

집단이 중요한 작용을 했다고 해도, 그것을 최종적으로 결정한 것 또한 마오 쩌둥 자신이었다. 그러므로 류 샤오치 사건의 영향이 컸던 만큼 그것에 대한 평반은 마오 쩌둥의 위신에 커다란 영향을 미칠 수밖에 없었다. 그렇기 때문에 4인방 체포 이후 제기된 류 샤오치 사건에 대한 재조사 주장이 문혁 수혜자들의 반대에 봉착했던 것이다. 전안조의 책임자였던 왕 둥싱, 지 덩쿠이 등은 류 샤오치 사건이 마오 쩌둥이 직접 결정한 사건이라는 이유로 평반에 반대 태도를 취했으며, 류 샤오치가 체포되었을 때의 경력을 조작하여 평반을 강하게 반대하는 주장도 있었다.

그런데 류 샤오치가 영원히 숙청된 것은 주자파로 규정된 데서 보듯 노선 차이에도 원인이 있었지만, 더 근본적으로는 "배신자이며 첩자이자 노동자의 적"이었다는 과거사로 인한 것이었다(中共中央文獻硏究室 1982a, 365~84면). 류 샤오치는 1925년 창사, 1927년 우한, 1929년 선양에서 각각 군벌 또는 국민당에 체포된 적이 있었다. 1968년의 결의에 의하면 1925년과 1929년에는 체포된 후 배신했으며, 1927년에는 국민당의 첩자 노릇을 하다 고육책으로 체포되었다(中央專案組審査小組 1968). 뿐만 아니라 당을 배신하고 목숨을 구걸하게 한 61인 사건 등 많은 반혁명 범죄가 자신의 결정에 의해 저질러졌다고 밝히고 있다. 그러한 '배신행위'가 류 샤오치 숙청에 결정적이었다는 것은 과거사 문제가 없었던 주자파 2인자 덩 샤오핑이 하방되기는 했지만 당적을 유지한 것과 비교하면 더욱 잘 드러난다.

류 샤오치 사건에 대한 재조사가 결정된 것은 11기 3중전회 이후였다. 11기 3중전회에서 양개범시가 폐지되고 류 샤오치 사건 재조사에 반대하던 범시파의 권력이 결정적으로 약화된 데 한 원인이 있었다. 또한 류 샤오치 사건과 직접적으로 관련된 61인 사건 등에 대한 평반으로 류 샤오치 사건 재조사의 필요성이 제기되었기 때문이기도 했다. 이러한 상황에서 중공중앙은 1979년 2월 중앙기율검사위원회와 중앙조직부 공동으로 류 샤오치 사건을 재조사하도록 결정한다(程中原 外 1998, 400면; 中共中央文獻硏究室

2000, 237면).

그런데 중공중앙이 그러한 결정을 하게 된 데는 직접적으로 두가지 계기가 있었다. 후 야오방의 문제제기와 그에 따른 중앙조직부의 조사 자료 보고가 하나라면, 류 샤오치의 평반을 요구하는 편지가 다른 하나의 계기였다. 우선, 중공중앙 조직부에서 1978년 11월 "'61인 사건'에 대한 조사 보고" 이후 후 야오방이 류 샤오치 사건문제를 제기하였다. 그에 따라 2개월 후 조직부 간부심사국 부국장 자 쑤펑(賈素萍) 등이 "류 샤오치 문제에 대한 조사 보고"를 후 야오방에게 올렸으며, 후 야오방이 그것을 다시 당 중앙에 보고했다(戴煌 1997, 160면).

또한 1978년 12월 덩 샤오핑이 류 샤오치 평반을 요구하는 일반 인민의 편지에 대해 "정치국 동지들이 읽고 조직부에서 연구하도록" 지시함으로써 류 샤오치 사건문제가 중공중앙 정치국에 제기되었다. 그러한 상황에서 1979년 2월 전 교통부 부장 쑨 다광(孫大光)이 후 야오방과 중공중앙에 류 샤오치 사건 재조사를 건의하는 편지를 보낸다. 그것을 계기로 천 윈이 "조직부와 기율검사위원회에서 류 샤오치 사건을 조사하라"라는 지시를 내리고, 덩 샤오핑도 마찬가지 지시를 내림으로써 류 샤오치 사건에 대한 재조사가 정식으로 시작되었다(黃崢 1998, 154~55면).

1개월 후인 3월 중앙조직부는 류 샤오치의 부인 왕 광메이(王光美)는 역사문제가 없다고 결론을 내린다. 또한 6월에는 왕 광메이가 5기 정협위원으로 선출되고 오빠 왕 광잉(王光英)과 정협 회의에 출석한 사진이『인민일보』에 실린다(徐彬 1998, 329~30면).[23] 그것은 류 샤오치 문제의 해결이 가까워졌다는 것을 암시하는 것으로 류 샤오치 평반의 사회·심리적 조건을 형성하기 위한 것이었다. 이어 11월에는 '류 샤오치 사건 재조사조(劉少奇

---

23) 정협은 중국인민정치협상회의(中國人民政治協商會議)를 말하는데, 중국공산당이 지도하는 통일전선조직으로 중국공산당, 민주당파, 무당파 인사, 각 인민단체, 각계 인사들로 구성된다.

案件復查組)'에서 "류 샤오치 사건에 대한 재조사 상황 보고"를 제출했다. 보고에서는 문혁 중 만들어진 "배신자, 첩자, 노동자의 적 류 샤오치의 죄에 대한 조사 보고(關于叛徒,內奸,工賊劉少奇罪行審查報告)"는 장 칭, 캉 성, 셰 푸즈 등이 위증을 기초로 작성한 것으로 사실과 부합하지 않는다고 결론지었다(程中原 外 1998, 400면).

덩 샤오핑은 그 보고를 기초로 류 샤오치 사건 평반을 당중앙이 결정할 것을 제안했다. 그에 따라 1980년 2월 초 중앙정치국은 "류 샤오치 동지의 평반에 관한 결의(關于爲劉少奇同志平反的決議〈草案〉)"를 11기 5중전회에 제출하고, 11기 5중전회에서 1980년 2월 29일 류 샤오치 평반 결의를 통과시켰다. 11기 5중전회의 류 샤오치 평반 결의는 3월 19일 지방과 당의 하부 단위로 통보되며, 5월 17일 화 궈펑의 사회로 덩 샤오핑 등이 참석한 가운데 류 샤오치 추도회가 인민대회당에서 거행되었다.

류 샤오치 평반 결정과 동시에 왕 둥싱, 지 덩쿠이, 우 더, 천 시롄 등 범시파 핵심 인물들의 실각이 이루어졌다. 그것은 류 샤오치 평반이 정치국을 포함하는 중공 최고위층 내부에서 갈등이 있었던 의제라는 것을 말한다. 류 샤오치 평반을 둘러싼 대립상황에 대해 정확하게 알려지지는 않고 있지만, 중앙문헌연구실 소속의 중국 공식 당사 연구자들이, "정치국 내부의 저항을 극복하였으며, (…) 중앙정치국과 중앙군사위원회는 후 야오방, 덩 잉차오, 황 커청, 웨이 궈칭 등을 파견하여 반대 의견을 견지하는 소수의 동지들을 설득하여 문제를 해결했다"(程中原 外 1998, 400~1면)라고 밝히고 있는 것에서 그것을 둘러싼 심각한 갈등이 있었음을 알 수 있다.

그런데 류 샤오치 평반이 여러 정치세력들의 대립과 갈등을 초래한 의제였던 것은 분명하지만, 그것을 둘러싼 정치세력들 사이의 대립양상을 확인하기란 쉽지 않다. 범시파 또는 수혜자 집단은 그들의 실각에서도 나타나는 바와 같이 평반에 반대 입장을 견지했던 것이 분명하다. 하지만 생존자 원로간부들의 입장에 대해서는 논란의 여지가 있다. 이홍영은 "생존자들은 중국 역사에서 마오 쩌둥의 지위를 보호하는 것 외에는 문혁을 옹호할 어떤 이유도 가지고 있지 않았다"라고 주장했다(이홍영 1997, 101면). 그것은 마오 쩌둥의 지위를 보호하기 위해서는 문혁을 옹호할 수 있다는 뜻인데 류 샤오치 평반은 바로 그러한 마오 쩌둥의 지위와 밀접하게 관련된 의제였다.

바움(Richard Baum)은 예 젠잉이 류 샤오치 사건을 '공화국 최대의 억울한 사건'이라고 표현하는 데 반대했다고 주장한다. 또한 의도적으로 류 샤오치 추도식에 참석하지 않았다는 사실을 인용하여 예 젠잉이 류 샤오치 평반에 불만이 있었다는 것을 암시하려고 하였다(Baum 1994, 91면).[24] 바움의 그러한 관점은 "생존자 집단이 마오 쩌둥의 위신을 보호하려고 했다"라는 이홍영의 주장에도 부합한다. 또한 류 샤오치 평반 결의를 통과시킨 2월 29일 11기 5중전회 3차 회의에서 예 젠잉이 한 연설이 덩 샤오핑과 리 셴녠의 그것에 비해 간단할 뿐만 아니라, 양자와 달리 류 샤오치 평반문제는 전혀 언급하지 않고 왕 둥싱, 지 덩쿠이, 우 더, 천 시롄의 문제만 언급했던 것도 바움의 관점이 타당함을 보여주는 일례라고 할 수 있다(中共中央文獻硏究室 1982b, 519~20면).

그러나 그것이 예 젠잉이 류 샤오치 평반에 반대했다는 것을 의미하지는 않는다. 예 젠잉과 리 셴녠 등 생존자들이 류 샤오치 평반이 마오 쩌둥 평가에 부정적 영향을 미치는 것에 대해 염려했음은 분명하다. 또한 예 젠잉은 류 샤오치 평반에 명시적으로 동의를 표하지도 않았고 그와 관련된 활동에 참여하지도 않았다. 그것은 예 젠잉이 류 샤오치 평반에 소극적이었다는 것을 의미하지만, 그것이 예 젠잉이 류 샤오치 평반을 반대한 근거는 될 수 없다. 반대로 예 젠잉은 류 샤오치 평반이 불가피하다는 데 동의

---

24) 류 샤오치 추도회가 열린 1980년 5월 17일 예 젠잉은 고향인 광둥성 메이현(梅縣)을 시찰했다(『葉劍英傳』編寫組 1995, 684면; 中國人民解放軍軍事科學院 2007, 1189면).

했던 듯하다. 이는 리 셴녠이나 화 궈펑의 태도를 통해 간접적으로 유추할 수 있다.

리 셴녠은 11기 5중전회에서 류 샤오치 평반이 마오 쩌둥과 관련되어 있어 매우 어려운 작업이 될 것이라고 주장하는 동시에 여전히 마오 쩌둥 사상의 깃발을 높이 들어야 한다고 주장하였다(中共中央文獻硏究室 1982b, 528~31면). 그러한 주장은 리 셴녠이 류 샤오치 평반과 마오 쩌둥의 위신 유지라는 두가지를 동시에 추구했음을 의미한다. 그러한 모순된 추구가, 리 셴녠이 류 샤오치 평반에 명시적으로 동의했음에도 불구하고 예 젠잉과 마찬가지로 추도회에 참석하지 않은 이유일 수 있다.[25] 예 젠잉도 리 셴녠의 입장과 크게 다르지 않았을 것이다.

화 궈펑은 다른 범시파와는 달리 류 샤오치 평반에 기본적으로 동의했다. 이는 화 궈펑이 덩 샤오핑, 천 윈, 예 젠잉, 리 셴녠의 설득을 받아들인 결과였다(程中原 外 1998, 401면). 앞장에서 살펴본 화 궈펑에 대한 예 젠잉의 충성과 양자간의 관계로 유추해볼 때, 화 궈펑의 동의는 특히 예 젠잉의 설득으로 인한 것일 개연성이 크다. 예 젠잉이 화 궈펑을 설득한 것은 류 샤오치 평반이 불가피하다는 상황 인식에 의한 것이었다. 마오 쩌둥의 위신에 손상이 가는 일에는 동의할 수 없을지라도, 원가착안으로 밝혀진 이상 류 샤오치 평반은 불가피한 것이었다. 그것은 화 궈펑이 류 샤오치 평반을 반대할 경우 실각할 수밖에 없다는 것을 의미했다. 그렇기 때문에 예 젠잉으로서는 화 궈펑을 보호하기 위해 화 궈펑이 류 샤오치 평반에 동의하도록 설득해야 했을 것이다. 다시 말해서 류 샤오치 평반이 불가피한 상황에서, 예 젠잉은 류 샤오치 평반에 대한 소극적인 동의와 마오 쩌둥의 후계자

---

[25] 정치국 (상무)위원 중 병중의 류 보청을 제외하면 예 젠잉, 리 셴녠, 쉬 스유 세명만이 류 샤오치 추도회에 참석하지 않는다. 그와 반대로 11기 5중전회에서 실각했던 왕 둥싱, 천 시롄, 지 덩쿠이, 우 더 등은 중앙위원의 자격으로 추도회에 참석한다(『人民日報』 1980. 5. 18).

에 대한 보호로써 마오 쩌둥에 대한 의리를 지키려고 했던 것이라고 볼 수 있다.

그런데 류 샤오치 평반에 화 궈펑의 동의가 필요했던 것은 예 젠잉과 화 궈펑의 관계 외에도 다른 요인이 있었다. 리 셴녠의 앞의 발언에 나타나는 바와 같은 류 샤오치 평반작업이 봉착하게 될 난점이 화 궈펑의 지지를 필요로 했던 요인이었다. 류 샤오치 평반은 문혁의 원가착안을 해결한다는 점에서 필수적이었지만, 마오 쩌둥의 위신에 손상을 입힐 수 있다는 점에서 많은 반발과 저항 또한 예견되었다. 더구나 화 궈펑의 실각까지 동반한다면 마오 쩌둥과 분명한 선을 긋는 것으로, 그러한 반발은 더욱 강화될 수밖에 없었을 것이다. 그렇기 때문에 일종의 정치적 '연착륙'을 위해 화 궈펑의 동의가 필요했다. 화 궈펑으로서도 자신의 정치적 지위를 유지하기 위해서는 그것을 받아들이는 것 외에 다른 길이 없었다. 마오 쩌둥의 위신을 보호하는 것은 예 젠잉과 리 셴녠도 관심을 기울이는 문제였고 덩 샤오핑도 이론공작회의 이후 동의한 것이었기 때문에 문제될 것이 없었다.

류 샤오치 사건의 평반은, 그것이 문혁시기의 모든 원가착안이 해결되었다는 것을 의미하지는 않는다 하더라도 원가착안의 해결에 더이상의 성역이 없다는 것을 보여준 사건이었다. 더이상 실무적인 것과 실사구시적인 사실 확인을 뛰어넘는 논쟁의 여지를 가진 사건은 없었다. 다시 말해서 문혁시기 발생한 문제들에 대해 원칙적인 측면에서의 해결이 완료되었다는 것을 의미했다. 그렇기 때문에 중공은 류 샤오치 평반을 계기로 1980년 2월 11기 5중전회에서 "당내 정치생활에 관한 몇가지 준칙(關于黨內政治生活的若干準則)"을 통과시켜 그러한 비극의 재연을 방지하고, 당 내부의 정치생활을 정상화하기 위한 원칙으로 삼는다. 동시에 중공 12차 당대회를 앞당겨 개최하여 4개 현대화 건설과 당 내부의 안정과 단결을 위해 새롭게 출발할 것을 결의한다(中共中央文獻硏究室 1982a, 404~10면).

당시 중공 지도부는 류 샤오치 평반을 계기로 11기 3중전회 이후 진행된 대대적인 문혁에 대한 '역사 바로잡기'를 기본적으로 완료하려 했다. 이를 위해 11기 5중전회에서 통과된 "12차 당대회 개최 결의"에서는 1980년 11월 말까지 12차 당대회에 참가할 당대표를 선출하도록 결정한다. 12차 당대회의 구체적 개최 일자는 정치국에 위임했지만 대체적인 일정으로 보았을 때 늦어도 1981년 상반기 개최가 예정되었다.

그러나 실제 12차 당대회가 개최된 것은 그보다 1년여 뒤인 1982년 9월이었다. 그것은 1980년 말에 11기 6중전회를 개최하여 통과시키기로 한 "건국 이래 역사문제 결의"의 작성과정에서 새로운 문제가 제기되고 격렬한 논쟁이 발생하였기 때문이다. 마오 쩌둥과 마오 쩌둥 사상에 대한 재평가 문제와 화 궈펑 책임문제 등이 제기되고 이를 둘러싼 당 내부의 격렬한 논쟁이 계속되었다. 그 과정에서 화 궈펑의 실각이 결정되었으며, 1981년 6월에야 "건국 이래 역사문제 결의"의 완고가 통과되었다.

그런데 "건국 이래 역사문제 결의"의 작성과정에서 그러한 문제가 발생한 것은 류 샤오치 평반의 필연적 귀결이었다. '공화국 최대의 억울한 사건'인 류 샤오치 사건의 평반은 문혁에 대한 완전한 부정과 마오 쩌둥의 과오를 상징하는 것이었기에, 유보되었던 마오 쩌둥 재평가문제가 전면적으로 제기될 수밖에 없었다. 특히 문혁의 책임과 관련된 마오 쩌둥에 대한 재평가는 화 궈펑의 등장이 문혁과 불가분의 관련이 있었다는 점에서 화 궈펑의 정당성의 기초를 부정하는 것이었다. 화 궈펑이 정당성을 상실했다면 그의 지위에 대한 재검토는 피할 수 없는 것이었다.

다른 한편 11기 5중전회에서의 범시파 실각은 화 궈펑 실각의 중요한 정치적 조건이 되었다. 왕 둥싱, 지 덩쿠이, 우 더, 천 시롄 등 범시파는 11기 3중전회에서 비판받고 실권도 상당히 상실했지만, 모두 여전히 정치국 위원(왕 둥싱은 상무위원)이었으며, 중앙군사위원회 상무위원과 중앙당교 제1부교장(왕 둥싱), 국무원 부총리(지 덩쿠이, 천 시롄), 전국인대 상무위원회 부위원장(우 더) 등의 직위를 유지하고 있었다. 하지만 "11기 5중전회에서 많은 간부와 군중 들의 요구에 근거하여 문혁 시작 이후 이들이 범한 엄중한 과오와 그 심각한 후과를 이유로 그들이 제기한 사직 요청을 받아들임"으로써, 지도직위에서 범시파의 완전한 실각이 이루어진다(中共中央文獻硏究室 1982b, 504면). 이러한 범시파의 실각은 화 궈펑 체제의 양대 축의 하나이자 핵심 세력이었던 문혁 수혜자 세력의 붕괴를 의미한다. 이것은 결국 화 궈펑이 11기 5중전회를 계기로 정당성뿐만 아니라 권력기반 또한 취약해졌다는 것을 의미하는 것이었다.

그에 따라 11기 5중전회에서는 권력구조 재조정을 위한 준비가 이루어졌다. 범시파 4인의 실각과 더불어 후 야오방과 자오 쯔양이 정치국 상무위원으로 선출되었고 문혁시기에 폐지되었던 중앙서기처가 부활했다. 덩 샤오핑은 자신과 천 윈, 리 셴넨은 6월의 전국인대 이후 부총리직을 겸직하지 않고 젊고 건강한 동지들에게 넘길 것이며 서기처 설치도 그것을 위한 것이라고 밝혔다(中共中央文獻硏究室 2004, 603면). 그런데 예 젠잉은 중앙서기처를 부활시킨 것이 당의 일상업무를 총괄하는 실무 일선의 젊은 후계자 집단을 양성하는 데 그 목적이 있다고 하면서, 마오 쩌둥은 집단적인 후계체제를 고려하지 않고 1인 후계자 승계체제만을 생각했기 때문에 린 뱌오, 왕 훙원을 후계자로 지명했지만 실패하였다고 비판했다(中共中央文獻硏究室 1982b, 480~2면).

이처럼 중앙에서는 간부들의 과도한 겸직을 피하고 집단지도체제로의 전환을 모색했다. 이는 당연히 화 궈펑의 지위 조정을 초래할 수밖에 없었다. 그러나 이러한 변화가 화 궈펑의 실각을 의도해 이뤄졌다고 볼 수는 없다. 또한 이때까지는 화 궈펑의 실각이 불가피하지도 않았다. 11기 6중전회와 12차 당대회가 예정보다 늦어졌다는 사실은 "건국 이래 역사문제 결의"의 작성과정에서 발생한 이러한 상황이 의도하지 않은 것이었음을 보여준다. 그런 점에서 "건국 이래 역사문제 결의"는 '필연이 발현된 의도하지 않은 계기'였다고 할 수 있다.

3) "건국 이래 역사문제 결의"와 화 궈펑의 퇴진

류 샤오치 평반으로 문혁시기 원가착안에 대한 청산작업은 절정에 달했다. 류 샤오치 평반은 11기 3중전회에서 본격화된 문혁 청산작업의 필연적 귀결이었다. 마오 쩌둥과 마오 쩌둥 사상에 대한 사실상의 비판인 류 샤오치 평반은, 이론공작회의 이후 명시된 마오 쩌둥 사상의 견지, 탈마오쩌둥화 반대와 모순되었다. 그러한 모순을 해결하기 위해 문혁을 포함하는 역사 전반에 대한 평가의 필요성이 제기되었는데, 역사에 대한 전반적 평가는 '역사 바로잡기'로서의 문혁 청산작업을 이론적으로 종결짓는 것을 의미했다.

1979년 이론공작회의에서 그러한 작업은 "역사문제 결의"의 형식을 취해야 한다는 주장이 최초로 제기되었다. 옌안정풍운동 후 1945년 6기 7중전회 확대회의에서 통과되어 마오 쩌둥 사상과 마오 쩌둥 체제의 수립을 확정한 "약간의 역사문제에 관한 결의(關于若干歷史問題的決議)"와 같은 또 하나의 "역사문제 결의"가 필요하다는 것이었다. 그런데 문혁문제를 정리할 필요성은 1978년 덩 샤오핑의 중앙공작회의 폐막사에서 이미 제기된 것이었다(鄧小平 1994, 140~53면). 그리고 "11기 3중전회 공보"에서도 적당한 시기에 경험과 교훈을 정리할 필요가 있다"고 명시되었다(中共中央文獻硏究室 1982a, 1~14면). 그후 이론공작회의뿐만 아니라 중앙기율검사위원회 1차 회의(1979. 1. 4~22)와 1979년 4월의 중앙공작회의(1979. 4. 5~28) 등에서도 11기 3중전회의 노선과 정책, 방침을 이전의 그것과 구별해야 한다는 주장이 제기되었다. 그 문제는 문혁과 마오 쩌둥 및 마오 쩌둥 사상에 대한 평가와 직결되는 것이었다(程中原 1999, 259면).

그러한 필요에 따라 역사문제에 대한 기초적인 정리가 이루어진 것이 1979년 9월 29일 행한 예 젠잉의 건국 30주년대회 연설이었다(葉劍英 1996, 515~52면). 예 젠잉의 연설은 1979년 6월 중공중앙에 의해 결정되었다. 연설 기초소조에서 작성된 연설 원고는 중앙과 지방의 고위간부들의 의견을 수렴하고 또 덩 샤오핑의 두 차례 심사를 거쳐 여러번 수정되었다. 그리고 최종적으로 정치국 상무위원회의 심의를 거쳐 11기 4중전회에서 통과된 뒤 예 젠잉에 의해 발표되었다(胡喬木 1993, 117~18면; 程中原 1999, 260~2면).

예 젠잉의 연설은 건국 이후 30년 역사에 대한 개괄, 문혁시기의 투쟁, 그리고 4개 현대화 건설 등 세 부분으로 구성되었다. 마오 쩌둥과 마오 쩌둥 사상, 문혁, 건국 후 30년 역사에 대한 시기 구분, 그리고 사회주의 현대화 건설이 주요 내용이었다(葉劍英 1996, 515~52면). 그런데 연설에서는 마오 쩌둥의 과오에 대해 지적하기는 했지만 직접적인 비판은 회피하였으며 문혁에 대한 직접적인 분석도 하지 않았다. 그렇기 때문에 연설 기초자의 한 사람인 덩 리췬이 밝힌 바와 같이, 예 젠잉의 연설은 건국 이후 30년 역사를 설명하는 지침의 성격을 지녔지만 개괄적인 성격의 것이어서 좀더 구체적이고 상세한 정리가 필요했다(程中原 1999, 266~67면). 이 상세하고 체계적인 정리를 위해 "건국 이래 역사문제 결의"(이하, 이 소절에서는 "결의"로 칭한다)의 필요성이 제기되었다.

"결의"의 작성이 언제 결정되었는지는 정확하게 알려져 있지 않지만, 1979년 10월 30일 후 차오무, 덩 리췬 등이 역사 결의 기초소조 회의를 소집했고, 회의에서는 덩 샤오핑이 후 야오방, 야오 이린, 덩 리췬과 나눈 대화 내용이 전달되었다. 덩 샤오핑이 "정치국 상무위원회에서 건국 이래 역사문제 결의에 대한 기초를 지금 시작하여 내년 말의 6중전회에 회부하여 통과시키기로 했다"라는 것이었다(程中原 1999, 267~68면). 이러한 사실은 "결의"의 작성이 정치국 상무위원회에서 결정되었다는 것을 말한다.

"결의"의 기초작업은 정치국 상무위원회의 직접 지도하에 진행되었는데, 덩 샤오핑이 직접 관할하였고 후 야오방, 후 차오무, 덩 리췬이 실무작업을 담당했다. 기초작업의 책임은 후 차오무가 맡았으며, 덩 리췬이 조직과 업무 배분, 연락 등을 담당했다(程中原 1999, 268면). 10월 30일 회의에서,

예 젠잉 건국연설 기초소조를 기반으로 하고 『인민일보』, 신화사, 『해방군보』와 당안기관의 인력을 보충하여 "결의" 기초소조가 구성되었다(程中原 1999, 268면).

"결의" 작성과정에서 중심적인 문제는 마오 쩌둥 및 마오 쩌둥 사상 평가와 문혁에 대한 평가였으며, 문혁 종결 이후 시기에 대한 평가문제도 중요한 논쟁의 대상이었다. 류 샤오치 평반을 통해 사실상 문혁에 대한 완전한 부정과 마오 쩌둥에 대한 비판이 확정된 상황에서 "결의" 작성이 시작되었지만, 그것을 명시적으로 표현하는 것은 그렇게 간단한 문제가 아니었다. 마오 쩌둥 사상의 견지라는 당의 방침과 문혁에 대한 부정, 마오 쩌둥 비판 사이의 모순을 해결해야 했으며, 문혁에 대한 부정 및 마오 쩌둥 비판의 범위를 둘러싼 당 내부의 이견도 적지 않았기 때문이다.

"결의"의 작성과정은 그러한 이견을 조정하는 과정이자, 동시에 그러한 여러 문제들에 대한 이해를 심화하는 과정이었다. 그 과정에서 기초소조에 대한 덩 샤오핑, 천 윈 등 최고지도자들의 개인적인 지시가 중요한 작용을 했다.[26] 뿐만 아니라 "결의"의 작성은 당의 정치국 상무위원회, 정치국과 정치국 확대회의, 군과 지방 지도자, 그리고 많게는 4천명의 당 고급간부가 참가한 토론 등 서로 다른 층위에서의 반복된 의견 수렴을 통해 이루어졌다. 그 과정에서 "결의"의 구성과 내용은 최소한 아홉 차례 이상 수정되었다(程中原 1999, 258~311면).

---

26) 덩 샤오핑은 "결의" 작성과정 중 10여 차례에 걸쳐 "결의"에 대한 의견을 제기했는데, 그것이 결의의 전체적인 내용과 방향에 대한 기본적인 지침이 되었다(程中原 1999, 271면). 그중 1980년 3월 19일부터 1981년 6월 22일까지 아홉 차례의 중요 발언의 자세한 내용은 ""건국 이래 당의 약간의 역사문제에 관한 결의" 기초에 대한 의견(對起草「關于建國以來黨的若干歷史問題的決議」的意見)"으로 中共中央文獻硏究室(1982a)와 鄧小平(1994) 등에 수록되어 있다. 천 윈도 1981년 3월 네 차례에 걸친 덩 리췬과의 대화에서 중요한 내용을 제기하여 "결의" 전반부에 1949년 이전의 역사를 개괄하게 하는 등 "결의" 작성과정에서 중요한 역할을 한다(陳雲 1995(3卷), 283~88면).

"결의"의 수정은 기초소조에서 "결의"를 작성해 그것을 각기 다른 층위의 토론에 회부하고, 그 결과를 수렴하여 다시 기초소조에서 수정을 반복하는 방식으로 이루어졌다. 1979년 10월 말 이미 기초소조가 구성되고 기초작업에 들어갔으며, 1980년 2월 20일 "결의"의 개요가 나왔다. 그런데 그때의 것은 마오 쩌둥과 마오 쩌둥 사상에 대한 평가가 독립된 절로 구성된 것을 제외하면, 예 젠잉의 건국 30주년 연설의 틀에서 벗어나지 않았다(程中原 1999, 268~69면). 그렇기 때문에 "결의" 기초의 본격적인 작업은 11기 5중전회 후인 1980년 3월 19일과 4월 1일 덩 샤오핑의 "결의" 기초 원칙 피력으로부터 시작되었다고 할 수 있다.

"건국 이래 당의 약간의 역사문제 결의"라는 정식 명칭이 붙여진 것은 8월 8일 원고부터였다. 9월에는 성·시·자치구 제1서기들이 심의했고, 10월에는 4천인 대토론회가 열렸다. 1981년에 들어서도 4월의 정치국, 서기처, 원로간부의 합동토론, 5월의 정치국 확대회의 토론 등을 거쳐 여러 차례 수정되며, 최종적으로 1981년 6월 27일 11기 6중전회에서 통과되었다.

"결의" 작성과정의 이견은 화 궈펑의 실각을 초래한 직접적인 계기가 되었다. 화 궈펑의 실각은 문혁 종결 또는 11기 3중전회 후 정치세력들 사이의 대립의 결과였다. "결의"는 바로 그러한 대립의 내용을 이론적으로 정리한 것이었다. 그렇기 때문에 화 궈펑의 실각은 "결의"의 작성과 병행하여 이루어졌다.

마오 쩌둥과 마오 쩌둥 사상에 대한 평가문제는 "결의" 작성과정에서 일관된 쟁점이었다. 이에 대해서는 한편으로는 공과를 분명히 구분하면서도, 다른 한편으로는 공이 주요하다는 것을 보여주려 했다. "결의"에서는 건국 이후부터 문혁시기까지의 역사를 3단계로 구분하여, 1956년 8차 당대회까지는 부분적인 과오에도 불구하고 매우 성공적이었고, 8차 당대회부터 문혁 전까지는 중대한 과오와 굴절에도 불구하고 기본적으로 성공적이었으며, 문혁시기는 전반적인 과오를 범한 것으로 평가하였다(中共中央文

獻研究室 1985, 3~71면).[27]

그러나 이러한 기술은 마오 쩌둥에 대한 비판이 주류를 차지해, 공을 드러내는 데는 한계가 있었다. 그렇기 때문에 천 윈의 권고에 따라 마오 쩌둥의 공이 주요하다는 것을 보이기 위해 그 앞부분에 건국 이전의 역사에 대해 개괄했다(程中原 1999, 292~96면). 그리고 덩 샤오핑의 의견에 따라 마오 쩌둥의 과오를 정치적·이론적으로 분석하는 동시에 역사적·사회적 원인과 관련하여 분석하도록 했다. 또한 "결의" 논의과정에서 많이 제기된 마오 쩌둥의 품성문제에 대해서는 언급을 삼감으로써 마오 쩌둥에 대한 과도한 비판을 방지하고자 했다(程中原 1999, 288면).[28]

"결의"작성과정에서 또하나의 주요한 쟁점은 문혁 종결 후 4년에 대한 평가문제였다. 그 시기는 원래의 계획에는 포함되지 않은 부분이었으나 9월 하순의 성·시·자치구 제1서기 회의에서 그 문제가 제기되어 후 차오무가 그 시기에 대한 집필을 완료하였다. 정치체제 개혁과 관련된 8월의 정치국 확대회의에서 화 궈펑의 겸직문제에 대해 논의하는 과정에서도 이미 4년간의 문제가 제기된 적이 있었다(程中原 1999, 284~85면). 후 차오무는 10월 10일 정치국 상무위원회에 원고 검토를 의뢰하였고, 이에 대해 예 젠잉,

---

[27] 이후 중국에서의 현대사 연구는 바로 그러한 관점과 시기 구분을 따른다.
[28] 마오 쩌둥의 품성문제에 대한 비판은 주로 급진개혁적 인물들에 의해 제기되었는데, 이론공작회의와 "결의" 작성과정에서 왕 뤄수이의 발언, 리 루이(李銳)의 발언 등이 대표적인 예이다. 왕 뤄수이의 발언은 王若水(1989)에, 리 루이의 발언은 李銳(1999, 1~56면)에 수록되어 있다. 왕 뤄수이는 1979년 2월 이론공작회의에서 "문화대혁명의 중요한 교훈은 반드시 개인숭배에 반대해야 한다는 것이다"라는 장문의 발언을 하였고, "결의" 작성과정에서는 "마오 주석이 문화대혁명을 일으킨 원인"에 대해 발언했다. 왕 뤄수이는 여기에서, 마오 쩌둥 사상의 오류의 책임을 모두 4인방과 캉 성 탓으로 돌릴 수는 없고 마오 쩌둥의 자신의 과오가 있을 뿐만 아니라 마오 쩌둥이 1957년 이후 개인숭배를 하고 개인의 위신을 인민의 이익보다 중시했다고 비판했다. 리 루이는 마오 쩌둥이 1957년 이후 독단적 전횡을 행했으며, 이랬다저랬다 하면서 언행이 불일치했다고 비판했다.

자오 쯔양은 직접 동의를 표시하고(批示同意), 덩 샤오핑, 천 윈, 후 야오방은 전화로 동의를 표시하였으며, 리 셴녠은 북한 방문 중이었기 때문에 원고를 보지 못했다. 그런데 화 궈펑은 정치국 상무위원회에서 토론하지 않은 것이라는 이유로 그 부분을 "결의"에 첨가하는 데 반대를 표시했다. 반대 의견이 있었기 때문에, 덩 샤오핑과 후 야오방은 4천인 토론의 의견에 따라 다시 그 문제를 결정하여도 늦지 않다고 하였고(程中原 1999, 285~86면), 그리하여 1980년 10월의 토론을 위한 원고에서는 "4인방 분쇄 이후 특히, 11기 3·4·5중전회를 통해 당은 새로운 맑스주의의 정치노선, 사상노선, 조직노선을 확립하고 광명 찬란한 새로운 역사 발전의 시기를 열었다. 4년여간의 성과와 문제 및 닥쳐온 임무에 대해서는 12차 당대회에서 상세하게 논술한다"라고 간략하게만 언급되었다(程中原 1999, 283~84면).

그러나 4천인 토론 과정에서 문혁 종결 후 4년이 "결의"에 포함되어야 한다는 의견이 다수 제기되었다. 뿐만 아니라 그 시기 화 궈펑의 과오와 관련하여 화 궈펑이 더이상 당주석과 중앙군사위 주석을 맡는 것이 타당하지 않다는 의견이 제기되었다. 화 궈펑이 4인방 체포와 4인방파에 대한 조사와 숙청에는 공이 있지만, 문혁의 이론·방침·정책 및 구호를 계승했으며 정치, 사상, 조직 및 경제건설의 지도 방침에서 과오가 있었다는 이유에서였다(程中原 1999, 287면; 中共中央文獻硏究室 1982b, 787~89면).

화 궈펑 실각의 시작은 1980년 8월의 정치개혁에 대한 정치국 확대회의였다. 이 회의에서는 정치개혁의 일환으로 중공의 주요 지도자들이 과도한 겸직을 하지 못하도록 결정되었다(鄧小平 1982a, 472~75면). 그에 따라 이 회의에서 화 궈펑의 국무원 총리직 사직과 자오 쯔양으로의 교체가 결정되고, 9월의 5기 전국인대 3차 회의에서 통과되었다. 그와 동시에 덩 샤오핑, 리 셴녠, 천 윈, 쉬 샹첸, 천 융구이, 왕 전, 왕 런중 등 과다하게 겸직하고 있던 국무원 부총리들의 사직이 이루어졌다는 점에서, 그러한 사직은 화 궈펑에게만 해당하는 것은 아니었다.[29] 하지만 이때 이미 화 궈펑의 중앙군사위 주석 겸직도 타당하지 않다는 의견이 제기된 데서도 알 수 있는 바와 같이 화 궈펑의 권력은 상당히 취약해진 상태였다(程中原 1999, 285면). 11기 5중전회에서 범시파의 실각이 이루어진 뒤 화 궈펑의 지지기반은 사실상 사라졌기 때문이다.

예 젠잉을 비롯한 생존자 원로간부들이 화 궈펑에 대한 정치적 지지를 철회했다는 명확한 증거는 없다. 그러나 그들은 문혁 종결 후 4년에 대한 평가문제 등에서 화 궈펑과는 다른 입장에 서 있었다. 그러한 상황은 생존자 원로간부들의 의도와는 상관없이 화 궈펑의 정치적 책임을 묻는 것으로 귀결될 수밖에 없었다. 화 궈펑은 더이상 직위를 유지할 수 없는 상황이었으며, 앞에서 살펴본 바와 같이 예 젠잉도 자신이 봉건적 의식을 벗어나지 못했다는 자아비판으로 화 궈펑의 실각을 인정할 수밖에 없었다.30)

이러한 상황에서 1980년 11월 10일 개최된 정치국 확대회의에서 화 궈펑은 당주석과 중앙군사위 주석 및 기타 당내 직무에 대한 사직을 청원했다. 이어서 11, 13, 14, 17, 18, 19, 29일과 12월 5일에 개최된 정치국 회의에서 화 궈펑의 사직문제와 중앙의 인사문제가 논의되었다. 회의 결과는 1980년 12월 5일 정치국 회의에서 "중공중앙 정치국 회의 통보"로 통과되었다. 여기에서는 4인방 체포 후 4년간 화 궈펑의 공과문제가 정리되었으며 인사 변동에 대한 다음과 같은 세가지 결의안이 포함되었다. ① 화 궈펑

---

29) 다른 사람들은 모두 겸직을 하지 않는다는 것이었지만, 천 융구이의 경우는 해임하도록 요청했다는 점에서 실각에 해당한다고 할 수 있다(中央文獻硏究室 1982a, 472면).
30) 예 젠잉은 노환을 이유로 11기 6중전회에 참가하지 않았으며, "결의"와 중앙의 인사 변동에 대해서는 전적으로 동의한다는 편지를 정치국 상무위원회와 11기 6중전회 앞으로 보낸다(中共中央文獻硏究室 1982b, 1103면). 예 젠잉은 1897년생으로 이때 80세가 넘은 고령이었으며, 1980년부터 그 전년에 비해 공개활동이 절반으로 줄어들었다는 점에서 편지에서 말한 신병의 가능성도 있었다. 그러나 1982년과 83년에도 『인민일보』에 30회가 넘게 등장했던(『人民日報50年(1946-1995) CD 기사목록』 검색) 것으로 비추어 볼 때, 그렇게 중요한 회의에 불참한 것은 병보다는 부득이한 상황에 대한 불편한 심정을 드러낸 것이라고도 할 수 있다.

의 중공중앙 주석과 중앙군사위 주석직 사직에 동의하도록 6중전회에 건의한다. ② 후 야오방을 중앙위원회 주석으로, 덩 샤오핑을 중앙군사위 주석으로 선출하도록 6중전회에 건의한다. ③ 6중전회 개최 전에는 잠정적으로 후 야오방이 중앙정치국과 중앙상무위 업무에 대한 책임을 맡고, 덩 샤오핑이 중앙군사위 업무에 대한 책임을 맡지만, 정식 명의를 사용하지는 아니한다(中共中央文獻硏究室 1982b, 787~89면; 程中原 1999, 289~91면; 張湛彬 1998, 415~16면).

이에 따라 1976년 4인방 체포 이후 형성된 화 궈펑 체제는 완전히 붕괴했다. 1981년 초부터 화 궈펑은 공개적인 정치무대에서 사라졌으며,[31] 화 궈펑의 실각에는 공식적인 추인 절차만 남아 있을 뿐이었다. 화 궈펑은 후 야오방의 주장대로 한 단계 한 단계 승진했지만, 어쨌든 문혁에 의해서 최고지도자가 될 수 있었다(胡耀邦 1982, 735~47면). 그런 점에서 화 궈펑의 실각은 최고지도부 내에서—화 궈펑의 이론적 입장과는 관계없이—최후의 문혁세력이 사라졌다는 것을 의미한다. 뿐만 아니라 그것은 11기 3중전회 이후 형성되기 시작한 덩 샤오핑 체제로의 권력이전이 완성된 것이라고 할 수 있다. 물론 기구 조정을 포함한 권력구조의 조정과 중앙위원회의 인적 재구성은 1982년 12차 당대회에서 이루어지지만, 그것은 11기 6중전회까지 발생한 변화의 결과라는 점에서 새로운 것은 아니었다.

화 궈펑의 실각은 문혁 청산작업을 매듭짓기 위한 "결의" 작성을 둘러싼 논의와 직접 관련되었다. 그런데 문혁 청산을 위해서는 화 궈펑이 주도적 역할을 하여 체포했던 4인방 문제에 대한 종결이 필요했다. 4인방 문제는 궁정 쿠데타에 의해 정치적으로는 이미 해결되었으며, 11기 3중전회 이

---

31) 『인민일보』 표제 검색에 의하면 1980년 127회 등장했던 화 궈펑이 1981년에는 6월의 6중전회까지 공식적인 직위를 유지하고 있었음에도 불구하고 불과 8회 검색되며, 1982년 1회를 끝으로 더이상 등장하지 않는다(『人民日報50年(1946-1995) CD 기사 목록』 검색).

전까지 대체로 4인방에 대한 폭로·비판투쟁이 완성되었다. 그에 따라 11기 3중전회 이후 4인방에 대한 정식 조사와 심리가 시작된다(于福存·王永昌 1998, 118면). 그런데 4인방 문제는 1978년 6월 2일 덩 샤오핑이 전군정치공작회의에서 린 뱌오 비판과 함께 처리해야 한다고 주장한 다음부터 '양안(兩案)', 즉 '두 사건'으로 병립되어 일컬어졌다(于福存·王永昌 1998, 61~62면). 1979년 초 '양안' 심사 영도소조가 구성되어 '양안'에 대한 재판 준비작업에 들어갔으며, 1980년 중앙서기처와 정치국 상무위원회 등에서 여러 차례의 토론을 거쳐 재판 방안이 확정되고, 9월 29일 전국인대 상무위원회에서 정식으로 재판이 결정되었다.[32] 재판은 11월에 시작되어 이듬해 1월 27일 종결되었다.

　이 재판에서도 린 뱌오와 4인방의 '범죄'와 마오 쩌둥의 '과오'를 구분하여, 당내 모순에 속하는 마오 쩌둥 문제와 적대적 성격의 린 뱌오와 4인방 문제를 구분했다는 점에서 "결의"의 내용과 맥락을 같이한다(Meisner 1996, 150~51면). 4인방과 마오 쩌둥의 분리는 1976년 이후 일반화되어 낯선 것은 아니었다. 더구나 류 샤오치 평반으로 이미 '위대한 주석'이 과오를 범할 수 있다는 충격을 받은 인민들에게 마오 쩌둥의 이 과오는 별로 새로운 것도 아니었을 것이다. 그런 점에서 '양안' 재판이 마오 쩌둥 평가에 부정적 영향을 미쳤다고 하더라도 그렇게 심각한 것은 아니었다. 그런데 화 궈펑의 실각이 그가 체포했던 4인방 재판과 동시에 벌어졌다는 것은 역사의 아이러니일지는 몰라도 그에 대한 4인방 재판의 정치적 영향은 거의 없었을 것이다.[33]

---

32) 자세한 과정은 于福存·王永昌(1998); 肖思科(1992); Bonavia(1984) 참조. 재판 자료집으로는 最高人民法院研究室(1982); 『歷史的審判』編輯組(1981) 등이 있으며, 베이징과 각 지방에서 열린 다른 급진파들에 대한 재판 자료로는 『歷史的審判(續集)』編輯組(1986)이 있다.
33) 마이스너는 재판이 화 궈펑에 대한 최후의 정치적 타격이었다고 주장한다(Meisner

마지막으로 한가지 지적할 것은 "결의" 기초소조의 구성과 관련하여 나타나는 중국공산당의 이념적 지형문제이다. 예 젠잉 건국 30주년 연설 기초소조를 기반으로 각 이론 담당 부문을 충원하여 구성한 것은 이미 지적한 바와 같다. "결의"는 길게는 건국 이후의 역사를, 짧게는 11기 3중전회 전후의 논쟁을 이론적으로 종합하여 정리한 것이다. 그런데 예 젠잉의 연설을 시작으로, 그러한 작업이 11기 3중전회에서의 변화를 가능하게 했던 진리표준토론 주도자들이 아니라 후 차오무, 덩 리췬 등 이념적 보수파들에 의해 주도되었다. 이른바 실천파들이 기초 과정에 참여하기는 했지만 주도권은 당의 정통 이데올로그들에 의해 장악되었던 것이다.

이는 이론공작회의 후 변화된 상황을 보여주며, 동시에 당 정치세력의 구성과 이론적 성향을 반영하고 있다. 이미 살펴본 바와 같이 문혁시기에 억압당했던 혁명 경력을 지닌 평반 간부들도 문혁에는 반대했지만 이념적 보수파에 속했다. 그러한 사실은 문혁에 대한 입장 여하에 상관없이 이념적 보수파가 당의 주류를 점했다는 것을 의미한다. 그렇기 때문에 초기의 반문혁은 문혁에 가장 명확한 대립적 입장을 보인 실천파가 주도했지만, 반문혁연합의 승리 후에 그들은 곧바로 주도권을 상실하였던 것이다. 그리고 그것을 전형적으로 반영하는 것이 "결의" 기초소조였다.

더구나 덩 샤오핑의 의견에 따라 "결의" 수정에는 범시파인 우 렁시가 충원되어, 후 차오무, 덩 리췬과 더불어 마지막 수정작업의 책임을 맡았다. 이념적 과오에 관용적인 중국의 특징을 보여주는 예이기도 하지만, 더욱 중요한 것은 양개범시를 둘러싼 정치논쟁을 제외하면 그들 사이의 이념적인 간극이 크지 않았다는 점이다. 물론 진리표준토론과 평반 등에서 주요한 역할을 했던 후 야오방이 당주석으로 선출됨으로써 변화의 지향성을

1996, 150면). 하지만 화 귀펑의 실각과 '양안' 재판은 양자 모두 문혁 및 마오 쩌둥과 관련된다는 점에서 공통성이 있지만, 4인방이라는 화근을 제거한 것이 화 귀펑이었다는 점에서 '양안' 재판이 화 귀펑에게 정치적으로 부정적인 영향을 미칠 이유가 없다.

분명히했다. 그러나 공산당 내부의 주류는 여전히 이념적 보수파였으며 그러한 이념적 지형이 개혁과정을 규정하게 된다.

II. 덩 샤오핑 체제의 성격

1. 정치·사회적 통합과 그 한계

덩 샤오핑 체제는 화 귀평 체제에 의해 급진파가 배제된 상황에서 반문혁연합이 범시파를 실각시킴으로써 형성되었다. 그것은 문혁 피해자와 문혁 생존자를 중심으로 하는 반문혁 세력이 급진파와 문혁 수혜자를 중심으로 하는 문혁세력을 대체하는 과정이었다. 동시에 계급투쟁과 정치투쟁을 통한 '꼬리표 붙이기'에 의해 만들어진 정치·사회적 적대와 균열을 평반을 통해 해소하는 과정이었다.

하지만 그 과정에서 복잡한 균열·대립·연합의 조합이 있었으며, 그 형태도 경우에 따라 상이했다. 구체적인 정세와 의제에 따라 정치적 연합이 변화했으며 그러한 정치적 연합형태의 변화에 따른 의도하지 않은 결과가 반문혁으로 귀결되었다. 정세에 따라 문혁세력 내부의 차이가 범주적으로 반문혁과 문혁 세력 사이의 차이보다 크기도 했으며 반문혁 세력 내부의 분화도 발생했다. 급진파와의 대립이 궁정 쿠데타라는 적대적이고 폭력적인 방식으로 해결되었던 것에 비해, 문혁 수혜자인 범시파와 반문혁연합의 대립은 정치적 논쟁을 통해 점진적으로 배제와 포용을 병행하는 방식으로 해결되었다. 이 과정에서 양개범시 반대를 함께했던 반문혁 세력 중 급진적 대안을 가진 세력들은 배제되었다.

중국공산당의 정치세력과 정체성을 재구성했던 이 과정은 "당의 우수한 전통의 재건"[34)]이라는 중국공산당의 공식적 평가에서 알 수 있듯이 기본적으로 복고적인 것이었다. 그것은 중국공산당이 레닌주의 정당으로서,

이념적 폐쇄성과 독단으로부터 이탈하는 것은 근본적으로 불가능했다는 것을 의미한다. 그런 점에서, 재구성된 중국공산당에도 여전히 정치적 '불가촉민'이 존재했고 또 그것을 재생산하는 구조도 존재했다. 그럼에도 불구하고 덩 샤오핑 체제의 중국공산당은 두가지 점에서 과거와는 차이가 있었는데, 그것이 정치세력뿐만 아니라 인민의 존재 형태와 관계 양태의 근본적 변화를 초래하게 된다.

첫째, 덩 샤오핑 체제는 평반을 통해, 문혁 또는 이전의 이른바 '마오 쩌둥 사상의 좌경화'에 따른 비정상적인 정치투쟁과 계급투쟁의 과도한 확산으로 초래된 정치적 균열을 통합했다. 둘째, 덩 샤오핑 체제는 혁명에서 건설로의 전환을 통한 혁명의 종언을 선언함으로써, 혁명과 계속혁명을 통해 존속되고 확대재생산된 사회적 균열을 해소했다. 그에 따라 새로운 정치·사회적 '불가촉민'의 형성에도 불구하고, 더 개방적이고 통합된 정치·사회적 구조를 형성했다.

1) 정치적 통합과 정치세력의 구성 및 성격

덩 샤오핑 체제의 형성과정은 평반을 통해 중국공산당의 정치적 통합을

---

34) "11기 3중전회 공보"에서는 중앙공작회의와 11기 3중전회에서 맑스-레닌주의와 마오 쩌둥 사상의 기초 위에 사상을 해방하고, 하고 싶은 말을 마음대로 할 수 있게 하여, 당내민주, 당의 실사구시, 군중노선, 비판과 자아비판의 우수한 작품을 회복했다고 평가했다(中共中央文獻硏究室 1982a, 2면). 또 후 야오방은 12차 당대회 보고에서 11기 3중전회와 11기 6중전회가 당의 우수한 전통을 지킨 것이라고 했으며(中共中央文獻硏究室 1986, 9면), "건국 이래 역사문제 결의"에서는 화 궈펑이 당의 우수한 전통을 재건하는 것이 불가능했다고 평가했다(中共中央文獻硏究室 1985, 41면). 당의 우수한 전통은 1957년 급진화 이전의 사상, 정책, 작풍 등을 지칭하는데, 구체적으로는 8차 당대회에서 정해진 민주집중제와 집단지도체제, 개인숭배 반대, 당내민주와 인민민주 및 당과 인민의 관계 강화 등을 가리킨다. "건국 이래 역사문제 결의"에서는 8차 당대회의 노선이 정확한 것이었고, 새로운 시기 사회주의 사업 발전과 당 건설의 방향을 정했다고 평가한다(中共中央文獻硏究室 1985, 20면).

회복하는 과정이었다. 그러한 정치적 통합의 회복은 내적 분화와 적대적 대립의 재생산과정이었던 문혁까지의 중국공산당 역사과정의 역전이었다. 중국공산당의 내적 분화와 대립은 정책과 이념의 차이 및 파벌적 대립에서도 기원하지만, 급진적 이념과 그에 기초하여 주기적으로 반복된 정치운동의 상황논리에 따른 적대적 이분화와 그것의 확대재생산에 주요한 원인이 있었다. 그 결과 중국공산당은 그러한 대립의 대규모 희생자와 더불어 상호적대를 포함하는 구조화된 내적 균열을 안게 되었다. 중국공산당은 바로 그러한 균열을 극복하고 통합을 회복하기 위하여 대대적인 평반을 단행했던 것이다.

평반은 정치적 금치산자의 공민권 회복을 통해 해원(解寃)과 동시에 정치적 분리선을 제거했다. 그러한 평반은 단순한 해원이나 절차적 잘못으로 인한 과오의 시정뿐만 아니라, 적대적 이분화를 초래했던 이론과 정치적 기준을 폐기함으로써 대규모의 정치적 균열을 생산해온 구조 자체의 변화를 낳았다. 그 과정에서 중국공산당은 균열을 초래한 급진적 이념의 수정과 더불어, 서로가 동의할 수 있는 새로운 규율과 행위준칙을 마련했다. 그러한 과정은 레닌주의 당-국가 체제의 틀 내에서 이루어졌으며, 새로운 배제와 분리를 만들어냈다는 점에서 새로운 균열을 포함하기는 했지만, 정치세력 또는 지배 방식의 단순한 대체가 아니었으며 그 내용과 형태 및 방식은 근본적으로 달랐다.

이미 살펴본 바와 같이 평반은 정책의 차이나 정치적 대립을 이념적인 적대성으로 해석하여 과거사 등을 날조하고 조작함으로써 숙청하였던 간부들에 대한 재평가와 복권을 의미했다. 숙청된 간부들은 평반을 통해 정치적 자유와 직위를 회복했다. 뿐만 아니라 평반은 정치활동을 제약받거나 자기검열을 강요받을 수밖에 없게 만들었던 '정치적 금치산자'의 꼬리표를 제거했다. 이것은 '꼬리표 붙이기'에 의한 적대적인 정치적 편 가르기의 종언을 의미하는 것이었다.

그런데 더 중요한 것은 중국공산당의 정치생활에서 꼬리표 붙이기 자체가 사라지지는 않았을지라도 주자파, 수정주의, 우경 같은 이념적 기준에 의한 꼬리표 붙이기가 평반을 통해 더이상 일상적인 정치담론으로 유효하지 않게 되었다는 점이다. 이는 사회주의에서의 계급투쟁 지속 또는 최고 지도부에서의 수정주의 출현을 주장했던 후기 마오 쩌둥의 급진적 이념을 부정함으로써 이론적으로 체계화된다. 급진 이념의 폐기는 "건국 이래 역사문제 결의"를 통해 이뤄졌다. 여기에서, 사회주의에서의 계급투쟁 지속을 의미하는 문혁의 지도이론인 '무산계급독재하의 계속혁명 이론'이 부정되었다. 사회주의에서 한 계급이 다른 한 계급을 전복하는 정치혁명이라는 것에는 경제적 기초도 정치적 기초도 없으며, 문혁을 일으킨 현실적 근거가 되었던 수정주의와 주자파의 출현 주장도 현실과 부합하지 않은 급진 이념에 의한 잘못된 판단이었다는 것이다. 이는 계급투쟁과 적대적 대립 자체의 소멸이나 혁명 이념의 포기를 의미하는 것은 아닐지라도 당 내부의 대규모 균열을 일상화할 수 있는 이론을 폐기하였다는 의미가 있었다(中共中央文獻研究室 1985, 27~39, 376~82면).

그와 더불어 당과 당이 지도하는 국가의 정체성과 통합을 확보하기 위해, 중국공산당은 마오 쩌둥 사상의 내용과 역사적 지위를 재규정했다. 문혁과 후기 마오 쩌둥 이론은 부정되었지만, 혁명과 국가의 건설이 마오 쩌둥 사상의 이름으로 이루어졌기 때문에 당과 국가의 사상적 구심의 상실을 의미하는 마오 쩌둥 사상 자체를 부정할 수는 없었다. 또한 문혁 피해자를 포함하는 대다수 간부들이 마오 쩌둥과 함께 혁명을 한 '동료이자 제자'였다는 점에서 문혁의 마오 쩌둥은 비판했을지라도 마오 쩌둥 또는 마오 쩌둥 사상에 대한 부정은 근본적으로 불가능했다. 중국혁명의 집단적 실천과정에서 형성된 마오 쩌둥 사상에 대한 부정은 결국 자신들의 실천을 부정하는 것이었기 때문이다. 게다가 마오 쩌둥 권위의 절대성에 대한 부정에도 불구하고 마오 쩌둥은 여전히 중국 인민의 구원자로서 대중적 권위를 지니고 있었다. 문혁 이론의 부정에도 불구하고, 중국공산당의 정체성과 통합을 유지하기 위해서는 마오 쩌둥 사상의 재확립과 마오 쩌둥에 대한 옹호가 필수적이었다.

이와 같이 덩 샤오핑 체제는 문혁까지의 정치운동을 통해 만들어진 당 내부의 적대적 대립을 해소하고 이념을 수정하면서 등장하였다. 그것을 통해 중국공산당은 갈등과 대립이 적대적으로 확산되는 것을 막고 더욱 광범위한 이견을 수용하고 내적 통합을 이룰 수 있었다. 그러나 그것이 덩 샤오핑 체제에서 적대적 균열과 정치적 배제가 없었다는 것을 의미하지는 않는다.

급진 이념을 폐기하고 사상해방을 주장하기는 했지만 혁명정당으로서 중국공산당은 여전히 분명한 이념적 경계를 가지고 있었으며, 레닌주의 당-국가 체제에서 그러한 이념적 제약은 정치적 분리의 기준으로 작용했기 때문이다. 중국공산당은 4항 기본원칙의 견지를 범할 수 없는 이념적·정치적 한계로 규정했다. 그리고 그러한 원칙에 의해 공산당에 대한 비판과 당 내부 사상논의의 허용 범위를 규정했다. 그러한 사상적 제한은 강력한 이념적 지향성을 가진 혁명 1세대가 여전히 주류인 상황에서 당의 통합과 정체성 유지를 위한 최소한의 조건이었다.

그러나 그러한 제한은 사회·경제적 변화에 수반되는 인민의 의식과 변화의 요구를 수용하는 데는 제약 조건이 되었다. 그것이 이후 후 야오방의 실각이나 1989년의 톈안먼 사건 같은 당 내부의 갈등, 당과 사회의 대립으로 나타났다. 개혁으로 인한 사회·경제적 변화와 그에 따른 인민의 정치적 요구가 증대할수록 그것을 수용하는 데 한계가 발생할 수밖에 없었던 것이다.

덩 샤오핑 체제는 여전히 이념적 제약과 장기적인 새로운 갈등 요인을 내포하고 있었지만, 그것의 형성은 정치적으로 유연하게 이뤄졌으며 그 과정에서 정치적 통합을 이루었다. 그렇게 된 데는 문혁으로 인한 균열 때문에 정치적 통합이 긴급한 과제였다는 것이 한 원인이라면, 그 형성과정의 특성도 다른 한가지 원인이었다. 화 궈펑 체제라는 매개 단계를 거치면서 급진파가 정치적으로 배제되어 극단적 갈등의 소지가 제거되었다는 점이 그것이다.

덩 샤오핑 체제는 문혁 피해자의 평반을 제외하면 화 궈펑 체제하의 정치세력 재배치에 기반을 두고 있었다. 급진파가 배제됨에 따라 화 궈펑 체제는 평반된 원로간부들과 문혁으로 인한 교란을 배제하고 정상적으로 성장한 당·정·군 간부들로 구성되었다. 덩 샤오핑 체제는 여기에 더해 여전히 해결되지 않고 있던 중요 사건 피해자들을 평반해 충원함으로써 문혁 피해자 원로간부 세력을 강화했고, 그들이 핵심 세력이 되었다. 그런 점에서 덩 샤오핑 체제는 문혁 이전 정치세력이 복귀하여 권력의 핵심을 이룬 것이었다.[35] 다만 한가지 차이가 있다면, 시간의 흐름에 따라 세대교체가 이뤄졌고 문혁의 결과 급진적 이상주의 세력이 몰락했다는 점이다.

덩 샤오핑 체제는 세대 요소와 문혁 효과에 의해 조정된 문혁 이전 체제로의 복귀라고 할 수 있다. 이는 정치세력뿐만 아니라 정책에 있어서도 마찬가지였다. 마오 쩌둥 세대와 마오 쩌둥의 사망은 권위구조의 변화를 의미하는 것으로, 단순한 인적 교체 이상의 의미를 가졌다. 그것은 권력구조의 변화와 밀접한 연관을 가지며 젊은 세대를 충원하는 기제로도 작용했다. 그러나 1985년 12차 당대회 2차 회의를 개최하여 중앙위원과 후보위원을 대대적으로 교체하고 이후 개최한 12기 5중전회에서 정치국과 서기처를 대대적으로 조정하기 전까지 정치국의 세대교체는 미미한 수준이었다.[36]

---

35) 후 야오방은 자신이 당주석으로 추천되었을 때, 덩 샤오핑이 당의 정치설계자이자 핵심 중의 핵심이며 다른 원로간부들도 핵심이라고 말했다(中共中央文獻硏究室 1982b, 747면).
36) 원로간부 범주에 들지 않는 새로운 인물은 중공 11차 당대회 이후의 정치국에서는 후

이에 비해 문혁 효과는 한층 직접적이면서 큰 영향을 미쳤다. 첫째, 문혁 이전 세력의 복귀는 생산력 발전론자를 중심으로 정치세력이 구성되도록 했다. 그들의 복귀는 문혁시기 권력투쟁 과정에서 급진파가 실각하고 문혁 후 이상주의적 대안을 가진 급진파들이 숙청되었기에 가능했다. 그런 점에서 문혁은 역설적으로 사회주의 건설노선에서 생산력 발전 중심론자들의 승리를 가져왔다. 둘째, 주자파 혹은 우파로 비판받고 숙청 또는 하방되었던 원로간부들의 빈곤에 대한 경험은 더욱 근본적인 대안을 모색하게 했다. 그러한 경험이 즉각적인 새로운 대안을 제시할 수 있게 한 것은 아니지만, 경제건설을 최우선 과제로 삼게 했으며 경제건설 방식에 좀더 개방적인 태도를 가지게 했다.

이처럼 개혁을 주도한 덩 샤오핑 체제는 새로운 정치세력이 아니라 혁명세대의 인물들로 구성되었다. 그들은 중국을 위기에서 구하기 위해 동분서주했던 장군이자 혁명가였을 뿐만 아니라 사회주의 건설에 매진한 마오 쩌둥 체제의 핵심 구성원이었다. 후계세대에서 새로 충원된 후 야오방과 자오 쯔양도 전자는 대장정에 참가했으며 후자도 1930년대부터 혁명활동에 참가한 혁명세대였다.

복귀한 문혁 전 세대의 특징은 정책적 대안과 이들이 수행한 개혁과정에서 잘 나타난다. 이들의 초기 '개혁'정책은 1950년대의 경제정책과 대약진운동 이후 1960년대 조정정책의 범위를 벗어나지 않는다. 1984년 12기 3중전회에서 '계획적(有計劃)'이라는 단서가 붙기는 했지만 상품시장경제

야오방, 자오 쯔양, 그리고 문혁 때 충원되었지만 노동모범으로서 상징적 의미를 갖는 니 즈푸에 불과했으며, 중공 12차 당대회 이후에는 완 리가 더해졌을 뿐이었다. 그러나 1985년 9월 12차 당대회 2차 회의 이후의 12기 5중전회에서는 톈 지윈(田紀云), 차오 스(喬石), 리 펑(李鵬), 후 치리(胡啓立), 야오 이린, 우 쉐첸(吳學謙) 등이 새로 정치국 위원으로 선출되고, 왕 전, 웨이 궈칭, 우 란푸(烏蘭夫), 덩 잉차오, 예 젠잉, 리 셴녠, 리 더성, 쏭 런충, 장 팅파(張廷發), 네 룽전, 쉬 샹첸, 랴오 청즈(廖承志) 등이 물러남으로써 대대적인 세대교체가 이루어진다.

를 수용한 사회주의 상품경제를 인정하기 이전까지는 경제특구만이 유일하게 새로운 시도였다고 할 수 있다. 그런 점에서 초기 개혁은 기본적으로 복고적이었다.[37] 그런데 이들이 복고주의의 범위를 벗어나 새로운 변화를 추구할 수 있었던 것은 두가지 요인에 의해 가능했다. 첫째, 60년대와는 달리 그러한 정책이 좌파에 의해 교란당하지 않음으로써 정책의 결과가 새로운 질적 변화 요구로 이어졌기 때문이다. 둘째, 문혁시기의 경험으로 그들이 경제건설을 위한 변화를 수용하는 데 더 개방적이 되었기 때문이다.

그럼에도 불구하고 1세대 혁명가로서 그들의 정체성은 개혁을 자신들이 건설한 '사회주의'를 개선하여 혁명을 완성하는 범위 내로 한정하게 했다. 그렇기 때문에 사상해방과 민주주의를 주창한 11기 3중전회가 혁명과 정통성을 부정하는 급진적 변화의 요구로 나아가자, 4항 기본원칙으로 그 범위를 한정하는 '중간 경로'를 선택하였던 것이다. 뿐만 아니라 사회주의의 이름은 부정할 수 없는 교의였다. 개혁으로 인한 변화의 결과 전통적 의미의 사회주의를 부정해야 할 때에도 사회주의를 부정한 것이 아니라 사상해방의 이름으로 사회주의에 대한 새로운 개념을 발명함으로써 사회주의를 유지했다. 그들 스스로가 혁명을 수행한 사회주의자로서 사회주의의 대의를 부정할 수 없었기 때문이다.

그러한 개념의 발명은 사회주의 개념의 확장과 더불어 모호화를 초래했다. 그러나 그들은 1세대 혁명가이지만 현실의 개선을 추구했기 때문에, '사회주의'가 유지되는 한 그러한 모호화는 충분히 용인될 수 있는 것이었

---

37) 하딩은 화 궈펑 등 범시파를 문혁 이전의 경제체제로 회귀하려고 한 복고주의자로, 덩 샤오핑, 천 윈, 펑 전 등은 그 범위를 뛰어넘어 새로운 모색을 하고자 했던 개혁파로 구분한다(Harding 1987, 40~48면). 그러나 화 궈펑 체제는 물론이고 초기 덩 샤오핑 체제에서도 경제특구 설치를 제외하면 복고주의적 정책을 뛰어넘는 경제정책은 없었다. 그런 점에서 화 궈펑 체제와 덩 샤오핑 체제를 경제정책에서 복고와 개혁으로 구분하는 것은 잘못이다.

다. 사회주의의 내용을 모호하게 하는 '개념의 진화'를 통한 사회주의 고수는 개혁체제의 특징이 되었으며, 중국 개혁사회주의의 관습이 되었다. 그것은 중국의 개혁이 '개혁론자'이기 이전에 '사회주의자'였던 혁명가에 의해 수행된 데에서 온 유산이라고 할 수 있다. 그들에게 사회주의는 현실로서든 수사로서든 중심적 개념이 될 수밖에 없었다. 현실의 급변에도 불구하고 '사회주의'의 이름이 여전히 중국을 지배하고 있는 것은 1세대 혁명가들에 의해 진행된 개혁의 유산이자 그 과정에서 형성된 전통이다.

2) 사회적 통합과 배제

문혁 이후의 중국사회에는 두가지 계기에 의해 정치적 '불가촉민'과 적대적인 사회적 균열이 형성되어 있었다. 혁명전쟁과 사회주의로의 개조과정에서 분류된 계급이 정치적 분리의 선으로 잔존한 것이 하나라면, 주기적으로 반복된 정치운동과 문혁이라는 계속혁명에 의해 형성된 적대적 대립이 다른 하나였다. 평반을 통한 덩 샤오핑 체제의 형성과정은 사회적으로 형성된 이러한 균열을 해소하는 과정이기도 했다.

중국의 혁명은 내전 방식으로 진행됨으로써 혁명과 전쟁을 통해 이중적인 사회적 적대관계를 형성했다. 사회주의혁명 이후 형성된 정치적 계급적대가 하나라면, 미완의 혁명전쟁 이후 남아 있던 국민당 또는 그것을 지리적으로 대표하는 타이완과의 대립인 민족 분열이 다른 하나였다. 혁명을 통해 지주, 부농, 매판자본가는 개조되어야 할 '정치적 불가촉민'이 되었다. 또한 미완의 혁명전쟁은 국민당과 그 통치하의 타이완을 정치적 분리의 대상으로 만들었고, 그러한 분리는 대륙 내부에 반영되었다. 국민당과 정부 및 군대 관계자들은 여전히 정치적 자유와 인신의 자유를 구속당했으며, 타이완 출신과 타이완으로 간 사람의 가족은 모두 정치적 분리와 박해의 대상이었다.

혁명이 적대적으로 균열된 사회·경제적 계급 균열을 소멸시킴으로써 사회·경제적 착취와 정치적 억압을 종식하는 것이라면, 혁명은 결국 계급의 사회·경제적 소멸뿐만 아니라 계급을 정치적으로 동등한 인민으로 개조함으로써 완성된다. 그러나 중국에서는 혁명 이후 사회주의로의 이행의 완성을 선언한 1956년 중공 8차 당대회에서 밝힌 바와 같이, 이른바 '마오 쩌둥 사상의 좌경화'를 통해 소멸된 사회·경제적 계급이 정치적 분리와 억압의 표지로 사용되었으며, '사회주의에서 계급투쟁의 지속 이론'과 '정치적 착취계급'이라는 개념의 발명을 통해 새로운 적 찾기와 만들기가 계속되었다. 그렇기 때문에 혁명 이후 사회에서 적대적 분리의 소멸과 통합이 이루어진 것이 아니라 오히려 그러한 균열과 적대가 더욱 심화하였다.

게다가 홍위병운동과 조반으로 상징되는 문혁은 그러한 균열과 차별을 더욱 강화했으며 대규모 비판과 조반을 통해 치유될 수 없는 새로운 상처를 남겼다. 지식인, 간부, 군대, 홍위병 등이 상호간 혹은 내적으로 복잡하게 착종된 갈등관계를 형성했다. 비판투쟁과 불법적 감금과 폭행, 그리고 심지어는 무장투쟁과 대규모 학살까지 발생했다. 그러한 갈등과 대립은 사회계층과 집단, 그리고 단위 내부에서도 해소될 수 없는 적대적 균열을 초래했다. 일반적으로 급진파들이 가해자로 여겨지지만, 홍위병의 하방과 조반파 조직에 대한 대대적인 탄압에서도 알 수 있는 바와 같이 한편으로는 그들이 피해자이기도 했다. 갈등관계뿐만 아니라 가해자와 피해자도 복잡하게 뒤얽혀 있었던 것이다.

평반은 혁명전쟁의 유산인 계급과 민족의 정치·사회적 균열을 해소하는 과정이자 정치운동과 문혁을 통해 새롭게 형성되거나 심화된 사회적 균열을 봉합하는 과정이었다. 그것을 통해 덩 샤오핑 체제는 사회적 통합을 진전시켰고 진정한 의미의 혁명 이후 사회주의 발전단계의 전환을 이루었다. 사회주의로의 이행 완성 선언 이후 이른바 '마오 쩌둥 사상의 좌경화'를 통해 심화, 확대되었던 계급적 적대관계를 평반을 통한 '인민화' 선언으로 해소했기 때문이다. 그렇지만 다른 한편 문혁문제의 복잡성은 그 해결과정에서 또다른 배제를 만들어냈다. 뿐만 아니라 여전히 잔존한 이념적 제약은 그러한 통합을 제한적이게 했으며 사회적 균열의 기제로 작용했다.

중국공산당은 평반을 통해, 사회·경제적으로는 실현되었지만 정치·사회적으로는 '불가촉민'으로 남아 있던 적대계급의 꼬리표를 제거했다. 1979년 '지주·부농 모자 벗기기' '상공업자에 대한 분류 바로잡기' '상공업자에 대한 정책 바로잡기' 등은 혁명과 사회개조 과정에서 만들어진 사회적 불가촉민인 지주, 부농, 악질, 자본가 등을 '인민'으로 재생시킨 것이다. 그러한 '인민화'는 '좌경화'와 정책 집행과정의 과오로 잘못 분류된 계급성분을 바로잡는 것이기도 했지만, 역사적으로 지체된 계급의 인민으로의 개조 완성 선언으로서, 파괴와 분리의 혁명이 통합과 건설의 단계로 전화되었다는 선언이기도 했다.

중공중앙은 극소수의 반동 입장을 견지하는 자를 제외한 지주, 부농, 반혁명분자, 악질 등에 대해 모두 '모자 벗기기'를 했다. 그들 모두 '인민공사' 사원의 자격으로 입학, 군 입대, 취업, 공산당 입당과 공청단 입단 등에서 동등한 대우를 받도록 결정했다. 그리고 자녀들의 출신성분을 지주·부농 출신이라고 하지 않고 사원 출신으로 표기하도록 결정했다(中央文獻研究室 1982b, 76~77면). 정확하게 알려진 수치는 없지만, 토지개혁과 이후 정치운동 과정에서 그런 범주의 불가촉민이 무수하게 양산되었다는 점에서 상당수였으리라고 짐작된다. 예를 들어 토지개혁 시기 화둥 지역의 인구 7천여만명 중 4%, 중난 지역 1.53억명 중 5%, 시난 지역 8,500만명 중 3.5%가 각각 지주로 분류되었다(李松晨 1999, 290~1면).

'공사합영(公私合營), 즉 '자본주의 상공업의 사회주의로의 개조' 과정에서는 계급 분류에서 노동자와 자본가를 혼재시키는 중대한 오류가 있어, 뒤늦게 그것을 바로잡았다. 자본가계급에 속하는 상공업자의 계급 분류는 1950년 정무원의 "정무원의 농촌 계급성분 획분에 관한 결정(政務院

關于劃分農村階級成分的決定)"에서 1956년 공사합영까지 일련의 과정을 통해 이루어졌는데, 공사합영 과정에서 사영 부문에 있던 사람들의 경우 노동자와 자본가를 불문하고 모두 사영 부문 인원으로 분류하는 과오가 있었다. 중공중앙은 1979년 11월 12일 상공업자로 잘못 분류된 이들에게 노동자 신분을 부여하는 결정을 내린다. 1956년 사영 부문 인원으로 분류된 자는 76만명이었으며, 1979년의 재분류 대상은 86만명이었는데, 그중 81%인 70만명이 노동자로 재분류되었고, 자본가 또는 자본가 대리인은 19%인 16만명에 지나지 않았다(中共中央文獻硏究室 1982b, 366~69면; 譚宗級·葉心瑜 1994, 264면).

또한 역사적 개념으로서 당안(檔案)에 기재된 자본가, 자본가 대리인 등의 성분 분류는 바꾸지 않았지만, 1979년 7월부터 현재의 성분을 기록할 때는 간부, 노동자 등으로 기록하고, 더이상 자본가 등으로 부르지 않게 했다. 과거 상공업자 출신 간부를 노동자와 정치적으로 차별하지 않도록 했는데, 자본가계급이 기본적으로 소멸하였다는 것이 그 전제였다(中共中央文獻硏究室 1982b, 380~82면).

그와 더불어 국민당과의 전쟁잔재 청산과 통합 정책이 이루어졌다. 1979년 20여년간 상징적으로 지속되어온 진먼다오(金門島) 포격 중단은 중미 수교와도 무관하지 않지만, 중국의 대타이완 정책 변화의 상징이라고 할 수 있다. 1979년 초부터 중국공산당은 타이완에 일련의 화해 정책을 제시한다. 그와 동시에 역사문제이자 타이완과 적대관계의 내부적 반영이라고 할 수 있는 타이완으로 간 사람들의 가족문제, 대륙에 거주하는 타이완 출신자 문제, 국민당 정부와 군대 간부 및 특무기관 관계자에 대한 정책을 근본적으로 전환한다.

중공중앙은 1979년 11월과 1981년 11월 등 두 차례에 걸쳐 타이완으로 간 대륙의 친척문제 정책을 발표하고, 그들에 대한 차별 철폐와 억울함에 대한 평반을 지시하였다(中共中央文獻硏究室 1982b, 1349~51면). 또한 1981

년 9월에는 대륙에 거주하는 타이완 출신자에 대한 정책을 발표하는데, 당시 대륙에 거주하는 타이완 출신자는 1만 7천여명이었다(中共中央文獻硏究室 1982b, 1292~94면). 타이완으로 건너간 대륙의 친인척 수에 대해서는 1981년 당시 중국에도 정확한 통계가 없었지만, 1945년 이후 타이완으로 간 사람과 그 자녀들이 260여만명이었던 것으로 미루어볼 때 이 정책의 수혜자는 수백만명 이상이었을 것이다(中共中央文獻硏究室 1982b, 1350면). 또한 1982년 국민당 현·단급(현과 군대의 연대급) 이하 당·정·군 간부와 특무들에 대한 석방이 결정되어 그해 6월 26일까지 완료된다(有林·鄭新立·王瑞璞 1996, 59면). 이것은 대륙 내부에서 타이완 관계자들에 대한 사회적 차별과 격리가 종식되었으며 그들을 인민으로 통합하는 데 있어 장애가 제거되었음을 의미한다. 뿐만 아니라 그것은 이후 타이완과의 경제협력관계를 강화하는 전제가 됨으로써 개혁과 개방을 진전시키는 데도 중요한 역할을 했다.

 이와 같은 계급 균열의 해소뿐만 아니라 정치운동과 문혁을 통해 형성된 사회적 균열의 해소 또한 이뤄졌다. 혁명과 전쟁으로 인한 문제는, 과오가 포함될지라도 주요하게는 혁명을 선택한 순간 피할 수 없는 역사적 필연이었다. 그렇기 때문에 그것의 해결을 위한 평반은 수용과 포용 및 판단의 범주에 속하는 문제였다. 하지만 정치운동과 문혁은 정책과 실천의 명백한 과오에 의한 것으로 책임과 반성이 따를 수밖에 없는 문제였다. 반우파투쟁, 반우경운동, 사청운동, 문혁 등은 그 직접적 피해자만도 각각 수십만명에서 수백만명 또는 그 이상에 달했기 때문에 책임문제를 피할 수 없었다.

 정치운동과 문혁으로 인한 균열을 해결하기 위해 중국공산당은 한편으로는 그것에 대한 반성 및 책임 추구와 더불어 다른 한편으로는 피해자들에 대한 대대적인 평반작업을 단행했다. 직접적 책임자로 지목된 4인방과 급진파에 대한 숙청과 더불어 마오 쩌둥과 마오 쩌둥 사상에 대한 비판을 통해 평반은 정치적·이론적 기초를 가지게 되었다. 하지만 피해자의 규모에서 알 수 있는 바와 같이 그것의 해결은 쉽지 않은 과정이었다.

'정치적 착취계급'인 지식인과 우파의 공민권 회복을 의미하는 우파에 대한 개정작업은 1978년 상반기에 시작되어 1980년에 기본적으로 완료되는데, 반우파투쟁 중 우파로 규정된 55만명 중 54만명의 우파 모자가 벗겨졌다(程中原 外 1998, 135~40면). 뿐만 아니라 이후에도 지속적으로 만들어졌던 지식인 문제에 대한 해결이 이루어지는데 1987년까지 약 710만명(건)의 각종 문제들이 해결되었다(中共中央組織部 1999, 220~23면). 또한 11기 3중전회 이후에 1959년 반우경운동, 1963년 사청운동 등에 대한 재조사와 평반이 이루어졌는데, 평반된 사청운동 중의 원가착안만도 63만여건에 달했다(中共中央組織部 1999, 231~34면).

한족과 55개 소수민족으로 구성된 중국에서 민족문제도 피할 수 없는 것이었다. 그러한 문제는 때로는 '반란(叛亂)'으로 표출되기도 하고, 때로는 차별과 탄압으로 나타나기도 했다. 특히 문혁기에는 공공연한 소수민족 억압정책을 펼쳤고 여러가지 날조된 이유를 들어 탄압하기도 했다. 칭하이성의 티베트인과 몽골족 반란에 대한 과도한 진압과, 과거사 날조를 통해 엄청난 희생을 초래한 문혁시기 네이멍구의 이른바 '내인당 사건' 등이 대표적인 예이다.

1958년 칭하이성의 티베트인 '반란' 당시 반란의 평정과 방지를 이유로 유목지역 티베트인과 몽골족 총수의 10%인 5만 2,922명이 체포되었다. 이들 중 84%인 4만 4,556명이 잘못 체포된 경우였다. 그런데 그중 2만 3,260명이 열악한 조건으로 인해 사망했으며, 173명이 오판으로 처형되었다. 1981년 3월 23일 중공중앙의 비준으로 이들에 대한 '반란분자'의 모자 벗기기와 실제로 '반란'에 참가하여 투옥되어 있던 자들에 대한 석방 등 화해 조치가 취해졌다(中共中央文獻硏究室 1982b, 958~64면).

1968년 내인당 사건은 1920년대의 네이멍구 인민혁명당이 여전히 지하활동을 하고 있다는 캉 성의 모함으로 인하여 34만 6천명이 체포 또는 모함을 받아 1만 6,222명이 사망한 사건이다(圖們·祝東力 1995). 이러한 사건들에 대한 평반은 민족문제의 근본적 해결은 아닐지라도, 문혁 후 민족정책의 수정과 더불어 소수민족에 대한 융화와 포용을 의미하는 것이었다.

이러한 평반이 덩 샤오핑 체제에서 사회적 균열의 봉합과 통합의 기제였다면, 배제의 기제도 있었다. 문혁의 책임문제와 관련하여 이루어진 비판운동이 하나였다면, 정치적으로뿐만 아니라 사회적으로 등장한 급진적 개혁 요구에 대한 배제가 다른 하나였다.

문혁 이후 문혁문제를 해결하는 과정에서 전국적인 비판운동이 전개되는데, 1976년부터 1978년 말까지 진행된 4인방파에 대한 '폭로·비판·조사운동(揭批查運動)'과, 1982년 제기되어 1983년부터 1989년까지 진행된 '삼종인(三種人) 청산'이 그것이다.[38] 그러나 삼종인이 곧 4인방파 혹은 문혁세력이라는 점에서 두 운동은 동일한 대상에 대한 것이었으며, 출발의 계기가 다르고 전자의 운동이 일반적으로 1978년 말에 종결되었다고 하지만 실제 지방에서의 운동 진행은 연속적으로 이루어졌다.

두 운동 모두 공식적으로는 과오가 없는 것으로 평가받고 있는데, 정확한 자료가 공개되지 않고 있지만 전국적으로 기층에 이르기까지 광범위하게 진행되었고 큰 사회적 영향을 미쳤을 것으로 추정된다. '폭로·비판·조사운동'은 4인방과 4인방파에 대한 폭로와 비판 운동이었지만, 고위층이나 소수의 조반파 우두머리만이 대상이 아니라 광범위한 대중동원을 통해 이루어졌다. 지역에 따른 편차가 있기는 하지만, 윈난의 경우 공식적인 기

---

38) '삼종인'은 문혁시기 린 뱌오, 장 칭 집단을 따라 조반하여 출세한 자, 린 뱌오, 장 칭의 사상을 선전하고 파벌을 형성하였으며 여전히 파벌활동을 하고 있는 파벌사상이 엄중한 자, 그리고 문혁시기 간부와 군중을 공격하거나 물품을 파괴하고 무장투쟁을 한 자 등을 일컫는다(中共中央文獻研究室 1986, 390~409면). 숙청과정에서 조반 경력자에 대한 법적 근거가 없는 새로운 배제와 분리가 이루어졌다는 견해도 있는데, 그러한 견해는 주로 조반파 경력자들에 의해 제기된다(周倫佐 2006, 164~170면).

록에는 24명만 형을 살았다고 되어 있는 데 반해 피해자들은 실제 1976년부터 1983년까지 문혁시기 대중조직 참가자의 1/3에 해당하는 150만명이 비판을 당했고 15만명이 정치적 처분을 받았으며 5만여명이 체포되거나 노동교화형을 받았다고 주장한다(周金昌 2005; 徐靜 2008). 또한 1983년 허난성 부서기의 발언에 의하면 전국적으로 문혁시기 입당한 당원 중 자격을 취소한 것이 13만명인데 허난 사람이 10만 6천명으로 81%였으며, 전국적으로 법에 의해 처벌한 파괴·약탈 분자〔打砸搶分子〕와 반혁명분자 5천여명 중 1/3이 허난 사람으로 1,700여명에 달했다(趙俊峰 2006).

삼종인 청산작업은 간부사화(幹部四化)[39]와 더불어 젊은 간부 선발과정에서 문혁시기 중대한 과오를 범한 자들을 제외하기 위해 진행된 것이었지만 실제로는 농촌의 기층단위까지 진행되었다(陳野苹 1988). 삼종인 청산을 통한 1983~89년의 정당(整黨)운동 전에 40만명을 처리했으며, 정당운동 과정에서 전국적으로 삼종인으로 규정해 처리한 것이 5,499명이고, 엄중한 문제가 있는 것으로 처리한 것이 4만 3,074명이었다(薄一波 1992, 486면).

이 두 운동은 광범위한 사회적 동원을 통해 이뤄졌고 기층까지 진행되었다는 점에서 실제 사회적 영향은 수치로 드러나는 것보다 훨씬 컸으리라 생각된다. 또한 운동의 진행과정에도 두가지 문제가 있었다. 첫째, 문혁시기는 두개 혹은 몇개 파벌들의 상호적인 투쟁과정으로 두 파벌 모두가 문제가 있었는데, 허난 등 많은 지역의 문제 처리과정에서 문혁 이후 당권파가 된 분파가 다른 분파〔들〕를 처리하여 또다른 억울한 사건을 만들어낸 것이다. 둘째, 문혁시기의 문제는 조반파만이 아니라 초기 홍오류(紅五類) 출신 홍위병에게도 중요한 책임이 있었지만, 그들이 문혁 이후 당권파의 자제들이었던 관계로 모든 문제를 조반파 탓으로 돌렸다. 이는 문혁문

---

39) 개혁 이후 간부를 양성하기 위한 정책의 내용. 공산당에 대한 높은 충성심〔革命化〕, 더 젊고〔年輕化〕, 더 전문화되어 있고〔專業化〕, 더 학력이 높은〔知識化〕 이들을 간부로 집중 육성하겠다는 것이다.

제를 명료하게 처리하고 당권파 자제들을 책임문제에서 벗어나게 하는 데는 유용했지만 또다른 억울한 피해자들을 낳았다. 이러한 문제는 개혁 이후 발생한 다양한 새로운 문제들로 은폐되어 주목받지 못했지만 1990년대 이후 끊임없이 상방이 이어지고 있는 사회적 문제의 하나이다.

게다가 덩 샤오핑 체제는 앞서 살펴본 바와 같이 급진적인 개혁 대안들을 거부하고 대중운동을 배제하였다. 이는 반자유화운동, 정신오염 반대운동 등으로 이어지면서 정치개혁을 제한하고 새로운 사회적 균열을 형성하여 1989년 톈안먼 사건을 초래하는 하나의 조건이 되었다는 점에서, 덩 샤오핑 체제의 한계였다고 할 수 있다. 그런데 여기서 한가지 지적할 것은 덩 샤오핑 체제에서 급진적 개혁의 거부가 문혁의 상처(trauma)와 밀접한 관련을 가진다는 사실이다. 자유와 민주의 확대는 문혁의 '혼란'과 동등하게 이해되었으며, 4대 자유 폐지를 통해 시단 민주벽이 금지된 것에서 볼 수 있는 바와 같이 문혁의 부정과 대중의 자유의 제한은 동전의 양면이기도 했다. 그것은 문혁조반파와 급진개혁파의 연관성을 통해서도 확인되는데, 삼종인 청산이 당내 급진개혁파를 숙청하는 기제로 작용한 것이다.

이것은 덩 샤오핑 체제가 문혁 해결과정에서 또다른 균열과 배제의 기제를 가졌을 뿐만 아니라 개혁과정에서 새로운 균열과 배제의 기제를 만들었다는 것을 의미한다. 이는 개혁의 한계와 범위를 규정한다는 점에서 장기적인 문제를 가지지만, 문혁문제와 관련해서는 배제의 범위가 상대적으로 소수에 그쳤으며 그들이 문혁의 책임문제에 대한 사회적 '희생양'이었다는 점에서 사회 전체적 영향은 상대적으로 크지 않았다. 그렇기 때문에 그러한 문제에도 불구하고 덩 샤오핑 체제는 평반을 통해 혁명의 종언을 고하였으며, 8차 당대회에서 선언했지만 미완에 그쳤던 사회주의 건설 단계로의 전환을 이루었고, 역사적으로 혁명과 계속혁명으로 심화된 사회적 균열을 봉합할 수 있었다. 이 과정에서 평반은 대다수 인민에게는 억울함을 풀어주는 해원이었을 뿐만 아니라 정치적 표지에 의해 제한되고 자기검열을 할 수 밖에 없는 비정상적인 인간관계와 사회생활을 정상화하는 과정이었다. 그런 점에서 평반은 사회적 갈등 해소와 통합의 기제였으며 더 개방적으로 사유할 수 있는 정치적 기초였다고 할 수 있다.

2. 정치체제의 변화

덩 샤오핑 체제는 문혁을 부정하는 과정에서 형성되었지만, 혁명 1세대가 주요 구성원이었고 레닌주의적 당-국가 체제의 기본 형태에도 아무런 변화가 없었다. 더구나 중국공산당도 문혁을 일종의 교란으로 보고 11기 3중전회를 통해 그러한 교란을 극복하고 당의 우수한 전통을 회복했다고 선언했다. 인적 지속성, 형태의 불변, 그리고 이런 공산당의 주장은 덩 샤오핑 체제의 중국공산당이 문혁 혹은 '마오 쩌둥 사상의 좌경화' 이전으로의 복귀 이상의 변화가 없었던 것처럼 보이게 한다.

그러나 과거 또는 전통과의 일치성에 대한 공산당의 주장과 그 외형적 동일성에도 불구하고, 문혁의 충격은 몇가지 점에서 공산당에 중요한 근본적 변화를 초래했다. 문혁에 대한 반성은 문혁으로 인한 문제 해결과 문혁 재연을 방지하기 위한 장치의 마련을 요구했기 때문이다. 그것을 위해서 문혁을 초래한 이념과 제도적 결점에 대한 비판과 수정이 이루어졌고, 또한 정치적 자유의 범위 및 당 내부와 인민의 정치생활을 규제하는 규범의 변화가 발생했다. 그러한 변화는 한편으로는 '마오 쩌둥 사상의 좌경화' 이전 전통의 회복을 통해, 다른 한편으로는 급진 이념과 급진파의 배제, 그리고 새로운 가치와 규범의 형성을 통해 이루어졌다.

이는 덩 샤오핑 체제의 형성과정에서 당-국가 체제와 사회주의 및 마오 쩌둥 사상의 견지에도 불구하고 이념과 가치, 제도적 규범 및 정치행태에서 중요한 변화가 발생하였다는 것을 의미한다. 첫째, 사회주의와 마오 쩌둥 사상의 견지에도 불구하고 급진 이념을 폐기하고 사회주의와 마오 쩌둥 사상을 재정립함으로써 사회주의와 마오 쩌둥 사상의 이념적 위상과 내용이 달라졌다. 둘째, 당-국가 체제가 유지되고 법적·제도적 개혁이 미흡했음에도 불구하고 권력의 배분 및 승계 방식에서 중요한 변화가 발생했다. 셋째, 당 내부와 인민의 정치생활에서 중요한 변화가 발생했다. 그러한 정치생활의 변화는 정치적 자유의 범위를 재조정하고 공식·비공식적 통제기제를 변화시킴으로써, 정치적 자기검열을 통해 정치적으로뿐만 아니라 사회·경제적으로도 스스로를 규율하게 했던 체제의 변화를 의미하는 것이었다. 그리고 바로 그러한 변화가 법적·제도적 또는 정치적 개혁의 한계에도 불구하고 급격한 사회·경제적 변화를 초래한 개혁의 정치적 기초였다.

1) 이념과 가치의 수정

덩 샤오핑 체제는 한편으로는 문혁 이론인 '무산계급독재하의 계속혁명 이론'을 부정했지만, 다른 한편으로는 4항 기본원칙을 통해 사회주의와 마오 쩌둥 사상의 견지를 천명했다. 문혁이 남긴 문제를 해결하기 위해서는 문혁을 일으킨 마오 쩌둥과 마오 쩌둥의 이론을 비판하지 않을 수 없었지만, 마오 쩌둥 사상은 마오 쩌둥을 중심으로 하는 중국공산당의 집단적 실천의 산물이자 국가를 건설한 혁명이 그것의 이름으로 이루어졌다는 점에서 마오 쩌둥과 마오 쩌둥 사상에 대한 근본적인 부정은 불가능했다. 그러한 모순을 해결하기 위해 중국공산당은 마오 쩌둥과 마오 쩌둥 사상을 정확한 그것과 오류의 그것으로 구분하고, 사회주의를 재정의한다. 이를 통해 중국공산당의 정통성과 직결된 사회주의와 정확한 마오 쩌둥 사상의 견지를 주장하면서 동시에 문혁을 일으킨 마오 쩌둥과 마오 쩌둥 사상을 비판할 수 있었다.

중국공산당의 공식적 평가에 의하면 문혁을 초래한 '마오 쩌둥 사상의 좌경화'는 1957년 반우파투쟁을 기점으로 하며, 그것이 마오 쩌둥의 사상과 실천의 정오(正誤)가 나누어지는 역사적 분기점이다. 그렇기 때문에 중국공산당은 문혁과 급진 이념을 부정함과 동시에 '마오 쩌둥 사상의 좌경화' 이전인 1956년 중공 8차 당대회에서 수립된 정확한 노선으로의 회귀를 선언했다. 중공 8차 당대회 노선으로의 회귀는 사회주의사회에서의 대규모 계급투쟁과 갈등을 부정하고 혁명이 투쟁과 갈등의 단계에서 통합과 건설의 단계로 전환해야 한다는 것을 받아들이는 것이었다.

그런데 중공 8차 당대회 노선으로의 회귀가 단순한 복고를 의미하지는 않는다. 덩 샤오핑 체제가 추구한 당 통합의 회복과 '계속혁명'으로 지체된 사회주의 발전의 건설 단계로의 이행은 8차 당대회 노선으로의 회귀를 의미하지만, 그러한 회귀는 문혁의 경험에 의한 정치세력의 이념적 지형과 이념의 변화를 전제한 것이었다. 그렇기 때문에 사회주의 건설은 새로운 방향과 지향을 가지게 되었다.

문혁은 급진 이념의 폐기와 급진파의 정치적 몰락을 초래했다. 급진 이념은 사회주의 이론에서 계급투쟁과 생산관계의 변화를 중심적으로 보는 입장의 극단화였다. 그렇기 때문에 급진 이념의 폐기는 단지 1957년 이후의 '좌경화된 마오 쩌둥 사상'에 대한 부정만이 아니라 사회주의 이론에서 계급투쟁과 생산관계를 중심으로 보는 입장 자체를 약화했다. 그것은 중국공산당의 이념적·정치적 지형을 변화시켰을 뿐만 아니라 마오 쩌둥 사상을 생산력 발전과 실용주의적 관점에서 재해석하도록 했다.

중국공산당의 이념적 지형의 변화는 개혁시기 대표적인 보수파로 알려진 천 윈이 중국공산당에서 차지한 이념적 위상 변화를 통해 알 수 있다. 문혁 이전까지 1950~60년대 경제정책의 주요한 책임자였던 천 윈은 우경적 경향으로 인해 마오 쩌둥으로부터 여러 차례 비판받았던 대표적인 당 내 '우파'였다.[40] 60년대에는 호별영농제를 지지했으며 개혁시기에도 시

---

40) 천 윈은 1956~57년의 속도전에 반대한 이른바 '반모진'으로 저우 언라이와 더불어 마오 쩌둥에게 비판받은 것을 비롯하여, 여러 차례 마오 쩌둥으로부터 비판받고 자아비판을 했다. 이후 천 윈은 신병을 이유로 공식적 활동을 피하고 의사 표현에 극도로 신중

장문제를 가장 먼저 제기했던 '우경적인' 천 윈의 노선이 보수로 평가된 것은 중국공산당의 이념적 지형이 그만큼 극적으로 변화했다는 것을 의미한다.

이러한 변화는 마오 쩌둥 사상에 대한 이해와 해석에도 중요한 변화를 가져왔다. 마오 쩌둥 사상은 반드시 지켜야 할 공산당의 지도원리로 선언되었지만, 여기서의 마오 쩌둥 사상은 진리표준토론을 통해 공인된 '실천'이라는 기준에 의해 재해석된 '완전하고 정확한' 마오 쩌둥 사상이었다. 혁명과 사회주의 건설이론으로서 마오 쩌둥 사상의 구성 내용은 변할 수 없지만 그 의미는 완전히 재해석된 것이다. 실사구시가 마오 쩌둥 사상의 출발점이자 근본으로 받아들여졌으며, 급진적 군중운동의 기초가 되었던 군중노선은 당이 인민에 준거하고 인민의 실천을 통해 검증받아야 한다는 원리이자 군중운동을 부정하는 것으로, 그리고 자주독립·자력갱생은 폐쇄와 배외가 아니라 중국의 현실과 역량에 기초하고 자결해야 한다는 원리로 재해석되었다(中共中央文獻研究室 1985, 55~59, 556~78면).

이것은 곧 역사로서는 마오 쩌둥 사상과 그 내용을 승인하지만, 현실로서는 그 이념성을 사상하고 실용성을 중심으로 받아들였다는 것을 뜻한다. 마오 쩌둥 사상은 맑스-레닌주의를 중국의 현실에 적합하게 재해석한 것으로 이념적 지향과 더불어 현실적합성을 그 이론적 핵심으로 했다. 1957년 이후 '마오 쩌둥 사상의 좌경화'가 이념의 과잉과 현실적합성으로부터의 이탈이었다면, '실천'의 관점에서 마오 쩌둥 사상의 재해석은 이론적 교조로서 마오 쩌둥 사상을 부정하고 그 핵심 정신으로서 현실적합성의 회복을 의미했다. 그리고 그러한 관점은 중국사회에 대한 현실 인식과 사회주의에 대한 이해를 근본적으로 변화시켰다.

중국공산당이 달성한 역사적 성과로서 사회주의 진입 선언은 부정될

을 기했다.

수 없는 것이었기 때문에, 중국공산당은 중국이 사회주의라는 것을 인정했다. 그러나 제도로서 사회주의는 자본주의보다 우월하지만, 중국 사회주의의 현실은 낙후해 있고 후진적이었다. 그러한 중국의 현실을 덩 샤오핑은 "기초가 약하고 인구가 많고 경지가 적다(底子薄, 人口多, 耕地少)"라는 세 마디로 요약했다(鄧小平 1994, 163~64면). 그러한 현실적 조건과 심각한 정책의 실패로 말미암아 중국은 여전히 세계에서 가장 빈곤한 국가의 하나이며, 중국의 과학기술이 (자본주의) 선진국들보다 20, 30년 낙후했다는 것은 자신들도 인정하고 있다.

이러한 현실 인식은 생산력 발전과 경제건설을 중국공산당이 무엇보다도 우선하여 추구해야 할 가치로 만들었다. 그에 따라 중국공산당은 사회주의로의 이행 이후 중국사회에서는 계급과 계급투쟁이 기본적으로 소멸했고 생산력 발전이 중심 과제라고 보았다. 사회주의를 건설하기 위해서는 무엇을 하든 생산력을 발전시켜야 하며 그것이 사회주의의 근본 임무라고 보았다. 현실 인식과 사회주의에 대한 이해의 이러한 전환은 중국사회의 성격을 재규정하게 했으며 과거 사회주의의 본질적 요소로 여겨지던 것들은 물론 심지어 사회주의 자체도 도구적으로 이해하게 했다.

사회주의사회에 이미 진입했지만 오히려 자본주의보다 낙후한 현실을 설명하기 위해 사회주의 초급단계론이 도입되었다.[41] 사회주의가 역사 발전 단계로서든 도구적 의미에서 생산력 발전의 측면에서든 자본주의보다 우월하다는 인식과 현실의 후진성 사이의 모순을 해결하기 위해 중국의 사회주의를 초급단계로 규정지은 것이다. 그러한 규정을 하게 된 데에

---

[41] 사회주의 초급단계론은 자오 쯔양의 13차 당대회 보고인 "중국 특색의 사회주의의 길로 전진하자(沿着有中國特色的社會主義道路前進, 1987. 10. 25)"에서 최초로 체계적으로 천명되었지만, 이미 1981년의 "건국 이래 역사문제 결의"와 1982년의 12차 당대회 보고에서도 중국의 사회주의가 초급단계라는 문제의식이 제기되었다(于光遠 1998b, 5~8면).

는 역사 발전의 불가역성에 의해 이미 선언된 사회주의를 번복할 수 없다는 정치적 요인도 있었지만, 초급단계라는 규정을 통해 사회주의의 고정적 모델에서 벗어나 생산력 발전과 경제건설에 유리한 방식을 도입하려는 의도도 있었다.

그와 동시에 그러한 실용주의는 사회주의의 개념과 구성 요소를 변화시켰다. 계획경제가 사회주의의 본질적 요소에서 생산력 발전의 한 방법으로 인식되었고, 이에 따라 시장도 생산력 발전에 유리하다면 사회주의의 구성 요소가 될 수 있었다. 그러한 사회주의의 내포의 변화는 경제적 의미에서는 점차 자본주의와 사회주의의 차이를 소멸시켜갔으며, 급기야 덩 샤오핑은 사회주의사회의 생산력 발전에 유리한 것은 모두 사회주의로 규정함으로써(鄧小平 1993, 372면) 사실상 사회주의는 정치적 선언 또는 담론으로서만 의미를 지니게 되었다. 그에 따라 심지어 사유제까지 사회주의의 구성 부분으로 경제적 공민권을 획득하게 되었고, 2002년에는 자본가의 공산당 가입이 허용됨에 따라 자본가도 완전한 정치적 공민권을 획득할 수 있게 되었다.

2) 권력구조와 승계규칙의 변화

마오 쩌둥 체제를 계승한 화 궈펑 체제는 화 궈펑에게 당·정·군의 권력을 집중했고, 화 궈펑을 '영명한 주석'으로 선전함으로써 새로운 '마오 쩌둥'을 만들고자 했다. 이에 비해 덩 샤오핑 체제는 당·정·군의 권력이 분산된 것에서도 알 수 있는 바와 같이 권력의 분할과 더불어 집단지도체제를 추구했다. 또한 자격과 능력 및 권위를 갖춘 사실상의 실권자가 당의 최고직위를 차지하지 않고 후계세대를 내세움으로써, 명목상의 권력과 실제 권력이 분리된 이원적인 체제를 형성했다.

덩 샤오핑 체제가 그러한 구조를 가지게 된 것은 문혁 때문이었다. 반문혁을 통해 등장한 덩 샤오핑 체제의 우선적인 과제는 문혁 청산과 더불어 문혁의 재연을 방지하는 것이었다. 그런데 문혁은 마오 쩌둥의 독단과 절대적 권력에 그 원인이 있었으므로 그것의 재연을 막기 위해서는 마오 쩌둥 같은 절대적 권력자가 생겨나는 것을 막아야 했다. 이를 위해서는 제도적 개선이 필요했지만, 그에 앞서 덩 샤오핑 체제는 화 궈펑에게 집중되었던 권력의 분할 이양을 통한 분권을 도모했다. 그에 따라 화 궈펑에게 집중되어 있던 국무원 총리와 당주석, 중앙군사위 주석직이 각각 자오 쯔양, 후 야오방, 덩 샤오핑에게 분할 계승되었다. 덩 샤오핑이 중앙군사위 주석직만 물려받고 당주석직을 물려받지 않은 것은 나이를 이유로 스스로 거부한 것이라는 점에서 개인적 요소도 중요하게 작용했다.[42] 하지만 그 목적이 후계체제를 준비하기 위한 것이었다는 점에서 이는 문혁과 직접적으로 연관된다. 후계체제의 불안정성이 린 뱌오 사건, 4인방 문제 등 정치적 위기를 발생시켰기 때문에 새로운 지도부는 안정적 후계체제 형성을 최우선적인 고려 사항으로 여겼기 때문이다.

　집단지도체제는 절대적 권위를 갖는 개인을 부정한다는 점에서 11기 3중전회에서 비롯된 것이라고 할 수 있다. "11기 3중전회 공보"에서 밝힌 바와 같이 "개인에 대한 선전을 적게 하고" "어떠한 개인의 의견도 지시라고 부르지 않는다"라고 결정했을 뿐만 아니라, 화 궈펑도 자신을 "영명한 영수"로 부르지 못하도록 했다(中共中央文獻硏究室 1982a, 12면; 朱佳木 1998, 62~63면). 또한 예 젠잉은 민주집중과 '영도 집단(領導班子)' 문제를 제기하며, 특히 "어떠한 개인도 한계를 지닐 수밖에 없다"라고 지적함으로써 사실상 집단지도체제를 제기했다(葉劍英 1996, 494~97면). 집단지도체제의 문제는 1980년 2월 24일 예 젠잉의 11기 5중전회 1차 회의 연설에서 더 구체

---

42) 화 궈펑의 퇴진을 논의한 1980년 11월의 정치국 회의에서 덩 샤오핑이 당연히 당주석직을 맡아야 한다는 의견이 제기되었지만, 덩 샤오핑이 거부하였으며, 다른 원로간부들도 70세 이상은 당주석을 맡지 않아야 한다고 주장했다(中共中央文獻硏究室 1982b, 746면).

적으로 제기된다. 예 젠잉은 젊은 세대가 중앙의 실무를 맡으면서 후계체제를 준비하도록 하기 위해 새로 부활시킨 중앙서기처의 역할에 대해 설명하면서 레닌의 말을 인용하여 "당의 영수는 하나의 집단"이며 "중앙서기처는 개인이 아니라 집단을 계승하는 것이다"라고 말한다(中共中央文獻硏究室 1982b, 480~81면).

이러한 집단지도체세의 구상은 12차 당대회에서 당장을 수정하면서 당주석제를 폐지해 총서기로 대체함으로써 제도적으로 보장된다. 마오 쩌둥의 권력은 제도적 요소보다는 개인적 권위에 기인하는 바가 컸지만, 당주석에게 영도권이 보장되어 있었다는 점에서 제도와 무관하지 않았기 때문이다. 1956년 8차 당대회에서 통과된 당장은 주석의 권한에 대해 명확하게 규정하지 않고 중앙위원회 주석과 정치국 및 정치국 상무위원회 주석으로서의 직무와 선출 방식만 규정하고 있다(中國革命博物館 1979, 159면). 그러나 1969년의 9차 당대회와 1973년의 10차 당대회에서 통과된 당장은 "주석, 부주석과 중앙정치국 상무위원회의 영도하에 약간의 필요한 정예 기구를 만들어 당·정·군의 일상업무를 통일 처리한다"라고 규정하고 있다(中國革命博物館 1979, 210, 216면). 주석에게 당·정·군의 일상업무에 대한 영도권을 부여한 것이다.

뿐만 아니라 주석직은 실제 직무와는 상관없이 수십년간 최고의 권위를 지녔던 마오 쩌둥의 이미지와 중첩되어 권력과 권위의 상징이 되어 있었다. 그러한 상황에서 단지 당장 규정의 수정만으로는 절대적 권위체로서 주석의 이미지를 지울 수 없었다. 그렇기 때문에 주석제를 폐지하고 총서기로 대체했던 것이다. 중앙위원회 총서기는 1956년 8차 당대회에서 신설되었다가 문혁시기 폐지되었던 것을 1980년 중앙서기처와 더불어 부활시킨 것으로, 당의 일상업무를 처리하는 기구로서 권위와 권력의 이미지가 없었다. 그런 점에서 총서기는 권위와 절대권의 이미지를 지울 수 있는 명칭이었다.

그런데 주석직의 총서기로의 대체는 단지 당 최고지도자 직위의 명칭만 바꾼 것이 아니라 직무와 역할의 변경을 포함했다. 12차 당대회에서 통과된 당장에 의하면, "중앙위원회 총서기는 중앙정치국 회의와 중앙정치국 상무위원회 회의를 소집하고 중앙서기처의 업무를 관리한다"(中共中央文獻硏究室 1986, 77면). 이는 회의를 소집, 진행하며 실무를 관리하는 것이 총서기의 직무라는 것을 말한다. 정치국 또는 그 상무위원회와 더불어 영도권을 가졌던 주석과 달리, 총서기는 정치국 상무위원회 위원 중 한명으로 실무적인 관리를 맡는 자였던 것이다. 즉 총서기는 동등한 권력을 갖는 정치국 상무위원 중 한명이지 그들에 대한 지도권을 갖는 권력자가 아니었다.

덩 샤오핑 체제에서 총서기의 그러한 성격은 실권자가 따로 존재하는 이원체제였다는 사실에 의해 더욱 강화되었다. 덩 샤오핑은 당의 최고지도자 직위를 거부했지만, 누구도 그의 최고지도자로서의 지위를 부정할 수는 없었다. 후 야오방은 1980년 11월 19일의 정치국 회의에서 덩 샤오핑이 주석을 맡든 그렇지 않든 상관없이 중국 최고지도층의 정치설계자이자, 핵심 중의 핵심이고, 당의 타수(舵手)이며, 다른 원로간부들도 핵심이라고 했다(胡耀邦 1982, 747면). 그럴 자격만 있다는 것이 아니라 경험, 수준, 당성 그리고 대국적 측면에서 실제 그런 능력을 가지고 있다는 것이었다. 그것은 혁명과 1세대 지도자로서의 역할을 통해 형성된 권위와 영향력은 그들의 현실적 직위와 상관없이 작용하는 것으로, 실제 권력이 덩 샤오핑을 핵심으로 하는 원로간부들에게 있었다는 것을 의미한다.

명목상의 권력과 실제 권력의 분리는 마오 쩌둥이 실무를 맡는 1선과 전략적 결정을 하는 2선으로 분리해 후계체제를 준비했던 데에 그 기원이 있다. 덩 샤오핑의 경우도 그러한 분리가 후계체제를 준비하기 위한 것이라는 점에서는 마오 쩌둥의 구상과 차이가 없다. 그러나 마오 쩌둥의 경우는 공식 부분을 인위적으로 분리한 것이었지만, 덩 샤오핑의 경우는 공식적 기제와 비공식적 기제 사이의 분리였다는 점에서 차이가 있다. 마오 쩌둥의 경우는 자신의 권력을 양위하기 위한 과도적 단계로 설정한 것이었지만, 덩 샤오핑의 경우는 권력의 장악과 동시에 준비되어 있지 않은 후계자를 양성하기 위한 것이었다는 데 차이가 있다. 그런데 그러한 공식적 기제와 비공식적 기제의 분리는 그 자체가 갖는 권력분산 효과와 더불어 비공식적 권위를 지닌 지도자가 공식적 지위를 가짐으로써 출현할 수 있는 권위적 지도지의 탄생을 막았다는 점에서 중요한 의의를 지닌다.

중국 정치지도자들의 권력의 원천이 여전히 비공식적 관계에 있다고 하더라도, 이른바 3세대 이후 지도자들의 권력과 권위는 공식적 직위에서 비롯하며 비공식적 권위를 갖지는 못한다. 3세대 이후 지도자들이 직위를 획득하기 위해서는 비공식적 과정을 통해야 했지만, 그들의 권력과 권위는 직위에서 나오는 것이지 개인적 권위에서 비롯된 것은 아니었다. 그런 점에서 덩 샤오핑은 마오 쩌둥처럼 이중의 권위를 모두 가질 수 있는 마지막 세대였다고 할 수 있다. 그런데 덩 샤오핑은 절대권을 갖는 권위적 1인 지도자가 되는 길을 스스로 포기함으로써 새로운 전통을 세웠다. 그 과정에서 공식적이든 비공식적이든 집단지도체제가 관례화되었다.

이와 더불어 덩 샤오핑은 안정적인 후계체제를 형성하기 위해 종신제를 폐지했다. 종신제 폐지는 1979년 이론공작회의에서 제기되었으며, 1980년 4월 23일 정치국 회의에서 업무 능력을 상실한 원로간부들을 12대 대표와 중앙위원 후보자로 선출하지 않도록 결정함으로써 시작된다(中共中央文獻研究室 1982b, 582~83면). 그러나 공산당에는 퇴직제도가 없었기 때문에 이는 쉽게 받아들일 수 없는 것이었다. 또한 골간 간부들이 대부분이 연로했기 때문에 한꺼번에 해결할 수도 없는 문제였다. 그렇기 때문에 한편으로 퇴직제도를 정착시키기까지의 과도적 단계로서 12차 당대회에서 중앙고문위원회(中央顧問委員會)를 만들어 일정한 지위를 보장하면서 원로간부들을 인위적으로 일선에서 물러나게 하는 동시에, 점진적으로 퇴진시킨다.

1982년 12차 당대회에서 중앙고문위원회를 신설하고 172명의 원로간부를 위원으로 선출하여 2선으로 후퇴시킴으로써 12기 중앙위원회가 젊고 새로운 인물들로 구성될 수 있는 길을 연다.[43] 1985년 9월 다시 중공 12차 당대표 2차 회의를 개최하여 56명의 중앙위원을 중앙고문위원회 위원으로 퇴진시키고 동수의 새로운 중앙위원을 선출한다. 그리고 1987년의 13차 당대회에서는 이듬해 7기 전국인대 1차 회의에서 국가주석으로 선출되는 양 상쿤을 제외하고 덩 샤오핑을 포함한 대부분의 원로간부들이 중앙위원회에서 퇴진한다.[44]

덩 샤오핑 체제는 제도적으로 그리고 실제 실행을 통해 집단지도체제와 집단적 승계구조 및 종신제 폐지를 이룩했다. 그러나 비공식적 권위와 공식 부문 간 권력자원의 원천적 불균형과, 제도적 기제의 미비로 인한 불안정을 피할 수는 없었다. '핵심'으로서 비공식적 권위를 지닌 원로간부들이 최종 결정권을 지님으로써 공식 부문은 불안정하고 취약했다. 그것의 단적인 증거가 공식적 1인자인 후 야오방과 자오 쯔양의 돌연한 실각이었다.

그러한 불균형은 비공식적 권위를 갖는 혁명 1세대가 승계와 동시에 후계문제를 해결하려고 했던 상황에서 발생한 과도기적 현상이었다. 혁명 1

---

43) 1선에서 퇴직한 혁명세대로 구성된 중앙고문위원회는 옥상옥으로서의 부작용이 없었던 것은 아니지만, 퇴직제도를 정착시키기 위한 과도적 제도로서 중요한 작용을 했다. 그러한 역할을 끝낸 중앙고문위원회는 덩 샤오핑의 원래 구상(덩 샤오핑은 3기 또는 빠르면 2기 존속 이후 폐지할 수 있다고 보았다. 이때 1기는 당중앙위원회의 임기인 5년이다)에 따라 1992년 14차 당대회에서 폐지된다.

44) 이 이후 일정한 연령에 도달하면 퇴진하는 연령 규정이 불문율이 되었다는 것이 일반적인 인식이다. 72세 규정, 70세 규정, 67세 규정 등이 그것인데, 2002년 16차 당대회 이후에는 67세 규정이 작동하는 것으로 받아들여지고 있다. 덩 샤오핑은 1987년 3차 당대회에서 당장의 규정을 바꾸면서 중앙군사위 주석직을 유지하며, 1989년 11월의 13기 5중전회에서 완전 퇴진한다. 그런데 12차 당대회에서 통과된 당장에는 중앙군사위 주석은 반드시 정치국 상무위원 중에서 선출한다고 규정되어 있었지만, 13차 당대회 당장 수정안에서 그러한 자격 조건을 폐지한다. 그러한 덩 샤오핑의 사례가 이후 중국공산당의 계승문제 논의에서 불완전 퇴진을 주장하는 중요한 근거가 되며, 장 쩌민이 2002년 중국공산당 16차 당대회에서 중앙군사위 주석직을 유지한 것이 그 전형적 예이다.

세대의 퇴진과 사망에 따라 비공식적 권위(비공식 정치가 아니라)의 영향이 축소되었으며, 그것을 대체하여 나타난 비공식적 권력을 지칭하던 '핵심' 개념이 공식 부문과 결합하였다. 그에 따라 공식 부문의 총서기가 '핵심'으로 등장했다. 그것은 총서기의 권위와 역할을 강화한 것으로 동등한 상무위원 내부 권위관계의 부분적인 변화를 의미한다. 그러나 그것이 권력의 강화를 의미하는 것은 아니다. 비공식적 부문에 존재하면서 사실상 불균형한 권력관계에 있었던 '핵심'이 좀더 동등한 권력관계에 있는 공식 부문으로 이전한 것이었기 때문이다. 그런 점에서 총서기의 강화에도 불구하고, 실제 권력관계는 선험적인 불균형의 권력관계를 전제하는 1인 또는 '핵심' 우위의 집단지도체제에서 상대적으로 동등하게 구성된 1인 중심의 집단지도체제로 변화했다고 할 수 있다.

그러한 권력구조는 역사적으로 형성된 권위관계와 더불어 덩 샤오핑 또는 그 세대 원로간부들의 정치적 선택을 통해서 형성된 것이다. 그러한 권력구조와 종신제 폐지는 절대권을 가진 권력자의 출현을 막았으며, 현재까지는 계승문제를 안정적으로 해결하고 있다. 공식화된 제도보다는 블랙박스 속의 비공식 정치에 의해 중요한 결정이 이루어진다는 점에서 분명한 한계가 있지만, 종신제 폐지와 임기제, 퇴직제도 및 비공식적인 후계세대 선출 방식 등 덩 샤오핑 시기에 형성된 제도 또는 관례가 개혁 이후 중국정치를 규정하고 있다.

3) 정치생활의 변화

덩 샤오핑 체제의 형성과정에서 이념의 수정과 최고권력층의 권력 배분 및 승계 방식에 대한 제도 또는 규범의 변화가 있었지만, 정치·사회적으로 한층 광범위한 영향을 미친 것은 당 내부와 인민의 정치생활의 변화였다. 정치생활의 변화는 당 내부와 인민의 정치행태, 인민의 정치적 자유와 사회·경제적으로 가능한 행위 범위의 변화 및 확대를 의미했다. 그런데 사회주의와 당-국가 체제 견지로 인한 정치적 자유의 제약은 그러한 정치생활의 변화를 쉽게 간과하게 한다. 사회주의 비판이나 당의 공식적 결정에 대한 공개적인 반대와 부정이 금지되어 있다는 점에서, 중국은 과거와 마찬가지로 공산당 독재체제이기 때문이다.

하지만 공산당 독재체제 내의 변화와 그 형태의 다양성을 인정하지 않으면, 실제 인민들의 행위 양태와 변화뿐만 아니라 개혁과정도 이해할 수 없다. 문혁 또는 그전 당내의 정치행태 및 인민의 의식과 행위 양태는 개혁시기의 그것과는 천양지차이다.

지도자 또는 1인자가 전횡을 한다는 의미의 '일언당(一言堂)'과 자신의 생각과는 다른 말이나 행동을 하는 '위심(違心)'이 표현하는 바와 같은 독단과 부자유가 특히 1959년 루산회의 이후부터 문혁까지의 중국정치를 규정했다. 그리고 그렇게 자신의 생각과 다른 말과 행동을 하는 것은 단지 인민이나 일반 간부들만이 아니라 공산당의 최고지도자들도 마찬가지였다. 류 샤오치, 저우 언라이, 덩 샤오핑, 천 윈 등도 마오 쩌둥의 의견에 따라 자신의 의견과는 다른 정책을 지지하고 자아비판한 예가 비일비재했다.

최고지도자들조차 자신의 견해를 표현할 수 없었을진대 일반 인민의 경우는 말할 필요도 없다. 인민은 자신의 개인적 감정 표현조차 감시와 고발의 대상이 될 수 있다는 두려움에 빠져 스스로 자기검열을 해야만 했다. 연좌될 것이 두려워 심지어 어머니의 죽음에도 집에서 울음소리조차 낼 수 없었다는 장 즈신(張志新)의 딸의 증언이 그러한 상황을 단적으로 보여주는 예라고 할 수 있다(陳少京 2000).[45] 무심코 던진 말 한마디가 정치적 범죄의 증거가 되어 투옥되는 경우도 있었다.[46] 인간의 감정조차도 스스로 검

---

45) 장 즈신은 반혁명으로 처형당한 대표적으로 억울한 문혁의 희생자이다.
46) 난징의 철도 건설노동자 샤오 징예(蕭經業)는 가마의 서쪽에서 일하고 있었는데 동풍이 불어 연기와 재를 뒤집어썼다. 그러자 그는 "서풍이 불면 좋겠다"라고 했는데, 그것이 1950년대의 국제정세에 대한 마오 쩌둥의 평가인 '동풍이 서풍을 압도한다'에 반대

열할 수밖에 없고 무심한 말 한마디가 정치범죄가 되는 체제에서는 정치적 자유는 물론 인민의 자발성 역시 기대할 수 없다.

개혁 이후 명시적으로 금지되어 있던 것들을 포함한 다양한 정책적 대안들이 논의되어 받아들여졌고 심지어는 우선 아래로부터 실험되기도 했다. 인민이 금기를 깨고 감히 말하고 감히 행할 수 있었던 것은 단지 모험정신에 의해서가 아니라 정치적으로 그것이 허용되었기 때문에 가능했다. 그러한 정치적 변화는 우선 모든 것이 정치적 기준에 의해 지배되는 이른바 '정치우위'의 부정과 사상해방에서 연원한다. 사적 생활과 사회·경제적 문제가 정치적 기준에 의해 재단되고 제약되는 상황에서 자율이란 불가능한 것이었기 때문이다. 하지만 반복된 정치운동을 통한 '자유화' 정책이나 선언의 역전과, 선언된 '공론장'에서의 주장으로 정치적 범죄자가 되었던 경험의 누적은, 인민으로 하여금 단지 선언만으로는 그것을 받아들일 수 없게 했다. 그렇기 때문에 당 내부의 새로운 정치생활 규범 선포와 더불어 즉각적이고 직접적으로 인신의 자유를 부여하는 평반의 광범위한 실시를 통해서 그러한 정치적 선언이 인민의 생활 속에 관철되게 할 수 있었다.

새로운 당내 정치생활 규범은 지도자의 개인독재를 방지하기 위해 지도자 이름을 지명, 거리명, 학교명, 기업명으로 삼는 것을 금지했으며 심지어 지도자에 대한 생일선물과 축전도 금지되었다. 사회주의에 대한 반대나 당의 결정에 대한 반대 의견의 공개적 발표는 엄격하게 금지되었지만 그에 대한 내부 토론은 허용되었다. 명백한 반당이 아닌 인식의 차이와 오류는 정치적 처분의 대상이 아니었다. 사상에서 이견은 필연적인 것으로 토론을 통해 해결되어야 하며 강제적 방식으로 해결해서는 안 된다고 규

한 것이라고 하여 3년형을 선고받았다(羅吉彩 1981, 154면). 이것은 문혁시기의 극단적인 예이기는 하지만, 비슷한 예가 반우파투쟁을 비롯한 각종 정치운동과정에서 비일비재했다. 정치운동의 과정에서는 일반적으로 운동대상의 비율이 정해져 내려오는데, 그 비율을 맞추기 위해 혐의를 억지로 지어내는 경우가 많았다.

정되었다. 또한 작은 차이를 확대 과장하여 정치적 범죄로 만드는 것도, 과오에 대한 비판을 위한 '집단적 비판대회'도 금지되었다(中共中央文獻硏究室 1982b, 505~18면).

또한 중국공산당은 문혁의 재연을 방지하기 위해 당내 정치의 절차와 행위 규범을 재확립했다. 개인독재 부정과 집단지도체제로의 전환은 당 지도체제의 중요한 변화였다. 그와 더불어 파벌주의 금지, 언행일치, 당내 민주, 이견에 대한 존중 등의 원칙이 선언되었다(中共中央文獻硏究室 1982b, 505~18면). 그러한 선언의 현실적 구현과 이견의 수용 범위에는 분명한 한계가 있었지만, '반당' '지도자에 대한 반대' '악독한 공격' '노선의 잘못' 등이 더이상 일상적이고 임의적인 담론이 아니게 된 것은 중요한 변화였다. 뿐만 아니라 작은 과오를 확대 해석하고 갖가지 죄를 날조하여 정치적으로 조직적으로 박해를 가했던 문혁까지의 정치운동의 전형적 행태도 엄격하게 금지되었다(中共中央文獻硏究室 1982b, 511~12면).[47] 그것은 정치적 논쟁이나 대립을 적대적 대립으로 전화했던 비정상적인 기제를 제거한 것이자 이견 표출과 정치적 논의의 범위를 확대한 것이다.

다른 한편 정치투쟁과 정치적 반대자의 처리 방식에도 근본적인 변화가 있었다. 정치적 자유의 범위는 여전히 제한되어 있었지만 반대자에 대한 인신적 자유의 제한은 법적 형식으로 이루어졌으며, 법적인 규정 외의 과오와 이견은 인신적 자유를 제약하는 처벌의 대상이 아니었다. 4인방의 경우도 그들에 대한 체포는 초법적으로 이뤄졌지만, 그들과 급진파에 대한 처벌은 법에 따라 재판을 통해 처리되었다. 법의 해석과 집행에 있어서 당의 통제와 그에 따른 임의성은 여전히 남아 있는 법치의 한계이지만 정치적 반대자에 대한 처벌이 일정한 형식과 절차에 의해 규정된다는 점은 중

---

[47] "꼬투리를 잡지 않고, 모자를 씌우지 않고, 몽둥이로 때리지 않는다(不抓辮子, 不扣帽子, 不打棍子)"는 것으로 이를 삼불주의(三不主義)라고 부른다.

요한 진전이라고 할 수 있다.

그와 더불어 범시파의 경우에서 보는 바와 같이 그것이 중대한 사안이라도 단순한 정치적 과오에 해당하는 경우에는 '명예로운' 퇴진이 이루어졌다. 화 궈펑은 중공 12차 당대회부터 1997년의 15차 당대회까지 중앙위원으로 선출되었으며, 왕 둥싱은 12차 당대회에서 중앙위원회 후보위원, 1985년 9월에는 중앙고문위원회 위원으로 선출되고, 우 더와 천 시롄도 12차 당대회에서 중앙고문위원회 위원으로 선출되었다. 이는 중대한 정치적 과오를 범했다는 이들 범시파가 최고지도층에서는 실각했지만, 일정한 지위를 갖고 예우를 받는 명예로운 퇴진을 했음을 보여준다.

평반은 과거의 오류를 바로잡음으로써 그러한 새로운 규범을 관철했다. 뿐만 아니라 평반은 인간들 사이에 정치적으로 만들어진 경계를 제거했으며, 정치적 금지의 범위를 변화시켰고, 정치에 의한 일체에 대한 규율이 더 이상 유효하지 않다는 것을 '실천'으로 보여주었다. 원가착안에 대한 평반은 당과 국가의 과오를 승인하는 것이자, 그러한 범죄 자체가 근본적으로 성립하지 않는 것이라고 선언함으로써 이전에 금지되었던 것들이 더이상 금지된 행위가 아님을 천명한 것이었다.

평반을 통해 대내외적 정책에 대한 제약이 제거됨으로써 정책의 선택 범위가 확대되었으며, 인신의 자유를 구속하는 각종 제약이 사라짐으로써 인민의 자유가 확대되었다. 하지만 더욱 중요한 것은 대규모 평반에 의해 인민이 더이상 정치적 기준에 의해 모든 것을 규율하는 의식적·무의식적 자기검열을 할 필요가 없게 되었다는 사실이다. 정치적 제약은 상존하지만 그것은 명시적인 정치행위를 규율하는 것이었으며, 인민의 일상생활과 사회·경제적 행위에 대한 정치적 규율은 점점 축소되었다.

공산당은 문혁의 재연을 막기 위해 당 내부에서 권력의 과도한 집중과 독단을 막으려 했으며, 생산력 발전과 경제건설을 위해 인민의 일상과 사회·경제적 행위에 대한 통제를 이완시켰다. 그러한 이완은 중국공산당이 평반을 통한 금기의 제거와 더불어 인민의 자발적인 사회·경제적 실천을 수용함으로써 실현되었다. 그러한 통제의 이완과 인민의 사회·심리적 의식의 변화가 사회·경제적 영역에서 금기를 뛰어넘는 실천과 호별영농제, 향진기업, 개인경영(個體戶)의 출현을 가능하게 했고 중국경제에 활력을 불어넣었다. 그런 점에서 정치의 후퇴 또는 탈정치로의 인민 정치생활의 변화는 중국의 변화와 개혁의 중요한 조건이었다. 공산당은 생산력 발전과 경제건설 중심론의 입장에서 사회·경제적 변화를 수용하고 추동함으로써 그 유효성을 증명했다.

그러나 공산당 내의 권력 독점은 허용되지 않지만 공산당의 권력 독점을 반대하는 것은 불가능하다. 한편으로 공산당의 권력 독점은 정치체제 이행이 초래할 수 있는 정치적 혼란을 막음으로써 안정적 경제발전의 조건이 되었다. 하지만 사회·경제적 변화는 사회 구성요소와 인민의 요구를 다양화함으로써 독점된 권력을 새롭게 시험하고 있다. 공산당은 사회·경제적 변화의 수용과 마찬가지로 사회·경제적 변화의 결과에 대해서도 권력을 독점한 공산당 내부로 포용하려 한다. 그러나 자본가와 노동자의 이익을 동시에 반영하는 기제를 만들 수 있을 것인지, 만일 그것이 가능하다면 그때의 공산당은 정체성을 유지할 수 있을 것인지, 새로운 의문이 제기될 수밖에 없다. 공산당 내부의 이질적인 요소를 수용하는 것은 외부의 반대당의 등장보다도 훨씬 위험한 '트로이의 목마'이거나 공산당 자체를 변질시킬 수 있는 요소이기 때문이다. 그런 점에서 공산당은 새로운 도전과 시험에 봉착했으며, 자본가의 입당은 새로운 실험이 시작되었다는 것을 의미한다.

제6장

결론

덩 샤오핑 체제는 중국의 개혁개방을 지도한 정치체제였다. 그것은 문혁을 통해 형성된 급진파, 문혁 수혜자, 문혁 생존자, 문혁 피해자 등 네 '정치행위자 집단'이 문혁 이후 남겨진 정치·사회적 균열과 경제적 낙후라는 두가지 문제를 둘러싸고 대립과 협력을 이루면서 형성되었다. 그러한 덩 샤오핑 체제는 경제적 낙후를 극복하기 위해 경제개혁을 수행했기 때문에 개혁체제가 되었다.

개혁체제로서 덩 샤오핑 체제는 마오 쩌둥 사망 후 화 궈펑 체제를 거쳐 2단계 전환을 통해 형성되었다. 화 궈펑 체제는 마오 쩌둥 사망 후 계승문제를 둘러싼 갈등 속에서 등장했으며, 화 궈펑 체제에서 덩 샤오핑 체제로의 이행은 문혁으로 인한 정치·사회적 균열을 해결하기 위한 평반을 매개로 한 것이었다. 화 궈펑 체제는 과도기였지만, 개혁으로의 이행과정에서는 단순한 과도기 이상의 중요한 작용을 하였다. 또한 덩 샤오핑 체제의 형성과정에서 권력 교체뿐만 아니라 이념, 가치, 정치생활 및 그 행태를 포함하는 정치체제의 변화가 있었다. 그렇게 형성된 덩 샤오핑 체제는 개혁을 수행했지만 급진적 변화를 배제하는 '중간 경로'를 채택했다(Tsou 1986,

251~58, 291~302면).

1. 화 궈펑 체제의 역할과 한계

화 궈펑 체제의 형성은 마오 쩌둥 사망 후 승계와 권력 재분할을 위한 정치세력들간 갈등의 결과였다. 그리고 덩 샤오핑 체제의 형성은 문혁이 남긴 정치·사회적 균열문제의 해결과 관련된 것이었다. 화 궈펑 체제는 문혁 수혜자와 생존자가 연합하여 급진파를 제거하고 형성되었으며, 덩 샤오핑 체제는 문혁 생존자 원로간부와 문혁 피해자가 연합하여 문혁 수혜자인 범시파를 배제하고 형성되었다. 이러한 사실은 문혁 이후의 정치과정이, 문혁을 통해 재구성된 정치세력이 문혁으로 인한 균열과 갈등을 해결하는 과정이었다는 것을 의미한다. 그렇게 형성된 덩 샤오핑 체제는 개혁개방을 지도한 개혁체제가 되었다.

화 궈펑 체제는 반4인방운동을 통해 급진파를 대대적으로 숙청하였으며 경제문제를 정치의 중심 문제로 복원했다. 급진파의 숙청은 개혁으로의 이행과정에서 가장 중요한 인적 청산이었을 뿐만 아니라 정치세력 구성을 변화시킨 것으로, 개혁으로 전환할 수 있는 중요한 정치적 조건이 되었다. 또한 화 궈펑 체제는 경제문제를 더이상 '정치우위'에 의해 지배당하지 않는 중심적 정치 과제로 복원함으로써 경제개혁으로 유연하게 전환할 수 있는 정치적 조건을 형성했다.[1]

---

1) 화 궈펑 체제의 이러한 특성으로 인해 화 궈펑 체제의 성격과 시기구분 문제가 중국에서도 중요한 논쟁거리가 되었다. 중국에서는 일반적으로 11기 3중전회를 개혁시대로의 분기점으로 보지만, 역사 기술에서는 1976년 문혁 종결 이후 2년을 "배회 속의 전진 시기"로 개혁시기에 포함시킨다. 중공중앙당사연구실에서 정리한 胡繩(1991)이 그러한 입장의 대표적 저작이며, 中共中央黨史研究室(2001)도 그러한 견해를 취한다. 특히 경제사 연구에서는 1976년을 명시적인 분기점으로 삼는다. 1976년부터 1984년까지를 경제체제 개혁의 탐색시기로 보는 둥 푸렁(董輔礽)의 연구(董輔礽 1999)와 1976년부터 1990년대 초를 사회주의 현대화 건설 시기로 보는 쑨 젠(孫健)의 연구(孫健 2000)

그러나 화 궈펑 체제는 문혁으로 인한 정치·사회적 균열을 해결하는 데 있어서 중요한 한계가 있었다. 그것은 주로 마오 쩌둥의 계승자로서의 화 궈펑 체제가 갖는 한계로 인한 것이었다. 문혁으로 인한 정치·사회적 균열은 평반을 둘러싼 갈등으로 표출되었다. 이 갈등은 양개범시의 폐기와 범시파의 퇴진을 초래하여 화 궈펑 체제를 붕괴시켰다. 그것은 화 궈펑 체제의 붕괴가 주요하게는 평반문제를 해결하지 못했기 때문이라는 것을 의미한다. 이것은 화 궈펑 체제 붕괴의 주요한 원인이 비공식적 권력의 취약성에 있었다고 보는 입장(Tsou 2002, 157면)과 대립된다. 실로 화 궈펑 자신의 비공식적 권력기반은 취약했으며 그것은 덩 샤오핑의 그것과 대비된다. 그러나 화 궈펑은 마오 쩌둥이 지명한 후계자라는 최고권위에 의해 부여받은 중요한 비공식적 권위가 있었다. 그리고 그러한 권위는, 예 젠잉이 화 궈펑에 대한 자신의 태도를 의식의 봉건성으로 자아비판해야 했을 만큼 예 젠잉이나 리 셴넨 등 원로간부들의 전폭적인 지지를 받는 강력한 것이었다. 그러나 화 궈펑은 평반이라는 현실적 문제를 해결할 수 없었고, 또 비공식적 권위의 원천이 현실문제의 해결과 모순되었기 때문에 패배할 수밖에 없었다.

2. 덩 샤오핑 체제 형성의 원인

문혁은 경제적 낙후와 정치·사회적 균열이라는 두가지 문제를 남겼다.

가 대표적인 예다. 『중국공산당사(中國共産黨史)』 중권(中卷) 편찬계획에서는 1976년부터 1978년을 문혁 후 역사적 전환의 모색 시기로 1978년 이후와 분리하여 개혁 이전의 역사에 편입시키고 있다(龔育之 1999, 434~35면). 출간된 『중국공산당역사』 2권에서는 이 시기를 "배회 중의 전진과 위대한 역사적 전환의 실현"이라는 편으로, 전체 4편으로 구성된 1949~78년 역사의 제4편으로 서술하고 있다(中共中央黨史硏究室 2011). 그것은 정치문제와 경제문제의 복잡성과 더불어 화 궈펑 체제에 대한 정치적 평가문제와 관련되어 있기 때문에, 이 문제가 중국에서는 쉽게 결론내릴 수 있는 것이 아니라는 것을 말한다.

화 궈펑은 '혁신적인 현대화 건설자'(a innovative modernizer)로서 자신의 위상을 수립하기 위해 경제문제로 관심을 전환했다(Meisner 1996, 74면). 화 궈펑의 경제정책은 한계가 있었지만, 최소한 덩 샤오핑으로 권력 중심의 이전이 이루어지는 11기 3중전회까지는 경제정책을 둘러싼 최고지도부 내의 갈등이 나타나지 않았다. 그에 비해 문혁으로 인한 정치·사회적 균열을 해결하기 위한 평반문제는 화 궈펑 체제에서 일관된 갈등의 원천이었다. 덩 샤오핑의 평반은 권력구조를 변화시켰으며, 평반의 기초로서 이념논쟁은 진리표준토론을 통해 양개범시의 폐기를 초래하여 화 궈펑 체제의 이론적 기초를 붕괴시켰다. 또한 평반은 숙청당한 원로간부들을 복귀시키고 평반을 방해한 책임자들을 문책함으로써 그 자체가 정치세력 교체의 기제로 작용했다.

이러한 사실은 개혁체제로서의 덩 샤오핑 체제가 개혁문제가 아니라 평반문제라는 정치적 의제를 통해 형성되었다는 것을 의미한다. 다시 말해서 "정치개혁 없는 경제개혁"이라는 중국의 개혁으로의 전환과정에서 "경제문제 없는 정치문제"를 통해 정치체제가 형성되었다는 것을 말한다. 경제개혁 문제가 정치변동을 초래한 의제가 아니었던 것은 두가지 이유 때문이었다. 앞에서 지적한 바와 같이 화 궈펑 체제에서 경제문제와 관련된 중요한 전환이 있었던 것이 하나의 이유이다. 그리고 화 궈펑 체제에서 경제문제를 둘러싼 갈등과 경제개혁 문제가 전면적으로 표출되기 전에 정치문제를 통한 정치세력의 변화가 있었던 것이 다른 하나의 이유이다. 개혁지향적 세력으로 정치세력이 교체되었고 이념적 지형이 변화했던 것이다. 그렇기 때문에 중국의 개혁과정에서 개혁의 방법론과 그것의 내용과 범위를 둘러싼 정책 논쟁은 있었지만 개혁 자체가 문제시되지는 않았다.

3. 평반과 정치체제의 변화

평반은 그 전제이자 결과로서 문혁 부정을 불가피하게 했다. 그리고 문혁 부정은 그것을 초래한 마오 쩌둥 사상에 대한 재평가와 정치체제에 대한 반성으로 귀결되었다. 진리표준토론과 일련의 이론적·정치적 논의를 통해 마오 쩌둥 사상은 실사구시라는 실용성을 중심으로 재구성되었고, 과도한 권력 집중과 일인독재를 초래했던 제도와 권력구조가 변화했다. 또한 평반은 정치운동과 문혁을 통해 만들어진 균열을 해소하고 정치·사회적 통합을 이루게 했으며, 금지와 허용의 범위를 규정한 '판례'를 재조정하여 인민의 정치·사회·경제적 자유의 범위를 확대했다.[2] 이러한 사실은 덩 샤오핑 체제의 형성과정에서 이념, 가치, 권력구조, 승계규칙, 행위규범 및 정치생활의 변화를 포함하는 정치체제의 변화가 있었다는 것을 의미한다.

경제개혁에 선행하여 발생한 그러한 정치체제의 변화는 경제개혁의 전제였다. 이념과 가치의 변화와 인민의 사회·경제생활 및 정치적 자유의 확대 없이 개혁은 불가능했기 때문이다. 그런 점에서 "정치개혁 없는 경제개혁"인 중국의 개혁은 오히려 사회주의 개혁에서 정치체제 변화의 필연성을 역설한다. 당-국가 체제의 불변으로 인해 간과되기 쉽지만, 중국의 경험은 사회주의 개혁에서 정치체제 변화가 필요조건이라는 것을 말해준다.

다른 한편, 중국의 경험은 그러한 정치체제의 변화가 당-국가 체제의 내부적 변화를 포함하는 다양한 형태로 진행될 수 있다는 것을 보여준다. 중국의 경험에 의하면, 개혁의 전제로서 당-국가 체제 내부의 이념과 가치의 수정 및 인민의 자유 확대는 가능할 뿐만 아니라 효율적인 것이었다. 중국은 당-국가 체제 내에서 이념의 수정과 인민을 규율하는 방식의 변화를 통해 경제체제의 근본적 변화를 이룩했다. 공산당 독재와 당-국가 체

---

[2] 사회주의사회에서 노선과 정책의 차이로 인한 숙청이 일반적 현상이었다는 점에서, 사회주의 개혁에서 전제로서든 결과로서든 평반은 필연적이었다. 금지를 의미하는 숙청의 '판례'가 유지되는 한 그러한 정책과 노선 또는 말과 행위는 허용될 수 없다는 점에서 평반은 개혁의 범위를 보여주는 지표일 수 있다.

제는 그러한 변화의 제약 요건이었던 것이 아니라 안정성을 유지하면서 변화를 관리할 수 있도록 했다는 점에서 안정적 개혁의 전제였다. 그리고 그것이 소련과 동구와는 달리 중국이 변화 속에서 안정을 유지하면서 성장할 수 있었던 요인의 하나였다.

4. 덩 샤오핑 체제의 성격과 한계

중국의 개혁은 평반된 혁명 1세대 원로간부들에 의해 주도되었으며, 그들의 정치적 통합에 기초한 것이었다. 그들은 경제적 낙후를 극복하려 했지만 동시에 근본적으로 혁명가이자 사회주의자였다. 그렇기 때문에 중국의 개혁은 경제적 낙후를 극복하기 위한 경제개혁과, 혁명 전통과 사회주의의 유지라는 이중적 가치를 동시에 추구하였으며 그 결과가 '중간 경로'였다. 중국의 개혁은 탕 추가 주장하는 바와 같이 사상해방을 했지만 4항 기본원칙에 의해 제약되는 '중간 경로'를 걸었다(Tsou 1986, 252면).

4항 기본원칙 제약하의 당-국가 체제는 단기적으로는 개혁의 안정성을 보장하며 정치적 통합을 유지하는 조건이 되었다. 하지만 그러한 정치체제가 사상해방과 개혁에 의한 사회·경제적 변화를 수용하는 데 한계가 있었다는 점에서, '중간 경로'는 또다른 위기를 배태했다. 공산당 일당독재의 당-국가 체제에서는 경제개혁으로 발생하는 사회적 구성의 변화와 요구의 다양성을 반영할 수 없었다. 그러한 위기는 1989년 톈안먼 사건으로 폭발했지만, 중국공산당은 당 내부의 통합을 바탕으로 위기를 봉합할 수 있었다. 그러나 사회·경제적으로 열린 공간과 변화를 제한하는 정치체제의 모순은 그러한 위기가 재연될 가능성을 내포한다. 그렇기 때문에 중국 공산당은 그러한 모순을 해결하기 위해 당의 내포를 변화시키고 외연을 확대하는 방향으로 변화를 시도하고 있다. 그러한 실험이 새로운 유형의 공산당을 창조해낼지 혹은 공산당의 정체성 자체를 위기에 빠뜨릴지는 미래에 남겨진 과제이다. 그 어떤 경우에도 결국은 다양성을 반영하는 방향으로 정치체제가 변화할 것이며, 중국공산당은 새로운 위기 또는 도전에 봉착할 수밖에 없을 것이다.

참고문헌

김태호 「중국의 정치엘리트 연구」, 정재호 엮음『중국정치연구론: 영역, 쟁점, 방법 및 교류』, 서울: 나남출판 2000.

서진영『현대중국정치론: 변화와 개혁의 중국정치』, 서울: 나남출판 1997.

이홍영 지음, 강경성 옮김『중국의 정치엘리트: 혁명간부 세대로부터 기술관료 세대로』, 서울: 나남 1997. 〔Hong Yung Lee, *From Revolutionary Cadres to Bureaucratic Technocrats in Socialist China*, Berkeley: University of California Press 1991〕

최명 「임표의 숙청과 중공의 정치」,『국제정치논총』12집, 1972.

Susan L. Shirk 지음, 최완규 옮김『중국경제개혁의 정치적 논리』, 마산: 경남대학교출판부 1999. 〔Susan L. Shirk, *The Political Logic of Economic Reform in China*, Berkeley and Los Angels: University of California Press 1993〕

江波·黎靑 編『林彪: 1959年以後』, 成都: 四川人民出版社 1993.

姜華宣·張尉萍·肖甡 主編『中國共産黨重要會議紀事(1921-2001)』, 北京: 中央文獻出版社 2001.

耿飚『耿飚回憶錄(1949-1992)』, 南京: 江蘇人民出版社 1998.
高文謙『晚年周恩來』, New York: 明鏡出版社 2003.
顧保孜·杜修賢『毛澤東最後七年風雨路』, 北京: 人民文學出版社 2010.
龔育之『龔育之論中共黨史』, 長沙: 湖南人民出版社 1999.
郭大松·陳海宏 主編『五十年流行詞語(1949-1999)』, 濟南: 山東教育出版社 1999.
郭德宏·任小波『四淸運動實錄』, 杭州: 浙江人民出版社 2005.
關海庭「紅衛兵運動的來龍去脈」, 韓泰華 主編『中國共産黨若干歷史問題寫眞』下冊, 北京: 中國言實出版社 1998.
國家統計局綜合司 編『全國各省,自治區,直轄市歷史統計資料彙編(1949-1989)』, 北京: 中國統計出版社 1990.
金春明「'兩個文革說'與'文化大革命'的定性硏究」, 張化·蘇采青 主編『回首'文革': 中國十年'文革'分析與反思』, 北京: 中共黨史出版社 2000.
羅吉彩『中共文革後的齷案狂風』, 臺北: 幼獅文化事業公司 1983.
譚宗級「十大評述」, 『黨史通訊』1983年 1期.
譚宗級·葉心瑜 主編『中華人民共和國實錄: 第4卷 改革與巨變——開創現代化建設新局面(上)』, 長春: 吉林人民出版社 1994.
唐少傑『一葉知秋: 淸華大學1968年'百日大武鬪'』, 香港: 中文大學出版社 2003.
戴煌『胡耀邦與平反冤假錯案』, 香港: 鏡報文化企業有限公司 1997.
圖們·祝東力『康生與'內人黨'寃案』, 北京: 中共中央黨校出版社 1995.
董輔礽『中華人民共和國經濟史』下, 北京: 經濟科學出版社 1999.
董濱·高小林『突破: 中國特區啓示錄』, 武漢: 武漢出版社 2000.
鄧小平『鄧小平文選』3卷, 北京: 人民出版社 1993.
_____『鄧小平文選』2卷(2版), 北京: 人民出版社 1994.
雷歷『歷史風雲中的余秋里』, 北京: 中央文獻出版社 2006.
廖蓋隆·莊浦明『中華人民共和國編年史』, 長沙: 湖南人民出版社 2001.
柳建輝「知識靑年上山下鄕運動的前前後後」, 『中共黨史資料』第56期, 1996.

凌志軍『歷史不再徘徊: 人民公社在中國的興起和失敗』, 北京: 人民出版社 1997.

馬繼森『外交部文革紀實』, 香港: 中文大學出版社 2003.

馬泉山『新中國工業經濟史(1966-1978)』, 北京: 經濟管理出版社 1998.

毛毛『我的父親鄧小平: 文革歲月』, 北京: 中央文獻出版社 2000.

毛澤東「毛主席在八屆十中全會上的講話(1962年 9月 24日 上午 懷仁堂)」,『毛澤東思想萬歲』, 北京, 1967.

_____『毛澤東選集』第5卷, 北京: 人民出版社 1977.

_____「關于農業合作化問題(1955. 7. 31)」,『建國以來毛澤東文稿』第5卷, 北京: 中央文獻出版社 1991.

_____「論十大關係」,『建國以來毛澤東文稿』第6卷, 北京: 中央文獻出版社 1992a.

_____「關于向軍委會議印發 '兩年超過英國' 報告的批語〈1958年 6月 22日〉」,『建國以來毛澤東文稿』第7冊, 北京: 中央文獻出版社 1992b.

_____「給江靑的信」,『建國以來毛澤東文稿』第12冊, 北京: 中央文獻出版社 1998.

薄一波『若干重大決策與事件的回顧』上, 北京: 中共中央黨校出版社 1991.

_____「關于整黨的基本總結和進一步加強黨的建設(1987. 5. 26)」,『薄一波文選』, 北京: 人民出版社 1992.

_____『若干重大決策與事件的回顧』下, 北京: 中共中央黨校出版社 1993.

房維中『中華人民共和國經濟大事記(1949-1980年)』, 北京: 中國社會科學出版社 1984.

范碩『葉劍英1976(修訂本)』, 北京: 中共中央黨校出版社 1995.

范碩·高屹「肝膽相照 共解國難: 葉劍英和鄧小平在黨和國家的危難時刻」,『黨的文獻』1995年 1期.

范賢超·李佑新·李暉·成曉軍·唐正芒『毛澤東思想發展的歷史軌迹』, 長沙: 湖南出版社 1993.

傅上倫·胡國華·馮東書·戴國强『告別飢餓: 一部塵封十八年的書稿』, 北京: 人民出版社 1999.

上海滬東造船廠黨委會「可强工人民兵的建設」,『紅旗』1976年 8期.

徐彬 編著『風雨福祿居: 劉少奇在文革中的抗爭』, 長春: 吉林人民出版社 1998.

徐勇「韋國淸剿殺四二二派」, 宋永毅 主編『文革大屠殺』, 香港: 開放雜誌社 2002.

徐友漁『形形色色的造反: 紅衛兵精神素質的形成及演變』, 香港: 中文大學出版社 1999.

舒雲『林彪事件完整調査』上, 下, 香港: 明鏡出版社 2006.

徐靜「請求撤銷'雲辦發〈2001〉11号文件'的報告」, 2008, www.wengewang.org (2010년 8월 27일 검색).

盛平『胡耀邦思想年譜 1975-1989』上, 香港泰德時代出版有限公司 2007.

蕭冬連「1979年國民經濟調整方針的提出與爭論: 大轉折紀事之一」,『黨史博覽』2004年 10期.

_____「中國改革初期對國外經驗的系統考察和借鑒」,『中共黨史研究』2006年 4期.

_____『歷史的轉軌: 從撥亂反正到改革開放』, 香港: 香港中文大學出版社 2008.

蕭冬連 等『求索中國: 文革前10年史』, 北京: 紅旗出版社 1999.

蘇紹智『十年風雨: 文革後的大陸理論界』, 臺北: 時報文化 1996.

邵一海『林彪: 9·13事件始末』, 成都: 四川文藝出版社 1996.

孫健『中華人民共和國經濟史(1949-90年代初)』, 北京: 中國人民大學出版社 1992.

_____『中國經濟通史 下(1949-2000)』, 北京: 中國人民大學出版社 2000.

孫一先『在大漠那邊: 親歷林彪墜機事件和中蒙關係波折』, 北京: 中國靑年出版社 2001.

宋永毅「被掩藏的歷史: 劉少奇對'文革'的獨特貢獻」, 인터넷 잡지 〈當代中國研究〉(www.chinayj.net) 2006年 3期(총 94期).

宋永毅·丁抒 編『大躍進-大饑荒: 歷史和比較視野下的史實和思辨』上, 下, 香港: 田園書屋 2009.

宋任窮『宋任窮回憶錄(續集)』, 北京: 解放軍出版社 1996.

沈寶祥『眞理標準問題討論始末』, 北京: 中國靑年出版社 1997.

_____「『人民』上天, 『紅旗』落地: 理論工作務虛會始末」, 邱石 編 『共和國重大事件和決策內幕』第4卷, 北京: 經濟日報出版社 1998.

楊繼繩『鄧小平時代: 中國改革開放二十年紀實』上, 下, 北京: 中央編譯出版社 1998.

_____『中國改革年代的政治鬥爭』, 香港: ECP 2004.

楊易辰『楊易辰回憶錄』, 北京: 中央文獻出版社 1996.

余世誠『半世紀的情緣: 鄧小平與毛澤東』第2版, 北京: 中共中央黨校出版社 1999.

余劉文·韓平藻「活着: 文革與懺悔: 青春墓地里葬重慶武鬥」, 『南方週末』2001年4月20日.

葉劍英「葉劍英副主席在中共中央黨校開學典禮上的講話」, 『紅旗』1977年 11期.

_____「堅持和發揚理論聯系實際的學風」, 『葉劍英選集』, 北京: 人民出版社 1996.

_____『葉劍英選集』, 北京: 人民出版社 1996.

吳江『十年的路』, 香港: 鏡報文化企業有限公司 1995.

鄔吉成·王凡『紅色警衛: 中央警衛局原副局長鄔吉成回憶錄』, 北京: 當代中國出版社 2003.

吳法憲『吳法憲回憶錄』上, 下, 香港: 香港北星出版社 2006.

吳潤生『林彪與文化大革命』, 香港: 明鏡出版社 2006.

溫樂群·郝瑞庭 主編『'文化大革命'中的名人之升』, 北京: 中央民族學院出版社 1993.

阮銘『鄧小平帝國』, 臺北: 時報文化出版事業公司 1992.

王年一『大動亂的年代』, 鄭州: 河南人民出版社 1996.

汪東興『汪東興回憶: 毛澤東與林彪反革命集團的鬥爭』, 北京: 當代中國出版社 1997.

王炳岐·朱景哲 編著『黨紀條規圖表解析』, 上海: 上海人民出版社 1993.

王若水『智慧的痛苦』, 香港: 香港三聯書店 1989.

王張江姚專案組『王洪文,張春橋,江青,姚文元反黨集團罪證(材料之一,二,三)』, 北京: 中共中央辦公廳 1976; 1977a; 1977b.

王定「大躍進: 廣西放了顆大災星: 一位縣委書記的回憶」, 『炎黃春秋』1998年 第4期.

王忠人「『光明日報』發表'按既定方針辦'一文始末」, 『炎黃春秋』2003年 2期.

王海波『中華人民共和國工業經濟史(1949. 10 ~ 1998)』, 太原: 山西經濟出版社 1998.

王海波 主編『新中國工業經濟史(1949. 10 ~ 1957)』, 北京: 經濟管理出版社 1994.

王洪模 等著『改革開放的歷程』, 鄭州: 河南人民出版社 1989.

于光遠『我親歷的那次歷史轉折: 十一屆三中全會的臺前幕後』, 北京: 中央編譯出版社 1998a.

_____『中國社會主義初級階段的經濟』, 廣州: 廣東經濟出版社 1998b.

_____「1978年「北京市委爲天安門事件平反」眞相」,『百年潮』1998年 3期, 1998c.

_____「憶鄧小平和國務院研究室」,『百年潮』2000年 7期.

于光遠·王恩茂·任仲夷·李德生 等『改變中國命運的41天: 中央工作會議, 十一屆三中全會親歷記』, 深圳: 海天出版社 1998.

于福存·王永昌『人民的審判: 審判林彪 '四人幇' 反革命集團』, 合肥: 安徽人民出版社 1999.

熊華源·安建設 編『林彪反革命集團覆滅紀實』, 北京: 中央文獻出版社 1995.

劉國光 主編『中國十個午年計劃研究報告』, 北京: 人民出版社. 2006.

有林·鄭新立·王瑞璞 主編『中華人民共和國國史通鑑(1949-1995)』第1, 2, 3, 4卷, 北京: 當代中國出版社 1996.

劉小萌『中國知靑史: 大潮(1966-1980)』, 北京: 中國社會科學出版社 1998.

劉勝驥『中國大陸地下刊物硏究(1978-1982)』, 大北: 臺灣商務印書館 1985.

李先念『李先念文選』, 北京: 人民出版社 1989.

_____『李先念論財政金融貿易(1950-1991)』上, 下, 北京: 中國財政經濟出版社 1992.

李松晨 等 主編『輝煌50年-共和國檔案: 開國檔案』, 北京: 當代中國出版社 1999.

李銳『毛澤東的晩年悲劇』, 海口: 南方出版社 1999.

李正華『中國改革開放的醞釀與起步』, 北京: 當代中國出版社 2002.

李洪林『中國思想運動史(1949-1989)』, 香港: 天地圖書 1999.

印紅標「老紅衛兵與造反派: 紅衛兵運動兩大潮流」, 于輝 編『紅衛兵秘錄』, 北京: 團結出版社 1993.

_____「'文化大革命'中的社會性矛盾」, 張化‧蘇采青 主編『回首'文革': 中國十年'文革'分析與反思』, 北京: 中共黨史出版社. 2000.

林蘊暉「談談土地改革後的主要矛盾和過渡時期總路線」,『中共黨史研究』1980年 2期.

林蘊暉‧劉勇 主編『人民共和國春秋實錄』, 北京: 中國人民大學出版社 1992.

張根生「聽谷牧談親歷的幾件大事」,『炎黃春秋』2004年 1期.

張湛彬『大轉折的日日夜夜(上: 思想解凍的春天; 中: 撥亂反正的歲月; 下: 二次革命的發動)』, 北京: 中國經濟出版社 1998.

張良『中國'六四'眞相』上,下, New York: 明鏡出版社 2001.

張文和‧李艷 編著『口號與中國』, 北京: 中共黨史出版社 1998.

張聶爾『風雲"九‧一三"』, 北京: 解放軍出版社 1999.

張素華『變局: 七千人大會始末』, 北京: 中國青年出版社 2006.

張樹軍‧高建民『共和國年輪1978』, 石家莊: 河北人民出版社 2001.

張耀祠『張耀祠回憶毛澤東』, 北京: 中共中央黨校出版社 1996.

張佐良『周恩來的最後十年: 一位保健醫生的回憶』, 上海: 上海人民出版社 1997.

張化「試論'文化大革命'中知識青年上山下鄉運動」, 譚宗級‧鄭謙 等『十年后的評說: '文化大革命'史論集』, 北京: 中共黨史資料出版社 1987.

_____『鄧小平與1975年的中國』, 北京: 中共黨史出版社 2004.

丁凱文 主編『重審林彪罪案』上, 下, 香港: 明鏡出版社 2004.

鄭光路『文革武鬪: 文化大革命時期中國社會之特殊內戰』, Paramus, NJ: 美國海馬圖書出版公司 2006.

丁抒『陽謀: 反右派運動始末』, 香港: 開放雜誌社 2006.

丁抒 主編『五十年後重評"反右": 中國當代知識分子的命運』, 香港: 田園書屋 2007.

丁盛『落難英雄: 丁盛將軍回憶錄』, 香港: 星克爾出版有限公司 2008.

丁龍嘉·聽雨『康生與"趙健民冤案"』, 北京: 人民出版社 1999.

鄭仲兵 主編『胡耀邦年譜資料長編』上, 下, 香港: 時代國際出版有限公司 2005.

程中原「第二個歷史決議的起草和通過」, 中共中央黨史研究室科研管理部 編『撥亂反正: 中央卷』, 北京: 中共黨史出版社 1999.

程中原·王玉祥·李正華『1976-1981年的中國』, 北京: 中央文獻出版社 1998.

程中原·夏杏珍『歷史轉折的前奏: 鄧小平在1975』, 北京: 中國青年出版社 2003.

程晉寬『"教育革命"的歷史考察: 1966-1976』, 福州: 福建教育出版社 2001.

趙俊峰「就河南揭批查的歷史遺留問題向黨中央反映的情況和意見」, 『文革博物館通訊』增刊 507 (2006年 6月 14日) http://www.cnd.org/HXWZ/ZK06/zk507.gb.html (2007년 3월 2일 검색).

朱佳木『我所知道的十一屆三中全會』, 北京: 中央文獻出版社 1998.

周金昌「雲南'揭批查'運動中的特大冤案」(2005年 5月 20日) www.wengewang.org (2010년 8월 27일 검색).

周倫佐『文革造反派眞相』, 香港: 田園書屋出版 2006.

朱正『1957年的夏季: 從百家爭鳴到兩家爭鳴』, 鄭州: 河南人民出版社 1998.

周太和 主編『當代中國的經濟體制改革』, 北京: 中國社會科學出版社 1984.

仲侃『康生評傳』, 北京: 紅旗出版社 1982.

中共中央黨史研究室『中國共產黨的七十年』, 北京: 中共黨史出版社 1992.

_____『中國共產黨簡史』, 北京: 中共黨史出版社 2001.

_____『中國共產黨歷史』第2卷(上,下), 北京: 中共黨史出版社 2011.

中共中央文獻研究室『關于建國以來黨的若干歷史問題的決議注釋本(修訂)』, 北京: 人民出版社 1985.

中共中央文獻研究室 編『三中全會以來重要文獻選編』上, 下, 北京: 人民出版社 1982a.

_____『三中全會以來重要文獻彙編』上, 下, 北京: 人民出版社 1982b.

_____『十二大以來重要文獻選編』上, 北京: 人民出版社 1986.

_____『周恩來年譜(1949-1976)』下, 北京: 中央文獻出版社 1997

_____『鄧小平思想年譜(1975-1997)』, 北京: 中央文獻出版社 1998a.

_____『劉少奇傳』上,下, 北京: 中央文獻出版社 1998b.

_____『陳雲年譜(1905-1995)』下, 北京: 中央文獻出版社 2000.

_____『鄧小平年譜(1975-1997)』上,下, 北京: 中央文獻出版社 2004.

_____『陳雲傳』上,下, 北京: 中央文獻出版社 2005.

中共中央組織部「平反冤假錯案, 落實幹部政策, 促進和推動組織工作的全面撥亂反正」, 中共中央黨史研究室科研管理部 編『撥亂反正: 中央卷』上, 北京: 中共黨史出版社 1999.

中共中央組織部 編『中國共産黨組織工作辭典』, 北京: 黨建讀物出版社 2001.

中共中央組織部·中共中央黨史研究室·中央檔案館 編『中國共産黨組織史資料』中央卷(全19冊), 北京: 中共黨史出版社 2000.

中國人民解放軍軍事科學院 編『葉劍英年報(1897-1986)』, 北京: 中央文獻出版社 2007.

中國革命博物館 編『中國共産黨黨章彙編』, 北京: 人民出版社. 1979.

中央黨史研究室第三研究部 編『鄧小平與改革開放的中國』, 北京: 中共黨史出版社 2005.

中央專案組審查小組『叛徒,內奸,工賊劉少奇的罪證(1925,1927,1929年叛賣活動的主要罪證)』, 北京: 中央辦公廳 1968.

曾志『紅墻外的胡耀邦』, 香港: 香港中華兒女出版社 1999.

陳東林·杜蒲 主編『中華人民共和國實錄(第3卷 內亂與抗爭): '文化大革命'的十年(1966-1976)』, 長春: 吉林人民出版社 1994.

陳明顯『晚年毛澤東 1953-1976』, 南昌: 江西人民出版社 1998.

陳少京「張志新冤案還有新的秘密」, 『南方周末』2000年 6月 16日.

陳野苹「在清理'三種人'工作會議上的講話」, 中共中央整黨工作指導委員會 編『第三期整黨重要文件與資料』, 北京: 人民出版社 1988. 〔www.wengewang.org (2010년

8월 27일 검색)에서 재인용)

陳揚勇『苦撐危局: 周恩來在1967』, 北京: 中央文獻出版社 1999.

陳雲『陳雲文選(2版)』3卷, 北京: 人民出版社. 1995.

蔡天新「毛澤東關注的'小匈牙利事件'」,『百年潮』2002年 3期.

靑石「毛澤東與莫斯科的恩恩怨怨(之六): 毛澤東的'鐵托'夢」,『百年潮』1999年 1期.

靑野·方雷『鄧小平在1976, 天安門事件』, 沈陽: 春風文藝出版社 1993a.

_____『鄧小平在1976, 懷仁堂事變』, 沈陽: 春風文藝出版社 1993b.

肖思科『超級審判: 圖們將軍參與審理林彪反革命集團案親歷記』上,下, 濟南: 濟南出版社 1992.

總參謀部『羅瑞卿傳』編寫組『羅瑞卿傳』, 北京: 當代中國出版社. 1996.

總參謀部『賀龍傳』編寫組『賀龍傳』, 北京: 當代中國出版社 1995.

最高人民法院研究室 編『中華人民共和國最高人民法院特別法庭審判林彪, 江青反革命集團案主犯紀實』, 北京: 法律出版社 1982.

卓文同 編著『戶籍管理槪論』, 北京: 中國統計出版社 1994.

湯應武『1976年以來的中國』, 北京: 經濟日報出版社 1997.

_____『抉策: 1978年以來中國改革的歷程』, 北京: 經濟日報出版社 1998.

馮蘭瑞「在國務院政治研究室的日子」,『百年潮』2000年 3期.

河南省農村發展研究中心『河南農情手冊(1949-1984)』, 鄭州: 中原農民出版社 1986.

許家屯『許家屯回憶與隨想錄』, 香港: 明鏡出版社 1998.

許保家『讓思想衝破牢籠: 胡耀邦出任中宣部長的日子(1978-1980)』, 香港: 天行健出版社 2010.

胡喬木「黨的十一屆三中全會的重大意義(1979年 1月 6日 在中國社會科學院全院大會上的報告)」, 胡喬木『胡喬木文集』2卷, 北京: 人民出版社 1993a.

_____『胡喬木文集』2卷, 北京: 人民出版社 1993b.

胡繩 主編『中國共產黨的70年』, 北京: 中共黨史出版社 1991.

胡耀邦「在中央政治局會議上的發言(1980年 11月 19日)」, 中共中央文獻研究室 編 『三中全會以來重要文獻彙編』上, 北京: 人民出版社 1982.

胡績偉『從華國鋒下台到胡耀邦下台』, 香港: 明鏡出版社 1997.

_____『胡績偉自述3卷(1977-1983)』, 香港: 卓越文化出版社 2006.

華國鋒「在中國共産黨第十一次全國代表大會上的政治報告(1977年 8月 12日報告, 8月 18日 通過)」, 『中國共産黨第11次全國代表大會文件彙編』, 北京: 人民出版社 1977.

_____「華主席的重要講話文章,題詞匯編(一)」, 長沙: 中共湖南省委辦公廳資料室 1978a.

_____「團結起來, 爲建設社會主義現代化強國而奮鬪(1978年 2月 26日 第五屆全國人民代表大會第1次會議上的政府工作報告)」, 『中華人民共和國第5屆全國人民代表大會第1次會議文件』, 北京: 人民出版社 1978b.

_____「政府工作報告: 1979年 6月 18日 在五屆全國人民代表大會第二次會議上」, 『中華人民共和國第五屆全國人民代表大會第二次會議文件』, 北京: 人民出版社 1979.

黃崢『劉少奇冤案始末』, 北京: 中央文獻出版社 1998.

曉地 主編『'文革'之謎』, 朝華出版社 1993.

『光明日報』特約評論員「實踐是檢驗眞理的唯一標準」, 『哲學研究』編輯部 編『實踐是檢驗眞理的唯一標準問題討論集』1, 北京: 中國社會科學出版社 1979.

『歷史的審判』編輯組 編『歷史的審判』, 北京: 群衆出版社 1981.

『歷史的審判(續集)』編輯組 編『歷史的審判(續集)』, 北京: 群衆出版社 1986.

『新華月報』編輯部『新中國五十年大事記』, 北京: 人民出版社 1999.

『葉劍英傳』編寫組『葉劍英傳』, 北京: 當代中國出版社 1995.

『李先念傳』編寫組「一則重要考訂: 有關華國鋒,李先念,葉劍英商談解決'四人幇'問題的兩個關鍵時間」, 『黨的文獻』2001年 3期.

_____『李先念傳 1949-1992』, 北京: 中央文獻出版社 2009.

『人民日報』・『紅旗』・『解放軍報』社論「毛主席永遠活在我們心中」,『人民日報』1976年 9月 16日.

_____ 「偉大的歷史性勝利」,『人民日報』1976年 10月 25日.

_____ 「學好文件抓住綱」,『人民日報』1977年 2月 7日.

『哲學研究』編輯部 編『實踐是檢驗眞理的唯一標準問題討論集』1·2, 北京: 中國社會科學出版社 1979.

Baum, Richard, *Burying Mao: Chinese Politics in the Age of Deng Xiaoping*, Princeton: Princeton University Press 1994.

Baum, Richard, and Frederick C., *Teiwes Ssu-Ch'ing: Education Movement of 1962-1966*, Berkeley: Center for Chinese Studies, University of California 1968.

Bonavia, David, *Verdict in Peking: the Trial of the Gang of Four*, New York: Putnam 1984.

Crane. George T., *The Political Economy of China's Special Economic Zones*, Armonk: M. E. Sharpe 1990.

Deng, Xiaoping, "Letter to Hua Guofeng," *Issues & Studies* Vol. 20-3, 1984.

Dreyer, June Teufel, "Limits of the Permissible in China," *Problems of Communism* Vol. 29-6(Nov-Dec), 1980.

Eckstein, Alexander, *China's Economic Revolution*, Cambridge: Cambridge University Press 1977.

Garside, Roger, *Coming Alive: China after Mao*, New York: McGraw-Hill Company 1981.

Harding, Harry, *Organizing China: The Problem of Bureaucracy 1949-1976*, Stanford: Stanford University Press. 1981.

_____ *China's Second Revolution: Reform after Mao*, Washington, D.C.: The Brookings Institution 1987.

Jin, Qiu, *The Culture of Power: The Lin Biao Incident in the Cultural Revolution*, Stanford: Stanford University Press. 1999.

Lardy, Nicholas R., "Economic Recovery and the 1st Five-Year Plan," Roderick MacFarquhar and John K. Fairbank eds. *The Cambridge History of China Vol. 14, The People's Republic, Part 1, The Emergence of Revolutionary China 1949-1965*, Cambridge: Cambridge University Press 1987.

MacFarquhar, Roderick, *The Origins of the Cultural Revolution 1: Contradictions among the People 1956-1957*, New York: Columbia University Press 1974.

Meisner, Maurice, *The Deng Xiaoping Era: An Inquiry into the Fate of Chinese-Socialism, 1978-1994*, New York: Hill and Wang 1996.

Nathan, Andrew J., "A Factionalism Model for CCP Politics," *The China Quarterly* Vol. 53, 1973.

―――― *Chinese Democracy*, London: I. B. Tauris & Co. Ltd. 1986.

Naughton, Barry, *Growing out of the Plan: Chinese Economic Reform 1978-1993*, Cambridge: Cambridge University Press 1995.

Onnate, Andres D., "Hua Kuo-feng and the Arrest of the 'Gang of Four'," *The China Quarterly* Vol. 75, 1978.

Perkins, Dwight H., "China's Economic Policy and Performance," Roderick MacFarquhar and John K. Fairbank, eds. *The Cambridge History of China Vol. 15, The People's Republic, Part 2, Revolution within the Chinese Revolution 1966-1981*, Cambridge: Cambridge University Press 1991.

Pye, Lucian W., *The Dynamics of Chinese Politics*, Cambridge: Gunn & Hain, Publishers. 1981.

Schoenhals, Michael, "The 1978 Truth Criterion Controversy," *The China Quarterly* Vol. 126, 1991.

―――― "The Central Case Examination Group, 1966-1979," *The China Quarterly*

Vol. 145, 1996.

Shambaugh, David, *China's Communist Party: Atrophy and Adaptation*, Berkeley: University of California Press 2008.

Teiwes, Frederick C., *Leadership, Legitimacy, and Conflict in China: From a Charismatic Mao to the Politics of Succession*, Armonk: M. E. Sharpe 1984.

Teiwes, Frederick C. and Warren Sun, *The Tragedy of Lin Biao: Riding the Tiger During the Cultural Revolution 1966-1971*, Honolulu: University of Hawaii Press 1996.

_____ *The End of the Maoist Era: Chinese Politics During the Twilight of the Cultural Revolution, 1972-1976*, Armonk: M. E. Sharpe 2007.

Tsou, Tang, *The Cultural Revolution and Post-Mao Reform: A Historical Perspective*, Chicago and London: The University of Chicago Press 1986.

_____ "Chinese Politics at the Top: Factionalism or Informal Politics? Balance-of-Power Politics or a Game to Win All?" Jonathan Unger ed. *The Nature of Chinese Politics: From Mao to Jiang*, Armonk: M. E. Sharpe 2002.

Tsou, Tang and Andrew Nathan, "Prolegomenon to the Study of Informal Groups in CCP Politics and Andrew Nathan' Reply," *The China Quarterly* Vol. 65, 1976.

Unger, Jonathan, ed., *The Nature of Chinese Politics: From Mao to Jiang*, Armonk: M. E. Sharpe 2002.

Vogel, Ezra F., "Introduction to the English Edition," *Yu Guangyuan, Deng Xiaoping Shakes the World*, Norwalk: East Bridge 2004.

Womack, Brantly, "Politics and Epistemology in China since Mao," *The China Quarterly* Vol. 80, 1979.

찾아보기

ㄱ

가오 강·라오 수스(高崗·饒漱石) 사건 85, 155, 230
간부사화(幹部四化) 281
간부정책 144, 153, 157, 158, 163, 243
개인경영(個體戶) 24, 299
개혁개방 19, 22, 23, 165, 184~87, 197~201, 204~6, 208, 209, 225, 303, 304
개혁개방의 총설계사 201
개혁사회주의 274
개혁체제 26, 27, 99, 186, 200, 201, 203~5, 274, 303, 304, 306
개혁체제의 형성 26, 27, 186, 200, 201, 203~5
개혁파 137, 144, 200, 203~5, 207, 208, 225, 234, 273
건국 30주년대회 연설 256

"건국 이래 역사문제 결의" 21, 32, 47, 64, 198, 242, 246, 254~65, 267, 269, 287
「검증 기준은 하나뿐이다(標準只有一個)」 154
경제개혁 17, 22, 24, 26, 27, 127, 156, 197, 198, 207, 209, 219, 303, 304, 306~8
경제건설 58, 64, 65, 119, 124~29, 140~42, 198, 199, 206, 209, 215, 218, 219, 229, 261, 272, 273, 287, 288, 298, 299
경제건설로의 당 사업 중심의 전환 188, 196, 198, 199, 206, 207, 209
경제특구 204, 273
계급정당 19
계급투쟁 24, 26, 31~33, 42, 43, 45, 46,

324

49, 51, 66~68, 105, 122, 125, 127, 130, 140, 156, 198, 199, 227~29, 266, 267, 269, 275, 285, 287

계급투쟁 중심(階級鬪爭爲綱) 32, 33, 42, 43, 51, 66, 125, 127, 130, 198, 199, 228, 229

계속혁명 46, 112, 140, 227, 228, 267, 269, 274, 282, 284, 285

「고련(苦組)」 233

공사합영(公私合營) 276, 277

공식적 기제 291, 292

공식적 직위 292

공업 다칭(大慶) 학습 125, 128

공작대 50

공화국 최대의 억울한 사건 218, 246, 251, 254

"과거의 방침대로 하라(照過去方針辦)" 113, 120

과도시기총노선(過渡時期總路線) 32, 33, 85

관 펑(關鋒) 54, 70, 86

『광명일보(光明日報)』 112, 115, 156, 165~69, 171, 172, 174, 176, 177, 182, 193

국무원 이론회의(國務院務虛會議) 187, 197

국민당 33, 34, 89, 90, 122, 244, 248, 274, 277, 278

국민정당 19

군부세력 71, 72, 93, 104

군중노선 39, 40, 267, 286

궈 위펑(郭玉峰) 144, 157, 158, 189

권력 교체 24, 25, 27, 205, 303, 306

권력구조의 변화 68, 82, 201

권위구조의 변화 271

권한 하방 126, 197

급진(적) 이데올로그 52, 70~72, 77, 78, 86, 87

급진(적)개혁 223, 232, 233, 260, 282

급진(적) 이념 23, 268~70, 283, 285

급진적 이상주의 31~33, 35, 39, 40, 64, 271

급진(개혁)파 25, 54~56, 70~94, 100, 101, 104, 105, 107, 118, 191, 203, 217, 224, 225, 238, 247, 264, 266, 271, 272, 275, 278, 282, 283, 285, 297, 303, 304

꼬리표 붙이기 47, 266, 268, 269

ㄴ

『내부참고』 178

내인당(內人黨) 사건 244, 279

네가지 옛것을 파괴한다(破四舊) 54

녜 룽전(聶榮臻) 53, 89, 91, 102, 103, 135, 152, 272

노(老)홍위병 55

「노동에 따라 분배하는 사회주의 원칙을

철저히 집행하자(貫徹執行按勞分配
的社會主義原則)」170, 171
노동에 따른 분배(按勞分配) 66, 127,
156
농업 다자이(大寨) 학습 125, 126, 128
"농촌 인민공사 공작조례〈시행초안〉(農
村人民公社工作條例〈試行草案〉)"
187, 219
니 즈푸(倪志福) 93, 272

ㄷ
단간풍(單幹風) 39, 66
당 사업 중심의 전환 188, 196, 198, 199,
206, 207, 209
당장(黨章) 19, 21, 69, 73, 78, 79, 92,
140, 190, 199, 290, 291, 293
당주석제 290
대약진운동 32, 37~41, 48, 49, 58~60,
62, 64, 65, 67, 70, 85, 247, 272
대중운동 71, 72, 86, 93, 105, 124, 125,
127, 128, 213, 224, 232, 234~36,
241, 282
대중청원운동 36, 236, 238
덩 리췬(鄧力群) 90, 132, 135, 139, 152,
177, 257, 258, 265
덩 샤오핑(鄧小平) 19~23, 25, 26, 38,
39, 41, 48, 52, 66, 67, 72, 74, 76~83,
88, 90, 91, 93~95, 100~3, 105, 106,
109, 112, 124~42, 144~47, 152,
158, 160, 162, 170~79, 181~83,
185, 192, 194~98, 200, 201, 203,
204, 207, 209, 214, 216, 218,
224, 225, 229, 232, 233, 235~38,
246~53, 255~61, 263, 271, 273,
287~89, 291~95, 305, 306
덩 샤오핑 체제(鄧小平體制) 19~23, 26,
223, 235, 263, 266, 267, 270~75,
282~85, 288, 289, 291, 293, 294,
303~8
덩 샤오핑 평반 129~31, 134~38, 140,
142, 145, 147, 158, 306
덩 잉차오(鄧穎超) 114, 195, 199, 246,
250, 272
덩 즈후이(鄧子恢) 35, 70
돌출정치(突出政治) 31, 32, 51
둥 비우(董必武) 93, 100
딩 성(丁盛) 94, 95, 104, 110, 111

ㄹ
레닌(Vladimir Il'ich Lenin) 168, 173,
290
레닌주의 정당 266
레닌주의 당-국가 체제 268, 270, 283
루산회의(廬山會議) (9기 2중전회) 38,
42, 45, 48, 49, 73, 155, 230, 295
뤄 루이칭(羅瑞卿) 89, 110, 173, 174,

189, 245
뤄 루이칭 비판 51
류 보청(劉伯承) 39, 92, 93, 103, 252
류 샤오치(劉少奇) 32, 38, 50~52, 69, 73, 78, 79, 85, 88, 89, 91, 100, 130, 155, 211, 212, 218, 242, 244~58, 264, 295
"류 샤오치 동지의 평반에 관한 결의(關于爲劉少奇同志平反的決議〈草案〉)" 250
류 샤오치 사건 155, 218, 244, 246~54
류 샤오치 숙청 73, 247, 248
류 샤오치 평반 211, 212, 242, 246, 249~54, 256, 258, 264
리 더성(李德生) 92, 93, 100, 104, 272
리 둥민(李冬民) 사건 130, 131, 136, 235
리 셴녠(李先念) 36, 53, 70, 90, 91, 93, 102, 103, 108, 114~16, 118, 130, 131, 136, 141, 144, 187, 202, 207, 246, 251, 252, 253, 255, 261, 272, 305
리 신(李鑫) 113, 114, 132, 134, 152, 194, 227, 231
리 훙린(李洪林) 201, 225, 228
린 뱌오(林彪) 32, 42, 51, 54, 69~79, 81, 83, 86~89, 91~93, 100, 103, 123, 130, 155, 156, 163, 173, 177, 181, 198, 199, 216, 229, 232, 247, 255, 264, 280, 289

「린 뱌오 반당집단의 사회기초론(論林彪反黨集團的社會基礎)」 123
린 뱌오 사건(9·13사건) 42, 54, 71, 72, 74~78, 83, 86, 87, 89, 92, 93, 100, 155, 181, 289
린 뱌오 집단(세력) 72, 73, 75, 86, 92, 93

ㅁ

마 톈수이(馬天水) 105
마오 위안신(毛遠新) 104, 106, 111, 114, 116
마오 쩌둥(毛澤東) 19, 21, 23~25, 32~52, 55~57, 65, 67~71, 73~86, 88~94, 99~102, 104~34, 138~43, 145, 146, 151~56, 159, 160, 163~71, 173, 175, 178, 180~82, 184, 188, 193~96, 198, 202, 203, 210~18, 223~25, 227~32, 235, 237, 241, 242, 246~48, 251~60, 264, 265, 267, 269~72, 275, 278, 283~92, 295, 303~7
마오 쩌둥 권위의 절대화 142
마오 쩌둥 모델 210
마오 쩌둥 비판 25, 41, 143, 151, 165, 193, 210~12, 217, 232, 237, 258
마오 쩌둥 사망 21, 75, 76, 94, 99, 101, 102, 107~9, 111, 112, 117, 152, 303,

마오 쩌둥 사상(毛澤東思想) 19, 32, 39, 40, 42~44, 69, 75, 122, 126, 128, 132, 133, 138, 139, 152, 153, 156, 165, 166, 169~71, 175, 212, 216, 224, 227, 228, 231, 241, 242, 247, 252, 254, 256~60, 267, 269, 270, 275, 278, 283~86, 307

마오 쩌둥 사상의 견지 224, 232, 241, 256, 258, 270, 283, 284

마오 쩌둥 사상의 좌경화 32, 39, 40, 42~45, 126, 228, 233, 267, 275, 276, 283~86

마오 쩌둥 재평가 25, 210, 214, 254

마오 쩌둥 체제 68, 75, 256, 272, 288

마오 쩌둥의 과오 142, 153, 178, 225, 229, 254, 257, 260, 264

마오 쩌둥의 노선 145, 153

맑스-레닌주의 121, 139, 156, 166, 224, 267, 286

「맑스주의의 가장 기본적 원칙(馬克思主義的一個最基本的原則)」 172, 173

모자 씌우기(戴帽子)(벗기기) 47, 48, 50, 153, 276, 279, 297

무산계급독재하의 계속혁명 이론 112, 113, 227, 228, 269, 284

「문건을 잘 학습하고 중심을 부여잡자(學好文件抓住綱)」 119, 126

문화대혁명(문혁) 20~27, 31~33, 35, 37~59, 61~79, 81~95, 99~101, 104~9, 118~29, 136, 139~47, 149, 151~57, 159~67, 169, 171~75, 177~85, 187~89, 191~97, 199~219, 223~25, 228~33, 236, 237, 239~44, 247, 248, 250, 251, 253~63, 265~75, 278~85, 288~90, 295~98, 303~7

문혁 부정 25, 152, 165, 178, 210~12, 224, 306, 307

문혁 생존자 25, 85, 90, 91, 94, 100~2, 104, 108, 109, 114, 118, 120, 124, 128, 129, 136, 142, 143, 182, 202, 213, 223, 250, 251, 262, 266, 303, 304

문혁 생존자 원로간부 집단(세력) 25, 76, 94, 100, 101, 105, 108, 118, 120, 124, 128, 136, 143, 223, 232

문혁 수혜자 25, 77, 83, 86, 91, 93, 94, 100, 101, 106~9, 114, 118, 120, 123, 124, 136, 140, 142, 143, 146, 151, 156, 165, 174, 180, 183, 194, 203, 210, 211, 218, 231, 248, 250, 255, 266, 278, 303, 304

문혁 수혜자 집단(세력) 25, 94, 101, 106, 108, 114, 118, 143, 146, 151, 156, 165, 174, 180, 183, 194, 231, 250, 255

문혁 주도세력 25, 86, 92, 107, 120, 121

문혁 피해자 23~25, 53, 89, 90, 124, 141~43, 146, 151, 164, 165, 180, 191, 192, 195, 196, 200, 203, 205, 211~13, 215~17, 223, 266, 269, 271, 303, 304
문혁 피해자 집단(세력) 94, 95, 128, 141~43, 151, 152, 156, 158, 159, 164, 165, 175, 180
문혁체제 68, 70, 71, 75, 94, 99
민병(民兵) 87, 104, 105, 110, 111
민주화운동 235, 236, 238, 240, 241

ㅂ

반4인방운동(투쟁) 118, 129, 141, 145, 152, 156, 192, 304
반급진파 체제 118
반기아(反飢餓) 239
반모진(反冒進) 36, 285
반문혁 57, 105, 142, 143, 147, 151, 175, 181, 183, 184, 192, 204, 205, 209~15, 217, 223, 224, 228, 232, 233, 237, 241, 265, 266
반문혁연합 151, 165, 175, 184, 204, 205, 209~15, 217, 223~25, 232, 265, 266
반범시파 223, 228, 232, 233, 237
반범시파연합 233
반우경운동 38, 43, 45, 48, 49, 243, 278, 279
반우파투쟁 32, 33, 35, 36, 38, 42, 45~49, 278, 279, 284, 296
반자유화운동 282
백구(白區) 89
번안풍(飜案風) 39
범시파(凡是派) 76, 158, 160, 164, 165, 174, 182, 183, 192, 194~96, 202~4, 210, 211, 213~16, 223, 227, 228, 230, 231, 233, 237, 238, 242, 246, 248, 250, 252, 254, 255, 262, 265, 266, 273, 298, 304
보 이보(薄一波) 37, 88, 89, 193, 245, 246
보수파 204, 225, 229, 265, 266, 285
보황파(保皇派) 55
복고주의 273
복고파 200, 203, 204
비공식적 권력 294, 305
비공식적 권위 292~94, 305
비공식적 기제 18, 291, 292
비공식정치 18
비(탈)마오쩌둥화 232, 256

ㅅ

4개 현대화 125, 126, 142, 206, 253, 257
4대 자유 폐지 238, 282
"사령부를 포격하라(炮打司令部: 我的一

張大字報)" 247
사상적 착취계급 45, 46
사상해방 26, 165, 196, 208, 209, 214,
　　216, 217, 223~25, 232~34, 237,
　　270, 273, 296, 308
4·5운동(톈안먼 사건) 132
사유제 288
4인방 21, 25, 51, 71, 75, 76, 80, 81, 83,
　　87, 93, 100~2, 104~9, 111~45,
　　151~63, 168, 173, 177, 181, 191,
　　192, 198, 199, 202, 215~17, 228,
　　233, 238, 248, 260~65, 278, 280,
　　289, 304
4인방 세력(집단)(4인방파) 75, 80, 87,
　　102, 104~9, 111~15, 117, 118, 122,
　　123, 129, 139, 140, 162, 173, 191,
　　238, 261, 280
4인방 재판 75, 297
4인방 체포 25, 51, 87, 100, 111, 113,
　　115~18, 120~24, 130, 135, 138~40,
　　142, 151, 152, 157, 181, 191, 202,
　　215, 236, 248, 261~63
4인방 폭로·비판투쟁 119, 122, 140, 199
4천인 대토론회 259
사청운동(四淸運動) 45, 49~51, 278,
　　279
4항 기본원칙(四項基本原則) 183, 209,
　　224, 225, 232~34, 238, 270, 273,
　　284, 308

사회·경제적 계급 균열 274
사회적 적대관계 274
사회적 통합 266, 274, 275, 307
사회주의 교육운동 49, 50
사회주의 발전단계 275
사회주의 상품경제 273
사회주의 진입 선언 34, 43, 46, 286
사회주의 초급단계론 287, 288
사회주의 현대화 건설 188, 198, 199,
　　206, 253, 257, 304
사회주의로의 개조(전환) 34, 36, 42, 64,
　　208, 228, 274, 276
사회주의혁명 33, 45, 57, 61, 274
3년 곤란기(재해) 38, 58
삼면홍기(三面紅旗) 48
3선 건설 67, 230
3세대 이후 지도자 292
삼종인(三種人) 청산 280~82
상방(上訪) 160, 236, 238, 239, 282
상품시장경제 272
생산력 발전 중심론 31, 33, 38, 125~27,
　　216, 272, 285, 287, 288, 298, 299
생산력 발전과 경제건설 중심론 299
생산력 우선주의 41
셰 푸즈(謝富治) 92, 194, 250
소(小)헝가리 사건 36
소련공산당 20차 당대회 33, 35
수정주의 41, 43, 51, 52, 54~56, 66, 82,
　　119, 121, 122, 127, 155, 156, 178,

211, 243, 244, 247, 269
수정주의 교육노선 55, 244
쉬 스유(許世友) 72, 92~94, 102, 109, 110, 252
슝 푸(熊復) 170, 171, 195, 231
스딸린(Iosif V. Stalin) 33, 35, 41, 230, 232
스딸린 비판 33, 35, 41, 232
시단(西單) 민주벽 224, 226, 235~39, 282
「신편 역사극『해서파관』을 평함(評新編歷史劇『海瑞罷官』)」 40, 51
신화사 60, 110~12, 169~71, 178, 182, 258
실무파 75~77, 80, 81
실사구시(實事求是) 40, 152~54, 156, 158, 164, 165, 171, 172, 196, 201, 208, 209, 216, 217, 234, 253, 267, 286, 307
「실천이 진리 검증의 유일한 표준이다(實踐是檢證眞理的唯一標準)」 156, 165, 170, 171
실천파 158, 183, 230, 231, 265
「십대관계론(論十大關係)」 35, 126, 128
싱 번쓰(邢賁思) 176
싸이푸딘(賽福鼎) 93
쌍백운동(雙百運動) 35, 36
쏘비에뜨 모델 43, 45, 57, 58, 61~65
쑤 전화(蘇振華) 93~94, 101, 102
쑨 창장(孫長江) 167, 168, 172
쑹 런충(宋任窮) 144, 189, 243, 272

ㅇ

안 쯔원(安子文) 157, 162, 245
야오 원위안(姚文元) 21, 40, 51, 73, 76, 92, 105, 111, 116, 122, 123
야오 위안팡(姚遠方) 173
야오 이린(姚依林) 131, 196, 257, 272
"약간의 역사문제에 관한 결의(關于若干歷史問題的決議)" 256
양 더즈(楊得志) 103, 104
양 상쿤(楊尙昆) 51, 194, 245, 246, 293
양 상쿤 사건 51
양 시광(楊西光) 190, 227
양 이천(楊易辰) 178, 181
양개범시(兩個凡是) 121, 125~29, 131, 132, 134, 135, 138, 139, 141, 142, 145, 151~53, 156, 158~61, 163~69, 172~75, 177, 178, 180~83, 191, 193~96, 202, 208, 210~13, 215~17, 227, 230~32, 242, 248, 265, 266, 305, 306
양개불관(兩個不管) 164, 178
양안 심사 영도소조 264
양안 재판 264, 265
양약진(洋躍進) 206~8
업무 분담 141, 177

엥겔스(Friedrich Engels) 173
역사 바로잡기(撥亂反正) 126, 182, 254, 256
예 젠잉(葉劍英) 53, 83, 88~94, 100~4, 108, 111, 112, 114~18, 130~32, 134~36, 141, 143, 144, 155, 157, 171, 177, 185, 202, 226, 251~53, 255~60, 262, 265, 272, 289, 290, 305
옌안정풍운동 68, 69, 75, 99, 155, 159, 244, 246, 256
옌안체제 68, 69, 84
오반운동(五反運動) 49, 50
5·16집단 55, 56
5·16통지 51
5·7지시 56
완 리(萬里) 90, 179, 272
왕 광메이(王光美) 249
왕 광잉(王光英) 249
왕 둥싱(汪東興) 76, 79, 92, 102, 109, 112~18, 123, 131, 132, 134, 135, 138, 141, 144, 145, 152, 157, 158, 160, 162~64, 170~76, 181~83, 194, 195, 214, 215, 227, 229, 236, 248, 250~52, 254, 298
왕 뤄수이(王若水) 228, 260
왕 리(王力) 54, 70, 74, 86
왕 수(王殊) 170, 171
왕 전(王震) 89, 102, 103, 130~32, 135, 136, 139, 152, 195, 246, 261, 272
왕 허서우(王鶴壽) 199, 245
왕 후이더(王惠德) 227
왕 훙원(王洪文) 21, 71, 76~82, 87, 93, 100~2, 104, 105, 109~12, 115, 116, 121, 122, 131, 232, 255
우 구이셴(吳桂賢) 93, 189
우 더(吳德) 76, 78, 93, 130, 162, 179, 194, 250~52, 254, 298
우 렁시(吳冷西) 169, 170, 174, 175, 180, 194, 231, 265
우 커화(吳克華) 103, 104
우경번안풍(右傾飜案風) 67, 83, 90, 100, 102, 127, 128, 131, 174, 194
우경번안풍에 대한 반격(反擊右傾飜案風) 131, 174, 194
우한사건(7·20사건) 54, 70, 86, 91
원가착안(冤假錯案) 153, 158, 159, 164, 188, 195, 218, 237, 239~43, 246, 252, 253, 256, 279, 298
원로간부 집단(세력) 25, 76, 94, 100, 101, 105, 108, 118, 120, 124, 128, 136, 143, 223, 232
원안(冤案) 159, 160
웨이 궈칭(韋國淸) 93, 94, 102, 174, 180, 218, 250, 272
위 광위안(于光遠) 81, 82, 90, 137, 190, 194, 227, 231
유생산력론(唯生産力論) 31, 125~27

61인 사건 89, 160, 162, 163, 194, 248, 249
이론공작회의(이론공작무허회의理論工作務虛會議) 167, 224, 225, 227, 230~33, 239, 241, 246, 253, 256, 260, 265, 292
『이론동태(理論動態)』 145, 154, 156, 165~69, 171, 172, 174, 177
이론적 착취계급 43
"이미 정해진 방침대로 하라(按旣定方針辦)" 112, 113, 120
2·5사건 239
이원(적인) 체제 288, 291
2월 역류 53, 89, 91, 194, 247
이윤 양도(放權讓利) 197
「인민 내부의 모순을 정확하게 처리하는 문제에 관하여(關于正確處理人民內部矛盾的問題)」 35
『인민일보(人民日報)』 32, 35, 37, 119, 121, 126, 137, 144, 145, 152~54, 157, 158, 161, 163, 168, 169, 171, 172, 176~78, 182, 193, 218, 237, 258, 262, 263
1월 폭풍 52, 53
1979~80년 경제계획 196, 197
일타삼반(一打三反) 56

ㅈ
「자본가계급에 대한 전면 독재론(論對資産階級的全面專政)」 123
자본가의 입당 허용 19, 288, 299
자본주의의 길을 가는 당권파 51, 56, 71
자오 쯔양(趙紫陽) 21, 90, 204, 245, 255, 261, 272, 287, 289, 293
장 린즈(張霖之) 91
장 야오츠(張耀祠) 116, 195
장 즈신(張志新) 295
장 춘차오(張春橋) 21, 73, 74, 76, 81, 82, 88, 92, 101, 104, 105, 110, 111, 113, 115, 116, 122, 123
장 칭(江靑) 21, 42, 51, 71~76, 80~82, 86~88, 92, 95, 104, 112, 113, 116, 121, 122, 162, 238, 247, 250, 280
장 칭에게 보낸 편지 42
장 칭 집단 71, 75, 86, 87, 248, 280
장 평화(張平化) 171, 175, 177, 196
저우 양(周揚) 177, 231, 245
저우 언라이(周恩來) 36, 70, 76, 78~83, 85, 88, 90, 91, 93, 100, 124~27, 131, 132, 182, 199, 206, 236, 239, 285, 295
적대계급의 꼬리표 26, 46, 47, 79, 88, 89, 146, 266, 268, 269, 276
적대적 균열 45, 49, 118, 270, 275
적대적 이분화 268
전국신방공작회의(全國信訪工作會議)

164, 178
"전국의 안정과 단결을 한층 더 강화하기 위한 통지(中共中央·國務院關于進一步加强全國安定團結的通知)" 240
전군정치공작회의(全軍政治工作會議) 171, 173, 264
전안(專案) 162
전안자료 196
정당(整黨)운동 281
정돈(整頓)정책 82, 129
정신오염 반대운동 282
정치변동 195, 306
정치·사회적 균열 25, 27, 45, 46, 49, 53, 54, 57, 120, 128, 193, 208, 210~12, 214, 267, 268, 274~76, 278, 280, 282, 303~6
정치개혁 17, 22, 26, 27, 261, 282, 306, 307
정치개혁 없는 경제개혁 17, 22, 27, 306, 307
정치생활의 변화 26
정치엘리트 교체(변동) 27
정치우위(政治掛帥) 31, 32, 64, 66~68, 296, 304
정치운동 19, 23, 25, 58, 59, 64, 65, 85, 88, 159, 230, 244, 268, 270, 274~76, 278, 296, 297, 307
정치적 계급적대 274

정치적 규율 298
정치적 균열 27, 46, 139, 267, 268
(정치적) 불가촉민 24, 47, 53, 209, 245, 267, 274, 276
정치적 착취계급 275, 279
정치적 통합 26, 141, 267, 268, 270, 271, 308
정치체제 17, 22~26, 224, 260, 283, 299, 303, 306~9
정치체제(의) 변화 22, 24~26, 283, 284, 303, 306, 307
정치행위자 집단 94, 303
제1차 5개년계획(1953~57) 34, 57, 64, 204
제2무장(武裝) 104, 114
조반(造反) 54, 65, 87, 91, 161, 275, 280
조반파(造反派)(문혁조반파) 44, 52~55, 69, 70, 72, 73, 86, 91, 247, 275, 280~82
종신제 228, 292~94
종신제 폐지 292~94
주 더(朱德) 93, 100, 103
주관주의 37, 64, 65
주의주의(主意主義) 19, 20, 40
주자파(走資派) 51, 56, 71
중간 경로(middle course) 225, 273, 303, 308
중국 사회주의 발전모델 165
중국공산당 17~26, 33~36, 38, 40, 47,

51, 56, 84, 85, 92, 99, 121, 131, 135,
　　137, 139, 140, 155, 159, 181, 183,
　　184, 190, 195, 207, 212, 217, 249,
　　265~70, 276~78, 283~87, 293, 297,
　　298, 308, 309
중국공산당의 내적 분화 268
중국공산당 전국대표대회
　　8차 당대회 34, 78, 191, 245, 259, 267,
　　275, 282, 285, 290
　　8차 당대회 노선으로의 회기 285
　　9차 당대회 56, 69~74, 78, 91, 93, 247,
　　290
　　10차 당대회 76, 78, 79, 290
　　11차 당대회 139, 140, 143, 152~54,
　　158~60, 181, 189, 191, 199, 228,
　　271
　　12차 당대회 21, 190, 195, 218,
　　253~55, 261, 263, 267, 287,
　　290~93, 298
　　12차 당대회 2차 회의 271, 272, 292
　　13차 당대회 218, 243, 287, 293
　　14차 당대회 20, 293
　　15차 당대회 298
　　16차 당대회 293
"중국공산당 전국대표대회 정치보고"
"9차 당대회 정치보고" 73
"10차 당대회 정치보고" 78
"11차 당대회 정치보고" 139, 153,
　　158~60

중국공산당 전국인민대표대회
　　4기 전국인대 73~75, 80, 81
　　5기 전국인대 1차 회의 141, 197, 205
　　5기 전국인대 2차 회의 205
　　5기 전국인대 3차 회의 21, 238, 261
　　5기 전국인대 5차 회의 21
중국공산당 전국인대 상무위원회 245,
　　254, 264
중국공산당 중앙위원회 20, 36, 56, 70,
　　73, 89, 91, 92, 114, 117, 122, 130,
　　132, 133, 140, 143, 183, 184, 186,
　　188~91, 195, 207, 236, 245, 247,
　　252, 263, 271, 290~93, 298
　　10기 중앙위원 143, 191
　　11기 중앙위원 143, 189~91, 245
　　12기 중앙위원 293, 298
중국공산당 중앙위원회 전체회의
　　8기 11중전회 56, 69, 92
　　8기 12중전회 73, 74, 246
　　9기 1중전회 92
　　10기 1중전회 80, 93, 100
　　10기 2중전회 80
　　10기 3중전회 135, 140, 146
　　11기 1중전회 140
　　11기 3중전회 20, 21, 27, 47, 89,
　　137, 139, 141, 153, 164, 165, 167,
　　183~92, 197~219, 223~33, 237,
　　238, 240~42, 245, 248, 253, 256,
　　259, 261, 263~65, 267, 273, 283,

289, 304, 306
11기 5중전회 202, 250~55, 261, 262, 289
11기 6중전회 21, 41, 201, 254, 255, 257, 259, 262, 263, 267
12기 2중전회 139
12기 3중전회 272
12기 5중전회 271, 272
13기 5중전회 20
"중국공산당 중앙위원회 전체회의 공보"
"11기 3중전회 공보" 14, 185, 197, 198, 202, 211, 228, 256, 267, 289
중미 수교 277
중소논쟁 41
중소분쟁 43, 67, 73
중앙경위국(中央警衛局) 181, 195
중앙경위단(中央警衛團) 106, 113, 116, 117, 137
중앙고문위원회(中央顧問委員會) 292, 293, 298
중앙공작회의(1973) 71, 78, 79
중앙공작회의(1977) 130~32, 134, 136
중앙공작회의(1978) 137, 146, 165, 182, 184~93, 196, 200, 201, 205, 207, 210, 215, 219, 223~28, 231, 242, 256, 267
중앙기율검사위원회(中央紀律檢查委員會) 188, 192, 199, 200, 248, 256

중앙당교 144, 152, 154~56, 158, 166, 168, 177, 231, 254
중앙서기처 255, 259, 264, 290, 291
중앙선전부 40, 51, 171, 172, 177, 196, 201, 225, 226, 229, 243
중앙전안조 89, 160, 162~64, 195, 196, 242, 248
중앙정치국 20, 21, 35, 51, 53, 74, 75, 78~81, 83, 92, 93, 100~6, 110, 111, 113~17, 126, 130, 134, 140, 141, 144, 157, 158, 171, 177, 178, 182, 187, 188, 190, 191, 194~96, 198, 201, 226, 245, 249, 250, 252, 254, 255, 257~64, 271, 272, 289~93
중앙정치국 상무위원회 20, 21, 74, 80, 92, 100, 104, 105, 114~16, 140, 141, 144, 157, 158, 171, 182, 191, 194~96, 255, 257, 258, 260~62, 264, 290, 291, 293
중앙정치국 확대회의 21, 35, 51, 115, 126, 130, 258~62
중앙정치국 회의 78, 81, 93, 101, 102, 114, 115, 117, 134, 138, 194, 198, 201, 262, 289, 291, 292
중앙조직부 144, 145, 157~60, 162~64, 166, 171, 172, 196, 239, 248, 249
중앙판공청 51, 112, 181, 194~96
지 덩쿠이(紀登奎) 92, 110, 111, 162, 248, 250~52, 254

진리 검증 기준으로서의 실천 153, 154, 165, 166, 168~74, 178~80, 183, 216, 217
「진리의 검증 기준은 사회적 실천뿐이다(眞理的標準只能是社會的實踐)」 154
진리표준토론(眞理標準討論) 145, 154, 156, 158, 164~68, 170, 172, 175~84, 188, 192~94, 196, 210, 212, 213, 216, 217, 223~27, 231, 233, 237, 265, 286, 306, 307
『진리표준토론문제 토론집(實踐是檢驗眞理的唯一標準問題討論集)』 165
진먼다오(金門島) 포격 중단 277
집단적 승계구조 293
집단지도체제 69, 255, 267, 288~90, 292~94, 297
쩡 타오(曾濤) 170, 190, 227
쭌이회의(遵義會議) 75, 99

ㅊ

천 보다(陳伯達) 73, 92
천 시롄(陳錫聯) 83, 92~94, 130, 250~52, 254, 298
천 윈(陳雲) 36, 38, 89, 103, 114, 130, 131, 136, 152, 160, 185, 188, 193, 195, 199, 200, 203, 204, 207, 246, 249, 252, 255, 258, 260, 261, 273, 285, 286, 295
천 융구이(陳永貴) 93, 261, 262
천재론(天才論) 73
청원운동 36, 236, 238
총서기 22, 181, 290, 291, 294
최고 지시(最高指示) 57, 68, 69
치 번위(戚本禹) 86
7천인대회 46

ㅋ

캉 성(康生) 88, 92, 93, 100, 113, 160, 162, 193, 194, 228, 229, 244, 250, 260, 279
커 칭스(柯慶施) 85

ㅌ

타오 주(陶鑄) 193
탕산(唐山) 대지진 66
톈안먼(天安門) 사건(1976)(4·5운동) 66, 83, 100, 102, 104, 106, 131~34, 136, 138, 146, 179, 193, 194, 213, 227, 236, 241
톈안먼 사건(1989) 17, 234, 235, 270, 282, 308
톈안먼광장 55, 132, 236, 239
『톈안먼시초(天安門詩抄)』 193
토지개혁 276

퇴직제도 292~94
티토(J. B. Tito) 33

ㅍ
파벌관계 161, 162
파벌적 구조 18
8341부대 195
펑 더화이(彭德懷) 38, 51, 103, 155, 193, 194, 230
펑 전(彭眞) 40, 88, 89, 162, 244~46, 273
평반(平反) 23~27, 39, 48, 52, 54, 89, 123, 124, 128~38, 140, 142, 145~47, 151~53, 156~64, 178, 180, 181, 183, 185, 188, 193, 194, 204, 208, 210~15, 217, 218, 227, 230, 235, 237, 241~46, 248~54, 256, 258, 264, 265, 267~69, 271, 274~80, 282, 283, 296, 298, 299, 303, 305~8
폭로·비판·조사운동(揭批査運動) 280
폴란드·헝가리 사태 35
푸 위에화(傅月華) 사건 239, 240
푸 충비(傅崇碧) 89, 110

ㅎ
한 셴추(韓先楚) 103, 104

한국전쟁 34, 36, 39, 57
『해방군보(解放軍報)』 119, 121, 126, 169, 172~76, 180, 258
향진기업 299
허 룽(賀龍) 60, 89, 103
허 룽 전안조(專案組) 89
혁명 1세대(1세대 혁명가) 270, 273, 274, 283, 291, 293, 308
혁명정당 270
현직을 상실한(靠邊站) 83, 88
호구제도 57, 58, 60, 61
호별영농제〔包産到戶〕 24, 39, 41, 66, 197, 219, 285, 299
『홍기』 119, 121, 123, 126, 170, 171, 195, 227, 231
홍오류(紅五類) 281
홍위병운동(紅衛兵運動) 44, 52, 54, 56, 59, 63, 275
화 궈펑(華國鋒) 20~26, 76~78, 83, 93, 99~103, 105~9, 111~20, 122~47, 151~56, 158~60, 165, 171, 175, 176, 180~83, 187, 188, 191~94, 198, 200~10, 215, 216, 218, 226~28, 239, 241, 242, 250, 252~56, 259~67, 271, 273, 288, 289, 298, 303~6
화 궈펑 체제(華國鋒體制) 21~26, 76, 99, 107, 118~20, 123~25, 128, 129, 136~140, 142, 143, 146, 147, 151,

152, 156, 165, 176, 180, 191~94, 198, 204, 206, 209, 218, 241, 255, 263, 266, 271, 273, 288, 303~6
화 궈펑의 퇴진 21, 256, 289
화 난(華楠) 173, 227
화이런탕 사변 100
황 커청(黃克誠) 189, 199, 250
후 성(胡繩) 116, 195, 231
후 야오방(胡耀邦) 18, 21, 41, 90, 107, 137, 138, 141, 144, 145, 153~56, 158~60, 163, 164, 166~74, 177, 178, 195, 196, 198, 199, 204, 226, 227, 231, 233, 234, 237, 239, 249, 250, 255, 257, 261, 263, 265, 267, 270~72, 289, 291, 293
후 지웨이(胡積偉) 137, 144, 169, 172, 174, 175, 190, 227, 231, 232
후 진타오(胡錦濤) 20
후 차오무(胡喬木) 90, 172, 174, 185, 189, 196, 229~31, 257, 260, 265
후 푸밍(胡福明) 167, 168
후계체제 41, 71, 73, 75, 77, 80~82, 215, 255, 289~92
흐루시초프(Nikita Khrushchyov) 36, 38, 41, 232
흑묘백묘론(黑猫白猫論) 38, 39, 41, 130
흑암풍(黑暗風) 39

서남동양학술총서
덩 샤오핑 시대의 탄생
중국의 역사 재평가와 개혁

초판 1쇄 발행/2013년 8월 26일
초판 2쇄 발행/2017년 12월 7일

지은이/안치영
펴낸이/강일우
책임편집/정편집실
펴낸곳/(주)창비
등록/1986년 8월 5일 제85호
주소/10881 경기도 파주시 회동길 184
전화/031-955-3333
팩시밀리/영업 031-955-3399 편집 031-955-3400
홈페이지/www.changbi.com
전자우편/human@changbi.com

ⓒ 안치영 2013
ISBN 978-89-364-1335-4 93910

* 이 책은 서남재단으로부터 연구비를 지원받아 발간됩니다.
  서남재단은 동양그룹 창업주 故 瑞南 李洋球 회장이 설립한 비영리 공익법인입니다.
* 이 책 내용의 전부 또는 일부를 재사용하려면
  반드시 저작권자와 창비 양측의 동의를 받아야 합니다.
* 책값은 뒤표지에 표시되어 있습니다.